Harold James

Die Deutsche Bank im Dritten Reich

Harold James

Die Deutsche Bank im Dritten Reich

Aus dem Englischen übersetzt von
Karin Schambach und Karl Heinz Siber

Verlag C. H. Beck München

Mit 22 Abbildungen und 5 Graphiken

Abbildungen gedruckt mit freundlicher Genehmigung
der Deutschen Bank AG, Frankfurt am Main

Verlag C.H. Beck oHG, München 2003
Satz: Fotosatz Janß, Pfungstadt
Druck und Bindung: Nomos Verlagsgesellschaft, Sinzheim
Gedruckt auf säurefreiem, alterungsbeständigem Papier
(hergestellt aus chlorfrei gebleichtem Zellstoff)
Printed in Germany
ISBN 3 406 50955 x

www.beck.de.

Inhalt

Anhang

Vorwort

Die Grundlage für dieses Buch bildete ein Kapitel in einem Band über die Geschichte der Deutschen Bank, der 1995 zum 125jährigen Bestehen des Instituts erschien. Das Unternehmen hatte 1989 fünf Historiker eingeladen, dieses Werk zu erarbeiten: Thomas Nipperdey (dessen Teil nach seinem Tod Lothar Gall zu schreiben übernahm), Gerald D. Feldman, Harold James, Carl-Ludwig Holtfrerich und Hans E. Büschgen. Alle Autoren arbeiteten an dem Projekt in vollständiger Unabhängigkeit von der Bank, und das Buch wurde denn auch allenthalben als Meilenstein in der Entwicklung der Unternehmensgeschichtsschreibung gefeiert.

Das Kapitel über die NS-Zeit erregte schon damals erhebliches Interesse. Seit dem Erscheinen des Buches sind dank der Öffnung von Archiven in den USA, in Rußland und Mitteleuropa zusätzliche Materialien zum Vorschein gekommen, die es erlauben, Aussagen über einige Aspekte der Geschäftstätigkeit und der Politik der Deutschen Bank zu treffen, die nach dem Erkenntnisstand von 1995 noch außer acht gelassen wurden. Dazu gehören insbesondere die Goldtransaktionen der Bank. Die Dokumentation hierüber entstammt hauptsächlich mikroverfilmten Kopien der «Goldbücher» der Reichsbank, die 1997 im Zuge von Ermittlungen über die Geschäfte Schweizer Banken mit dem NS-Regime im Nationalarchiv der USA entdeckt wurden. In Reaktion auf diese neuen Funde berief die Deutsche Bank fünf internationale Historiker in eine Kommission, die die durch die neu aufgetauchten Dokumente aufgeworfenen Fragen untersuchen sollte. Dieser Kommission gehörten drei Mitglieder der Autorengruppe von 1995 an: Feldman, Gall und James; hinzu kamen Avraham Barkai und Jonathan Steinberg. Steinberg erarbeitete eine Studie über die Rolle der Deutschen Bank bei den Goldtransaktionen der NS-Zeit, die 1998 veröffentlicht wurde. Dabei benützte er außer den amerikanischen Mikrofilmen auch Material aus der ehemaligen Istanbuler Filiale der Deutschen Bank. Ich schrieb eine ergänzende Arbeit über die Übernahme von Geschäften in jüdischem Besitz in Deutschland und auch in den Gebieten unter deutscher Kontrolle – die sogenannte „Arisierung", eine Studie, die 2001 beim Beck Verlag publiziert wurde. Diese Studie beruhte zum großen Teil auf neuen Archivbeständen aus den Unterlagen der Filialen der Bank, aber auch auf Dokumenten bei tschechischen und polnischen Behörden und Archiven, die ein neues Licht auf die außerdeutschen Aktivitäten der Bank warfen.

Die Ergebnisse aller dieser Bemühungen finden sich, zusammen mit anderen neuen Erkenntnissen (vor allem im Zusammenhang mit Auschwitz und dem Einsatz von Zwangsarbeitern), in der vorliegenden erweiterten Fassung meines Kapitels aus dem Buch «Die Deutsche Bank 1870–1995», das jetzt als eigenständige Studie erscheint – eine Studie zum Wechselspiel zwischen moderner Barbarei, Unternehmensstruktur und geschäftlicher Logik.

Harold James
Princeton, Januar 2003

I. Die Situation

In den dreißiger Jahren des 20. Jahrhunderts war die Deutsche Bank, wie auch heute, die größte Bank Deutschlands, deren wirtschaftliche Macht Gegenstand von Debatten und Kontroversen war. Zu jener Zeit lautete ihr vollständiger Name Deutsche Bank und Disconto-Gesellschaft.[1]

Die Deutsche Bank war in Vorahnung einer bevorstehenden gesetzlichen Neuerung 1870 gegründet worden, nämlich der Zulassung privater Aktienbanken in Preußen. Dies geschah wenige Monate vor der nationalen Einigung Deutschlands und der Gründung des Deutschen Reichs. Die Gründer der Bank waren von einer national-patriotischen Gesinnung geleitet, die nicht zuletzt in dem (ziemlich ehrgeizigen) Namen zum Ausdruck kam, den sie für ihre Bank wählten. Die neue Institution sollte die Vorherrschaft der Londoner City bei der Finanzierung des Überseehandels herausfordern.[2]

In den ersten Jahren ihres Bestehens präsentierte sich die Deutsche Bank als ein sehr schnell und kraftvoll expandierendes internationales Finanzinstitut. Sie beteiligte sich zunächst an der Errichtung der «German Bank of London» (1871) und rief 1873 eine eigene Vertretung in London ins Leben. 1872 und 1873 kaufte sie sich in New Yorker und Pariser Bankhäuser ein, 1872 gründete sie Vertretungen in Schanghai und Yokohama. 1874 beteiligte sie sich an einer südamerikanischen Bank, und 1886 eröffnete sie ein eigenes Institut für den lateinamerikanischen Markt, die Deutsche Uebersee Bank (die später in Deutsche Ueberseeische Bank oder Banco Alemán Transatlántico umbenannt wurde). Neben Handelsfinanzierungen führte die Deutsche Bank eine Reihe wichtiger Operationen für die deutsche Regierung durch, darunter den Verkauf großer Teile der preußischen Silberbestände in Asien – in Vorbereitung des geplanten Übergangs des Deutschen Reiches von der Silber- zur Goldwährung.[3]

Eines der ersten Vorstandsmitglieder der Deutschen Bank war Georg Siemens, der zuvor in dem von Werner von Siemens, einem Vetter seines Vaters, gegründeten Elektrounternehmen Siemens & Halske tätig gewesen war. Diese Firma gehörte zu den größten Nutznießern der Reichsgründung, die für einen hohen Bedarf an Kommunikationstechnik sorgte. Die Bank von Siemens wurde bald auch im Bereich der Industriefinanzierung tätig.

Ein Mitgründer der Deutschen Bank war der prominente liberale Politiker Ludwig Bamberger. Als junger Mann hatte er sich 1848 in der Pfalz an der gescheiterten Revolution beteiligt, war zum Tode verurteilt worden und hatte sich nach London abgesetzt und dort eine Anstellung in einer Bank gefunden, die Verwandten seiner Mutter gehörte. Später war er, dem Finanzmetier treu bleibend, nach Rotterdam und Paris gegangen und hatte viel über die Zusammenhänge zwischen wirtschaftlicher und nationalstaatlicher Entwicklung (d. h. zwischen Geld und Politik) gelernt. 1868 war er ins Parlament des Deutschen Zollvereins gewählt worden, den Vorläufer eines nationalen deutschen Parlaments; nach der Reichsgründung war er als Abgeordneter in den Reichstag eingezogen. Dort war er vor allem als Berichterstatter des Ausschusses, der die gesetzlichen Grundlagen für die Schaffung einer neuen Zentralbank – der Reichsbank – erarbeitete, hervorgetreten.[4]

Die Anfangsjahre stellten die Weichen für einen unternehmerischen Kurs, der die Deutsche Bank mitten hinein in die Verwicklungen des internationalen Finanzwesens, der Industriefinanzierung und der Politik führte. Vor dem Ersten Weltkrieg spielte sie eine Hauptrolle bei der Entwicklung und Konsolidierung der deutschen Industrie. Sie förderte die Bildung von Syndikaten (kooperativen Partnerschaften zwischen Firmen einer Branche) und leitete eine ganze Fusionswelle ein, an deren Ende zu Beginn des 20. Jahrhunderts etwa die deutsche Elektroindustrie von nur noch zwei Großunternehmen beherrscht wurde, nämlich Siemens und der AEG. Eine maßgebliche Rolle spielte die Deutsche Bank auch bei der Finanzierung eines Großprojekts, mit dem das Deutsche Reich seine Einflußsphäre auf den gesamten Balkan und darüber hinaus ausdehnen wollte: dem Bau einer Eisenbahn von Berlin nach Bagdad.[5]

1. Die Organisationsstruktur der Bank

Die Deutsche Bank war anfangs eine Berliner Bank; Niederlassungen unterhielt sie nur in zwei Hafenstädten, die zu der Zeit noch nicht dem Zollgebiet des Deutschen Reiches angehörten: Hamburg und Bremen. Erst 1886 eröffnete die Deutsche Bank eine Filiale in Frankfurt, 1892 eine weitere in München, 1901 jeweils eine in Dresden und Leipzig. Im ersten Jahrzehnt des 20. Jahrhunderts übernahm die Bank eine beträchtliche

Anzahl von Beteiligungen an Banken im Ruhrgebiet. Erst nach 1913 gingen diese Beteiligungen in der Deutschen Bank auf. So übernahm sie 1914 die Bergisch Märkische Bank, die zu den größten regionalen Industriefinanzierern gehörte. Zu einem wirklich branchenübergreifenden Finanzinstitut mit Tentakeln, die ganz Deutschland überspannten, wurde die Deutsche Bank aber eigentlich erst in den 1920er Jahren. Während die Bergisch Märkische Bank 1914, zum Zeitpunkt ihrer Übernahme, 35 Filialen gehabt hatte, waren es bei der Deutschen Bank damals erst 15 gewesen. Ende 1926 unterhielt die Deutsche Bank aber bereits 173 Filialen.[6] Diese ermöglichten ihr den Einstieg in ein neues Geschäftsfeld: die Führung von Konten für Privatkunden und das Kredit- und Finanzierungsgeschäft für kleine und mittlere Unternehmen. Einer der Faktoren, die den Aufbau eines dichten Filialnetzes interessant machten, war, daß die Bank sich dadurch einen stetigen Zustrom an Barmitteln sicherte. Sie bemühte sich, durch die Propagierung von Sparkonten dieses Geschäft anzukurbeln. Doch in den 1920er Jahren befaßte sich die Deutsche Bank, wie die anderen als Aktiengesellschaften verfaßten deutschen Großbanken, noch vorwiegend mit Industriefinanzierung im großen Stil sowie mit Außenhandelsfinanzierung und wurde häufig und heftig wegen der Vernachlässigung ihrer mittelständischen Kundschaft kritisiert.[7] Diese Kritik, in den späteren Jahren der Weimarer Republik am radikalsten von der NSDAP artikuliert, war womöglich mit ein Grund dafür, daß einige Vorstände der Bank zu der Überzeugung gelangten, ihr Haus müsse sich mehr um die Finanzierung kleiner und mittlerer Unternehmen kümmern, und daß die Deutsche Bank sich später an der «Arisierung» solcher Unternehmen beteiligte. Im großen und ganzen wurde die Mittelstandsfinanzierung jedoch von anderen Finanzinstituten geleistet, vor allem von kleinen Privatbanken, regionalen Bankhäusern oder von den vielen Sparkassen und Genossenschaftsbanken, die überall in Deutschland verbreitet waren.

Die größte aller damaligen Bankenfusionen fand 1929 statt, als die Deutsche Bank mit der Disconto-Gesellschaft verschmolz, einer der vier sogenannten D-Banken (die beiden anderen waren die Dresdner Bank und die Darmstädter- und Nationalbank). Die Disconto-Gesellschaft hatte bis dahin einen vorsichtigeren Kurs gesteuert als die Deutsche Bank; ihre führenden Manager fühlten sich daher nicht so vom Stigma des Expansionismus gezeichnet. Die Schwierigkeiten der Fusion waren noch nicht vollständig verdaut, als Deutschland mit voller Wucht von der Weltwirtschaftskrise getroffen wurde.

Wie wurde eine kompliziert aufgebaute Institution wie die Deutsche Bank geleitet, wie betrieb sie ihr Geschäft? Die unmittelbare Verantwortung für die Geschäftstätigkeit lag, wie bei allen deutschen Aktiengesellschaften, beim Vorstand, der Anfang 1932 zehn Mitglieder umfaßte. Jedes Vorstandsmitglied war für eine Region und für einen bestimmten Geschäftsbereich der Bank verantwortlich. Es war ein Gremium von Gleichberechtigten, auch wenn die Möglichkeit bestand, jeweils ein Mitglied als «Sprecher des Vorstands» herauszuheben.

Dem Aufsichtsrat saß nach alter Gepflogenheit ein ehemaliges Vorstandsmitglied vor. Im übrigen konnten ihm namhafte Persönlichkeiten aus der Wirtschaft angehören, gewöhnlich Vorstände größerer Unternehmen, zu denen die Deutsche Bank langjährige Geschäftsbeziehungen unterhielt. 1932 hatte der Aufsichtsrat der Deutschen Bank 102 Mitglieder; dazu kamen zwei Vertreter des Betriebsrats. Es handelte sich offenkundig um ein «unhandliches» Gremium, das keine wirksame Kontrolle auszuüben vermochte, zumal der Aufsichtsrat selten zusammentrat. Er erfüllte denn auch mindestens ebenso sehr eine gesellschaftliche wie eine im strengen Sinn geschäftsmäßige Funktion (das galt für fast alle deutsche Aufsichtsratsgremien zu dieser Zeit.) Es gab indes einen Ausschuß des Aufsichtsrats, der häufiger tagte und dessen Kompetenzen im Zuge einer in den Depressionsjahren durchgeführten internen Strukturreform erweitert wurden. Von da an als Kreditausschuß bezeichnet, hatte dieses Gremium hauptsächlich die Aufgabe, die Vergabe von Großkrediten zu überwachen – dies hatte sich als eine der Problemzonen der Geschäftspolitik der Deutschen Bank vor 1931 erwiesen.

Im Zuge des auf dem Höhepunkt der Weltwirtschaftskrise vorgenommenen Umbaus wurde der personelle Umfang des Aufsichtsrats erheblich reduziert – Anfang 1933 auf 14 Mitglieder zuzüglich der beiden Vertreter des Betriebsrats. Später, als die Bank sich genötigt sah, Wirtschaftspersönlichkeiten, die mit dem NS-Regime in guter Verbindung standen (wie den Tabakmagnaten Philipp Reemtsma), für sich einzunehmen, stieg die Zahl der Aufsichtsräte wieder an. 1936 umfaßte der Aufsichtsrat der Deutschen Bank 29 Personen.

Ein weiterer Weg, auf dem die Bank ihre geschäftlichen Verbindungen zu erweitern versuchte, war die Einrichtung eines großen «Hauptausschusses», der so etwas wie ein Auffangbecken für die Mitglieder des größeren Aufsichtsrats von vor 1933 war und dessen Funktionen fortführte. Ergänzend dazu wurden überall im Land regionale Beiräte mit beratender Funktion ins Leben gerufen.

In der Regel saßen die Vorstände der Deutschen Bank in den Aufsichtsräten diverser deutscher Industrieunternehmen; die Tantiemen, die sie dort bezogen, addierten sich zu einem beträchtlichen Zusatzeinkommen. Hieraus ergab sich eine enge Verflechtung zwischen Banken und Industrie, die sich in der Regel zunächst darin manifestierte, daß die Bank einem Unternehmen Kredite gewährte, die manchmal durch Verpfändung von Werten abgesichert waren, zuweilen aber auch in Form von Kontokorrentkrediten vergeben wurden.[8] In günstigen Momenten des Börsenzyklus organisierte die Bank gewöhnlich neue Wertpapieremissionen (sei es in Aktien oder Anleihen) und nutzte ihren Kundenstamm als Absatzmarkt für diese neu ausgegebenen Papiere. Viele Kunden gaben erworbene Wertpapiere ihrer Bank zur Aufbewahrung und Verwaltung, d. h. sie eröffneten ein Wertpapierdepot und überließen es der Bank, bei den Hauptversammlungen der betreffenden Gesellschaften in ihrem Namen abzustimmen. Es war das breite Arsenal unterschiedlicher finanzwirtschaftlicher Instrumente, das den deutschen «Universalbanken» ihre spezifische Macht verlieh, eine Macht, die ihren Zenit wahrscheinlich im ersten Jahrzehnt des 20. Jahrhunderts erreichte, der Zeit, in der viele große Fusionen stattfanden und viele Großkonzerne entstanden.

Diese Verwaltungsstruktur funktionierte recht gut, solange die meisten Geschäfte in Berlin stattfanden oder international orientiert waren. Sie paßte aber nicht so recht zu einer auf ein großes Netz von Niederlassungen und Filialen zugeschnittenen Organisation. In Berlin hatte der Vorstand ein zentrales Büro eingerichtet, das für die Zweigstellen zuständig war, das sogenannte Filialbüro, überwacht von einem Mitglied des Vorstands. Zusätzlich hatte jedes Mitglied des Vorstands die allgemeine Verantwortung für eine definierte Region, wobei jedoch ein in einer dieser Regionen angesiedeltes Großunternehmen wiederum in besonderer Beziehung zu einem anderen Vorstandsmitglied stehen konnte.

Die Zweigstellen verhielten sich in vielerlei Hinsicht so, als seien sie Miniaturausgaben der Bank. Bis zu drei ihrer leitenden Manager durften den Titel «Direktor» führen und saßen in Aufsichtsräten von Firmen ihrer Region (die allerdings kleiner waren als die Unternehmen, deren Aufsichtsräten die Vorstandsmitglieder der Deutschen Bank angehörten).

Die Existenz eines ziemlich dichten Filialnetzes bedeutete, daß die Deutsche Bank nun einen viel engeren Kontakt zu einer Reihe regionaler und lokaler Wirtschaftsstrukturen hatte. Das galt natürlich auch für Regionen, in denen es eine beträchtliche Zahl jüdischer Unternehmen und Geschäfte gab, etwa Sachsen mit seinen vielen jüdischen Textil-, Leder-

und Kürschnerbetrieben, oder Schlesien, wo ebenfalls ein Teil der Textil-, aber auch der Schwerindustrie in jüdischer Hand war. Es galt auch im deutschen Südwesten mit seiner starken Handwerkstradition, wo sich in erheblichem Maß jüdische Fabrikationsbetriebe entwickelt hatten – gerade in dieser Region war die Deutsche Bank zufällig, aufgrund der Übernahme einiger kleinerer Banken, in den Besitz eines besonders dichten Filialnetzes gelangt.[9]

Somit präsentierte sich die Deutsche Bank zu Beginn der 1930er Jahre keineswegs als ein perfekt zentralisiertes Institut, sondern als eine Firma mit einer unsauber gegliederten Hierarchie, einer Struktur, die man vielleicht am treffendsten als «Polyarchie» bezeichnen könnte. In mancher Hinsicht nahm sie sich aus wie das Spiegelbild eines republikanischen Staates des Typs, für den der Staatsrechtler Carl Schmitt den Begriff «polykratisch» geprägt hatte (einen Begriff, den viele Historiker zur Charakterisierung der amorphen Machtverteilung im NS-Staat von 1933–1945 verwendet haben).[10]

2. Weltwirtschaftskrise und Finanzkrise

Das Unternehmen und die wirtschaftliche und politische Kultur, innerhalb derer es agierte, erfuhren in den frühen 1930er Jahren eine ziemlich radikale Umwälzung, zuerst durch die allgemeine Wirtschafts- und Finanzkrise, dann durch die politische Revolution der Nationalsozialisten (die ohne die Wirtschaftskrise nicht vorstellbar gewesen wäre). Da das Bankensystem historisch stets als Übertragungsmechanismus für Marktsignale fungiert hatte, lief es in dem Moment, als Kräfte an die Macht kamen, die leidenschaftlich an neue, nicht marktwirtschaftliche Formen der ökonomischen Organisation glaubten, Gefahr, obsolet zu werden. Dazu kam, daß die Banken zu diesem Zeitpunkt wegen der katastrophalen Vorgänge des Jahres 1931 besonders verwundbar waren.

Die große Bankenkrise vom Juli 1931 hatte das Ansehen und den Einfluß aller deutschen Banken erheblich geschwächt. Am schlimmsten hatte es die Darmstädter und Nationalbank (Danatbank) getroffen, an deren Spitze der charismatische Jacob Goldschmidt stand, ein Mann, in dem die Deutschen wie auch ausländische Beobachter die Inkarnation dessen sahen, was die Macht und Faszination des deutschen Universalbanksystems ausmachte. Der Bericht des britischen MacMillan-Ausschusses, in dem Goldschmidt als leuchtendes Beispiel gepriesen wurde, kam zufällig just an jenem 13. Juli 1931 heraus, an dem die Danatbank ihre Pforten schloß. Die grundlegende Schwäche der Danatbank bestand in der Kombination eines viel zu weit getriebenen Kreditengagements zugunsten eines einzelnen Schuldners, der scheinbar höchst erfolgreichen und dynamischen Bremer Firma Nordwolle, mit in großem Stil getätigten Aufkäufen eigener Aktien, um deren Kurs angesichts einer allgemeinen Börsenschwäche zu stützen. Als der Zusammenbruch der Österreichischen Creditanstalt im Mai 1931 eine internationale Panikreaktion auslöste, wurde die Danatbank mit in den Abgrund gerissen. Im Zuge einer staatlich dirigierten Rettungsoperation wurde die Danatbank mit der fast ebenso notleidenden Dresdner Bank verschmolzen. Die Tatsache, daß die neue Dresdner Bank de facto in Staatsbesitz war und daß die personelle Umbesetzung des Vorstands am 30. Januar 1933 noch nicht abgeschlossen war, eröffnete fast unvermeidlicherweise den Nazis einen erheblichen Einfluß auf die Bank.

Die Danat war die schwächste Großbank in Deutschland, aber nicht die einzige, die die Krise zu spüren bekam. Man kann vielmehr von einer generellen Schwäche des deutschen Universalbankwesens sprechen, die eine Spätfolge von Krieg und Inflation war. Die Banken hatten damals den größten Teil ihres Kapitals verloren und hatten sich 1924 auf einer prekär schmalen Kapitalbasis neu konstituiert. Der Wettbewerbsdruck – in starkem Maß das Ergebnis der aggressiven Geschäftspolitik Goldschmidts an der Spitze der Danatbank – hatte sie zur Aufnahme von Anleihen (vorwiegend im Ausland) und zur Verlängerung und Ausweitung gewährter Kredite bei gleichzeitig weiterhin schwacher Eigenkapitalbasis gezwungen, das alles unter den Bedingungen einer erheblich unterhalb des Vorkriegsniveaus liegenden Liquidität. Dazu kamen erhebliche Währungsrisiken, da ihre Verbindlichkeiten (die aufgenommenen Auslandsanleihen) in US-Dollars, britischen Pfund oder Schweizer Franken zu tilgen waren, während Aktivposten und Einnahmen überwiegend in Reichsmark anfielen. Das hatte zur Folge, daß Zweifel an der Stabilität der deutschen Währung, wie sie sich etwa im Gefolge der langwierigen Reparationsverhandlungen von 1929/30 einstellten, immer sogleich das Vertrauen in die Banken erschütterten. Bankenschwäche und Zweifel an der eigenen Währung waren im Grunde sogar auf eine Art und Weise miteinander verquickt, die in mancher Beziehung die Währungskrisen der 1990er Jahre vorwegnahm, insbesondere die Asienkrise von 1997 – in der Fachliteratur spricht man heute von «Zwillingskrisen».[11] Anleger, die das Vertrauen in die Kreditwirtschaft verloren (wie nach der Krise der

Österreichischen Creditanstalt), zogen unter Umständen nicht nur kurzfristige Einlagen aus ihrer Bank ab, sondern neigten auch dazu, Reichsmark-Guthaben aufzulösen und das Geld in Auslandsdevisen zu tauschen. Desgleichen neigten Investoren, die das Vertrauen in die eigene Währung verloren, dazu, Reichsmark-Guthaben abzuziehen und umzutauschen, was die Finanzkraft der Banken schwächte. Das Zusammenkommen von Zweifeln an der Währungsstabilität mit spezifischen Problemen einzelner Banken führte somit dazu, daß alle größeren, ins internationale Geschäft eingebundenen Banken Guthaben verloren. (Kleinere Banken waren international weniger exponiert und daher weniger anfällig für diese Risiken.)

Die Deutsche Bank war von der Bankenkrise nicht so hart getroffen worden, aber auch sie brauchte staatliches Geld und mußte als Sicherheit eigene Aktien im Nennwert von 72 Mio. RM bei der Deutschen Golddiskontbank, einer Tochter der Reichsbank, deponieren. Ihr Vorstandssprecher Oscar Wassermann war für problematische Kredite an die bankrotte Großbrauerei Schultheiss Patzenhofer verantwortlich – er hatte es versäumt, die Bonität des Unternehmens zu prüfen. Es entbrannte auch eine heftige Kontroverse um die Frage, ob nicht die Deutsche Bank vorsätzlich die Krise verschärft habe, um ihren Konkurrenten zu schaden. Diese Unterstellung, ausgestreut von Vorständen der konkurs gegangenen Banken und besonders aktiv von Jacob Goldschmidt verbreitet, wurde vom damaligen Reichskanzler Heinrich Brüning aufgegriffen und später in seinen postum veröffentlichten Memoiren wiederholt. (Brüning tat sich mit der Abfassung des Kapitels über die Bankenkrise offensichtlich schwer. Während er den größten Teil seines Memoirenmanuskripts in den 1930er Jahren fertigstellte, schrieb er den Teil über die Banken erst in den 1950er Jahren nieder – nach Beratungen mit Goldschmidt, der vor den Nazis nach New York geflüchtet war.)[12]

Zu einem sehr späten Zeitpunkt im Verlauf der Bankenkrise, am 8. Juli 1931, hatte Goldschmidt eine Fusion der Danat mit der Deutschen Bank vorgeschlagen. Wassermann hatte dies wohlweislich abgelehnt, weil es unmöglich war, den Umfang der von der Danatbank eingefahrenen Verluste festzustellen – und weil der Konkurs der größten österreichischen Bank, der Österreichischen Creditanstalt, durch eine ähnliche Operation, die Übernahme einer problematischen Bank (der Bodenkreditanstalt), ausgelöst worden war. Einige Tage vorher hatte Wassermann auf einer Konferenz von Industriellen und Bankiers wiederholt von einem speziellen «Danat-Problem» gesprochen, wo doch in Wirklichkeit alle Banken durch Guthabenauflösungen und durch die Unfähigkeit oder den Unwillen der Reichsbank, den Privatbanken durch die Diskontierung von Wechseln zu Hilfe zu kommen, gefährdet waren. Später hatte Wassermann der Regierung gegenüber erklärt, die Danat sei nicht zu retten, und am 10. Juli hatte er Brüning mitgeteilt, den anderen Banken drohe keine Gefahr. Am 11. Juli hatte sich der Vorstand der Deutschen Bank geweigert, sich an einem Kredit für die Danat zu beteiligen, und zugleich hatte Wassermann begonnen, die Parole vom bevorstehenden Straucheln der Dresdner Bank auszugeben.[13]

Nach der Bankenkrise, im Oktober 1931, legte die Deutsche Bank eine ausführliche Denkschrift vor, in der sie sich gegen den Vorwurf verwahrte, durch die Verweigerung solidarischer Hilfe für die anderen Großbanken die allgemeine Krise erst herbeigeführt zu haben. Die Verantwortung für die Bankenkrise gaben die Autoren der Denkschrift dem internationalen Umfeld; sie übten scharfe Kritik an der restriktiven Kreditpolitik der Reichsbank, d. h. ihrer Weigerung, den Geschäftsbanken durch Rediskontierung unter die Arme zu greifen. Tatsächlich entsprach das Verhalten der Reichsbank nicht den klassischen Empfehlungen Walter Bagehots (nach dessen Überzeugung die Zentralbank in einer akuten Krise großzügig Kredit gewähren sollte, wenn auch mit einem «Strafaufschlag» auf den Zinssatz). Was die Denkschrift der Deutschen Bank nicht berücksichtigte, war, daß der Reichsbank dieser Kurs durch das Verhalten anderer Zentralbanken aufgezwungen worden war, insbesondere der Federal Reserve Bank in New York und der Bank von England, die beide die besagten Kreditrestriktionen zur Vorbedingung für internationale Hilfe gemacht hatten.[14] In den darauffolgenden Monaten blieb die Deutsche Bank bei ihrer kritischen Haltung gegenüber der Reichsbank und ihrem Präsidenten Hans Luther. Der ganze Fragenkomplex blieb ein heikles Thema, sogar über den Zweiten Weltkrieg hinaus; noch in den 1950er Jahren ging in den Reihen früherer Vorstände der Deutschen Bank die Furcht um, Brüning werde in seinen Memoiren, deren Veröffentlichung bevorstand, ein vernichtendes Urteil über ihre Arbeit fällen; das bankeigene Dossier über die Krise von 1931 fand sich im Nachlaß von Hermann J. Abs.[15]

Wie eine solche Attacke hätte aussehen können, kann man sich unschwer ausmalen. Wer auch immer für die Bankenkrise verantwortlich war, hatte damit eine erhebliche Verschärfung der Wirtschaftskrise in Deutschland bewirkt. Es ist immerhin vorstellbar, daß ohne diese Verschärfung Brüning sich länger gehalten hätte und Hitler und seine Bewegung «völlig in der Versenkung verschwunden» wären (wie ein früherer britischer Botschafter in Deutschland es in seinen 1929 veröffentlichten Memoiren eher voreilig prophezeit hatte).[16] 1953 hatte Brüning ein langes Gespräch über die Bankenkrise mit dem früheren (und zukünftigen) Star der Deutschen Bank, Hermann J. Abs. In dem Dokument, das dieses Gespräch festhielt, heißt es: «Nach dem Eindruck von Abs scheint Herr Brüning diese Krise als die Wurzel allen folgenden Übels anzusehen und hat irgend woher die Vorstellung, daß die damaligen Vorgänge stark beeinflußt waren durch Konkurrenzgefühle unter den Banken und daß die Deutsche Bank durch ihre Weigerung, für die Danatbank einzuspringen, zu einer Verschärfung der Situation beigetragen habe.»[17]

Sicherlich war und blieb der Vorstand der Deutschen Bank in den 18 Monaten, die der Bankenkrise folgten, verzagt und anfällig für Attakken und Denunziationen, ebenso wie ihr Unternehmen wirtschaftlich geschwächt daraus hervorging. Die Krise von 1931 schien den allgemeinen Schluß nahezulegen, daß das Bankensystem der übrigen Wirtschaft nur Schaden zufüge. Wäre es nicht effizienter, so argumentierten nun die Kritiker, wenn der Staat seine Ziele unmittelbar durch Verordnungen verwirklichte?

Als Adolf Hitler Ende Januar 1933 zum deutschen Reichskanzler ernannt wurde, errichtete er auf der Grundlage des Machtmonopols der NSDAP eine Parteidiktatur, die bis zur Niederwerfung Deutschlands durch die Alliierten 1945 Bestand hatte. Das neue Regime strebte nach vollständiger Kontrolle des wirtschaftlichen wie des politischen, sozialen und kulturellen Lebens. Es interpretierte die Weltwirtschaftskrise als Beleg dafür, daß die private Marktwirtschaft gescheitert sei und der Staat künftig in das Wirtschaftsgeschehen intervenieren müsse. Obwohl es in der Weimarer Republik schon vorher eine Vielzahl staatlicher Eingriffe – etwa auf dem Wohnungsmarkt oder in der Lohnpolitik – gegeben hatte, wurde in der Krise der Ruf nach neuen Kontrollen und Vorschriften laut: Tatsächlich schränkte die deutsche Regierung den grenzüberschreitenden Kapitalverkehr ein und erließ ein partielles Schuldenmoratorium für die Landwirtschaft.

Unermeßliches menschliches Leid, fast sieben Millionen Arbeitslose, bankrotte Landwirte und geschlossene Banken ließen die Wirtschaftskrise als eindeutigen Beweis dafür erscheinen, daß die ungeplante individualistische Marktwirtschaft und der «Finanzkapitalismus» nicht funktionierten. Die Banken hatten zahlreiche Kredite gekündigt, um ihre hochgradig gefährdete Liquidität zu sichern, und ernteten dafür den Haß mittelständischer Unternehmer. Gleichzeitig hatten die Banken – um im

Geschäft zu bleiben – staatliche Subventionen beantragt und empfangen, ja, sie waren von ihnen abhängig geworden.

Die Nationalsozialisten übernahmen bei der «Neuordnung der Wirtschaft» von den Regierungen der Krisenzeit ein System staatlicher Reglementierungen, das sie noch weiter ausbauten. Neben einem Bündel von Handelsbeschränkungen führten sie 1934 die Rohstoffzuteilung ein und begrenzten die Dividendenzahlungen; nach 1936 kamen weitreichende Preiskontrollen hinzu. Jüdisches Eigentum wurde, nachdem es zunächst das Ziel scheinbar spontaner Übergriffe lokaler Fanatiker war, bald Gegenstand staatlicher Diskriminierung und schließlich der Enteignung.

Abgesehen von diesen rassisch motivierten Übergriffen auf jüdischen Besitz blieb das Grundprinzip des Privateigentums unangetastet. Wohl aber wurden die Gesetze, die die Vermögensrechte regelten, grundlegend umgestaltet. Deutschland behielt die privatwirtschaftliche Ordnung bei, aber ohne sich an den Signalen zu orientieren, die gemeinhin mit dem Wirken des Marktes verbunden sind: frei ausgehandelte (nicht staatlich festgelegte) Preise, Zinssätze oder Wechselkurse. Es war eine Wirtschaftsordnung ohne die üblichen Marktmechanismen, eine Wirtschaftsordnung, die zu funktionieren hatte, wie es die neuen Machthaber wünschten. Gerade die freie Preisgestaltung aber ist wesentlich für den Markt: sie zu unterdrücken oder zu verzerren führt zur Kommandowirtschaft.

Verfolgt man den deutschen Weg aus der Depression in die Lenkungswirtschaft, so fällt es schwer zu unterscheiden, was mehr oder weniger zwangsläufig aus den finanziellen und wirtschaftlichen Katastrophen der Weltwirtschaftskrise resultierte und was auf die politischen Zielvorstellungen der neuen Machthaber in Deutschland zurückzuführen war. Beispielsweise büßte der Kapitalmarkt an Volumen ein und verlor an Bedeutung für die konjunkturelle Entwicklung. Das Kreditgeschäft der Banken erholte sich von der Weltwirtschaftskrise wesentlich langsamer als die übrige Wirtschaft. Aber beide Phänomene waren nicht nur in Deutschland oder ganz allgemein in Diktaturen anzutreffen, vielmehr charakterisierten sie die Entwicklung der europäischen Volkswirtschaften insgesamt. Einige Nationalökonomen entwickelten sogar die Theorie, daß der Kreditbedarf langfristig zurückgehen werde.[18] Der Kapitalmarkt, so schien es, war zum einen durch die Erfahrung der Wirtschaftskrise, zum anderen durch organisatorische Maßnahmen wie die zunehmende Kartellbildung auf den Finanzmärkten – eine Begleiterscheinung des Marktversagens in den 1920er und frühen 1930er Jahren – zerstört worden. Es bedurfte keiner – dem Finanzkapitalismus ablehnend gegenüberstehenden – nationalsozialistischen Regierung, um dem deutschen Kapitalmarkt seine Bedeutung zu nehmen. Insofern war die makroökonomische Entwicklung Deutschlands zu einem großen Teil vorprogrammiert, und die in den 1930er Jahren gemachten Erfahrungen wären unter einer anderen Regierung die gleichen gewesen.

Anfangs spielten die Bankkredite bei neuen Investitionen eine marginale Rolle, denn es standen noch genügend liquide Mittel zur Selbstfinanzierung zur Verfügung. Später trugen hohe Gewinnmargen die Expansion, oder sie wurde, etwa bei Firmen, die im öffentlichen Auftrag produzierten, mit Hilfe von Staatskrediten finanziert. Die Deutsche Bank und Disconto-Gesellschaft räumte zwar 1933 rein numerisch wesentlich mehr Kredite ein (118 000) als 1932 (17 000), aber das Gesamtvolumen der Kredite fiel kontinuierlich bis 1937. Gemessen an der Bilanzsumme der Bank ging es von 55,4 Prozent im Jahre 1932 auf 35,4 Prozent im Jahre 1937 zurück. Das Kreditgeschäft der Banken erholte sich 1938 zwar kurzfristig, aber während des Krieges war es doch weiter rückläufig.

1933 legte die Deutsche Bank als Reaktion auf kritische Stimmen, die den Großbanken vorwarfen, mit Krediten an kleine und mittlere Unternehmen zu knausern (ein alter Vorwurf, der schon vor dem Ersten Weltkrieg erhoben worden war und den die Wirtschaftspolitiker der Nazis begierig aufgriffen), detaillierte Statistiken über die regionale und sektorale Verteilung ihrer Kredite sowie über die Größe der mit Krediten bedachten Firmen vor. Regional aufgeschlüsselt, ging der bei weitem größte Anteil (32,04 Prozent) nach Rheinland-Westfalen, gefolgt von Berlin (8,97 Prozent) und Baden (8,92 Prozent). 32,96 Prozent der Gesamtkreditsumme ging an die verarbeitende Industrie, 15,25 Prozent an die Grundstoffindustrie; der Handel erhielt 16,12 Prozent aller Kredite, woran der Einzelhandel allerdings nur mit 4,34 Prozent beteiligt war. Nur 0,58 Prozent der von der Deutschen Bank gewährten Kredite ging an Handwerksbetriebe. Auch eine Aufschlüsselung dieser Zahlen nach Kreditgröße lieferte die Bank mit: 18,83 Prozent aller an die verarbeitende Industrie gegebenen Darlehen waren «kleine und mittlere Kredite» von weniger als 100 000 RM, nur 3,95 Prozent entfielen auf Kredite von über 5 Mio. RM. 35,10 Prozent der dem Handel und 87,21 Prozent der dem Handwerk gewährten Kredite waren kleinen oder mittleren Umfangs.[19]

Das Kreditgeschäft ging zum einen zurück, weil die Unternehmer im Zuge der Deflation gelernt hatten, ihre Verschuldung möglichst niedrig zu halten. Zum anderen hatten aber auch die Banken nach 1931 allen Grund, vorsichtig zu sein, denn nachdem sie zahlreiche Kredite binnen kürzester Zeit hatten kündigen müssen, sahen sie sich einer massiven Feindseligkeit von seiten ihrer Kunden ausgesetzt. Jeder kluge Bankier hätte seine Lehren aus der Bankenkrise gezogen. Immer wieder forderte die Deutsche Bank ihre Filialleiter auf, Zurückhaltung zu üben. So hieß es in einem Rundschreiben an die Direktionen der Zweigniederlassungen vom August 1933: «Es liegt uns außerordentlich daran, unsere Liquidität auch in Zukunft, soweit nur irgend möglich, in einem gesunden und vertretbaren Ausmaße erhalten zu sehen.»[20] Und Vorstandssprecher Eduard Mosler bemerkte im Oktober 1936 vor Filialdirektoren: «Es ergibt sich daraus für uns eine gewisse Vorsicht bei unserer Kreditpolitik. Wir sollen eine Kreditausdehnung nicht betreiben.» Ähnlich argumentierte das Vorstandsmitglied Karl Kimmich 1938: «Es besteht die Gefahr, daß wir von Seiten der Industrie stark ausgenutzt werden, und es ist erforderlich, unsere Einstellung zu ändern [...] Wir wollen versuchen, die herausgelegten lang- und mittelfristigen Kredite nach Möglichkeit in kurzfristige Kredite umzuwandeln.»[21]

Auch die Einlagen bei allen großen deutschen Banken gingen mit Beginn des Konjunkturaufschwungs zurück, da Großunternehmen begannen, sie für Investitionen zu verwenden.[22] Der Einlagenabzug zur Reinvestierung war ein fortschreitender Prozeß. Besonders dramatisch fielen die ausländischen Einlagen, bei der Deutschen Bank auf 403 Mio. RM Ende 1933 (verglichen mit 685 Mio. RM 1931). Doch seit Ende 1934 stieg die Summe der Einlagen ständig an. Angesichts des geringen Kreditbedarfs blieb den Banken in der zweiten Hälfte der 1930er Jahre nicht viel anderes übrig, als die neuen liquiden Mittel Reichsanleihen zuzuführen. Die Bilanz der Deutschen Bank wies ab 1933 wachsende Wertpapierbestände aus. Dabei handelte es sich in einem erheblichem Umfang um Reichsanleihen. Nach 1937, als der Staat stärker auf kurzfristige Darlehen angewiesen war, stieg auch der Anteil von Schatzwechseln in den Portefeuilles der Banken (vgl. Graphik 1). Diese Entwicklung wurde in Deutschland als die «geräuschlose Finanzierung» eines Staates beschrieben, dessen Ausgaben und Schulden stiegen, da er sich immer mehr Aufgaben auflud. Tatsächlich führte dies dazu, daß nicht allein der staatliche Wirtschaftssektor, sondern auch die Wiederaufrüstung über das Bankensystem finanziert wurde.

Da ein zentraler Teil des Geschäfts der Banken, Einlagen von Unternehmen anzunehmen und Handelskredite zu gewähren, schrumpfte,

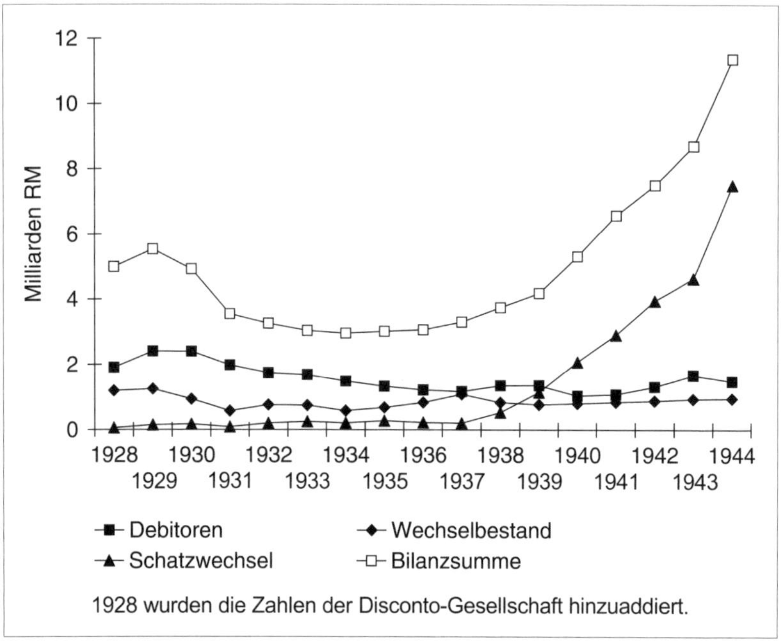

Graphik 1: Deutsche Bank: Aktiva 1928–1944

wurde ihre Stellung in der deutschen Wirtschaft geschwächt. Daneben hatte traditionell ein Schwerpunkt der deutschen Großbanken, und insbesondere der Deutschen Bank, in der Auslandsfinanzierung gelegen. Doch der dramatische Einbruch des Welthandels in der Depression, die in den dreißiger Jahren allgemein vorherrschende protektionistische Wirtschaftspolitik sowie das deutsche System des gelenkten Außenhandels schmälerten sowohl den Umfang als auch die Bedeutung der Wirtschaftsbeziehungen zum Ausland. In ihrem Zusammenspiel bewirkten diese Faktoren, daß die Deutsche Bank, wie auch alle anderen Berliner Großbanken, ihren bisherigen Anteil am deutschen Bankgeschäft nicht halten konnte (vgl. Graphik 2).

In den 1930er Jahren expandierten im wesentlichen die Sparkassen auf Kosten der traditionellen Großbanken. Entsprechend wuchs das Gesamtvermögen der Berliner Großbanken zwischen 1932 und 1939 um 15 Prozent, während sich das der Sparkassen um 102 Prozent erhöhte. Sowohl die Deflation als auch der darauf folgende Konjunkturaufschwung trugen dazu bei, daß die Sparkassen die Position wiedererlangen konnten, die sie in der Hyperinflation nach dem Ersten Weltkrieg eingebüßt hatten. Parallel hierzu verlief die Entwicklung in anderen europäischen Ländern, wo im Laufe der 1930er Jahre Caisses d'épargne (Frankreich), Kantonalbanken (Schweiz), Bausparkassen (England) oder Postsparkassen rasch expandierten. Daß alle großen Handelsbanken wettbewerbsbedingt Abstriche an ihrer Position hinnehmen mußten, war ein gesamteuropäisches Phänomen. Die Erklärung hierfür kann also weder allein in der deutschen Gesetzgebung oder in institutionellen Besonderheiten liegen, noch in der nationalsozialistischen Vorliebe für «Volks»-banken, und schon gar nicht in der Geschäftspolitik einer einzelnen Bank.

Vielmehr begünstigte erstens die gleichmäßigere Verteilung von Vermögen und Einkommen in der Zwischenkriegszeit die Sparkassen: Obwohl die deutschen Großbanken ab 1928 Spareinlagen entgegennahmen – der Deutschen Bank kam in dieser Hinsicht eine Pionierfunktion zu –, hatten sie von alters her doch wenig Wert auf Sparer aus den unteren Einkommensgruppen gelegt und ihnen entsprechend wenig Aufmerksamkeit gewidmet. Zweitens begrenzten die in vielen Ländern quasi kartellmäßig vereinbarten Zinssätze den Umfang von Geschäftserweiterungen, da für viele Firmen der Zins für Ausleihungen oft höher war als die Kosten innerbetrieblicher Kapitalbildung. In Deutschland, wo bereits seit

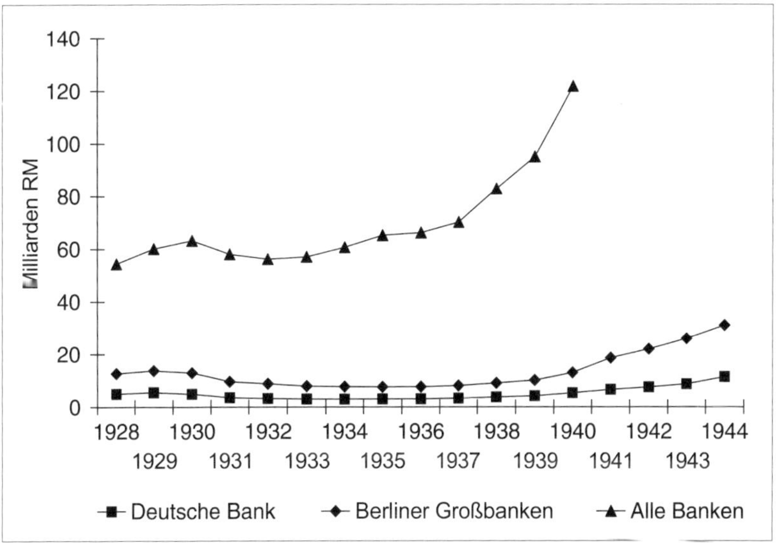

Graphik 2: Bilanzsumme der deutschen Banken 1928–1944

1931 Absprachen über die Höhe des Zinssatzes üblich waren, wurden die Kartellbestimmungen 1934 mit dem Gesetz über das Kreditwesen (§ 36) allgemein bindend. Aber es gab in Deutschland in den 1930er Jahren noch ein zusätzliches Moment, das zu dem relativen Rückgang des traditionellen Bankgeschäfts beitrug: der Aufstieg großer staatlicher Institute mit rechtlich privilegiertem Status. Die Bank für Industrie-Obligationen und die neu errichtete Bank der Deutschen Luftfahrt konnten, gestützt auf eine Rediskontzusage der Reichsbank, eine viel großzügigere Kreditpolitik verfolgen.

3. Das Problem der Banken

Wenn die einzige Aufgabe der Banken nunmehr darin bestand, ihre Kundengelder in Staatsanleihen anzulegen und damit Privatvermögen der Staatsschuld zuzuführen, war ihre unabhängige Tätigkeit dann überhaupt noch gerechtfertigt? Gehörten Banken aus der Sicht einer gelenkten Wirtschaftsordnung nicht offenkundig der diskreditierten Welt des vergangenen, auf dem Individualismus beruhenden 19. Jahrhunderts an? So argumentierten in der Tat all jene, die an die neuen wirtschaftlichen Grundsätze der Lenkung und Kontrolle durch Partei und Staat glaubten. Im Bankgeschäft geht es darum – insbesondere wenn man die deutsche Entwicklung betrachtet –, Risiken des Kapitalmarktes abzuschätzen und zu beurteilen oder (allgemeiner gesagt) die künftige Entwicklung zu prognostizieren. In den 1930er Jahren glaubten viele primär in politischen Kategorien denkende Kommentatoren, daß der Staat alle diese Aufgaben besser bewältigen könne – und vor allem in engerer Abstimmung mit den vorherrschenden sozialen und politischen Grundsätzen der Zeit. Und genau an diesem Punkt setzte das neue Regime an und beschritt einen anderen Weg als die Nachbarländer.

Hitler hatte die neuen Leitlinien in einer ganzen Serie von programmatischen Schriften und Reden klar und unzweideutig umrissen. Wiederholt erklärte er das 25-Punkte-Programm der NSDAP von 1920, das die Forderung nach «Brechung der Zinsknechtschaft» und nach «Verstaatlichung aller bereits (bisher) vergesellschafteten (Trusts) Betriebe» enthielt, für «unabänderlich». Immer wieder beharrte er darauf, daß sich die Wirtschaft dem Wohle des Volkes unterzuordnen habe. Am vierten Jahrestag der nationalsozialistischen «Machtergreifung» und vier Monate nach Verkündung des Vierjahresplanes insistierte Hitler auf dieser

Forderung: «Entscheidend ist der Wille, der Wirtschaft stets die dienende Rolle dem Volke gegenüber zuzuweisen und dem Kapital die dienende Rolle gegenüber der Wirtschaft. Der Nationalsozialismus ist, wie wir wissen, der schärfste Gegner der liberalistischen Auffassung, daß die Wirtschaft für das Kapital da sei und das Volk für die Wirtschaft. Wir waren daher auch vom ersten Tag an entschlossen, mit dem Trugschluß zu brechen, daß etwa die Wirtschaft im Staat ein ungebundenes, unkontrollierbares und unbeaufsichtigtes Eigenleben führen könnte. Eine freie, daß heißt ausschließlich sich selbst überlassene Wirtschaft kann es heute nicht mehr geben. Nicht nur, daß dies etwa politisch untragbar wäre, nein, auch wirtschaftlich würden unmögliche Zustände die Folge sein.»[23]

Ein hochentwickelter Propagandaapparat trug dazu bei, dieses Bild von der zu begrenzenden Einflußnahme des Unternehmers und seiner «sozialen Verantwortung» für das «allgemeine Wohl» der nationalen Gemeinschaft einzuhämmern. In Veit Harlans Kinofilm «Der Herrscher» vermittelt der Großindustrielle Clausen, gespielt von dem großen Schauspieler Emil Jannings, sehr überzeugend das Credo des nationalsozialistischen Unternehmers und das neue Ethos «verantwortungsbewußter» Unternehmensführung: «Der Volksgemeinschaft zu dienen, das muß das Ziel eines jeden Wirtschaftsführers sein, der sich seiner Verantwortung bewußt ist. Dieser mein Wille ist das oberste Ziel für mein Werk. Dem hat sich alles andere zu fügen, ohne Widerspruch, auch wenn ich damit den ganzen Betrieb in den Abgrund steuere.»[24]

Den deutschen Wirtschaftsführern wurde die Rolle von Hagens Vasallen im Nibelungenlied zugedacht – wobei den Bankiers eine besonders niedrige, untergeordnete Stellung zukommen sollte. Solange die nationalsozialistische Diktatur währte, führte die Partei regelmäßige Angriffe gegen die Banken und die Bankiers. Diese gehörten, so argumentierte man, in die angeblich überwundene Wirtschaftsordnung des «liberalen Individualismus», in ihnen sah man Gegner der eigenen Vorstellungen von einem staatlich gelenkten Wirtschaftsleben.

Wie sollten die Banken auf diesen dramatischen Wandel der politischen und moralischen Werte reagieren? Die Bankiers erkannten sehr wohl, daß die jetzt in Deutschland herrschenden Prinzipien im wesentlichen auf die Zerstörung der Wirtschaftsordnung zielten, in der und für die sie arbeiteten. Dennoch blieb ihnen nichts anderes übrig, als die neue Wirtschaftsdoktrin ernst zu nehmen, wenn sie ihrer historischen Rolle, zukünftige Entwicklungen abzuschätzen und zu beurteilen, weiterhin gerecht werden wollten. In der Geschichte der Deutschen Bank während des

Dritten Reiches spiegelt sich der Konflikt zwischen zwei unterschiedlichen Verhaltensmustern: Auf der einen Seite steht die Verteidigung gegen die Einmischung von Partei und Staat, auf der anderen Seite der Wille zur Anpassung und Kompromißbereitschaft. Die Geschäftsleitung der Deutschen Bank hätte wohl versuchen können, sich auf rein wirtschaftliche Aktivitäten zurückzuziehen; aber man lebte nun einmal unter einem Regime, das wirtschaftliche Handlungen zu politischen erklärte.

Die Personalpolitik, die Einstellung zu Angestellten, die nach den neuen Rassekriterien als «nicht-arisch» galten, die Haltung gegenüber jüdischen Unternehmern oder wirtschaftlichen Aktivitäten in Übersee oder sogar gegenüber der Frage, welche Unternehmensform gesellschaftlich wünschenswert sei: alle diese Aspekte waren zwangsläufig davon beeinflußt, wie die Bankiers das soziale und politische Umfeld, in dem sie sich bewegten, wahrnahmen. Banken bestimmen nicht ihr eigenes Schicksal. Vielmehr hat der bedeutende Hamburger Bankier Max Warburg Anfang der 1920er Jahre, also in einem ganz anderen Zusammenhang, die Geschichte des Bankwesens folgendermaßen charakterisiert: «Großen Wert würde ich darauf legen, daß nachgewiesen wird, wieviel der Zufall bei der Entwicklung eines solchen Geschäfts mitspielt und wieweit überhaupt die wirtschaftliche Entwicklung viel mehr Zufälligkeiten, Selbstentwicklungen zuzuschreiben ist als der sogenannten zielbewußten Arbeit eines Einzelnen. Durch die Arbeit sollte ein gewisses Gefühl der Ehrfurcht vor diesen Selbstentwicklungen gehen, denn die meisten Menschen leiden an Selbstüberschätzung, und namentlich die Bankdirektoren, wenn sie ihre Jahresberichte meistens 3 bis 6 Monate nach Schluß des vorherigen Jahres schreiben, legen nachträglich in ihre Aktionen eine Voraussehung, die in Wirklichkeit nie vorhanden gewesen ist.»[25]

Eine historisch fundierte Chronik der Geschäfte der Deutschen Bank in der NS-Zeit zu erstellen, bereitet besondere Schwierigkeiten, weil an schriftlichen Zeugnissen, die auf geschäftliche Kontakte, strategische Überlegungen und vor allem auf politisch motiviertes Verhalten verweisen würden, für diese Zeit sehr viel weniger vorliegt als für die 1920er Jahre mit ihrem republikanischen und demokratischen Klima. Vielleicht war der Wandel zu einer weniger dem geschriebenen Wort verpflichteten Geschäftskultur einfach nur die unschuldige Folge einer Abkehr von kaufmännischen Gepflogenheiten des 19. Jahrhunderts; näher liegt allerdings der Verdacht, daß die Furcht der Wirtschaft vor der politischen Willkür des totalitären Staates hier Pate stand. Die NSDAP und die Gestapo waren höchst neugierig auf strategische Informationen aus der Geschäftswelt, insbesondere, wie wir noch sehen werden, in den Kriegsjahren. Die Tatsache, daß trotz des Auftauchens einiger substantieller Unterlagen in jüngster Zeit Dokumente, die Auskunft über Motivation und Strategie geben könnten, nach wie vor dünn gesät sind, hatte und hat zur Folge, daß Interpretationen oft auf Basis der von den einzelnen Historikern mitgebrachten Voreingenommenheiten entwickelt worden sind.[26]

Moderne Kritiker, die dem Kapitalismus argwöhnisch und feindselig gegenüberstanden und Banken als integralen Bestandteil des diktatorischen Ausbeutungsapparats betrachteten, haben eine völlig irreführende Interpretation vorgelegt. Die Geschichtsschreibung sowohl der DDR als auch derjenigen, die unkritisch auf der Basis der Akten der amerikanischen Militärregierung in Deutschland (OMGUS) arbeiteten, stützte sich im Grunde allein auf eine Aufzählung der gesellschaftlichen Kontakte des Bankgewerbes.[27] Ausgehend von der unbegründeten Annahme, daß solche Beziehungen unweigerlich politischen Druck implizierten, gingen diese Untersuchungen so weit, den Unternehmen ständige politische Einflußnahme zu unterstellen. Sie nahmen das Ergebnis, das sie zu beweisen beanspruchten, bereits als erwiesen an, sie vergaßen, wie Herrschaft in einem totalitären Staat funktioniert, und sie ignorierten, was das Bankgeschäft wirklich ausmachte. Sie behaupteten sogar, die auf rein geschäftlicher Basis beruhende Mitgliedschaft in der «Südost-Europa-Gesellschaft» habe dem Zweck gedient, imperialistische und annexionistische Intrigen auszuhecken oder stellten die erzwungenen Beiträge zum «Winterhilfswerk» oder die «Adolf-Hitler-Spende» als dem Faschismus freiwillig gegebene Unterstützungen dar. Die OMGUS-Berichte reflektieren die New-Deal-Einstellung der damaligen Beamten des US-Schatzamts (und seiner Führung), die den Banken und Großunternehmen extrem feindselig gegenüberstanden.

Auf der anderen Seite lassen aber auch jene Autoren historischen Realismus und Objektivität vermissen, die in jeder Handlung eines Unternehmens oder einer Bank einen Schritt gegen die neuen politischen Machthaber sehen und die glauben, daß jede nicht unmittelbar politische (im Sinne des Regimes zu vereinnahmende) Aktion gegen das Regime gerichtet war. Tatsächlich leistete die Finanzwelt dem Regime nur wenig direkten Widerstand. Statt dessen rechtfertigten die Bankiers ihre willfährige Haltung mit der Begründung, sie hätten sich mit der Realität auseinandergesetzt und sie dann – wenn auch erfolglos – so weit wie möglich zu verändern versucht.

II. Die erste Herausforderung: Die nationalsozialistische Ideologie

Anfang 1933 gerieten die deutschen Banken ins Kreuzfeuer von Attacken aus mehreren Richtungen. Als Finanzinstitute wurden sie für die Bankenkrise und Firmenzusammenbrüche des Jahres 1931 verantwortlich gemacht und als politische Einflußmakler und Inbegriff der «jüdischen Ausbeutung» an den Pranger gestellt. Diese von unterschiedlicher Warte her erhobenen Vorwürfe verstärkten einander. Ihre Wirksamkeit wurde durch einige simple wirtschaftliche Tatsachen gesteigert: die abnehmende wirtschaftliche Bedeutung von Banktransaktionen innerhalb der eigenen Volkswirtschaft (abhängig vom Rückgang der Kreditvergaben an die Industrie) und auch international (abhängig vom Zusammenbruch des internationalen Handels in den 1930er Jahren). Die neue Ideologie des die Wirtschaft kontrollierenden Staats und des aufkommenden Antisemitismus hatten ihre Ursprung direkt im Staatsapparat, in den Reihen der NSDAP und in der Kundschaft der Bank. Doch mit der Zeit schlugen diese Ideologien auch in der Bank selbst Wurzeln, wo sie mit besonderer Begeisterung von einem Teil der kleinen und mittleren Angestellten aufgegriffen wurden (zumindest soweit sie keine Juden waren). Mag sein, daß die neuen Doktrinen ihnen überzeugend erschienen; genauso plausibel ist aber auch die Annahme, daß sie in ihnen ein Rezept für persönliches Vorwärtskommen innerhalb der bürokratischen Strukturen des NS-Machtapparats sahen.

1. Der Untersuchungsausschuß für das Bankwesen

Im September 1933 ging die schärfste von der Partei inszenierte Bedrohung von dem «Untersuchungsausschuß für das Bankwesen» aus, der über eine Reform des Bankensystems beraten sollte, um eine Wiederholung der Katastrophe von 1931 zu vermeiden. Wilhelm Keppler, dem Hitler den hochtrabenden, aber letztlich bedeutungslosen Titel «Beauftragter für Wirtschaftsfragen» verliehen hatte, wiederholte in den Ausschußsitzungen die lange Litanei allseits bekannter Klagen über die Banken und ihre Stellung in der Wirtschaft: «Ferner versuchte das Kapital, sich zum Herrn der Wirtschaft aufzuschwingen, statt der Wirtschaft zu *dienen*. Käufe von Aktienpaketen und Majoritäten, Kämpfe um die Mehrheiten in Generalversammlungen und Aufsichtsräten waren an der Tagesordnung, obgleich Derartiges nicht zum Aufgabenkreis der Banken gehören kann.» Zu viele Banken hätten ihren Sitz in Berlin, sie seien «zu immer größeren Einheiten [...] mit bürokratischem und unpersönlichem Charakter» verschmolzen. Sie hätten «Aufgaben, die mehr in das Gebiet der Spekulation als in das Gebiet des ordentlichen Bankiers gehörten», übernommen, gleichzeitig aber das Kreditgeschäft mit kleinen und mittleren Unternehmen vernachlässigt. Keppler forderte die «Dezentralisierung des Verfügungsrechts» und verlangte außerdem, den Aktionsradius der Sparkassen («aus politischen Gründen») auszuweiten und den Zinssatz allgemein zu senken.[1]

Der neu ernannte Staatssekretär im Reichswirtschaftsministerium, Gottfried Feder, der sich mit der Idee einer monetären Reflation einen Namen gemacht hatte, vertrat eine ebenso radikale Meinung wie Keppler: «Infolge des Vordringens des jüdischen, rein händlerischen Geistes im Bankgewerbe hätten die Großbanken versagt mit dem Ergebnis, daß zu ihrer Sanierung eine Milliarde Staatsmittel angewandt werden mußte.» Daraus ergab sich für ihn zwingend die Schlußfolgerung, daß die neue Regierung etwas gegen die Mißstände im Bankwesen unternehmen müsse: «Wohl aber ist eine Leitung der Banken durch den Staat erforderlich. [...] Man kann unserer Regierung nicht fehlende Initiative vorwerfen. Die größte Initiative hat heute Adolf Hitler».[2]

Aber diese Auffassung war in den Ausschußsitzungen nicht vorherrschend. Großindustrielle bezeugten, daß sie keinen «Druck der Großbanken auf ihre Kunden» gespürt hätten. Kleinere Unternehmer sagten aus, daß sie nicht von Krediten der Großbanken abhängig gewesen seien und schnellen Zugriff auf andere Geldquellen gehabt hätten. Eduard Mosler von der Deutschen Bank erläuterte, wie sehr die Tätigkeit im Aufsichtsrat dadurch geprägt sei, daß man Ratschläge und Informationen gebe; hilfreiche Anregungen spielten eine viel größere Rolle als die angeblich autokratische Herrschaft der Banken: «Der Bankier kann dem Industriellen wichtige Ratschläge über die Besetzung von leitenden Stellen geben, er kann ihm eine Fülle von Erfahrungen aus anderen Branchen übermitteln, Erfahrungen, die er sich sonst nur mit großen Schwierigkeiten verschaffen kann.»[3]

Offenbar konnten solche Argumente aus dem Munde von Männern

der wirtschaftlichen Praxis selbst die ideologischen Fürsprecher einer Staatsaufsicht überzeugen – wenigstens für den Augenblick. Feder gab leicht verhalten zu: «Ich bin durchaus befriedigt. Ich habe den Eindruck gewonnen, daß man allgemein eine starke persönliche Beziehung zwischen Werk und Bank wünscht.» Vielleicht sollten die Banken doch nicht Teil eines gigantischen staatlichen Lenkungsapparates werden. Hjalmar Schacht, von Hitler wieder zum Reichsbankpräsidenten ernannt, hatte anscheinend die gesamten Diskussionen des Ausschusses sorgfältig inszeniert. Denn vor ausländischen Beobachtern prahlte er damit freimütig, was einen Berichterstatter zu der folgenden Einschätzung veranlaßte: «Das Ziel der Untersuchung war in seinen Augen, allen Leuten mit neuen Theorien die Möglichkeit zu geben, diese offen darzulegen und sie mit qualifizierten Experten zusammenzubringen, die unverblümt auf ihre Theorien antworten würden [...] Dr. Schacht glaubte tatsächlich, die Parteitheoretiker würden in der Sache ohne großen Einfluß sein.»[4]

Schließlich erkannten die Parteiaktivisten, daß «die privaten Großbanken unter Führung des Reichsbankpräsidenten Dr. Schacht» gesiegt hatten, wollten aber ihre Angriffe in einem anderen Umfeld erneut vortragen.[5] Die nationalsozialistische Bewegung, so meinten sie, solle sich nicht von glattzüngigen Finanziers überlisten lassen. Tatsächlich wurde eine neue – weitaus erfolgreichere – ideologische Offensive gegen die Banken gestartet, jedoch erst, nachdem Schacht die Reichsbank verlassen hatte. Unterdessen mußten sich die Parteiideologen damit zufriedengeben, Schacht und die Bankiers, die er beschützt hatte, immer mal wieder zu erniedrigen. Ende 1934 forderten beispielsweise Partei und Regierung eine Notspende der Wirtschaft ein. Schacht und die drei Vorsitzenden des Börsenvorstands in Berlin waren buchstäblich dazu verpflichtet, mit Sammelbüchsen in der Börse herumzugehen, in die die Vorstandsmitglieder der führenden Banken eigenhändig Geldscheine (in vorher abgesprochener Höhe) einzuwerfen hatten: Die Deutsche Bank war verpflichtet, eintausend Mark zu spenden; und Mosler schrieb in einem geheimen Vermerk an seine Vorstandskollegen: «Dr. Schacht tut es, um nicht gezwungen zu sein, auf der Straße mit zu sammeln». Das Ganze kam einer großen, öffentlichen Unterwerfungsgeste der Wirtschaft gegenüber dem Nationalsozialismus gleich.[6]

Der Untersuchungsausschuß hatte die Struktur des Bankwesens unberührt gelassen: Das System wurde nicht zugunsten eines Netzes von Regionalbanken zerschlagen, wie dies viele Kritiker nach dem bösen Erwachen von 1931 vorgeschlagen hatten. Statt dessen schuf der Gesetzgeber mit dem am 5. Dezember 1934 verabschiedeten «Reichsgesetz über das Kreditwesen» neue Rahmenbedingungen: Er erkannte die kartellähnliche Festlegung der Zinssätze an, schrieb Mindestreserven der Banken vor, begrenzte die Höhe von Großkrediten und führte eine Bankenaufsicht durch ein «Aufsichtsamt für das Kreditwesen» ein. In der Praxis wurde damit das System von Notverordnungen, das sich nach der Katastrophe von 1931 entwickelt hatte, ersetzt. Darüber hinaus unterwarf das neue Gesetz die Sparkassen denselben Anforderungen wie die übrigen Banken.

2. *Das Kreditgeschäft*

Ironischerweise erwiesen sich die neuen Bestimmungen vorläufig als überflüssig. Bankiers mußten – im Unterschied zu den 1920er Jahren – nicht erst von staatlicher Seite davon überzeugt werden, daß sie zögernd und vorsichtig zu handeln hätten. Die während des Wiederaufschwungs der 1930er Jahre rückläufige Kreditnachfrage bedeutete, daß das Aufsichtsamt in den ersten Jahren seines Bestehens «eine große Wirksamkeit nicht entfaltet hat».[7] Natürlich war das Kreditgeschäft stark zurückgegangen, aber nicht aufgrund der neuen gesetzlichen oder administrativen Kontrolle.

In den Gewinn- und Verlustrechnungen der Deutschen Bank zeichnen sich die Konturen ihrer wichtigsten Geschäfte ab (vgl. Graphik 3). Das unmittelbare Vermächtnis der Depression waren Außenstände und Verluste. Zwischen 1931 und 1934 verschlangen Abschreibungen den Reingewinn der Bank. Nur 1935 verbuchte man einen bescheidenen Gewinn, den man dazu benutzte, die eigenen Aktien, die der Staat 1932 übernommen hatte, zurückzukaufen. Dagegen hatte die Bank im Februar 1934 noch einen Notkredit der Reichsbank benötigt.[8] Nach 1936 hielt man den Gewinn dann auf konstantem Niveau, indem man die offenen Rücklagen dotierte und stille Reserven bildete. Aktiendividenden und somit offen ausgewiesene Gewinne wurden vom Staat kontrolliert. Auf der Ertragsseite des Rechenschaftsberichts erscheinen bis 1936 fallende Gebühreneinnahmen, und danach gab es auch nur eine kurze Erholungsphase (die mit der Wiederbelebung des Emissionsgeschäfts zusammenhing); die Zinserträge begannen erst nach 1935 wieder zu steigen. Mit anderen Worten: man konnte den Niedergang des Bankwesens auch dann noch spüren, als die Produktionszahlen der deutschen Wirtschaft längst wieder nach oben strebten.

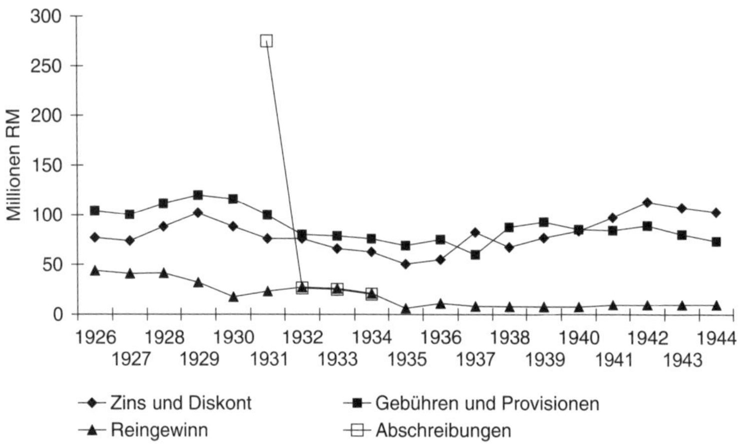

Bis zur Fusion 1929 waren die Deutsche Bank und die Disconto-Gesellschaft selbständige Gesellschaften. Die Gewinn- und Verlustrechnung wurde in dieser Graphik summiert.

Graphik 3: Deutsche Bank und Disconto-Gesellschaft: Gewinn- und Verlustrechnung 1926–1944

Die neuen Richtlinien für das Kreditwesen behinderten den Bankbetrieb weitaus weniger als ein parallel hierzu am 4. Dezember 1934 verabschiedetes Gesetz. Das «Anleihestockgesetz» legte nämlich eine Obergrenze für die Dividendenausschüttung der Aktiengesellschaften fest. Dadurch wurde sowohl der Besitz als auch die Ausgabe von Aktien unattraktiver (vgl. Tabelle 1). Die Aktienemissionen blieben durch die ganzen 1930er Jahre hindurch auf einem Niveau, das weniger als ein Viertel der in den späten 1920er Jahren erreichten Zahlen betrug und das sogar noch unter dem Volumen des Krisenjahres 1931 lag. Eine Ausnahme bildete allein das Jahr 1938, das einen sprunghaften Anstieg von Neuemissionen erlebte. Dieser ging aber auf die Tätigkeit halbstaatlicher und nicht im eigentlichen Sinne privater Unternehmen zurück: der Reichswerke AG für Erzbergbau und Eisenhütten «Hermann Göring» sowie der Hydrierwerke Pölitz. Abgesehen von diesem kurzen Zwischenspurt stagnierte der Markt für neue Aktien.

Mit dem Anleihestockgesetz war die Absicht verbunden, die Attraktivität festverzinslicher Wertpapiere zu erhöhen und für das Jahr 1935 eine Umschichtung der Staatsschuld vorzubereiten. Der Kapitalmarkt wurde bewußt manipuliert, um den Markt für staatliche Anleihen zu erschließen und somit die Finanzierung der Aufrüstung ohne eine hohe und unsichere kurzfristige Verschuldung zu ermöglichen.[9] Die Verbesserung des Marktes für festverzinsliche Papiere im Jahr 1935 führte auf kurze Sicht zu sehr hohen Umsätzen, da private Firmen, dem Beispiel des Staates folgend, ihre alten Schuldtitel in neue mit niedrigerem Zinssatz konvertierten (vgl. Graphik 4). 1936 überstieg die privatrechtliche Konversion in ihrem Volumen sogar die der öffentlichen Hand. Die Deutsche Bank ermöglichte einige dieser Transaktionen: Die wichtigste war die Umwandlung der sechsprozentigen Anleihe von Daimler-Benz in eine fünfprozentige.[10]

Bei Anleihen der öffentlichen Hand hatte der Inhaber die Wahl, die Bedingungen der staatlichen Konversion, die eine einmalige Zahlung eines zweiprozentigen Bonus vorsahen, zu akzeptieren oder die alten Anleihen zu behalten, die dann aber nach neuer gesetzlicher Regelung nicht mehr gehandelt oder als Sicherheit für Bankkredite akzeptiert werden durften. Die Konversionen von privater Seite verletzten das bestehende Recht in weniger eklatanter Weise. Die Anleihe wurde – wie im Emissionsprospekt festgelegt – gekündigt, und der Gläubiger hatte somit die Möglichkeit, sich auszahlen zu lassen. Gläubiger, die sich für die Konversion entschieden, erhielten einen Bonus, wie das auch bei den Papieren der öffentlichen Hand der Fall war; um die notwendige Summe für die Auszahlungen aufzubringen, wurden neue Anleihen zu niedrigeren Zinssätzen ausgegeben.

Außerdem gab es einige wichtige neue private Anleiheemissionen:

Tabelle 1: Neuemissionen von Anleihen und Aktien in Deutschland 1927–1938 (Mio. RM)

Jahr	*Anleihen*	*Aktien*
1927	2854	1376
1928	2905	1339
1929	1685	979
1930	2926	555
1931	1338	635
1932	521	150
1933	1031	91
1934	338	143
1935	1646	156
1936	2718	395
1937	3408	333
1938	7851	827

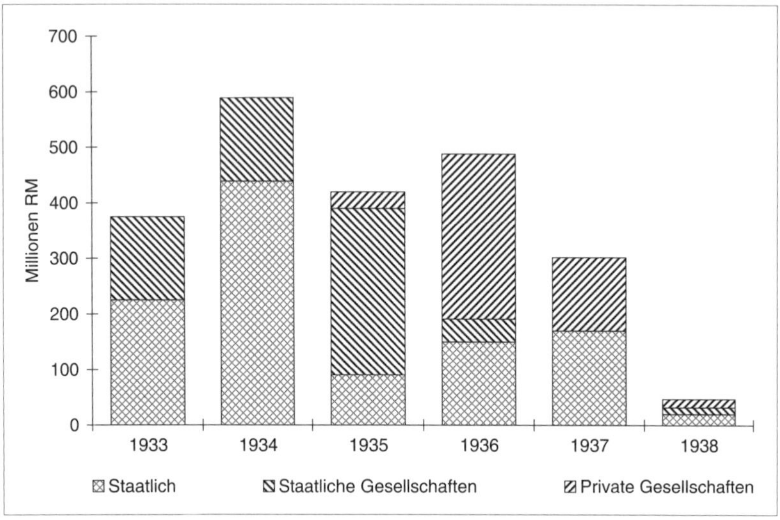

Graphik 4: Zinskonversionen 1933–1938

1937 eine fünfprozentige Emission über 24 500 000 RM, die ein von der Deutschen Bank geführtes Konsortium für Hoesch auflegte; weitere Anleihen folgten nach Ausbruch des Krieges 1939: Hoesch, BMW, Daimler-Benz, die Accumulatoren-Fabrik AG (zur Quandt-Gruppe gehörend) und Mannesmann nahmen den Kapitalmarkt in Anspruch.

Einige ihrer früheren Aktivitäten konnten die Bankkonsortien wieder aufnehmen, als der Markt erneut günstig für Emissionen war. Die Deutsche Bank gewährte zusammen mit der Dresdner Bank zwei Großkredite, um den Handel mit Rußland zu finanzieren: in Höhe von 200 Mio. RM im Jahr 1936 und für weitere 200 Mio. RM nach Abschluß des deutsch-russischen Nichtangriffsabkommens (Hitler-Stalin-Pakt) 1939.[11]

Daneben gab es die großen Reichsanleihen, an denen die Deutsche Bank auch als Konsortialführer mitbeteiligt war (bei diesen Konsortien handelte es sich um eine aktualisierte Variante der alten Reichsanleihe-Konsortien). Der Anteil der Deutschen Bank betrug jeweils 16 Prozent, außer bei der Anleihe von 1935, die unmittelbar nach Einführung der allgemeinen Wehrpflicht und der Verschärfung der Wiederaufrüstungsbestrebungen aufgelegt wurde. 1936 und 1937 gab es je drei Emissionen, 1938 vier. Durch sie kam eine beachtliche Geldsumme zusammen, die hauptsächlich dafür verwendet wurde, die kurzfristige Reichsschuld zu konsolidieren und somit indirekt die Wiederaufrüstung zu finanzieren.

Von 3150 Mio. RM, die aus den 1937 aufgelegten Anleihen stammten, wurden 2854,5 Mio. RM benötigt, um die kurzfristige Finanzierung von Rüstungsausgaben langfristig zu konsolidieren, die zunächst durch die Emission von «Mefo-Wechseln»[12] erfolgt war.[13] 1938 brachte die Ausgabe neuer Anleihen weitere 7744 Mio. RM. Aber diese gigantischen Emissionen führten bei den Vertretern der Staatsgewalt zu wachsender Nervosität, da sie befürchteten, fehlendes Interesse der Öffentlichkeit, Anleihen zu zeichnen, könnte als ein Mißtrauensvotum gegen ein Regime interpretiert werden, das keine andere Art der Abstimmung zuließ.

Die Deutsche Bank vermochte allerdings immer weniger Reichsanleihen an ihre Kunden zu vermitteln, da sich Überdruß und Mißtrauen gegen die wachsenden öffentlichen Ausgaben breitmachten. Während die Deutsche Bank bei ihrer ersten Transaktion 1935 24,17 Prozent der gesamten Schuldverschreibungen abgesetzt hatte (deutlich mehr als ihren Anteil), verkaufte sie von der ersten Anleihe des Jahres 1937 nur 19,33 Prozent und von der ersten des Jahres 1938 21 Prozent. Demgegenüber geht aus den internen Zahlen der Deutschen Bank, die den durchschnittlichen Erwerb und die geographische Verteilung jeder Emission sorgsam tabellarisch aufführten, klar hervor, daß sich von privater Hand ausgegebene Anleihen eine Zeitlang besser hielten. In diesen Käufen spiegelten sich die Symptome eines bereits offensichtlich inflationären Geldüberhangs. Verursacht wurde dieser durch steigende Einkommen bei einem gleichzeitig rückläufigen Warenabsatz, der wiederum eine Folge von Qualitätseinbußen aufgrund der Importbeschränkungen für viele Konsumgüter war. Andererseits erwarben die Firmenkunden immer weniger Staatsanleihen, obwohl die Verantwortlichen des Vierjahresplans für eine derartige Anlage überschüssiger Firmengelder warben. Während die Industrie noch 48 Prozent der 1935er Emission angekauft hatte, fiel ihr Anteil bei der ersten Emission von 1938 auf enttäuschende 34,2 Prozent zurück.[14]

Im Jahr 1938 kam der große Einbruch. Noch im Oktober war die dritte Anleiheemission dieses Jahres im Zeichen des wiedererstarkenden politischen Vertrauens überzeichnet worden: Das Münchener Abkommen mit Italien, Frankreich und Großbritannien hatte die Hoffnung aufkeimen lassen, ein größeres Deutschland könne auch auf friedlichem Wege geschaffen werden. Verzweifelt darum bemüht, das Tempo der Wiederaufrüstung zu beschleunigen, hatte die Regierung neben den ursprünglich angebotenen Anleihen über 950 Mio. RM zusätzlich 250 Mio. RM aufgelegt. Nach München schien es plötzlich eine nicht endenwollende Bereitschaft der Deutschen zu geben, öffentliche Schuldtitel zu zeichnen. Aber diese Stimmung war kurzlebig. Bald nach dem Erfolg dieser Operation gab es bei der vierten Emission von 1938 (über stattliche 1500 Mio. RM) einen spektakulären Fehlschlag, der prompt zu einer Konfrontation zwischen Reichsbank und Regierung führte, in die auch die Großbanken als Mitglieder des Emissionskonsortiums hineingezogen wurden. 275 Mio. RM sollten an Sparkassen und Genossenschaften verkauft werden, während das Reichsanleihe-Konsortium den restlichen Betrag zu vermitteln hatte.

Im Dezember 1938 schrieb das Reichsbankdirektorium an den Reichsfinanzminister: «Auch wir sind der Auffassung, daß der Kapitalmarkt für Anleihen dieser Art bis auf weiteres nicht aufnahmefähig ist, und daß deshalb die Durchführung der Ihrer besonderen Betreuung unterliegenden Aufgaben auf dem Gebiet der wirtschaftlichen Aufrüstung und des Vierjahresplans kaum in dem beabsichtigten Umfange möglich sein wird.» Zwar hatten es die Banken geschafft, die meisten Anleihen unterzubringen (900 Mio. RM von insgesamt 1138 Mio. RM). Aber es blieb ein Rest, der zeigte, daß Deutschland seine finanziellen Grenzen erreicht hatte. Der Markt streikte. Diskussionen über die Auswirkungen dieser Anleihe veranlaßten das Direktorium der Reichsbank, die heftig umstrittene Denkschrift vom 7. Januar 1939 an Hitler vorzubereiten, die den folgenden Passus enthielt: «Das Reich wie auch alle anderen öffentlichen Stellen dürfen keine Ausgaben und auch keine Garantien und Verpflichtungen übernehmen, die nicht aus Steuern oder durch diejenigen Beträge gedeckt werden, die ohne Störung des langfristigen Kapitalmarktes im Anleiheweg aufgebracht werden können.» Die Denkschrift vom 7. Januar führte zur Entlassung Schachts, des Vizepräsidenten Friedrich Dreyse und des Direktors Ernst Hülse am 20. Januar. Wilhelm Vocke, Karl Blessing und Carl Ehrhardt wurden später entlassen.[15]

Die Mitglieder des Reichsbankdirektoriums zogen auch die führenden deutschen Bankiers in die Untersuchung und kritische Beurteilung der Reichspolitik hinein. Am 10. Januar 1939 hielt das «engere» Reichsanleihe-Konsortium der Großbanken eine Krisensitzung im Reichsbankgebäude unter Teilnahme des Reichsbankdirektoriums und von Vertretern des Reichsfinanzministeriums ab. Nach langen Debatten einigten sich die Teilnehmer darauf, daß das «engere» Konsortium die ausstehenden Anleihestücke aufnehmen sollte, aber unter Ausschluß der 23 kleineren Banken, deren Anteil im Konsortium unter einem Prozentpunkt lag. Eduard Mosler von der Deutschen Bank erhob Einspruch gegen die Ausnahmegenehmigung für die kleineren Unternehmen, da auch von ihnen Opfer erbracht werden müßten. Aber Mosler wurde mit dem Argument überstimmt, daß «man den Mißerfolg nicht in die zu breite Öffentlichkeit bringen» wolle. Das hatte zur Folge, daß die Deutsche Bank gezwungen war, insgesamt 75 Mio. RM der vierten Emission des Jahres 1938 in ihrem eigenen Portefeuille zu halten.

Das Konsortium debattierte außerdem sehr ausführlich über die Ursachen des Scheiterns und listete folgende Punkte auf: «Ausfall der Industriezeichnungen, Übersättigung und Unlust des Publikums, Wegfall der jüdischen Zeichner und der Zeichner, die im Arisierungswege Geschäfte übernehmen wollen, Störung durch den angekündigten Geldbedarf der Reichsbahn, Überfütterung des Marktes ausschließlich mit Reichsanleihen ohne gleichzeitiges Angebot von anderen, insbesonders Industrie-Werten usw.» Die Teilnehmer kamen gemeinsam zu dem Schluß, daß «lediglich Beschränkung der [öffentlichen] Ausgaben eine Änderung herbeiführen könne».[16]

Wie die Denkschrift der Reichsbank vom Dezember deutlich machte, hatte die Kapitalbeschaffung der Regierung den Markt für Industrieobligationen zerstört. Ein Emissionsverbot sicherte den Markt für staatliche Papiere, und der Sekundärmarkt war wegen des Umfangs neuer verfügbarer öffentlicher Emissionen geschwächt. Die Reichsbank hatte auf «dieses mangelnde Vertrauen» hingewiesen, das «in dem fortgesetzten Rückgang der Kurse der Industrieanleihen» sichtbar wurde.[17] Bis 1939 blieb der Markt für Industrieanleihen stark eingeschränkt. Im Sommer gab die Deutsche Bank gemeinsam mit der Dresdner Bank eine AEG-Anleihe aus, von der Privatkunden letztlich nur zwei Fünftel zeichneten, so daß die Banken auf Versicherungsgesellschaften zurückgreifen mußten, um die fehlende Summe aufzubringen.[18]

Aber viele deutsche Großunternehmen waren verzweifelt darum bemüht, an Geldquellen für Investitionen zu kommen, und traten ihrerseits an die Banken heran. Ein signifikantes Beispiel bietet in dieser Hinsicht die I. G.-Farben, ein Unternehmen, das sich von jeher weitgehend unabhängig von Banken entwickelt hatte (und das sogar eine eigene «Hausbank» als Alternative zur Fremdfinanzierung unterhalten hatte). Die meisten Investitonen der I. G.-Farben wurden in den 1930er Jahren mit Hilfe staatlicher Unterstützungen finanziert: entweder indem der Staat direkt eingriff (wie bei der Produktion synthetischen Kautschuks) oder indem das Unternehmen – aufgrund staatlicher Instruktionen und Verträge – auf die eigenen Ressourcen zurückgriff. Zwischen 1936 und 1938 wurden hier ungefähr drei Fünftel aller Investitionen für neue Anlagen über den Vierjahresplan abgewickelt.[19] Außerdem wurde ein aufwendiges Werk zur Herstellung synthetischen Kautschuks (Buna) in Hüls bei Recklinghausen und in Schkopau mit Hilfe von Fonds finanziert, die das «Amt für deutsche Roh- und Werkstoffe» zu einem Zinssatz von fünf Prozent besorgte und die passenderweise aus Einkünften des Kautschuk-Zolls stammten.[20]

Doch 1939 war der Zeitpunkt erreicht, an dem das Unternehmen dringend zusätzliche Gelder brauchte, um die kostenintensiven Projekte in Österreich und der früheren Tschechoslowakei zu bewältigen. Es benötigte zunächst die Zustimmung der Deutschen Bank und wandte sich dann an das Reichswirtschaftsministerium, um die Ausgabe einer Anleihe an der Wertpapierbörse zu beantragen. Der Anleiheoperation von 1939 gingen intensive Diskussionen mit der Deutschen Bank voraus, die die Ausgabe vorbereitete. Während die Deutsche Bank nämlich die Summe von 50 Mio. RM vorschlug, forderte die I.G. 100 Mio., und während die Deutsche Bank einen Coupon zu fünf Prozent anbot, bestand die I.G. auf 4,5 Prozent.[21] Im Endeffekt gab die Deutsche Bank dem Unternehmen, in dessen Aufsichtsrat zunächst Eduard Mosler und dann Hermann J. Abs als Spezialisten für Industriefinanzierung saßen, in beiden Punkten nach.

Seit jeher beruhte eine der Stärken der deutschen Banken auf dem Gebiet der Industriefinanzierung auf dem Sammeln von Informationen. Am auffälligsten war – dies wurde häufig besonders heftig kritisiert – die Mitgliedschaft von Vorstandsmitgliedern der Banken in einer Vielzahl von Aufsichtsräten. Von dieser zeitintensiven Tätigkeit profitierten die Gesellschaften, in deren Aufsichtsräten Bankiers vertreten waren; war doch damit verbunden – wie Mosler 1933 im Untersuchungsausschuß betonte –, daß das Informationsnetz der Banken weit gespannt wurde. Aber die gleichzeitige Mitgliedschaft in mehreren Aufsichtsräten machte eine strenge Aufsicht über die einzelnen Unternehmensvorstände unmöglich. Die Banken seien, so ein nach dem Debakel von 1931 vielfach erhobener Vorwurf, in der Durchsetzung finanzieller Disziplin bei ihren Kunden übertrieben lax gewesen, weil sie in zu vielen Aufsichtsräten tätig gewesen seien, als daß sie die Geschäfte jeder einzelnen Gesellschaft wirklich noch hätten verfolgen können. 1937 wurde die Zahl der Aufsichtsratssitze pro Bankier auf 20 beschränkt, und zur gleichen Zeit wurden die meisten Aufsichtsräte verkleinert. Folglich kam es zu einer großen Umbesetzung, in der die Vorstandsmitglieder in den Aufsichtsräten vieler kleinerer Gesellschaften durch Bankdirektoren ersetzt wurden. Doch selbst diese Regelung wurde bald durchbrochen: Während des Krieges durften manche Bankiers eine größere Zahl von Sitzen in Aufsichtsräten nicht-deutscher Unternehmen innehaben.

3. *Reprivatisierungen*

Lenkend in das Bankwesen einzugreifen erschien dem Regime als eine ungefährlichere und wirtschaftlich gesehen vernünftigere Alternative zu den Forderungen radikaler Nationalsozialisten nach direkter Kontrolle des Finanzwesens durch Vergesellschaftung. Tatsächlich wurde die Reprivatisierung von Banken zugelassen, als diese begannen, sich von den Verlusten der Depression zu erholen und die nach der Bankenkrise von 1931 übernommenen staatlichen Anteile zurückerwerben konnten. Die Deutsche Bank war als erste Bank dazu in der Lage, weil sie in den Krisenjahren die bei weitem geringste staatliche Unterstützung erhalten hatte. Im November 1933 konnte sie das leerstehende Bankgebäude der Disconto-Gesellschaft zwischen der Behrenstraße und Unter den Linden gegen staatliche Anteile eintauschen.[22] In dem Bankgebäude wurden Ämter einer Regierung untergebracht, deren Wirkungskreis und Personal kontinuierlich wuchsen. 1936 kaufte die Deutsche Bank von der Golddiskontbank die restlichen Anteile zurück und veräußerte sie an Privatkunden.

Die wachsende Aktivität des Staates beunruhigte sowohl die Banken als auch ihre Kunden. Einer der wichtigsten Treffpunkte von Bank und Kunden waren die «Bezirksbeiräte», in denen sich Bankiers und führende Unternehmer trafen, um über die allgemeine wirtschaftliche Lage zu sprechen. Die versammelten Bankiers hatten hier Gelegenheit, Informationen über die Bankpolitik auszugeben, sich über lokale Gegebenheiten und Probleme zu informieren und zu demonstrieren, daß die Banken die Prioritäten ihrer Kunden kannten. Diese Sitzungen offenbarten wie ein Stimmungsbarometer die Ansichten deutscher Unternehmer.

In den Beiratssitzungen im rheinisch-westfälischen Industriegebiet gab während der 1930er Jahre Karl Kimmich, Mitglied des Vorstands der Deutschen Bank, Situationsberichte, aus denen eine durchweg kritische Haltung gegenüber dem Regime und seinen Versuchen sprach, alles zu lenken und zu kontrollieren. So äußerte er sich Ende 1935, wie aus einem Protokoll hervorgeht, im folgenden Tenor: «Wir lebten heute in einer Staatskonjunktur und säßen gewissermaßen in einem Boot. Die Industrie könne ohne die Regierungsaufträge nicht leben, da der Export nicht genügend gehoben werden könne [...] Die deutsche Wirtschaft könne aber nicht auf Leistungen verzichten. Es sei außerordentlich schwer, hervorragend tüchtige Leute zu finden und deshalb würde auch das Führerprinzip wohl nicht restlos durchführbar sein, da nicht genügend Führer vorhanden seien.»[23]

Im Frühjahr 1936 kritisierte Kimmich die Auswirkungen des Rüstungsbooms auf die deutsche Wirtschaft. Die Deutschen müßten sich, so argumentierte er, auf das zurückbesinnen, worin sie wirklich hervorragend seien – den Export: «Nachdem wir nunmehr nach der Aufrüstung als militärischer Faktor in der Welt wieder gewertet werden müßten», so heißt es im Protokoll, «dürfte es im Interesse einer gesunden Finanzwirtschaft an der Zeit sein, die Bestrebungen für eine allgemeine Abrüstung wieder aufzunehmen. Der Zustand, die schwebende Schuld des Reichs nur durch die Banken, Versicherungen usw. zu konsolidieren, sei auf die Dauer nicht haltbar [...] Infolgedessen sei der Anschluß an den Weltmarkt unbedingt notwendig. Vollkommen falsch sei es, die Vergrößerung der Inlandskapazität anzustreben. «[24]

Nach 1936 beklagte sich Kimmich, daß Hermann Görings Vierjahresplan und die Umlenkung von Investitionen es unmöglich machten, die Verbindung zur Weltwirtschaft und die Exportorientierung aufrechtzuerhalten, die in der Vergangenheit der Schlüssel zum wirtschaftlichen Erfolg Deutschlands gewesen seien. «Es sei bedauerlich», so das Protokoll, «daß wir gezwungen seien, uns mit einer Investitionskonjunktur zu behelfen in einer Zeit, in der sich die Weltkonjunktur in vollem Gange befinde.» 1936 und 1937 erlebten viele Konzerne einen akuten Mangel in der Rohstoffversorgung und mußten deswegen ihre Produktion drosseln. Später wurde die Kritik an der Planungswirtschaft noch deutlicher: Sie sei wie ein «Spalierbaum [...] dessen Wachstum eingeschränkt sei und der schließlich Ast für Ast abstürbe [...] Der Unternehmer verlange Freizügigkeit, sonst werde er mehr Angestellter.»[25] Selbst nach Kriegsausbruch, als sich die Diskussion über die Rechtsordnung verschärfte, wurde die Planungswirtschaft noch ganz klar für die Probleme Deutschlands verantwortlich gemacht: «Man sei mit einer weniger elastischen Wirtschaft als 1914 in den Krieg gegangen, was sich an allen Ecken und Enden zeige.»[26]

Solche Beobachtungen mußten vertraulich behandelt werden. Öffentlich äußerte man Unbehagen über die Wirtschaftspolitik in den Hauptversammlungen der Bank, in denen die Aktionäre und die Presse anwesend waren; aber dies geschah immer nur in sehr verschleierter Form. Eduard Mosler nutzte seine Möglichkeiten als Vorstandssprecher, die Privatwirtschaft nach 1933 gegen Übergriffe zu verteidigen, aber er kritisierte dabei nie direkt die staatliche Vorgehensweise. Er ging davon aus, daß man die staatliche Politik nur sehr marginal beeinflussen könne. Hermann J. Abs, der den Sitz Kimmichs als Vertreter der Deutschen Bank im Rheinisch-Westfälischen Beirat übernahm, beschränkte sich in seinen Meinungsäußerungen während der Kriegsjahre auf das Allernotwendigste (wenigstens soweit es schriftliche Zeugnisse betraf) – er gab viele Statistiken und Fakten zu den Akten, aber kaum Interpretationen. Eine führende Position im Bankwesen zu bekleiden erforderte viel Fingerspitzengefühl, war zeitraubend und wurde schließlich (wie wir an den Kriegsjahren sehen werden) zu einem sehr gefährlichen Geschäft.

III. Antisemitismus und die deutschen Banken

In den ersten Monaten des Jahres 1933 nahm die Politik auf zwei unterschiedlichen Weisen Einfluß auf das Bankwesen. Niemand konnte bestreiten, daß gerade das Ausmaß der Bankenkrise von 1931 ernsthafte Unzulänglichkeiten im deutschen Bankensystem und im Verhalten seiner Repräsentanten aufgedeckt hatte. Zum einen bedrohten die Diskussionen um eine Reorganisation des Bankwesens nach 1931 unmittelbar die führenden, in das Debakel verwickelten Persönlichkeiten. Dieses Problem war bis zur nationalsozialistischen Machtergreifung keineswegs ausgeräumt, doch kam nun ein weiteres Element hinzu, die Frage, in welchem Ausmaß die Banken auf die Vorstellungen von einem «Neuen Deutschland» eingehen sollten – auf Glaubenssätze, die die neue politische Führung vertrat, die auf den Straßen, aber auch in der Presse, unter vielen Bankkunden und nicht zuletzt unter Bankangestellten verbreitet waren. Zum anderen nutzte die NSDAP die Gelegenheit, mit der Reorganisation des Bankwesens auch die Stellung der Juden im deutschen Wirtschaftsleben anzugreifen. Daß die Betriebe und Unternehmen seit der Weltwirtschaftskrise in ihrer Organisationsstruktur ohnehin zutiefst erschüttert waren, erleichterte diese Säuberungsaktion.

1. *Finanzwesen und Antisemitismus*

Das Gebaren der Banken wurde von einer mißtrauisch gewordenen Öffentlichkeit mit Argusaugen verfolgt, und viele Deutsche kritisierten den «jüdischen» Charakter des Bankgeschäfts. Diese Meinung war weit verbreitet und durchaus nicht allein auf die politische Gefolgschaft der NSDAP beschränkt. Die beiden Männer, die sich in erster Linie mit den Nachwirkungen der Bankenkrise auseinandersetzen mußten, Reichskanzler Heinrich Brüning und Reichsfinanzminister Hermann Dietrich, äußerten – im privaten Kreis – solche Ansichten. Als auf dem Höhepunkt der Bankenkrise im Juli 1931 Minister Dietrich in Gegenwart des jüdischen Staatssekretärs im Reichsfinanzministerium, Hans Schäffer, eine Bemerkung über «jüdische Bankiers» fallenließ, war allerdings ein «furchtbarer Krach» die Folge. Ende 1931 besprach Dietrich die Reorganisation des Bankwesens mit Kabinettsmitgliedern und verbreitete dort den Mythos vom Herrschaftsanspruch der Banken: «Die Banken sollten die Wirtschaft unterstützen. Sie wollten sie aber beherrschen und haben deswegen die Konzerne gebildet. Diesen waren sie dann nicht gewachsen.»[1] Ähnlich bösartige Vorurteile könnten auch dem schwierigen Verhältnis zwischen Brüning und Wassermann zugrundegelegen haben.

Oscar Wassermann war in den späten 1920er Jahren für die Grundlinien der Politik der Deutschen Bank verantwortlich; ihm lasteten weite Kreise die Schuld für die Krise von 1931 an. Er wurde aber gerade auch als Jude und Zionist angegriffen. Reichskanzler Heinrich Brüning beispielsweise rückte nie von seiner Überzeugung ab, daß Wassermann zu der Katastrophe von 1931 beigetragen habe, indem er sich weigerte, die Danatbank vor ihrer Schließung am 13. Juli 1931 zu stützen. Dabei trugen zwei nicht-jüdische Vorstandsmitglieder eine viel größere Verantwortung für die verfehlte Geschäftspolitik der Deutschen Bank als Wassermann. Werner Kehl schied aus dem Vorstand aus wegen eines Devisenskandals in der Düsseldorfer Filiale, die in seinem regionalen Zuständigkeitsbereich lag.[2] Emil Georg von Stauß wurde für Verluste verantwortlich gemacht, die aus Krediten an die mit betrügerischen Mitteln arbeitende Schultheiss-Patzenhofer-Brauerei resultierten, deren Aufsichtsrat er vorstand.

Bei der Deutschen Bank schlugen sich die Lehren aus der Bankenkrise von 1931 in einer innerbetrieblichen Organisationsreform nieder. Ursprünglich ging diese auf die Initiative eines der dynamischsten Mitglieder des Aufsichtsrats vor 1933 zurück, des rheinischen Braunkohleindustriellen Paul Silverberg. Silverberg hatte die Bankleitung vor 1931 scharf kritisiert und ein Vorstandsrevirement vorgeschlagen. Als Antwort hatte der Vorstand der Deutschen Bank Anfang 1932 versucht, den lästigen Silverberg aus dem Aufsichtsrat zu drängen, mit dem Argument, daß die Aktienrechtsnovelle eine Verkleinerung des Aufsichtsrats verlange.[3] Silverberg reagierte seinerzeit mit dem Vorschlag, die derzeitigen Mitglieder des Vorstands (mit Ausnahme Oscar Schlitters) aus der Kreditkommission der Bank zu entfernen und einen neuen, allgemeineren Ausschuß des Aufsichtsrats zu bilden. Dieser sollte aus acht Mitgliedern bestehen und dafür verantwortlich sein, «die Kredite zu prüfen und den Vorstand in den Angelegenheiten der Bank zu beraten und die Beschlüsse des Aufsichtsrats vorzubereiten». Dieses Gremium sollte auch nicht mehr Kreditkommission, sondern nur noch «Ausschuß des Aufsichtsrats» heißen.[4] Nach 1933 wurde das Gremium als «Arbeitsausschuß» be-

Oscar Wassermann, Vorstandsmitglied von 1912–1933; Sprecher von 1923–1933

Theodor Frank, Vorstandsmitglied von 1929–1933

kannt. Es setzte sich schließlich aus acht Mitgliedern zusammen, legte die zentralen Richtlinien der Bankpolitik fest und beriet über die größeren Kreditgeschäfte (Kredite bis zu 1 Mio. RM konnten auch von einzelnen Vorstandsmitgliedern bewilligt werden).

Silverberg hatte ein besonderes und sehr persönliches Motiv, diese Änderung vorzuschlagen: Er wollte die Macht und den Einfluß von Emil Georg von Stauß brechen. «Die Bank ist heute nicht mehr in der Lage, sich mit der öffentlichen Meinung in Widerspruch zu setzen, und sie hat allen Anlaß, die Konsequenzen der eingetretenen Entwicklung auch nach der persönlichen Seite zu ziehen. Das gilt insbesondere für Herrn von Stauß.» Stauß schien ihm zu offensichtlich in die unverantwortliche Geschäftspolitik der Zeit vor 1931 verstrickt gewesen zu sein, um weiter im Vorstand bleiben zu können, und so mußte er, wie auch Kehl, gehen. Aber Silverbergs Triumph war insofern unvollkommen, als Stauß in den Aufsichtsrat wechselte. Überhaupt wies der Vorstand von 1932 ein beachtliches Maß an Kontinuität zu dem Vorstand von vor 1931 auf.

Im Mai 1933 begann dann eine weitere Säuberung des Vorstands – diesmal aus ganz anderen Gründen. Hier zeigte das «Neue Deutschland» sein Gesicht. Im Zuge einer politischen Konzession der Bank an den Nationalsozialismus wurden die jüdischen Vorstandmitglieder Theodor Frank und Oscar Wassermann gezwungen, ihre Ämter niederzulegen.[5] Als Vorstandssprecher hatte Wassermann eine besonders exponierte Stellung innegehabt. In einem internen Bericht des Aufsichtsratsvorsitzenden Franz Urbig wurde ihm Führungsschwäche im Zusammenhang mit den Ereignissen vor dem Zusammenbruch des Bankensystems vorgeworfen. Nach einer Auflistung der Skandale, in die andere Vorstandsmitglieder verwickelt waren, hieß es weiter: «Wo war der Mann, der gegen den Verlauf solcher Einzelfälle doch nicht blind sein konnte? Wo blieb die Hand, die, als solche Dinge noch im Werden waren, rücksichtslos zugriff, um das Unheil beizeiten zum Stehen zu bringen? Wo blieb die Faust, die auf den Tisch schlug, um Kollegen, die das Verständnis für ein vertretbares Risiko verloren hatten, zur Besinnung zu bringen? Wo war der primus inter pares, der, mit Aufsichtsratsmandaten weniger belastet, in zu keiner Zeit versagender Kontinuität die Übersicht über und den Einfluß auf das Ganze wahren mußte und der nach dieser Richtung hin sich der Bank und dem Vorstandskollegium gegenüber moralisch verantwortlich fühlen mußte? Wo war Herr Wassermann? […] Ob Herr Wassermann Jude oder Christ war, hatte damit nichts mehr zu tun.»[6] Praktisch spielte es natürlich doch eine Rolle.

In Wassermanns Abwesenheit hatte Reichsbankpräsident Schacht am 6. April 1933 mit zwei führenden Persönlichkeiten der Bank, mit dem Vorstandsmitglied Georg Solmssen und dem Vorsitzenden des Aufsichtsrats, Urbig, gesprochen und vorgeschlagen, mehrere Juden aus dem Vorstand zu entfernen. Obwohl Wassermann sich bereit erklärte, Ende 1933 zurückzutreten, entschieden seine Kollegen am 20. Mai, seinen Rücktritt schon vor der für den 1. Juni geplanten Hauptversammlung bekanntzugeben; sie reagierten damit auf den Druck, der von der Partei ausging. Der Vorstandssprecher wurde also in einem Akt vorauseilenden Gehorsams entlassen.[7]

Offenbar empfand die Bank diese Vorgänge als äußerst peinlich, denn sie war eifrig bemüht, den Eindruck zu vermeiden, «rassische» oder geschäftliche Motive hätten den Ausschlag für die personellen Veränderungen an ihrer Spitze gegeben. Die Pressemitteilung betonte das Alter der Ausgeschiedenen – Wassermann war 64 und Frank 62 Jahre alt – und deutete die Absicht an, beide «zur Zuwahl in den Aufsichtsrat vorzuschlagen», wohin allerdings keiner von beiden jemals gelangte.[8] Im Vorstand wurden sie durch Karl Kimmich – ehemals Vorstandsmitglied des bis zur Fusion mit der Deutschen Bank 1929 von der Disconto-Gesellschaft beherrschten A. Schaaffhausen'schen Bankvereins – und Fritz Wintermantel, Direktor der Berliner Stadtzentrale der Deutschen Bank, ersetzt. Georg Solmssen, Sohn eines gläubigen Juden und 1933 Vorstandssprecher der Deutschen Bank, wechselte ebenfalls in den Aufsichtsrat. Drei weitere neue Vorstandsmitglieder – Oswald Rösler, Hans Rummel und Karl Ernst Sippell (der für das Personaldezernat verantwortlich war) – machten 1933 den weitgehenden Wechsel auf der Führungsebene komplett. Nur zwei Personen aus der alten Besetzung blieben im Amt: Eduard Mosler, Nachfolger Solmssens im Amt des Vorstandssprechers, und Gustaf Schlieper, Auslandsspezialist und deutscher Delegierter beim Stillhaltekomitee.[9]

Die jüdischen Vorstandsmitglieder der Deutschen Bank aus ihren Ämtern zu drängen, war ein bedenkliches und schmerzvolles Verfahren. Ihre Kollegen waren moralisch und menschlich entrüstet, hatten aber auch rein pragmatische Bedenken. Angenommen, die nationalsozialistische Revolution wäre nicht von Dauer? Als Wassermann und Frank nicht in den Aufsichtsrat aufgenommen wurden, schrieb Urbig, Vorsitzender des Aufsichtsrats, an ein anderes Mitglied des Gremiums: «Mir, und ich bin überzeugt auch Ihnen, ist es nicht wohl bei dem Gedanken, ein in dieser Form abgegebenes Versprechen unter den Tisch fallen zu lassen. Es können einmal wieder andere Zeiten kommen, und wir müssen im Interesse der Bank unbedingt vermeiden, daß man zu irgendeiner Zeit den Vorwurf machen kann, das oberste Verwaltungs-Organ der Bank habe durch seine Repräsentanten dazu beigetragen, daß die nichtarischen Mitglieder des Vorstands das Lokal verlassen mußten.»[10]

Georg Solmssen, 1933 Vorstandssprecher der Bank, erkannte klarer als irgend jemand sonst, was hier vor sich ging. Aber dies war für ihn eine neue Erkenntnis. Bis 1933 hatte sich Solmssen, ein sehr konservativer Deutschnationaler, der von ganzer Seele an die nationale Sendung Deutschlands glaubte, mehr Sorgen über die radikalen und unausgegorenen wirtschaftlichen und politischen Ideen der Nazis gemacht als über ihren Antisemitismus. Dem leitenden Agrarfunktionär von Batocki (der die von der Zentrumspartei und anderen propagierte Position vertrat, Hitler und seine Partei könnten durch die Beteiligung an der Regierungsverantwortung einem Lernprozeß unterworfen werden) gab er zu bedenken: «Ich darf darüber hinaus auf die Notwendigkeit hinweisen, gegen die Gefahren Front zu machen, welche das national-sozialistische Programm in sich birgt. Dasselbe ist in den wirtschaftlichen, besonders in den Finanz-Fragen, derart überspannt, weltfremd und agitatorisch wirkend, da meines Erachtens unbedingt etwas geschehen muß, um seinen Inhalt zu beleuchten und darauf hinzuwirken, daß die durch den nationalen Gedanken der Partei angezogenen Kreise, die sich gegen die mangelnde Vertretung der nationalen Bedürfnisse durch die Regierung wenden, von den Extremisten der verschiedenen Richtungen fort, in eine auf die konservative Volkspartei aufzupfropfende wirklich konservative Partei überführt werden.»

In einem Brief an Bernhard Harms vom Kieler Institut für Weltwirtschaft, einen der führenden deutschen Ökonomen, berichtete Solmssen über seine Diskussionen mit Luther; dieser habe eingeräumt, daß «das Bürgertum alle Kräfte anspannen muß, um der Aussaat unsinniger Ideen, wie sie in dem Programm der Nationalsozialisten enthalten sind, energisch entgegenzutreten.» Kein Wort zum Antisemitismus der Nazis? Der Solmssen des Jahres 1930 tat dieses Thema als zweitrangig ab. «Ich sehe vollkommen ab von den antisemitischen Äußerungen der Partei, weil sie sich selbst totlaufen müssen, sondern betrachte es als ausreichend, aber auch als notwendig, dass der Widerstand gegen die wirtschaftlichen Erklärungen erfolgt.»[11] Auch Anfang 1932 behandelte er die wirtschaftspolitischen Doktrinen der Nazis noch als etwas, worüber man allenfalls böse Witze reißen konnte. Bei einer Sitzung des Clubs von Ber-

Georg Solmssen, Vorstandsmitglied von 1929–1934; Sprecher 1933

lin (einer Vereinigung von Bankiers und Industriellen) erzählte er, der frühere Freikorpsführer und Gründer der berüchtigten «Orgesch», Escherich, habe Leute gefragt, weshalb sie für Hitler gestimmt hätten, und von einem Mann die Antwort erhalten: «Ich muß Alimente zahlen. Hitler wird aber alle Schulden streichen!»[12]

1933 hatte bei Solmssen offensichtlich ein Umdenken stattgefunden. Ein von ihm am 9. April 1933 an Urbig geschriebener Brief ist nicht nur bewegend, sondern auch auf erschreckende Weise prophetisch. Es lohnt sich, ihn ausführlich zu zitieren:

«Lieber Herr Urbig, Die Ausstoßung der Juden aus dem Staatsdienst, die nunmehr durch Gesetz vollzogen ist, drängt die Frage auf, welche weiteren Folgen sich an diese, auch von dem gebildeten Teile des Volkes gleichsam als selbstverständlich hingenommenen Maßnahmen für die private Wirtschaft knüpfen werden. Ich fürchte, wir stehen noch am Anfange einer Entwicklung, welche zielbewußt, nach wohlaufgelegtem Plane auf wirtschaftliche und moralische Vernichtung aller in Deutschland lebenden Angehörigen der jüdischen Rasse, und zwar völlig unterschiedslos, gerichtet ist. Die völlige Passivität der nicht zur nationalsozialistischen Partei gehörigen Klassen, der Mangel jedes Solidaritätsgefühls, der auf Seite derer zu Tage tritt, die bisher in den fraglichen Betrieben mit jüdischen Kollegen Schulter an Schulter gearbeitet haben, der immer deutlicher werdende Drang, aus dem Freiwerden von Posten selbst Nutzen zu ziehen und das Totschweigen der Schmach und des Schadens, die unheilbar allen denen zugefügt werden, die obgleich schuldlos, von heute auf morgen die Grundlagen ihrer Ehre und Existenz vernichtet sehen – alles dieses zeigt eine so hoffnungslose Lage, daß es verfehlt wäre, den Dingen nicht ohne jeden Beschönigungsversuch ins Gesicht zu sehen.

Jedenfalls haben die Betroffenen, da sie scheinbar von Allen, die ihnen beruflich nahe stünden, so gut wie verlassen werden, ein Recht, an sich selbst zu denken und sich nicht länger auf Rücksichten auf das Unternehmen, dem sie ihr Leben gewidmet hatten, in ihren Handlungen bestimmen zu lassen, es sei denn, daß dieses Unternehmen ihnen in gleicher Weise die Treue hält, wie es solches von ihnen erwartet. Auch in unserem Kollegenkreise ist die Frage der Solidarität des Kollegiums erörtert worden. Mein Eindruck war, daß dieser Gedanke, vielleicht in Folge der nicht homogenen Zusammensetzung des Vorstandes auf sehr lauen Widerhall stieß und daß, wenn man sich selbst entschlösse, ihn zu verwirklichen, solche Aktion mehr in Form einer Geste, als zwecks äußersten Widerstands erfolgen und daher bald in sich zusammenbrechen würde. Ich erkenne an, daß bei den einschlägigen Überlegungen Unterschiede zwischen den auf der Proskriptions-Liste stehenden Vorstands-Mitgliedern gemacht werden. Ich habe aber das Gefühl, daß, wiewohl man mich als Jemanden zu betrachten scheint, dessen Thätigkeit als Aktivum gewertet wird und den man vielleicht als Verkörperer einer nunmehr 70 Jährigen Tradition achtet, auch ich fallen gelassen werden würde, sobald von außen in maßgeblicher Weise meine Einbeziehung in die ‹Säuberungs-Aktion› verlangt wird. Ich muß baldmöglichst Klarheit darüber erhalten [...].»[13]

Wenig später machte Solmssen mit der gleichen Mischung aus Würde und Verzweiflung einen ungewöhnlichen Vorschlag gegenüber dem Leiter der Pressestelle Hermann Görings. Auf einer Veranstaltung in seinem Privathaus in Berlin-Wannsee trat er dafür ein, daß sich die deutschen Juden gegen die von der Partei erhobenen Vorwürfe mit der Gründung eines eigenen Nationalrats verteidigen sollten, «der alle Beschwerden und Vorwürfe gegen das Judentum prüft und die Auswanderung jener organisiert, die sich als Schädlinge erweisen oder unerwünscht sind. [...] Aber wir wollen nicht, daß man uns behandelt, als wären wir Menschen zweiter oder dritter Klasse, wir wollen gehört werden, wenn man uns anklagt.

Das ist einfaches menschliches Recht und Pflicht eines jeden Kulturstaates.» Er versuchte auch, ein persönliches Treffen mit Göring zu arrangieren, das jedoch nicht zustandekam.[14]

Faktisch bot die Reform des Aufsichtsrats der Bank eine günstige Gelegenheit, das Versprechen gegenüber Wassermann und Frank zu brechen. Tatsächlich wurde der Aufsichtsrat allerdings weniger dezimiert als ausgeweitet (von 16 Mitgliedern 1933 auf 25 im Jahre 1934), um potentieller Kritik durch die Einbeziehung von Männern aus den unterschiedlichsten Geschäftsbranchen vorzubeugen. Eine Neuernennung ließ auf bessere Beziehungen zum neuen Regime hoffen: Philipp Reemtsma, der Hamburger Zigarettenmagnat, trat nicht nur dem Aufsichtsrat, sondern auch dem erst kürzlich reformierten Arbeitsausschuß bei. Die Deutsche Bank schrieb an Reemtsma anläßlich seiner Ernennung: Dieses Gremium «erhält also einen tiefen Einblick in das Geschäft, indem sich bei ihm die eigentliche Wirksamkeit des Aufsichtsrats konzentriert, und besteht infolgedessen aus den intimsten und geschätztesten Freunden der Bank, die das höchste Vertrauen genießen».[15] Reemtsma war nicht allein aufgrund seiner einflußreichen Stellung in der Hamburger Wirtschaft besonders wertvoll für die Bank, sondern auch, weil er über gute Verbindungen zu Hermann Göring verfügte, die er geflissentlich aufrechterhielt.

Das Bild des Aufsichtsrats in der Öffentlichkeit wurde mit Rücksicht auf den Staat ebenfalls einer kosmetischen Behandlung unterzogen. Revolutionen haben allgemein die Tendenz, die Geschichte umzuschreiben, und auch die nationalsozialistische Revolution beharrte auf einem Wunschbild, das unliebsame Erinnerungen an die Vergangenheit ausblendete. Solmssen blieb von 1934 bis 1938 im Aufsichtsrat. Auch Max Steinthal, eine wahrhaft historische Persönlichkeit der Bankgeschichte – er kam bereits 1873 in den Vorstand und war bis 1932, im Alter von über 80 Jahren, Vorsitzender des Aufsichtsrats – gehörte zunächst noch dem Aufsichtsrat an, wurde aber nach 1934 nicht mehr als Mitglied in den Jahresberichten aufgeführt. Im Mai 1935 schied er aus dem Gremium aus. Nach einer Unterredung mit Vorstandsmitglied Gustaf Schlieper bekundete er, er wolle der Bank keine «Schwierigkeiten» machen. Allerdings leugnete er nicht, daß es ihm «schmerzlich sei, wieder ein Band, das zur DD Bank führte, zerschnitten zu sehen, daß ich mich indessen auch *damit* abfinden müßte».[16] Steinthal emigrierte nicht und scheint von der Bank vollkommen ignoriert worden zu sein, wenn sich auch Stauß nach seinem Tode darum bemühte, seiner alten und kranken Witwe eine bessere Unterkunft zu beschaffen. Dagegen ließen die staatlichen Behörden

Steinthal nicht zur Ruhe kommen, ungeachtet seines Ansehens, seines Alters und seines sich verschlechternden Gesundheitszustands. Ende 1939 wurde er gezwungen, sein Anwesen in Charlottenburg an das Luftgau-Kommando zu verkaufen. Daraufhin zog er mit seiner Familie (darunter ein gelähmter Sohn, der im Ersten Weltkrieg schwere Verwundungen davongetragen hatte) in ein kleineres Haus. Nachdem auch dieses beschlagnahmt wurde, wohnte er bis zu seinem Tod am 8. Dezember 1940 in einem Hotelzimmer.

Unterdessen mußte der Aufsichtsrat so umgestaltet werden, daß er die verschiedenen gesellschaftlichen Kräfte einigermaßen ausgewogen repräsentierte. 1937 erbat und erhielt die Bank die Erlaubnis, den Aufsichtsrat auf 30 Mitglieder zu erweitern; 1939 vergrößerte sie ihn nochmals, nun auf 35 Mitglieder, um weitere politisch nützliche Personen aufnehmen zu können, Personen, «die man als halböffentlich ansprechen muß und die teilweise mit in den letzten Jahren erfolgten Eingliederungen in Verbindung zu bringen sind».[17]

Silverberg, der die Diskussion um eine Reform des Aufsichtsrats angefacht hatte, war selber Jude und verließ Deutschland 1933, so daß er nicht mehr dem Arbeitsausschuß angehörte, den er selbst gegründet hatte. Statt dessen rückte Silverbergs großer Gegner Stauß in das neue Gremium auf. Der Arbeitsausschuß, der ursprünglich geschaffen worden war, um Stauß von den Entscheidungen fernzuhalten, bot ihm nun ironischerweise eine neue einflußreiche Position in der Bank. Den Rest seines Lebens (er starb im Dezember 1942) konnte er zwar nicht den finanziellen, wohl aber den politischen Kurs der Bank maßgeblich mitbestimmen.

2. *Die Mitarbeiter der Bank*

Die Veränderungen, die sich in der Bank als Reaktion auf die neue politische Ordnung Deutschlands vollzogen, erschöpften sich allerdings nicht in einem, wenngleich dramatischen, Wechsel auf der Führungsebene und im Aufsichtsrat. Der Nationalsozialismus veränderte das Arbeitsklima und das Ethos der Bank grundlegend. Bankangestellte, die in der Depression häufig von Entlassungen und Gehaltskürzungen betroffen waren, die ihren Kolleginnen oftmals feindselig und voller Ressentiments begegneten und die Angst vor einem gesellschaftlichen Statusverlust hatten, waren für nationalsozialistisches Gedankengut sehr empfänglich. Ende 1932 soll ein Zehntel der Angestellten der Deutschen Bank Mitglied der

Mitarbeiter der Deutschen Bank während einer Radiorede Adolf Hitlers am 10. November 1933 im großen Kassensaal der Berliner Stadtzentrale

NSDAP gewesen sein (wobei zu vermuten ist, daß der Umfang der Parteizugehörigkeit in der vorliegenden Quelle eher übertrieben wurde).[18] Einige Mitglieder sahen in ihrer Parteizugehörigkeit die Chance, die Unternehmenspolitik zu beeinflussen. Nach dem 30. Januar 1933 mußte das Management an diesen Teil seiner Mitarbeiter Konzessionen machen: Es fand eine Reorganisation der Unternehmensspitze statt, und dem Ideal der «Betriebsgemeinschaft» wurden wenigstens Lippenbekenntnisse gezollt. Darüber hinaus nahm man zwei Mitglieder der Nationalsozialistischen Betriebszellenorganisation (NSBO) in den Aufsichtsrat auf.

Die Bank wurde reorganisiert, um sich dem neuen deutschen Kollektivismus anzupassen. Am 30. November 1933 begann die erste allgemeine Betriebsversammlung mit einem Aufmarsch aller Angestellten, die Mitglieder der SA, der SS und des «Stahlhelms» waren. Das Bankorchester spielte «Deutschland, Deutschland über alles» und das Vorspiel zu Wagners «Meistersingern». 4000 Angestellte und die meisten Vorstandsmitglieder waren anwesend. Sippell hielt die Hauptansprache und hob lobend die «Durchdringung des ganzen Beamtenkörpers mit dem neuen Geist der Zeit» hervor. Er versprach, in die Personalabteilung «einige

1. Mai 1934: Titelblatt der Mitteilungen für die NSBO Deutsche Bank und Disconto-Gesellschaft

Herren, [...] die ganz besonders von Ihrem Vertrauen getragen sind», aufzunehmen und Stellen anzubieten, die derzeit unbesetzt waren, da viele weibliche Angestellte an den heimischen Herd zurückgekehrt seien. «Erfreulicherweise ist bei der Weiblichkeit ein gesunder Wechsel vorhanden, da sie – sei es durch Verheiratung oder Zurückkehren in das Elternhaus – für ständige Fluktuation sorgen.» Auch der NSBO-Vertreter Franz Hertel erwähnte anerkennend, daß die Bank 1933 insgesamt 324 neue Stellen geschaffen habe. Sippell wies jedoch diskret darauf hin, daß nicht jeder Bankangestellte Nationalsozialist war: «Und es sind oft nicht die Schlechtesten, die sich bisher trotz aller Anerkennung der hohen Sittlichkeitswerte des Nationalsozialismus noch nicht zu einem rückhaltlosen Bekenntnis zu ihm durchringen konnten, weil sie immerhin manches noch nicht genügend Ausgereifte oder Unausgeglichene darin feststellen zu können glaubten.»[19]

Auf die Personalpolitik der Bank wurde von außen starker Druck ausgeübt. Jüdische Angestellte, vor allem solche in Führungspositionen, wurden versetzt, weil entweder (wie in Breslau) die Partei dies forderte, oder weil die Bank (wie in Erfurt, wo der stellvertretende Direktor und seine beiden langjährigen Mitarbeiter Juden waren) körperliche Übergriffe auf Juden befürchtete.[20] In Frankfurt wurde im Juni 1933 ein 55jähriger Prokurist der Deutschen Bank gezwungen, seine vorzeitige Pensionierung zu beantragen; in der Aktennotiz zu dem Vorgang hieß es lapidar «den Verhältnissen Rechnung tragend».[21]

Während der ersten Monate nationalsozialistischer Herrschaft waren Bankniederlassungen in der Tat gelegentlich das Ziel von Übergriffen revolutionär gesinnter Nationalsozialisten. In Pirmasens erschien ein Adjutant der Bezirkskommission, um die Direktoren darüber zu informieren, daß fortan für Geldentnahmen jüdischer Kunden eine Genehmigung notwendig sei. Im pfälzischen Frankenthal verlangten zwei SA-Männer Einsicht in eine Liste jüdischer Konten, aber der Filialleiter lehnte ab und suchte um Schutz beim Oberbürgermeister nach.[22] In Duisburg forderte die Kreisleitung der Partei die Bank auf, ihre Hakenkreuzfahne einzuziehen, da es einem «jüdischen Unternehmen» nicht erlaubt sei, die Fahne der nationalen Bewegung zu hissen. Im schlesischen Hirschberg veranstaltete die örtliche Parteileitung eine ganze Serie von Diavorträgen zum Thema «Wie sie betrogen – wie sie schoben», in denen auch eine Liste von «Spekulanten» aus der Deutschen Bank bekanntgegeben wurde: Sie enthielt unter anderem die Namen Stauß und Millington-Herrmann (die nicht jüdisch waren), Steinthal, Michalowsky, Fehr, Wassermann, Nathan

Robert Ley (Bildmitte), Leiter der Deutschen Arbeitsfront, besucht im Oktober 1934 die Zentrale der Deutschen Bank in Berlin; hinter ihm Betriebszellenobmann Franz Hertel

(fälschlicherweise, denn er war bei der Dresdner Bank), Solmssen und seinen Vater Salomonsohn.[23]

Zu solchen Repressalien von seiten lokaler Parteigliederungen und Organisationen kam es im weiteren Verlauf der 1930er Jahre immer wieder. Die Ortsgruppe Görlitz der Deutschen Arbeitsfront (DAF) monierte unter Berufung auf die Nürnberger Rassegesetze von 1935, daß sich unter den 68 Angestellten der Deutschen Bank in Görlitz eine «Halbjüdin» befand. Ein Schreiben der DAF an den Betriebsrat der Deutschen Bank erläuterte die neue Rechtslage, um dann fortzufahren: «Da außerdem viele Tausende deutscher Volksgenossen noch ohne Erwerb sind und vor Nichtariern in erster Linie den Vorzug eines Arbeitsplatzes erhalten müssen, glaube ich nicht fehlzugehen, Sie aufzufordern, in dieser Angelegenheit eine Klärung zu schaffen, die diesem Übelstand Abhilfe verschafft.» Wenige Monate später, im Januar 1936, teilte die Deutsche Bank der betreffenden Mitarbeiterin in der Tat ihre Entlassung zum September 1936 mit. In dem Entlassungsschreiben bedauerte die Bank, «daß unsere Bemühungen, Sie bei einer anderen Niederlassung unseres Instituts unterzubringen, leider fehlgeschlagen sind.»[24] Die feindselige Haltung gegenüber den Banken ging sowohl von der Parteizentrale als auch von lokalen Gliederungen der Partei aus, aber eine Zeitlang wurde sie aus realpolitischen Erwägungen auf gesamtstaatlicher Ebene in Schach gehalten. Grundsätzlich war den Nationalsozialisten alles, was mit dem Bankgeschäft und seinem gesellschaftlichen Umfeld verbunden war, suspekt. 1934 wandten etwa Parteiführung und SS ihre Aufmerksamkeit einer Berliner Gesellschaft zu, die von jeher den Bankiers als Treffpunkt diente. Zu den Mitgliedern der 1792 gegründeten «Gesellschaft der Freunde» zählten Hjalmar Schacht wie auch sein Vorgänger als Reichsbankpräsident, Hans Luther, und nahezu alle früheren und derzeitigen Vorstandsmitglieder der Deutschen Bank. Präsident der Gesellschaft war 1932 noch Oscar Wassermann. Als er und Frank jedoch aus dem Vorstand ausschieden, verließen sie auch die Gesellschaft, und ihre Plätze dort übernahmen ihre Nachfolger in der Bank. Die Dienststelle von Rudolf Heß hatte befunden, daß die Gesellschaft ein «wirtschaftlicher Geheimbund» war, «der auf wirtschaftlichem Gebiet durch die Zusammensetzung seiner Mitglieder und die ihnen zur Verfügung stehenden geheimen Querverbindungen einen beinahe unangreifbaren, weil meistens unsichtbaren und undurchsichtigen Block darstelle». Die SS entschied allerdings, obwohl auch sie davon überzeugt war, daß es sich hierbei um eine finstere und schädliche Organisation handele, gegen eine Auflösung, denn die Bestimmungen, die man für die Freimaurerlogen erlassen hatte, könnten nicht angewendet werden.[25]

Die Nürnberger Gesetze führten zu einem Stimmungsumschwung; der Druck der Partei, und insbesondere der Zentralleitung der DAF, möglichst alle Juden aus dem Arbeitsleben zu entfernen, war jetzt überall anzutreffen. Im Verlauf des Jahres 1936 sprachen die Banken Entlassungen (in der Regel mit sechsmonatiger Kündigungsfrist) gegen diejenigen ihrer Mitarbeiter aus, die gemäß den Nürnberger Gesetzen als «Volljuden» einzustufen waren. Wer dem Unternehmen mindestens zehn Jahre angehört hatte, war normalerweise pensionsberechtigt; die anderen erhielten als Abgeltung für verfallene Pensionsansprüche eine Barabfindung in Höhe von maximal einem Jahresgehalt.[26] Eine im Dezember 1936 (als die «Säuberung» schon weitgehend durchgeführt war) erstellte Liste der verbliebenen jüdischen Mitarbeiter der Deutschen Bank wies die Namen von 103 Angestellten in Deutschland, elf in Istanbul und weiteren drei im polnischen Kattowitz auf. Darunter waren vier, die den Titel «Direktor» trugen: Richard Heidenfeld in Berlin, Ernst Frankl in Freiburg, Heinrich Mayer in Mainz und Edmund Goldenberg in Istanbul. Auf dem aus dem Büro des Personaldirektors stammenden Exemplar dieser Liste (das erhalten geblieben ist) sind die Namen sämtlicher deutschen Mitarbeiter durchgestrichen. Die Streichung erfolgte wahrscheinlich jeweils nach erfolgter Entlassung. Goldenberg wurde 1938 entlassen, blieb aber in der Türkei.[27]

Wie aus einer von der Deutschen Bank im Oktober 1939 erstellten Bestandsaufnahme hervorging, waren zu diesem Zeitpunkt Abfindungen an 29 Pensionsberechtigte gezahlt worden; 214 Pensionen wurden an Pensionäre oder deren Witwen gezahlt, davon 72 von der Berliner Zentrale und 142 von den Filialen. Um die Weiterzahlung dieser Pensionen war eine Kontroverse entbrannt, wieder einmal aufgrund einer Initiative der DAF und des Vertrauensrats der Filiale Freiburg, die auf ein im Juli 1939 ergangenes Urteil des Reichsgerichts verwiesen, das die NS-Zeitung *Der Angriff* im September 1939 in Auszügen abgedruckt hatte. Das Urteil erlaube, so die DAF, eine Kürzung der Pensionen derjenigen jüdischen Mitarbeiter, die «im Zuge der politischen Entwicklung» entlassen worden waren. Es war allerdings nicht klar, ob diese Regelung auch auf Personen angewandt werden konnte, die vor dem Inkrafttreten der «Verordnung zur Ausschaltung der Juden aus dem deutschen Wirtschaftsleben» vom 12. November 1938 entlassen worden waren (was für die meisten ehemaligen jüdischen Angestellten der Deutschen Bank zutraf). Die Bank vertrat die Auffassung, eine Kürzung dieser Pensionen sei nicht angezeigt; das für Personal zuständige Vorstandsmitglied bekräftigte diese Position in einem Treffen in Garmisch mit Staatssekretär Hans Pfundtner, dem Initiator des Plans, die Pensionen zu kürzen. Pfundtner erläuterte die langfristige Strategie des Regimes; er erklärte, «daß im Augenblick eine derartige Maßnahme nicht beabsichtigt sei mit Rücksicht auf die Wirkung im neutralen Ausland und auf unsere geschäftlichen Beziehungen mit dem Ausland, daß man aber fest entschlossen sei, die bisher geübte Rücksicht aufzugeben. Man braucht jetzt nicht mehr so zurückhaltend zu sein, man will das aber zu einem späteren Zeitpunkt verschieben.»[28] Der Personalvorstand versuchte dem Vertrauensrat der Deutschen Bank, der Fälle vorgelegt hatte, in denen seiner Ansicht nach eine Pensionskürzung geboten war, diese Logik zu verdeutlichen.

Eine Aktennotiz von 1940 führte zwölf im Ausland wohnhafte und 43 im Reichsgebiet lebende Pensionäre auf. Unter den ersteren waren zwei Frauen, unter den letzteren 20.[29] Kraft der 11. Verordnung zum Reichsbürgergesetz vom 25. November 1941 verfiel das Vermögen aller im Ausland wohnhaften deutschen Juden (darunter fielen auch die zwangsweise Deportierten) zugunsten des Reichs; die Deutsche Bank stellte daraufhin alle Pensionszahlungen an diesen Personenkreis ein.[30] Anfang 1943 leistete die Zentrale noch Zahlungen an 20 jüdische Pensionäre, die Filialen an 31. Ende April 1944 waren es nur noch 7 bzw. 12. Wie aus der betreffenden Aufstellung hervorgeht, war dieser Rückgang teils durch «Widerruf» der Pensionsberechtigung, teils durch «Ableben» der Empfänger zustande gekommen.[31]

Manchmal kam die Initiative zu personalpolitischen Kursänderungen, wie die Pensionskontroverse von 1939 zeigte, nicht von außen, sondern ging von Angestellten der Bank aus. Eine Bank reagierte ganz unvermeidlich auf die Meinungen und Gefühle der Belegschaft und mußte deren Vorstellungen darüber, wie das Institut zu funktionieren habe, berücksichtigen. Schon vor 1933 hatte es in der Belegschaft Anzeichen für antisemitische Einstellungen gegeben. So hatte 1921 im Verlauf von Diskussionen über die Besetzung einer leitenden Stelle in Danzig ein Mitglied des Vorstands geschrieben: «Ich bemerke dabei, daß Herr Heidenfeld sich zur jüdischen Religion bekennt, worin ich indessen nach der großen Stellung, die Herr Willstätter in Danzig eingenommen hat, keine Bedenken sehe; übrigens sieht man es ihm äußerlich nicht an.» Als sieben Jahre später eben dieser Mann, Richard Heidenfeld, den Wunsch äußerte, an seinen früheren Wohnort Leipzig zurückversetzt zu werden, wurde er für die dort zu vergebende höhere Position nicht berücksichtigt. In den Unterlagen des Berliner Personalbüros der Bank findet sich dazu der Vermerk: «Hierbei hätte außer anderen Qualitäten die Frage der Konfession eine Rolle gespielt.»[32]

Vor 1933 traten viele Unzufriedene in die Partei ein, nach 1933 kamen die Opportunisten hinzu. Es war zweifellos verlockend, die Parteizugehörigkeit für eine Beförderung zu nutzen. In der Regel führte diese Strategie allerdings nicht zum Erfolg, da ein solches Vorgehen die Bankleitung verärgerte und sie sich entsprechend dagegen sträubte. Karl Ernst Sippell, im Vorstand für Personalangelegenheiten zuständig, maßregelte die Karrieristen zum Teil recht barsch. Einem eifrigen Nationalsozialisten, dem Direktor der Bochumer Filiale, teilte er mit, «daß er als Nationalsozialist nicht nur erhöhte Rechte, sondern auch größere Pflichten habe», und er verweigerte seine Genehmigung, Zitate aus «Mein Kampf» in die Bochumer Betriebsordnung aufzunehmen.[33]

Solche Konflikte mögen illustrieren, wie weit sich der Zeitgeist in Deutschland gewandelt hatte. Das soziale und politische Klima ermutigte

Karl Ernst Sippell,
Vorstandsmitglied von 1933–1945

Karl Ritter von Halt,
Vorstandsmitglied von 1938–1945

Franz Hertel, Betriebszellenobmann
von 1933–1936

zu Denunziationen, und zwar nicht allein aus rassischen oder politischen Motiven. Innerhalb kürzester Zeit wurde Deutschland zu einem Land der Informanten und Denunzianten, die ihr Wissen und den alltäglichen Klatsch der Gestapo, der Partei oder auch der Unternehmensführung zutrugen.[34] Die Akten der Deutschen Bank spiegeln die Veränderungen, mit denen das Institut in der neuen Zeit konfrontiert war. Ein Leipziger Filialdirektor schwärzte seinen Kollegen an, ein Verhältnis mit seiner Haushälterin zu haben und mit ihr an Einladungen und Gesellschaften teilzunehmen; außerdem vergraule er die Kunden und schließe risikoreiche Kreditgeschäfte ab. Der Denunziant gab wieder, was die betroffene Haushälterin ihm erzählt hatte: «Wenn Herr V. krank [ist], muß sie sich zu ihm ins Bett legen. Das gleiche verlangt Herr V., wenn er betrunken nach Hause kommt. Das Mitbringen von Straßenmädchen wird sie ihm abgewöhnen.» Zum Schluß hieß es in dem denunziatorischen Schreiben: «Es handelt sich hiernach nicht um eine Dame, sondern um ein Verhältnis.» Doch Sippell vertrat den Standpunkt: «Die Bank könne sich mit dem persönlichen Leben ihrer Filialdirektoren nicht befassen», und er zwang den Denunzianten, in eine wesentlich weniger attraktive Filiale zu wechseln.[35]

Politisch und rassistisch motivierte Denunziationen häuften sich zusehends. Es ist vor diesem Hintergrund kaum erstaunlich, daß Sippell bald den Druck als unerträglich empfand, sich sowohl mit dem neuen sozialen Klima als auch mit den Personalforderungen der Partei auseinanderzusetzen. Er fühlte sich gedemütigt und «verbraucht» und glaubte, das Personaldezernat nicht mehr länger führen zu können. Die Bank erkannte, daß dieses Aufgabengebiet einen Mann erforderte, der das Vertrauen der Partei genoß.[36] Im Dezember 1935 wurde ein neuer Direktor ernannt und mit dem Personaldezernat betraut: Karl Ritter von Halt, der aus der Münchener Privatbank Aufhäuser kam.[37] Er füllte die ihm zugedachte Rolle perfekt aus: Als Frontkämpfer im Ersten Weltkrieg war er dreimal verwundet worden und hatte die bayerische Ritterwürde erhalten.[38] Auch war ihm das österreichische Ritterkreuz dritter Klasse und das bayerische Ritterkreuz vierter Klasse verliehen worden.[39] Nach dem Ersten Weltkrieg profilierte er sich hauptsächlich als Reiter und Leichtathlet – aber vor allem war er Mitglied der NSDAP. Er organisierte 1936 die Olympischen Spiele in Garmisch und versuchte, dem Sport im Leben jedes Angestellten der Deutschen Bank einen festen Platz zu verschaffen. In Berlin frequentierte er das Hotel Kaiserhof, das nahe bei der Reichskanzlei lag und in dem viele der einflußreichsten NS-Funktionäre Entspannung suchten.[40] 1938 stieg Karl Ritter von Halt in den Vorstand der Deutschen Bank auf.

Die Ernennung von Halts scheint ein von seiten der Deutschen Bank wohldurchdachter Schachzug gewesen zu sein. Auf der einen Seite bestand kein Zweifel daran, daß von Halt nach außen und auf die Bankangestellten als ein Repräsentant der neuen Bewegung wirken mußte. Auf der anderen Seite brachte er Bankerfahrungen mit, und es wurde bald deutlich, daß seine Loyalität primär bei der Institution und nicht bei der Partei lag. Mit von Halts Ernennung schützte sich die Bank vor dem politischen Druck zu weiterer Anpassung, indem sie gegenüber dem neuen Zeitgeist in die Defensive zu gehen und sich anzupassen schien. Eine der Hauptleistungen des neuen Personalchefs bestand darin, parteipolitischen Kampfgeist in sportliche Betätigung umzusetzen. Es wird berichtet, daß er sogar den Vorstand ermuntert habe, sich körperlich zu kräftigen.[41] Sport war eine Möglichkeit, die Werte des neuen Deutschland zu vermitteln, aber es gab noch andere Versuche, die Arbeitsleistung der Angestellten zu erhöhen. «Die Höchstleistung», so verkündete Halt, «ist das Führerprinzip in der deutschen Wirtschaft.» Interne «Betriebs-Leistungswettkämpfe» hatten zum Ziel, die Kenntnisse in Bankwirtschaft, Fremdsprachen, Kurzschrift und Maschinenschreiben zu fördern.[42] Außerdem wurden auf Filialebene neben Orchestern und Chören auch Sportvereine gegründet.

Halt gelang es, die nationalsozialistische Bedrohung im Inneren der Bank wenigstens zum Teil zu bändigen. Nach langwierigen Verhandlungen mit der Deutschen Arbeitsfront (DAF) und der Berliner Gauleitung durfte er den NSBO-Delegierten Franz Hertel entlassen. Dieser, der Hauptredner auf der Betriebsversammlung von 1933, hatte versucht, sich an die Spitze der Bewegung zu setzen, die auf eine vollständige politische Reform der Bank im Sinne der nationalsozialistischen revolutionären Doktrin zielte. Nach Kriegsende legte die Deutsche Bank einer Spruchkammer, die mit der «Entnazifizierung» Hertels befaßt war, eine Erklärung vor, in der es hieß, er habe häufig mit der Gestapo zusammengearbeitet. «Er brachte es fertig, geringste antifaschistische Äußerungen, auch das Meiden des Hitlergrußes und das Lesen nicht ausgesprochen nationalsozialistischer Zeitungen sowie nicht genügende Spendenleistungen als Grund für eine antifaschistische Haltung zu erklären und die Betreffenden zu drangsalieren, ja zum Teil aus ihren Stellungen zu bringen.»

Um Hertel loszuwerden, stellte die Bank ihm enthusiastische Zeugnisse und Referenzen aus und versüßte ihm den Abschied mit einer großzügigen Abfindung (in Höhe von 20000 RM, dem Vierzigfachen seines Monatsgehalts). Nicht lange, und Hertel avancierte zum Hauptsturmführer der SS, bei der er eine glänzende Karriere als Arisierer machte. Er arbeitete zunächst in der Haupttreuhandstelle Ost, der Behörde, die in Polen die Vermögenswerte enteigneter Polen und Juden verwaltete. Später übernahm er ein großes Kaufhaus in Prag, das «Haus der Geschenke», und kaufte in großem Stil Immobilien aus dem Besitz tschechischer Juden. Nach dem Krieg bemühte er sich auf dem Petitionsweg (vergebens) um Entschädigungen für sein verlorengegangenes tschechisches Eigentum.[43] Hertel war nicht der einzige Mitarbeiter, der der Deutschen Bank durch pronazistische Initiativen unbequem wurde. Auch in Stuttgart, Breslau, Görlitz und Magdeburg wurden aus ähnlichen Gründen Betriebsobleute der Partei entlassen.[44]

Aber ein defensives Vorgehen allein konnte den Zeitgeist nicht bannen. Tatsächlich machte man viele Konzessionen an die «Neue Ordnung». Die Aufgaben der Bankangestellten am Schalter wurden so definiert, daß sie faktisch nicht Vertreter der Bank, sondern des Staates und der staatlichen Propaganda waren. Der Angestellte mußte dem Kunden erklären, daß die Herabsetzung von Zinsen notwendig, vom Reichskommissar einheitlich angeordnet und gut für die Wirtschaft sei, und «daß durch diese Maßnahmen die wirtschaftliche Entwicklung des Dritten Reiches unterstützt wird».[45] Die NSBO war an dieser Neubestimmung des Arbeitsplatzes aktiv beteiligt. Beispielsweise instruierte sie weibliche Angestellte, sich nicht modisch und auffällig zu kleiden – kurz, keine «Modedamen» zu sein. «Es ist wohl jedem bekannt, daß einfache Kleider und Blusen für verhältnismäßig wenig Geld geschneidert und geändert werden können.»[46]

Wahrscheinlich sollte der Namenswechsel im Jahr 1937, als die komplizierte Form «Deutsche Bank und Disconto-Gesellschaft» wieder in «Deutsche Bank» verkürzt wurde, das öffentliche und politische Image der Bank aufbessern. Der alte Titel war umständlich und ganz auf den Geschäftsverkehr gemünzt gewesen; in der weitverbreiteten Kurzform «DeDiBank» klang er lächerlich, wie ein «kindliches Lallen».[47] Kimmich bemerkte 1937 dazu: «Der Name ‹Deutsche Bank› sei jedenfalls so gut, daß er noch erfunden werden müßte, wenn er nicht bereits da wäre.»[48]

3. Banken und «nicht-arische» Unternehmen

Das Verhalten von Regierung und Partei, und insbesondere deren antisemitische Politik, hatte fundamentale Auswirkungen auf das Verhältnis zwischen den Banken und einer Vielzahl von deutschen Unternehmen. Eine Mischung aus staatlichem Druck und Bedrohung von unten führte zur Entlassung vieler jüdischer Firmenchefs. Bankdirektoren spielten bei dieser Entwicklung durchaus eine Rolle. In einigen Filialen, wie etwa in Kassel, übernahmen sie sogar die Initiative.[49] Weil die Deutsche Bank von nationalsozialistischen Ideologen für übermächtig gehalten wurde, in vielen Aufsichtsräten vertreten war und dort oftmals auch den Vorsitz hielt, war sie unvermeidlich in diese umfangreiche Säuberungsaktion im deutschen Wirtschaftsleben involviert.

Zwei Beispiele mögen zeigen, wie die Bank in die Politik des neuen Regimes verwickelt wurde. Die Lorenz Hutschenreuther AG (Selb), deren Aufsichtsrat Urbig, der Aufsichtsratsvorsitzende der Deutschen Bank, vorstand, war eine der berühmtesten deutschen Porzellanmanufakturen mit umfangreichem und bedeutendem Exportgeschäft. Im Oktober 1933 wurden zwei Betriebsräte aus der Weimarer Zeit im Aufsichtsrat durch NS-Funktionäre ersetzt. Sie forderten den sofortigen Ausschluß jüdischer Gremiumsmitglieder, so auch des Mannheimer Filialleiters der Deutschen Bank, Ludwig Fuld. Die Unternehmensleitung reagierte darauf sehr bereitwillig, weil 90 Prozent der Inlandsverkäufe über Einzelhändler liefen, die in der Nationalsozialistischen Handels-, Handwerks- und Gewerbe-Organisation (NS-Hago) organisiert waren, und diese die Unternehmensprodukte möglicherweise boykottieren würden.[50] Deshalb versuchte Urbig, die unter Beschuß stehenden Aufsichtsratsmitglieder zum freiwilligen Rücktritt zu bewegen. Zwei von ihnen lehnten jedoch ab und wiesen auf die Gefahren einer Unterwerfung hin. Ein Nachgeben in dieser Frage käme einer «Vogel-Strauß-Politik» gleich.[51] Sie betonten vor allem das wirtschaftliche Argument, daß eine klare und offensichtliche Billigung der nationalsozialistischen Rassenpolitik dem Exportgeschäft des Unternehmens schade.

Ein Jahr lang geschah nichts, und die jüdischen Aufsichtsratsmitglieder blieben im Amt. Dann unternahm die Partei einen erneuten Vorstoß über den örtlichen Kreisleiter. Dieser ließ den Vorstandvorsitzenden von Hutschenreuther in das «Braune Haus» der Stadt kommen, damit er dort Rechenschaft ablege. Als dieser erklärte, er sei nicht befugt, ein Mitglied des Aufsichtsrats zu entlassen, betonte der Kreisleiter, daß dies aber in die Verantwortung der Deutschen Bank falle. «Herr K. [Kreisleiter Kellermann] stellte dann die Frage, ob nicht die Deutsche Bank kraft ihres eigenen Aktienbesitzes oder Vertretungsbefugnis ohne weiteres bestimmten könne [...] Herr K. führte daraufhin aus, daß man doch annehmen müsse, daß entweder die Deutsche Bank nicht eingreifen wolle – was jedoch nicht gut denkbar sei – oder auf Grund der Kapitalverhältnisse gar nicht eingreifen könne.»[52] Die Taktik, Druck auf die Zentrale in Berlin auszuüben, damit diese wiederum Einfluß auf die Verhältnisse in den Filialen nehme, erwies sich als überaus erfolgreich. Denn der erneute und härtere Druck von Urbig hatte zum Ergebnis, daß die beiden Mitglieder des Aufsichtsrats ihre Sitze aufgaben.

Das zweite Beispiel betrifft die Johannes Jeserich AG (Berlin), eines der bedeutendsten Bauunternehmen (Tiefbau), das Straßenbauaufträge in ganz Deutschland, insbesondere aber im Norden hatte. Da solche Unternehmen von Aufträgen der öffentlichen Hand abhängig waren, reagierten sie besonders schnell auf politischen Druck. Am 1. April 1933, dem Tag eines allgemeinen antijüdischen Boykotts, betraten vier Vertreter der NSBO das Büro eines der Vorstandsmitglieder und forderten die sofortige Entlassung aller jüdischen Angestellten des Unternehmens. Direktor Lothar Fuld, der selber Jude war, entsprach der Forderung nur ansatzweise, indem er die Verträge von lediglich zwei Arbeitskräften aufhob. Bald stellte sich jedoch heraus, daß das Verhalten der Jeserich-Angestellten nur den Anfang einer noch viel größeren Kampagne bildete. Die Firmenchefs selbst waren Ziel des Angriffs. Regierungsbaumeister Fuchs, der für Berlin zuständige Staatskommissar für das Tiefbauwesen, lehnte das von Jeserich vorgelegte Angebot für Straßenausbesserungsarbeiten mit der Begründung ab, «daß es sich um ein jüdisches Unternehmen handelt». Die NSBO Berlin-Charlottenburg forderte daraufhin die Entlassung der jüdischen Vorstandsmitglieder Fuld und Stern.[53] Beide gingen ohne den leisesten Protest. In der Aufsichtsratssitzung vom 13. April stimmten die Vertreter der Deutschen Bank – zu denen wiederum sowohl Ludwig Fuld aus Mannheim als auch Direktor Ottomar Benz aus Berlin zählten – darin überein, «daß man dem Antrag der Herren Fuld und Dr. Stern im Interesse der Gesellschaft, die sonst möglicherweise keine Aufträge mehr aus der öffentlichen Hand erhalte, entsprechen müsse».[54] Eines der verbliebenen Vorstandsmitglieder der Jeserich AG, Eugen Feuchtmann, erklärte nun, daß wohl deutlich geworden sei, wie dringend reformbedürftig der Aufsichtsrat sei, und er forderte die fünf jüdischen Direktoren dieses Gremiums auf zurückzutreten. Sie taten es. Aufsichtsrat und Vorstand waren folglich beide stark dezimiert. Feuchtmann versuchte, die offenen Stellen mit politisch genehmen Personen zu besetzen, die allerdings zunächst von Benz abgelehnt wurden. Aber im Endeffekt sah sich Benz doch gezwungen, diese Ernennungen hinzunehmen. Unter ihnen befanden sich der Führer der NSDAP-Fraktion im Württembergischen Landtag, Hermann Kurz, und das Parteimitglied Karl Ritter von Halt als Vertreter des jüdischen Bankhauses H. Aufhäuser in München.[55]

Sowohl im Fall Hutschenreuther als auch im Fall Jeserich kam der Ruf nach Säuberung ursprünglich aus dem Unternehmen selbst. In der Porzellanfabrik ging er von den Firmenangestellten aus, die nach Einführung eines neuen Arbeitsgesetzes im nationalsozialistischen «Vertrauensrat» organisiert waren. Bei Jeserich ging die Initiative für die radikale Agitation der Belegschaft von einem Vorstandsmitglied aus, das die politischen Gegebenheiten ungeniert nutzte, um die Unternehmensleitung an sich zu reißen.

War das Jahr 1933 zunächst dadurch charakterisiert, daß physische Gewalt zur Einschüchterung eingesetzt wurde, so ging diese leicht zurück, nachdem sich die nationalsozialistische Revolution stabilisiert hatte. In den letzten Monaten des Jahres 1933 trat an die Stelle anarchischer Zustände, die noch die ersten Monate des Jahres geprägt hatten, eine politische Zentralisierung und Wiederherstellung staatlicher Herrschaft. Für einen Augenblick schien es, als habe der Antisemitismus von staatlicher Seite nachgelassen. Im Falle des umstrukturierten Warenhauskonzerns Hermann Tietz & Co. – die Deutsche Bank war Mitglied des Gläubigerkonsortiums, das die Hertie-Kaufhaus-Beteiligungs GmbH leitete – wurden viele jüdische Angestellte entlassen: Bis August 1933 waren es 500 von insgesamt 1500 Personen. Aber die Partei schloß dann Frieden und versuchte, Brücken zu den neuen Managern zu bauen, auch wenn das Warenhaus für die verbesserten Beziehungen bezahlen sollte. Die SA in Karlsruhe schlug dem Konzern beispielsweise vor, daß «unser dortiges Haus die Patenschaft für einige unbemittelte Mitglieder der SA übernehmen soll».[56]

Das Ergebnis der Kampagne von 1933 war, daß viele jüdische Unternehmen gesäubert oder verkauft wurden. Weitere folgten in den nächsten Jahren. 1932 hatte es noch ungefähr 100000 jüdische Betriebe in Deutschland gegeben (wenn man eine religiöse Definition von Judentum zugrundelegt), während es nach einer zeitgenössischen Schätzung von 1935 nur noch 75000 bis 80000 waren.[57] Ende 1937 hatten bereits zwei

Drittel der kleineren jüdischen Unternehmen den Betrieb eingestellt, darunter fünf von sechs Einzelhandelsgeschäften, deren jüdische Besitzer wohl am stärksten im Licht der Öffentlichkeit standen.[58] Viele größere Unternehmen überlebten dagegen bis 1938, unter anderem deshalb, weil ihr Verschwinden den Rückgang der Arbeitslosigkeit und den Aufschwung der Konjunktur in Deutschland gefährdet hätte.

Schon in den Anfangsjahren der NS-Diktatur beteiligte sich die Deutsche Bank an der «Übertragung» jüdischen Eigentums. In wirtschaftlichen Bereichen, die nach Ansicht der NS-Machthaber politisch sehr «sensibel» waren, wurde die «Arisierung» von Unternehmen wesentlich schneller vorangetrieben. Das drastischste Beispiel unter denen, an denen die Deutsche Bank beteiligt war, ist vermutlich das Verlagshaus Ullstein. Als Eigentümer wichtiger Presseerzeugnisse (unter anderem des einflußreichen Intelligenzblattes *Vossische Zeitung*, der Massenblätter *BZ am Mittag* und *Berliner Morgenblatt* sowie der wöchentlich erscheinenden *Berliner Illustrierten*) übte das Haus Ullstein unzweifelhaft einen direkten politischen Einfluß aus, durch den die neuen Machthaber sich bedroht fühlten. Ein nazistisch gesonnener Journalist namens Fritz Geisler spielte der Reichskanzlei im März 1934 detailliertes Zahlenmaterial über die nach wie vor hohen Auflagen der Ullstein-Presse zu. «Stil und Aufmachung der Ullstein-Blätter», bemerkte er dazu, «werden auch in weiten Parteikreisen, in den anderen Volkskreisen erst recht, mehr geschätzt.»[59]

Das Propagandaministerium hatte schon am 10. März 1933 den Rücktritt des Ullstein-Generaldirektors Hans Schäffer, ehemals Staatssekretär im Reichsfinanzministerium, gefordert. In der Folge schaltete Hitler sich persönlich in die Vorgänge ein; am 12. Juli 1933 empfing er den neuen «politischen Direktor» des Hauses Ullstein, Eduard Stadler, der ein Konservativer, aber kein Nazi war, zu einem Gespräch über die «Gleichschaltung» des Verlages. Reichsbankpräsident Schacht erhielt den Auftrag, einen Entwurf für eine neue Finanzstruktur des Unternehmens auszuarbeiten. Er führte seine Verhandlungen vorwiegend mit Ferdinand Bausback, einem Ullstein-Vorstandsmitglied, der zuvor Direktor der Stuttgarter Filiale der Deutschen Bank gewesen war. Ziel war, eine breitgefächerte Verteilung der neuen Ullstein-Aktien in den Portefeuilles deutscher Industrie- und Handelsunternehmen zu erreichen. Gelang dies, so würden, wie Schacht meinte, «Einfluß und Übergewicht der arischen Aktionärsgruppe gesichert sein». Abgesehen von einem Mitglied der Familie Ullstein, würden alle Nichtarier aus dem Vorstand des Unternehmens ausscheiden.[60]

1934 schwenkten Partei und Regierung jedoch auf eine wesentlich radikalere Linie um und forderten die Übereignung des Ullstein-Verlages an den der NSDAP nahestehenden Franz Eher Verlag, der von Max Amann, Präsident der Reichspressekammer und NSDAP-Reichsleiter für Presseverwaltung, geleitet wurde. Amann tat gegenüber Max Winkler, der zur maßgeblichen Figur beim Vollzug der Gleichschaltung im Pressebereich wurde, die Äußerung: «Goebbels macht mit der Judenpresse ein Ende.»[61] Die Übernahme der Aktien wurde mit öffentlichen Geldern finanziert und erfolgte durch eine Treuhandfirma namens Cautio, die die Papiere bei der Deutschen Bank deponierte. Bausback blieb als Vorsitzender des Aufsichtsrates an Bord. Der Verlag wurde später in «Deutscher Verlag» umfirmiert. Die mit der Transaktion verbundene finanzielle Kleinarbeit erledigte die Deutsche Bank. Im Juni 1934 zog Eduard Mosler in einem mit dem Stempel «Geheim» versehenen Aktenvermerk das folgende Fazit: «Staatssekretär Funk (Reichspropaganda-Ministerium) hat mir heute auf Anfrage bestätigt, daß der Übergang der sämtlichen Aktien des Ullstein-Verlags auf den Eher-Verlag mit dem Führer und auch mit Dr. Goebbels besprochen und auf seine Veranlassung im Prop. Min. durchgeführt worden sei. Er habe den Wunsch gehabt, daß die DD-Bank die Vermittlung übernehme, daß damit die DD-Bank dem Prop. Min. einen großen Dienst erweise. Es sei alles so, wie es uns dargestellt sei, im Ministerium besprochen worden. Auf meine Bitte sagte er ferner zu, dafür zu sorgen und mit Herrn Amann zu besprechen, daß die Partei-Presse jedenfalls keine abfällige Kritik daran knüpfe; er werde sich bemühen zu erreichen, daß der *Völkische Beobachter* eine beifällige Besprechung bringe.»[62] Diesen Äußerungen nach zu urteilen, war der maßgebliche Beweggrund dafür, daß die Deutsche Bank mithalf, diese kalte Enteignung als seriöse Finanztransaktion erscheinen zu lassen, weniger die Erwartung, damit Geld verdienen zu können, als die Hoffnung, damit den Attacken gegen das eigene Haus seitens der Parteipresse (und vielleicht auch seitens der Devisenkontrollbehörde) wenigstens vorübergehend ein Ende setzen zu können.

Während viele in jüdischem Eigentum befindliche Unternehmen bestehen blieben, sahen sich zahlreiche jüdische Geschäftsleute als Individuen Repressalien und Terrormaßnahmen seitens der NSDAP ausgesetzt.

Der Eigentümer der Firma *Aronwerke Elektrizitäts AG* in Berlin-Charlottenburg kam 1935 von seiten der Partei unter Druck; mehrere Male wurde er festgenommen und in ein Konzentrationslager gesteckt.

Sein Unternehmen, das zu den führenden Herstellern von Radiogeräten (die unter dem Markennamen «Nora» verkauft wurden) und Stromzählern gehörte, wurde an die Elektrische Licht- und Kraftanlagen AG, Berlin (die 3 692 000 Aktien übernahm), und die Siemens-Schuckert-Werke (die 1 900 000 Anteile erwarben) verkauft. Weitere 724 000 Aktien hielt die Deutsche Bank für den Siemens-Konzern im Depot. Das übernommene Unternehmen wurde sogleich umbenannt in Heliowatt-Elektrizitäts-AG. Die Aktien wurden für 83–85 Prozent, und nicht zu den von den Nazis im Aufsichtsrat geforderten 30 Prozent des Nennwerts verkauft. Die Deutsche Bank erwirtschaftete einen Profit, indem sie die Aktien zum Kurs von 86,5 Prozent an Siemens verkaufte, wodurch sie rund 188 000 RM Gewinn machte.[63] Die Deutsche Bank hatte bis dahin keine geschäftlichen Beziehungen zu den Aronwerken unterhalten, deren Hausbank die Commerzbank gewesen war. Die Commerzbank spielte auch eine führende Rolle beim Verkauf der Firma.

Gegen Ende 1935 forderte die Bank, wahrscheinlich als Reaktion auf die Nürnberger Gesetze, ihre Filialen auf, Angaben über das Ausmaß ihrer ausstehenden Kredite an «nichtarische» Firmen und Personen zu machen. Zu diesem Zeitpunkt gab es jedoch, ohne Rücksicht auf Moral oder Unmoral, gute «ökonomische» Gründe, die «Arisierung» nicht zu schnell voranzutreiben. Der erzwungene Verkauf von jüdischen Betrieben schwächte das deutsche Unternehmertum merklich. In der Kölner Sitzung des Rheinisch-Westfälischen Beirats der Deutschen Bank beklagte sich beispielsweise ein Baumwollspinner, Emil Engels (von der Ermen & Engels AG), daß mit der «Arisierung» die Liquidität der Unternehmen aus der Textilbranche zurückgegangen sei, und mit ihr die Fähigkeit, Zahlungsverpflichtungen nachzukommen. Im Protokoll wurde seine Stellungnahme wie folgt wiedergegeben: «Bei der Textilindustrie habe das jüdische Element bisher eine große Rolle gespielt. Die Zahlungsfähigkeit sei stark im Sinken. Die Arisierungen haben zum Teil dazu geführt, daß Unternehmen in schwache Hände gekommen seien, und er richte speziell an die Bankleitungen die Bitte, bei Umgründungen solcher Firmen große Vorsicht walten zu lassen.»[64]

Nach 1936 minderte jedoch die Vollbeschäftigung die Überzeugungskraft pragmatischer Einwände gegen eine ökonomisch irrationale Handlungsweise. Die nächste größere Initiative ging jetzt nicht mehr von der Wirtschaft aus, sondern vom Staat. Als Hitler Ende 1937 auf der im «Hoßbach-Protokoll» dokumentierten Versammlung die außenpolitischen Ziele Deutschlands im einzelnen darlegte, erklärte er, daß weder die

Karl Kimmich, Vorstandsmitglied von 1933–1942; Sprecher von 1939–1942

Autarkie noch die Integration in die Weltwirtschaft die ökonomischen Probleme Deutschlands lösen könnten. Einzig die Anwendung von Gewalt ermögliche es, den angemessenen ökonomischen Raum, den «Lebensraum», zu schaffen. Mit der Radikalisierung der Außenpolitik forcierte das Regime die Verwirklichung seines antisemitischen Programms.[65] War der Plan, alle Personen aus dem Wirtschaftsleben zu drängen, die der Staat als «Juden» definierte, noch 1933 aufgrund praktischer Erwägungen gescheitert, so konnte er nun realisiert werden, ohne daß man auf Hindernisse oder Einwände stieß.

Die Geschäftstätigkeit von Juden wurde Ende 1937 eingeschränkt, indem die Rohstoffzulieferung auf diskriminierende Weise verknappt wurde.[66] Ein Erlaß vom 4. Januar 1938 definierte als jüdische Unternehmen diejenigen, die in jüdischem Besitz waren oder von Juden beherrscht wurden. Dieser Fall war gegeben, wenn entweder ein Mitglied des Vorstands oder ein persönlich haftender Gesellschafter oder auch ein Viertel des Aufsichtsrats im Sinne der «Nürnberger Gesetze» jüdisch war. Am 14. Juni 1938 bestätigte die «3. Verordnung zum Reichsbürgergesetz» noch einmal im einzelnen die Kriterien, nach denen ein Unternehmen als «jüdisch» zu bezeichnen war. Im Verlauf des Jahres nahmen die Angriffe deutlich zu, bis sie im Pogrom der Reichskristallnacht vom 9. November 1938 ihren vorläufigen Höhepunkt erreichten. Es folgte am 12. November eine «Verordnung zur Ausschaltung der Juden aus dem deutschen Wirtschaftsleben», und noch am selben Tag wurde allen Juden eine «Sühneleistung» in Höhe von einer Mrd. RM auferlegt, die im November 1938 auf 20 Prozent und im Oktober 1939 auf 25 Prozent ihres Vermögens festgesetzt wurde. Gleichzeitig liefen jüdische Unternehmer nach bestehenden Gesetzen Gefahr, im Falle von tatsächlicher oder vorgetäuschter Kapitalflucht verfolgt zu werden – falls sie also versuchten, ihre Besitztümer über die Grenzen Deutschlands in Sicherheit zu bringen. Zunächst war es privater Initiative überlassen, jüdisches Eigentum «Ariern» zu übertragen. Reichswirtschaftsminister Schacht hatte «die Finanzierung der Überleitung jüdischer Geschäfte in arische Hände» 1935 als eine Aufgabe bezeichnet, die «die Wirtschaft selber lösen müsse».[67]

Immer mehr jüdische Unternehmen standen im Verlauf des Jahres 1938 zum Verkauf, und meistens vermittelten Banken diese Verkäufe. Diese Transaktionen fanden üblicherweise nicht in der Öffentlichkeit statt, sondern wurden durch die Vermittlung der Banken möglichst diskret abgewickelt. Anfang 1938 verlangte der Vorstand in einem von Hans Rummel und Karl Kimmich unterzeichneten Rundschreiben an die Filialdirektoren «eine weitere Aufstellung Ihrer nichtarischen debitorischen und kreditorischen Kundschaft, und zwar derjenigen, die für die Arisierung in Frage kommen. [...] Hierbei interessiert uns im einzelnen, wieweit der Arisierungsprozeß des betreffenden Unternehmens gediehen ist und wieweit Sie selbst hierbei mitwirken.» In Übereinstimmung mit dem Erlaß vom 4. Januar wurde ausgeführt, daß Unternehmen auch dann als jüdisch zu gelten hatten, wenn nur ein Mitglied des Vorstands Jude war.[68]

Die Ausweitung des Kreditgeschäfts, die sich im Zuge der «Arisierung» ergab, beeinflußte wiederum die Wettbewerbslage der deutschen Großbanken. Auf einer Sitzung der bayerischen Filialdirektoren wurde im Juni 1938 die zunehmende «Großzügigkeit» der Dresdner Bank diskutiert, Unternehmen, die sich an der «Arisierung» beteiligen wollten, Kredite zu gewähren. Der Vorstand der Deutschen Bank mahnte in dieser Frage zur Vorsicht: «Herr Rummel weist noch einmal nachdrücklich darauf hin, daß wir uns in unserer Kreditpolitik nicht aus unserer Bahn treiben lassen wollen. Ansicht des Vorstands sei es, daß in absehbarer Zeit die an die Banken herangetragenen Kreditwünsche noch so groß sein würden, daß wir genügend Gelegenheit hätten, gute Kredite hinauszulegen.»[69] Aber natürlich ließ sich auch die Deutsche Bank in der Praxis auf derartige Kreditanträge ein, obwohl sie in manchen Fällen – wie in Leipzig – überhaupt keine Kredite für «Arisierungszwecke» gewährte.[70] Im November 1938, kurz vor der Reichskristallnacht, berichtete Kimmich, daß die Deutsche Bank an der «Arisierung» von 330 Unternehmen beteiligt gewesen sei. Laut Protokoll erklärte Kimmich: «Die Schwierigkeiten, insbesondere die Personalfrage, seien nicht gering. Fachleute, die Kapital hätten, seien dünn gesät.» Zu diesem Zeitpunkt schätzte er das gesamte jüdische Kapital in Deutschland auf 6–8 Milliarden RM.[71] In einer anderen, im gleichen Monat entstandenen Aufstellung war von 599 «größeren nichtarischen Firmen» die Rede, mit denen man «fertig geworden» sei; 303 von ihnen seien «in arisches Eigentum überführt oder liquidiert» worden.[72]

Welcher Preis wurde für Vermögenswerte, die «arisiert» wurden, gezahlt? Die Dresdner Bank erstellte im Mai 1938, nachdem ein Vertreter der Bank beim Reichswirtschaftsministerium vorgesprochen hatte, ein erhellendes Memorandum, in dem die Bewertungskriterien erläutert wurden. Das Manuskript beginnt: «Es ist beabsichtigt, innerhalb einer nicht allzu langen Frist sämtliche nichtarischen Geschäfte entweder in arische Hände überzuführen oder zu liquidieren. Inwieweit eine Arisierung erwünscht wird, darüber wird die zuständige Fachgruppe der gewerblichen Wirtschaft bzw. die zuständige Handelskammer zu entscheiden haben. Daraus ergibt sich, daß in all den Fällen, wo eine Übersetzung des betreffenden Geschäftszweiges besteht, der Liquidation der nichtarischen Betriebe unter Überführung des Warenlagers in arische Hände den Vorzug gegeben wird. Im übrigen legt der RWM keinen Wert auf eine forcierte Arisierung.» Den Plan, individuelle Zahlungen an lokale Parteibüros vorzunehmen, wies das Ministerium zurück: «Im allgemeinen können die örtlichen Stellen bei der Genehmigung der Arisierung keine besonderen Auflagen machen. Es ist jedenfalls nicht die Regel, daß Teile des erzielten arisierten Gewinns an Parteistellen und dergleichen aufzuführen wären. Vom RWM sind Auflagen offenbar nur in den Fällen gemacht worden, in denen ein nichtarischer Betrieb infolge Abwesenheit des nichtarischen Vorbesitzers zu besonders billigem Preis erworben werden konnten. In diesen Fällen wären die Käufer verpflichtet, einen angemessenen Betrag an die Golddiskontbank abzuführen.»

Bei der Bewertung sollte keine gesonderte Berechnung des Geschäftswertes zugrunde gelegt werden; es sollte aber eine Reserve geschaffen werden, um «die erhöhten Risiken, die die neuen Besitzer eingehen», abzudecken. Der Gauwirtschaftsberater schlug einen allgemeinen «Anschlag» von 20 Prozent «des im Unternehmen arbeitenden Eigenvermögen» vor, «so daß Arisierungen etwa auf der Basis von 75–66 $^{2}/_{3}$ Prozent des ursprünglichen Vermögens ihre Genehmigung erfahren. Zum Teil stellt sich die Partei auf den Standpunkt, daß der nichtarische Vorbesitzer keinen größeren Kaufpreis erhalten soll als er erhalten würde im Falle, daß ein Unternehmen unter Überführung des Warenlagers auf andere arische Geschäfte liquidiert werden würde.» Der Beamte beim Reichswirtschaftsministerium hatte betont, daß diese Information nicht allgemein verbreitet werden sollte, «da er nicht den Eindruck erwecken möchte, eine Bank besonders bevorrangt behandelt zu haben.»[73]

Die «Arisierungen» vollzogen sich in recht unterschiedlicher Art und Weise. Alle, außer den ganz großen Transaktionen, wurden eher auf Filialebene denn in der Zentrale durchgeführt, wobei das Verhalten der Filialdirektoren erheblich variierte. In den meisten Fällen konkurrierten die Banken um die Durchführung des Geschäfts. In diesem Wettbewerb konnte die Deutsche Bank vor allem ihre Erfahrungen im internationalen Geschäft in die Waagschale werfen, woran die jüdischen Inhaber – unter den schwierigen Bedingungen der Devisenkontrolle und der diskriminierenden Gesetzgebung – die Hoffnung knüpften, daß die Bank im Zuge des Auswanderungsverfahren behilflich sein könnte, Vermögenswerte ins Ausland zu überweisen.

In manchen Fällen erfolgte der Transfer des Unternehmens über die Bank, weil die alten Besitzer die Unterstützung eines angesehenen Geldinstituts wünschten. Sie versuchten, ihr Lebenswerk zu erhalten und ihre Stellung zu sichern, falls es durch irgendein Wunder zu einem Regimewechsel kommen sollte. Darüber hinaus gaben sie sich große Mühe, ihre alten Angestellten zu schützen. Im Falle der Bankhäuser Mendelssohn, Berlin, und Simon Hirschland, Essen, arbeitete die Deutsche Bank mit den Geschäftsleitungen zusammen, um eine Übernahme durch die staatliche Reichs-Kredit-Gesellschaft zu verhindern, die den Unternehmen feindselig gegenüberstand.[74] Georg Hirschland, der geschäftsführende Gesellschafter von Hirschland, trat nach einer Unterredung mit einem Mitarbeiter der Reichsbank an die Deutsche Bank heran. In beiden Fällen, Hirschland wie auch Mendelssohn, wehrten sich die Nationalsozialisten entschieden gegen einen Verkauf an die Deutsche Bank. Der Gauleiter von Essen, Josef Terboven, beharrte auf seiner Position, daß Hirschland unbedingt hätte liquidiert werden müssen.[75]

Aus der Sicht der Banken war vor allem auf die wesentlichen Kreditlinien zu achten, die von ausländischen Instituten eingeräumt wurden und die unter die Bestimmungen des Abkommens über kurzfristige deutsche Kredite im Ausland, das sogenannte «Stillhalte-Abkommen», fielen. Emigrierten die Gesellschafter der deutschen Banken, so waren sie rechtlich gesehen weiterhin persönlich den ausländischen Gläubigern (Briten oder Amerikanern) verpflichtet. Daher war es dringend erforderlich, das freiwillige Einverständnis der ausländischen Kreditoren einzuholen, wenn die Kreditlinien auf andere Institute übertragen wurden. Aber die ausländischen Gläubiger verlangten für ihre Forderungen die bestmögliche Sicherheit, nämlich die Haftung eines Kreditinstituts mit erstklassigem Ruf, wie etwa der Deutschen Bank, und nicht die einer nach politischen Grundsätzen geführten und staatlich kontrollierten Bank wie der Reichs-Kredit-Gesellschaft. Die Deutsche Bank hatte in den Verhandlungen über das Stillhalte-Abkommen eine besonders einflußreiche Stellung, weil ihr Vorstandsmitglied Schlieper die Delegation deutscher Bankiers führte.

Mendelssohn gehörte zu den ältesten Namen im deutschen Bankgewerbe. Joseph Mendelssohn, ältester Sohn des Philosophen und Aufklärers Moses Mendelssohn, hatte die Firma 1795 gegründet. Franz von Mendelssohn hatte, unter anderem als Präsident des Deutschen Industrie- und Handelstages, maßgeblich an der Wirtschafts- und Industriepolitik des Kaiserreichs und der Weimarer Republik mitgewirkt und gehörte dem Generalrat der Reichsbank an. In den 1920er Jahren hatte das Unternehmen erstmals Personen, die nicht der Gründerfamilie angehörten, als Teilhaber aufgenommen: Paul Kempner, Rudolf Löb und Fritz Mannheimer (der seine Geschäfte jedoch zum größten Teil von Amsterdam aus führte). Diese drei hielten jedoch zusammen nur eine Minderheitsbeteiligung, während drei Viertel des Firmenkapitals im Besitz der Familie blieben.

Mendelssohn blieb während der ersten fünf Jahre des Dritten Reiches eine erfolgreiche Bank und gehörte in dieser Zeit auch weiterhin dem Konsortium an, das sich um die Auflegung von Staatsanleihen kümmerte. Doch litt das Bankhaus bereits unter internen Grabenkämpfen, die sowohl zwischen den Familienmitgliedern als auch innerhalb der Leitung tobten. 1935 starben Franz von Mendelssohn und Paul von Mendelssohn-Bartholdy; daraufhin mußten die internen Beteiligungsverhältnisse neu geordnet werden. Franz' Witwe Marie von Mendelssohn (geborene Westphal) wurde im November 1937 als «persönlich haftende Gesellschafterin» ins Handelsregister eingetragen, Pauls Witwe Elsa hingegen nicht. Einige der Eigentümer und der leitenden Angestellten begannen sich Gedanken über ihre berufliche Zukunft zu machen, sei es, daß sie fürchteten, als Bank in jüdischem Eigentum habe das Haus keine Zukunft, oder sei es, daß sie heimlich die Ambition hegten, ihre jüdischen Noch-Partner zu beerben und die Firma zu übernehmen.[76]

Im Verlauf des Jahres 1938 verstärkte sich der Druck derjenigen, die auf die Ausschaltung der noch in der Bank verbliebenen Juden drängten. Friedrich Dreyse, Vizepräsident der Reichsbank, sprach mit Löb und erklärte, das Bankhaus Mendelssohn müsse «aus politischen Gründen in steigendem Maß mit Schwierigkeiten rechnen». Friedrich Ernst, Reichskommissar für das Kreditwesen, riet Löb ebenfalls, sofort mit den nötigen Vorkehrungen für die «Arisierung» der Bank zu beginnen. Dreyse teilte Löb mit, die Reichs-Kredit-Gesellschaft sei willens, die Bank zu kaufen, worauf Löb – so hat Abs es überliefert – erklärte, ihm seien die Deutsche Bank und Abs lieber. Demgemäß habe er nach dem Gespräch im Büro Dreyses bei der Reichsbank sofort Abs aufgesucht.[77]

Die Übernahmevereinbarung sah vor, daß die Deutsche Bank Aktiva und Verbindlichkeiten in Höhe von 68 Mio. RM übernehmen sollte. 42 Mio. RM würden nicht übernommen. Das «gesamte Kundengeschäft» würde an die Deutsche Bank übergehen. Für diese Abtretung bezahlte die Deutsche Bank nichts. Sie beglich lediglich den negativen Saldo, der sich aus der Gegenüberstellung der an sie übertragenen Aktiva und Passiva ergab. Der verbleibenden Rumpffirma, die nun als «Mendelssohn in Liquidation» firmierte, verblieben das nicht übernommene Kapital, die Devisenguthaben der Bank und einige deutsche Aktivposten, die nicht liquidiert werden konnten, ferner auch ihr Immobilienbesitz. Die Vereinbarung sah vor, daß die Deutsche Bank die nichtjüdischen Angestellten des Hauses Mendelssohn übernehmen und ihnen noch drei Jahre lang die höheren Bezüge gewähren würde, die sie bei Mendelssohn erhalten hatten. (Dies war in den von Abs geführten Verhandlungen mit der Bank einer der umstrittensten Punkte.) Die Deutsche Bank übernahm schließlich auch die Pensionsverpflichtungen der übernommenen Firma. Die Zeitschrift *Die Bank* kommentierte die Übernahme mit nüchternen Worten: «Es würde indessen den Tatsachen in keiner Weise gerecht werden, wollte man mit solchen historischen Reminiszenzen im Falle Mendelssohn auf eine Expansionslust der Deutschen Bank hinweisen. Die Ursachen des Geschäftsübergangs sind, wie schon angedeutet, anderer Art. Immerhin wird der Geschäftszuwachs von der Deutschen Bank begrüßt werden.»[78]

Die jüdischen Mitarbeiter wurden nicht übernommen. Am 5. Dezember, drei Tage nach der Zustimmung des Reichswirtschaftsministeriums zu der Vereinbarung, verließen Löb, Kempner, Mannheimer und Marie von Mendelssohn ihre Arbeitsplätze in der Bank. Löb ging erst nach Buenos Aires, dann in die USA. Kempner zog über London nach New York. Da die Reichsbank ihm bescheinigte, er habe in den Verhandlungen um die Übertragung der Auslandsverbindlichkeiten auf die Deutsche Bank nützliche Dienste geleistet, durfte er einige persönliche Möbelstücke mitnehmen. An Barmitteln blieben ihm lediglich 50000 RM, während Löb immerhin 210000 RM mitnehmen durfte.

Am 1. Dezember 1938 wurde das Bankhaus Mendelssohn liquidiert. Diese Liquidierung leite «die letzte Phase der Arisierung des Privatbankiergewerbes ein», meinte die Zeitschrift *Bank-Archiv* dazu, betonte allerdings, die Beteiligung der Deutschen Bank an dem Vorgang sei ein «Sonderfall».[79]

Aus «Mendelssohn in Liquidation» wurde 1943 «von Mendelssohn & Co. i. L.». 1941 war Elsa von Mendelssohn-Bartholdy, Witwe Paul von Mendelssohns und wiederverheiratete Gräfin Kesselstadt, als Gesellschafterin ausgeschieden, und 1942 tat Giulietta von Mendelssohn es ihr nach, so daß es in diesem Moment nur noch einen Gesellschafter gab, nämlich Robert von Mendelssohn, dazu zwei «zeichnungsberechtigte Liquidatoren», wovon einer Ferdinand Kremer war. Die Liquidierung der Firma war 1943 weitgehend abgeschlossen; es blieben nur noch zwei Beteiligungen in Ungarn, einige Immobilien sowie «Entschädigungsansprüche gegen das Deutsche Reich» auf der Haben- und 4 Mio. RM Schulden auf der Sollseite. Die Verwaltung verlegte ihren Sitz in ein Gebäude der Deutschen Bank (das Kameradschaftshaus, Behrenstr. 15), nachdem ihre bisherigen Büroräume im Gebäude der Reichsbank durch einen Bombentreffer zerstört worden waren.[80]

Als Ferdinand Kremer nach Kriegsende für OMGUS einen Bericht über die Übernahme des Hauses Mendelssohn durch die Deutsche Bank anfertigte (in dem er ebenfalls die Rolle von Abs lobend hervorhob), wies er darauf hin, daß die an den Verhandlungen Beteiligten sich in der Absicht einig gewesen seien, «die Firma Mendelssohn & Co. wieder aufleben zu lassen, sobald die politischen und wirtschaftlichen Voraussetzungen hierfür gegeben sind». Dazu kam es allerdings nie.[81]

Um die Reichs-Kredit-Gesellschaft von der «Arisierung» auszuschließen, unterstützte die Deutsche Bank die rechtmäßigen Besitzer von Mendelssohn oder Hirschland: Gleichzeitig trug sie aber auch dazu bei, die Erwartungen einer schnellen «Arisierung» des Bankensystems seitens der

Regierung zu erfüllen. Schon Anfang 1939 konnte das Reichssicherheitshauptamt berichten: «Die Arisierungen sind im Bankgewerbe mit Hilfe der Privatbanken, besonders der Deutschen Industriebank, Reichs-Kredit-Gesellschaft und der Deutschen Bank zum Abschluß gekommen.»[82]

Ein weiteres Beispiel für die gemeinsame Durchführung der «Arisierung» war das Engagement der Deutschen Bank im Hinblick auf den deutschen Teil des Petschek-Konzerns. Hierbei handelte es sich um ein riesiges Kohle-Imperium (primär Braunkohlefelder), das von den vier deutschtschechischen Brüdern Ernst, Wilhelm, Karl und Frank Petschek geleitet wurde. Der bedeutendste Grundbesitz der Petscheks in Deutschland lag in Oberschlesien und wurde von einer Treuhandgesellschaft verwaltet, der Deutschen Kohlenhandelsgesellschaft m. b. H. Ihre Vermögenswerte zogen die größten und mächtigsten Gesellschaften der Montanindustrie an: Wintershall, Salzdetfurth, Mitteldeutsche Stahlwerke, Bubiag (Braunkohlen- und Brikett-Industrie AG), Henckel von Donnersmarck-Beuthen, Gräflich Schaffgottsch'sche Werke, Deutsche Erdöl-AG, I.G.-Farben und vor allem die Flick-Gruppe – sie alle traten an die Treuhänder heran. Die Braunkohlefelder wurden schließlich zum größten Teil an Flick verkauft. Sie waren Teil eines Grundstückstausches, in dem Flick Steinkohlevorkommen an die Hermann-Göring-Werke veräußerte.[83]

Aber es gab auch noch einen wesentlich kleineren Petschek-Besitz in Westdeutschland. Dort gab es offenbar keine starke Nachfrage von Unternehmen. Von den Stammaktien der zu Petschek gehörenden Hubertus Braunkohlen AG waren 73,6 Prozent im Besitz der Helimont AG Glarus und der Deutschen Industrie AG, die einen Teil des ausgedehnten Industrieimperiums der Petschek-Dynastie auf tschechischer Seite bildeten. Minderheitsbeteiligungen in Höhe von 16,2 Prozent wurden von der Familie Abs aus Bonn gehalten: Justizrat Josef Abs und seine Söhne Clemens Abs und Hermann J. Abs. Die «Arisierung» begann mit dem Vorwurf des Oberfinanzpräsidenten in Hannover, daß die Hubertus AG eine Kapitalflucht in Höhe von 70 Mio. RM organisiert habe. Im Oktober 1938 wurde das Unternehmen gezwungen, eine vollständige Liste aller Konten, Passiva und Aktiva im Ausland vorzulegen.[84] Eine Verfügung des Reichswirtschaftsministeriums vom Januar 1939 verpflichtete die Petschek-Gruppe dann, Hubertus bis Ende Februar zu verkaufen. Diese Transaktion wurde von der Deutschen Bank durchgeführt. Sie verkaufte die Hubertus AG an die Interessengemeinschaft der Familie Abs, die in der Erft-Bergbau AG organisiert war, zu dem nicht unangemessenen Gesamtbetrag von 5 750 000 RM. Dieser Betrag entsprach einem Tageskurs der Hubertus-Aktie am Börsenmarkt von 205 RM (der durchschnittliche Börsenkurs hatte in dem Zeitraum zwischen Juli 1938 und März 1939 bei 203 RM gelegen). Für ein Unternehmen, dessen Reingewinn 1937 327 000 RM betragen hatte, scheint diese Bewertung am Börsenmarkt adäquat.[85] 1950 entschied ein westdeutsches Gericht, daß dieser Betrag den Wert von Hubertus um gut 860 000 RM unterschätzte.[86] Es besteht jedoch kein Zweifel daran, daß die Petscheks während des Verkaufs Vertrauen in den Charakter und die Vertrauenswürdigkeit von Vater und Sohn Abs hatten, ihren früheren Juniorpartnern, und daß Hermann J. Abs ihnen nach 1945 half, ihre frühere Stellung wiederzuerlangen.

Im Zuge der großen Enteignungswelle der Jahre 1937 bis 1939 verlangte auch der Staat von den Banken, in seinem Auftrag zu arbeiten und Informationen über jüdisches Vermögen zu sammeln. Gleichwohl verwendete die Deutsche Bank die zu diesem Zweck gesammelten Daten dazu, wenn möglich selbst Aktien von jüdischen Kunden zu erwerben und an andere Bankkunden wieder zu verkaufen.[87]

Schätzungen über den Umfang des Geschäfts mit jüdischen Kunden liefern die Zahlen der Frankfurter Filiale. Aus ihnen geht hervor, daß 1938 Depots im Wert von 35 Mio. RM und Kreditoren in Höhe von 15 Mio. RM von «Nicht-Ariern» stammten. 16,5 Prozent des gesamten Geschäftsumfangs der Filiale wurden damit als «nicht-arisch» eingestuft.[88] Zweifellos sah man in dieser Filiale in der «Arisierung» eher eine Gefahr denn eine Chance. Sie schwächte die Bank und ließ die Politik weiter in die Finanzwelt eindringen. Für die Bank als ganzes liegen nur Unterlagen über das Kreditgeschäft vor. Kredite für «Nichtarier» schrumpften rapide: im Oktober 1935 waren sie noch mit 13,6 Prozent der «inkorporierten Gesamtdebitoren» zu beziffern gewesen, aber im Juli 1937 waren es nur noch 7,3 Prozent, was das Ausmaß verdeutlichte, in dem die jüdische Geschäftstätigkeit in Deutschland zurückgegangen war. Bis Ende November 1938 war das Verhältnis weiter auf 3,1 Prozent abgesunken (das entsprach ungefähr 69,8 Mio. RM).[89]

So mancher leitende Bankangestellte ließ es sich nicht nehmen, in seine Geschäftskorrespondenz antisemitische Abfälligkeiten einfließen zu lassen. So ließ der Direktor der Filiale Hildesheim seinen Kollegen in Hannover anläßlich des Verkaufs der Metall- und Farbwerke AG Oker wissen, man habe es hier mit einem Paradebeispiel dafür zu tun, «wie jüdische Infamie es in den letzten Jahren verstanden hat, dieses Unternehmen nur für sich auszubeuten. [...] Ich bin jedenfalls froh, nachweisen zu können, daß ich seit Anbeginn meiner leitenden Tätigkeit nicht aufgehört habe in dem Versuch, diese Eiterbeule zum Platzen zu bringen.»[90] Es gibt einige Beispiele dafür, daß die Bank jüdische Geschäftsleute eindeutig betrog. Als in Rheydt die große Schuhfabrik L. Stern & Co. mit 2309 Angestellten im November 1938 zu einem niedrigen Preis an ihre leitenden Angestellten verkauft wurde, zahlte der Eigentümer der Deutschen Bank den ihm gewährten Kredit, der durch seinen Besitz gesichert wurde, zurück. Da aber die neuen Eigentümer keine angemessenen Sicherheiten für ihren Kredit geben konnten, behielt die Bank einfach Sterns Grundschuld.[91]

Das größte und komplexeste industrielle «Arisierungs»-Projekt, das die Deutsche Bank selbst durchführte, und zwar direkt von Berlin aus und unter Mitwirkung von Mitgliedern des Vorstands, betraf die Norddeutschen Lederwerke, eine Firma, die vormals Adler & Oppenheimer geheißen hatte. Wie in den Fällen Mendelssohn und Hirschland setzte auch hier die Enteignung der Alteigentümer auf dem Rechtsweg die Mitwirkung einer Bank voraus, die über vielfältige Auslandskontakte und breite Erfahrung verfügte. Im Gegensatz zur großen Mehrzahl der anderen deutschen Arisierungsfälle konnte die Übertragung dieser Firma in «arische» Hände wegen der Kompliziertheit der Materie bis Kriegsbeginn nicht abgeschlossen werden. Das hatte zur Folge, daß die «Arisierung» der Norddeutschen Lederwerke in die politischen Verwicklungen im Zusammenhang mit Kriegsrecht und Besatzungsregime hineingezogen wurde. Wie schon bei der «Arisierung» jüdischer Bankhäuser, stand die Deutsche Bank auch hier in einem eigenartigen Quasi-Konkurrenzverhältnis zu einer staatlichen Bank, in diesem Fall (wie schon im Fall Mendelssohn) der Reichs-Kredit-Gesellschaft.

Die Firma Adler & Oppenheimer war 1872 in Straßburg gegründet worden, hatte sich 1900 in eine Aktiengesellschaft umgewandelt und war 1920 aus dem Elsaß nach Berlin verlegt worden. Zu dieser Zeit gehörte sie bereits zu den führenden Lederwarenherstellern Deutschlands. 1937 hatte sie ein Nominalkapital von 18 Mio. RM und eigene Produktionsstätten in Neustadt (Mecklenburg) und Neumünster (Holstein). Die Firma profitierte zuerst vom Aufschwung der 1930er Jahre, doch nach 1936 ging ihr Auslandsabsatz, der traditionell ein wichtiges Standbein gewesen war, drastisch zurück.

Den Hauptanteil der Aktien hielten die angestammten Eignerfamilien Adler und Oppenheimer über eine holländische Treuhänderfirma, die Amsterdamsche Leder Maatschappij (in den Akten oft Almy genannt), die 1919 mit einem bescheidenen Stammkapital von 50 000 Gulden gegründet worden war, um die Einfuhr von Rohmaterialien zu erleichtern.

Die führende Rolle bei der «Arisierung» dieses Unternehmens übernahm Hermann J. Abs, der tatkräftige Neuling im Vorstand der Deutschen Bank; er wurde im August 1938 Vorsitzender des Aufsichtsrates von A&O. Einige Wochen zuvor war ein neu berufenes Vorstandsmitglied der Firma, Ernst Steinbeck, an ihn herangetreten und hatte ihm eröffnet, daß er die Absicht habe, die holländischen Anteilseigner zu fragen, «ob und unter welchen Bedingungen Verkauf u. Repatriierung (um nicht zu sagen Arisierung) möglich sei».[92] Die Berufung Steinbecks in den Vorstand von A&O war ein Ergebnis deutschen Drucks mit dem Ziel, die Germanisierung – und das hieß natürlich «Arisierung» – der Firma voranzutreiben. Die Deutsche Bank begann in ihrer Eigenschaft als dominierender Partner in einem Konsortium, dem außer ihr die Reichs-Kredit-Gesellschaft und die Privatbanken Delbrück Schickler & Co. und Pferdmenges & Co.[93] angehörten, von ihren jüdischen Kunden – von denen viele ausgewandert waren – Aktien der A&O zu 106 Prozent des Nominalwerts zu übernehmen. Zwischen September 1938 und Mai 1939 wurden auf diese Weise Anteile im Gesamtwert von 617 000 RM aufgekauft. Überraschenderweise gingen diese Aufkäufe auch nach Kriegsausbruch im September 1939 quer über feindliche Grenzen hinweg weiter.[94] 1940 erwarb die Deutsche Bank noch einmal Aktien im Gesamtwert von 9528 000 RM aus dem Besitz der Familien Adler und Oppenheimer.

Das Interesse an der Zukunft der Firma A & O war groß. Die Partei und insbesondere ihre Vertreter im Reichswirtschaftsministerium, die die Wahrung mittelständischer Interessen als ihre Aufgabe ansahen, fanden die Vorstellung unsympathisch, ein bedeutendes Unternehmen könne hier zur Keimzelle einer noch geballteren Konzentration wirtschaftlicher Macht, noch dazu in einer traditionell mittelständisch geprägten Branche, gemacht werden. Manche propagierten eine Übernahme der Firma durch die DAF. A & O war ein bedeutender Heereslieferant und daher berechtigt, die für ihre Produktion benötigten Ledermengen zu importieren. In dem von der Deutschen Bank dirigierten Kampf gegen die Einflußversuche der Partei spielte die Militärführung die Rolle eines hilfreichen Verbündeten, denn ihr ging es vor allem darum, eine zuverlässige Versorgung mit Lederprodukten zu sichern.[95]

Anfänglich führte Abs die meisten seiner Verhandlungen über die Überführung von A & O in nichtjüdische Hände, im Zuge seiner regelmäßigen Geschäftsreisen im Ausland. Aus London schrieb ihm Erwin Schuller, die Familie Werhahn[96] sei an einem Erwerb der A & O interessiert.[97]

Aber auch viele deutsche Großunternehmen zeigten Interesse an einer

Übernahme der Firma. Den großen süddeutschen Leder- und Schuhfabrikanten Freudenberg bremste das Reichswirtschaftsministerium aus, das eine Oligopolisierung in der Lederindustrie nicht zulassen wollte. Cornelius Freiherr Heyl zu Herrnstein von der Cornelius Heyl AG in Worms, einem bedeutenden Lederproduzenten mit einem Kapital von 12 Mio. RM, wollte eine Minderheitsbeteiligung erwerben, um der DAF die Übernahme der A & O verwehren zu können.[98] Das Reichswirtschaftsministerium blockierte Heyl.[99] 1940 scheiterte ein Plan der Margarine-Union, die Firma zu übernehmen.

Der aussichtsreichste Interessent schien zunächst ein großes multinationales Unternehmen aus den Niederlanden zu sein. Anfang 1939 bot Unilever an, zwischen 25 und 40 Prozent des Kapitals der A & O zu übernehmen, unter der Bedingung, daß auch die Deutsche Bank eine Beteiligung erwarb und sich daraus zusammen mit dem Unilever-Anteil eine Mehrheit ergab.[100] Irgendwann in der Zukunft – vermutlich nach einer Änderung der politischen Verhältnisse in Deutschland – würde Unilever dann unschwer in der Lage sein, die Mehrheit an sich zu bringen. Im Juli 1939 hatte Abs eine Übereinkunft mit den niederländischen Unilever-Repräsentanten, die eine 12-Prozent-Beteiligung der Deutschen Bank und eine Pauschalprovision von drei Prozent für die Bank vorsah.[101] Als Abs diesen Plan zusammen mit einigen Alternativen, die sich für eine rein deutsche Lösung anboten, im Reichswirtschaftsministerium vortrug, stieß er damit auf offene Ablehnung. Die Beamten erklärten, mit diesen Lösungen könne keine «endgültige Anerkennung des Unternehmens als deutscher und arischer Betrieb»[102] herbeigeführt werden. Abs beklagte sich, daß es fast unmöglich sei, Alternativen zu finden. Er «bezeichnete es als sehr schwierig, Interessenten zu finden, solange die Aktien noch in holländischen Händen seien und ihr Erwerb ungewiß sei».[103] Vom offiziellen Standpunkt aus sei es von größter Wichtigkeit, eine so bedeutende Firma unter deutscher Kontrolle zu belassen, aber andererseits zu verhindern, daß sie in die Hände eines anderen deutschen Großunternehmens fiel. Die Beamten schlugen vor, die Deutsche Bank solle ein Konsortium bilden, das die Anteile übernehmen und nach und nach am Markt plazieren solle.

Es war offenkundig der Krieg, der den Diskussionen über einen möglichen Verkauf von Anteilen ins Ausland ein Ende setzte. Doch noch das ganze Jahr 1940 hindurch sahen sich Abs und die Deutsche Bank mit einem stetigen Strom von Besuchern und Vorschlägen konfrontiert, deren Thema die Zukunft der Firma A & O war. Ein Lederfachmann wollte die

Familie Quandt als Investor gewinnen, um die Finanzierung der Übernahme zu sichern.[104] Aus der Stuttgarter Filiale der Deutschen Bank verlautete, der große Schuhproduzent Salamander AG wolle A & O kaufen.[105]

Im Mai 1940 forderte das Reichswirtschaftsministerium Abs auf, den Namen A & O verschwinden zu lassen und die Firma künftig unter dem Namen «Norddeutsche Lederwerke» zu führen.[106] Der deutsche Einmarsch in die Niederlande und die Integration des Landes in die von Deutschland propagierte «Neue Ordnung» lösten das Problem der Beschaffung von Devisen für die Ablösung der holländischen Anteile. Am 3. Mai sprach Gerhard Elkmann, stellvertretender Direktor der Deutschen Bank, im Reichswirtschaftsministerium vor und führte ein Gespräch mit dem Leiter des Judenreferats, Assessor Möhrke. Er protokollierte: «Das Judenreferat ist ebenfalls damit einverstanden, wenn wir die Arisierung in Holland betreiben. Es bedarf hierzu aber keiner vorherigen schriftlichen Genehmigung seitens des Judenreferats. Es genüge, wenn man uns das Einverständnis mündlich erkläre.» Elkmann erklärte, seine Bank wolle das Geschäft zügig über die Bühne bringen; die komplizierten bürokratischen Widrigkeiten, die sich immer wieder in den Weg stellten, irritierten ihn, und er betonte nochmals, «daß uns sehr an einer Beschleunigung läge». Das Reichswirtschaftsministerium erklärte daraufhin, daß es hilfreich wäre, wenn ein weiterer Arm der NS-Bürokratie in die Sache hereingezogen würde; die Bank solle sich doch mit der Auslandsorganisation der NSDAP zusammentun. Abs fuhr unterdessen fort, alle Aktienpakete von A & O, die er bekommen konnte, zu erwerben.[107]

Die Erlangung der Aktien erwies sich jedoch als weitaus schwieriger, als von den deutschen Bankiers ursprünglich angenommen worden war. Im Oktober 1940 wurde im Reichswirtschaftsministerium eigens eine Sitzung anberaumt, um die bei der «Arisierung» der Kapitalanteile der Familien Adler und Oppenheimer auftretenden Probleme zu erörtern. Ein Aktienpaket im Wert von ca. 1,5 Mio. Gulden (knapp 2 Mio. RM) war als Sicherheit für einen von der Amsterdamsche Bank bezogenen Kredit in den USA hinterlegt worden. Von den im Besitz von Mitgliedern der Familie befindlichen Aktien gehörten neun Prozent Personen, die ihren Wohnsitz in Großbritannien genommen hatten, so daß nach deutschem Recht diese Aktien als «Feindvermögen» eingestuft werden konnten. Weitere 30 Prozent gehörten Personen, die in Frankreich ansässig waren, und auf sie ließ sich das Argument vom «Feindvermögen» nach dem Abschluss des Waffenstillstandes nicht mehr anwenden. Der Repräsentant der Almy, ein Holländer, legte einen Plan vor, der die Übernahme der familieneigenen Anteile durch die Almy vorsah, die sich verpflichten würde, den Kaufpreis aus ihren künftig anfallenden Gewinnen zu finanzieren. Abs schlug eine andere Lösung vor: nämlich zur Finanzierung der Käufe in den USA vorhandene Guthaben und Warenbestände heranzuziehen, trotz der Tatsache, daß sowohl das US-Schatzamt als auch die holländische Exilregierung in London Anweisung gegeben hatten, diese Werte zu sperren.

Im weiteren Verlauf dieser Besprechung im Reichswirtschaftsministerium stießen zwei weitere Beamte zu der Runde: ein Vertreter des Hollandreferats sowie Assessor Möhrke vom Judenreferat.[108] Die Eigner befanden sich im Grunde in einer recht starken Position, da weder die deutschen Besatzungsbehörden noch die Deutsche Bank Zugriff auf die Aktien der Almy hatten.

Clemens Oppenheimer, der vom schweizerischen Ascona aus für die Familie die Verhandlungen führte, stellte Bedingungen für die Übereignung der Anteile: Die Guthaben der Familienmitglieder in den USA sollten freigegeben werden; die deutschen Erwerber sollten eine erhebliche Summe in US-Dollar bezahlen, und den noch in Europa lebenden Mitgliedern der Familien Oppenheimer und Adler sollte die Ausreise nach Portugal erlaubt werden.[109]

Die deutschen Besatzungsbehörden versuchten in dieser Situation verstärkten Druck auf die Familien Adler und Oppenheimer auszuüben, indem sie einen der in den 1930er Jahren am häufigsten praktizierten Tricks anwandten: das Geltendmachen angeblicher Steuerrückstände. Anfang 1941 flatterte der Firma ein Steuerbescheid über 4,3 Mio. RM ins Haus, berechnet auf angebliche Gewinne aus der Abwertung des holländischen Gulden im Jahr 1937. Abs notierte: «Unmöglich jetzt Placement zu betreiben.»[110] Infolgedessen ging das Volumen der ausländischen Devisen, die die Deutsche Bank zu transferieren bereit war, zurück. Dennoch überwies sie letzten Endes 600 000 US-Dollar über die Schweiz auf Konten der Familien, wobei sie verschlungene Pfade einschlug, um den Charakter der Transaktion zu verschleiern.

Ende 1940 hatte sich die Deutsche Bank so in den Besitz von drei Vierteln des Gesamtkapitals der Firma Nordleder (das 18 Mio. RM betrug) gebracht; ihr Plan war, dieses Kapital in Form von Aktien bei deutschen Anlegern unterzubringen.[111] Für ihre Dienste wurde die Bank mit einer Provision entlohnt. Ursprünglich waren 1,5 Prozent Provision vereinbart worden, aber im Schlußdokument über den Verkauf hatte jemand diese Zahl durchgestrichen und durch «RM 120 000» ersetzt (mit Datum vom

3. Juli 1943).[112] Die Bank zog aus der Emission der Nordleder-Aktien aber noch einen weiteren, gewichtigeren Vorteil. Das Reichswirtschaftsministerium gab die Parole aus, die Aktien sollten breit gestreut werden, um einen Liquiditätsschub zu bringen und den Anlegern auch einmal etwas anderes zu bieten als nur Kriegsanleihen und Schatzbriefe. Der Deutschen Bank gefiel diese Überlegung nicht; sie sah darin einen Versuch der Reichs-Kredit-Gesellschaft, sie auszubremsen. Abs war zu gewissen Zugeständnissen bereit, etwa eine «Arisierungsquote» anzubieten und einen Bankier von der Reichs-Kredit-Gesellschaft in den Aufsichtsrat der Nordleder zu berufen.[113] Die Deutsche Bank wies jedoch ihre Filialen an, sich nicht an einer breit gestreuten Plazierung der Aktien zu beteiligen und keine Emissionsprospekte an ihren Schaltern auszulegen.

Eine zweite Profitquelle, die aus der Nordleder-Transaktion sprudelte, war somit die Differenz zwischen dem Kaufkurs der Aktien (106 Prozent in Deutschland) und dem Ausgabekurs von 140 Prozent. Dazu kam eine weitere Provision, die die Deutsche Bank in ihrer Eigenschaft als Mitglied des Emissionskonsortiums einstrich.

Nachdem dieser Verkauf im Sommer 1941 abgewickelt war, ging die Deutsche Bank daran, den Kapitalstock von Nordleder abzubauen, denn die von der Firma getätigten Umsätze (zwischen 25 Mio. und 30 Mio. RM jährlich in den ersten vier Kriegsjahren) nahmen sich im Verhältnis zu ihrer Kapitalisierung (18 Mio. RM) kümmerlich aus.[114]

Insgesamt erwies sich die Abwicklung von A&O, die anfänglich, 1938, wie eine relativ einfache Routineaufgabe ausgesehen hatte, als ein hartes Stück Arbeit. Die erste größere, den Verkauf verzögernde Schwierigkeit bestand darin, die Zustimmung der Regierung zu erwirken; das Reichswirtschaftsministerium schien entschlossen, eine Beteiligung sowohl ausländischer Investoren als auch deutscher Großunternehmen zu verhindern. Dazu kam, daß die Eigner ihre Anteile in eine Gesellschaft mit Sitz in Holland eingebracht hatten und sich dadurch in einer vergleichsweise starken Verhandlungsposition befanden, in krassem Gegensatz zu den meisten anderen «Arisierungsfällen».

Die militärische Besetzung der Niederlande verschaffte der Bank eine neue Chance, die Transaktion voranzutreiben. Sie mußte allerdings, um weiterzukommen, in Verhandlungen mit weiteren Ebenen der deutschen Bürokratie eintreten: mit den Besatzungsbehörden in den Niederlanden, der NSDAP-Auslandsorganisation und wahrscheinlich auch – zumindest indirekt – mit der SS (über Ausreisegenehmigungen). Am 10. Mai 1940 befanden sich die meisten Mitglieder der Eignerfamilien bereits in den

USA, Südamerika, Großbritannien oder der Schweiz; Franz Ferdinand Oppenheimer hielt sich jedoch noch im holländischen Scheveningen auf, und Alfred Adler und Anna Luise Adler lebten im französischen Graulhet.[115] Im Grunde beteiligte sich die Deutsche Bank hier an einer Operation, bei der Menschen als lebende Pfänder mißbraucht wurden, um die Zustimmung zu bestimmten finanziellen Transaktionen zu erwirken.

Die Grundlage für diese Transaktionen bildeten die gesetzlichen und politischen Vorgaben der deutschen Regierung. In bestimmten Momenten war es jedoch die Deutsche Bank, die das Heft in die Hand nahm, um Bewegung in eine komplizierte und verwickelte Situation zu bringen und die Probleme einer Lösung zuzuführen – die sich am Ende allerdings auch als recht lukrativ für die Bank selbst erwies.

Mit ihrer Beteiligung an der «Arisierung» der deutschen Wirtschaft lud die Bank eine schwere moralische Schuld auf sich. Auf der einen Seite half sie manchen jüdischen Unternehmern – insbesondere jenen, die innerhalb der Grenzen des Deutschen Reiches von 1937 lebten, während sie im besetzten Europa oftmals rücksichtsloser agierte. Hätte die Bank nicht in Deutschland Eigentumsverkäufe vermittelt, wäre es für die Opfer nationalsozialistischer Verfolgung noch schwieriger gewesen, wenigstens den sehr dürftigen Anteil zu retten, den sie nach den staatlichen Bestimmungen behalten und ins Ausland transferieren durften.

Die in jüdischem Besitz befindlichen Banken, die sich bis dahin gehalten hatten, Mendelssohn und Warburg, beteiligten sich in den Jahren 1937/38 in großem Umfang an der Vermittlung arisierungsbedingter Eigentümerwechsel; sie empfanden das nicht als Verrat an ihren Kunden, sondern als Hilfe für sie.[116]

Auf der anderen Seite war die Bank durch den Abschluß dieser Geschäfte nicht nur an einem recht rentablen Provisionsgeschäft beteiligt (zwischen ein und drei Prozent war der übliche Satz), sondern sie erleichterte dem Staat auch die Realisierung seiner politischen, rassisch motivierten Ziele. Auf diese Weise wurden die Banken in eine «dienende Rolle» gedrängt, wie dies schon 1933 von nationalsozialistischen Parteiideologen gefordert worden war. Ihre Handlungsweise mochte zwar in einzelnen Fällen – etwa Mendelssohn, Hirschland oder Petschek – so scheinen, als sei sie von Mitgefühl mit früheren Geschäftspartnern bestimmt gewesen, aber insgesamt trug sie ohne Zweifel dazu bei, die Prinzipien von Eigentum und Moral zu unterlaufen.

IV. Emil Georg von Stauß: Der Bankier als Politiker

Während der ersten zehn Jahre der nationalsozialistischen Herrschaft war es Stauß, der die wichtigsten Kontakte der Deutschen Bank zu hochrangigen Politikern unterhielt. Seine Aktivitäten waren nicht «typisch» für die Deutsche Bank jener Zeit, aber er spielte eine wesentliche Rolle. Obwohl nach 1932 nicht einmal mehr Mitglied des Vorstands, saß er gleichwohl im wichtigsten Ausschuß des Aufsichtsrats. Die führenden Mitglieder des Vorstands – Eduard Mosler, Gustaf Schlieper, Karl Kimmich – waren vorrangig mit dem eigentlichen Bankgeschäft befaßt. Sie konnten sich das erlauben, weil sie Stauß die politische Seite des Bankgeschäfts übertragen hatten, ihm die politisch brisanten Aufsichtsratssitze überließen, die die Deutsche Bank übernommen hatte. Stauß war bis zu seinem Tode 1942 sozusagen das politische Alibi der Bank. Geprägt durch die umfassenden Erfahrungen, die er während des Kaiserreichs und der Weimarer Republik gewonnen hatte, und nicht zuletzt aufgrund seiner Kontakte zu ausländischen Regierungen, sah er in der Politik vor allem die Aufgabe, Verbindungen zur Regierung aufzubauen, unabhängig davon, welche Gestalt diese Regierung hatte. Er war auf eine nationalsozialistische Regierung in Deutschland gut vorbereitet.

1930 war er als Abgeordneter der liberalen Deutschen Volkspartei (DVP) in den Reichstag gewählt worden, stand aber schon bald der NSDAP und insbesondere Hermann Göring nahe. Seine ausländischen Kontakte machten ihn für eine Partei, die ihre Machtergreifung plante, sehr interessant, und im Dezember 1931 stellte er in seinem Hause Hitler (der unter dem Decknamen Wolf erschien) dem amerikanischen Botschafter Frederic M. Sackett vor. Anfang 1931 hatte er als Gastgeber bereits den ehemaligen Reichsbankpräsidenten Hjalmar Schacht mit Göring und Hitler zusammengebracht. 1933 machte ihn Göring zum Preußischen Staatsrat, 1934 wurde er Vizepräsident des Reichstags, obwohl er immer noch nicht Mitglied der NSDAP war und von ihr lediglich als «Hospitant» geführt wurde. Der Sitz im Reichstag war Stauß auf eigentümliche Weise zugefallen. In der Wahl vom März 1933 waren nur zwei rechtsliberale DVP-Abgeordnete gewählt worden. Einer von ihnen, ein

Geschäftsmann namens Otto Hugo, plädierte dafür, die Partei aufzulösen und der NSDAP beizutreten, während der Parteivorsitzende Eduard Dingeldey ein wohlbegründetes Mißtrauen gegenüber Hitler und seiner Bewegung hegte und folglich die Unabhängigkeit der DVP gewahrt wissen wollte. Im Verlauf der innerparteilichen Diskussionen mußte Hugo seinen Posten in der Partei niederlegen; aber letzten Endes gab Dingeldey doch den Kampf um die Unabhängigkeit seiner Partei auf. Indes bewahrte sich die DVP das Recht auf zwei Reichstagssitze als «Hospitanten der NSDAP-Reichstagsfraktion». Hugos Sitz erhielt auf Dingeldeys Vorschlag hin Stauß, «weil ich auf dessen Mitarbeit aus finanziellen und politischen Gründen in diesen Zeiten das größte Gewicht lege». Mit anderen Worten: Stauß fungierte als Brücke zwischen den politisch und wirtschaftlich bedeutenden Vertretern der alten bürgerlichen Parteien und der neuen Ordnung – ohne jedoch der Partei beizutreten.[1] Später ignorierte Stauß grundsätzlich alle Fragen der NSDAP, warum er diesen Schritt nicht getan habe; und als 1942 Propagandaminister Joseph Goebbels vorschlug, ihn mit der Goethe-Medaille der «Deutschen Akademie» auszuzeichnen, winkte die Parteikanzlei entschieden ab.[2]

Obwohl er nach 1932 nicht mehr in das Tagesgeschäft der Bank involviert war, behielt Stauß ein Büro in der Zentrale und kümmerte sich nach wie vor um die Interessen der Bank. Manchmal griff er persönlich ein, um Kunden der Bank zu schützen. Beispielsweise konnte er, als die Bedrohung durch nationalsozialistische Revolutionäre im März 1933 ihren Höhepunkt erreicht hatte, Kontakt zu Hitlers Adjutanten und dem preußischen Innenminister aufnehmen, um die SA davon abzuhalten, das Breslauer Geschäft der Warenhauskette Wertheim zu schließen und zu beschlagnahmen.[3] Die meisten Pflichten erwuchsen ihm nach 1933 jedoch als Aufsichtsratsmitglied, und oftmals als Vorsitzender des Aufsichtsrats, zahlreicher Unternehmen – darunter auch solcher, die unter der nationalsozialistischen Diktatur ins Interessenfeld der Politik gerieten. Stauß war für nahezu alle besonders politisch heiklen Kunden der Deutschen Bank zuständig. Filmindustrie, Flugzeugbau, Automobilproduktion, Kunstfaserherstellung: dies waren die hochwertigsten, aussichtsreichsten und prestigeträchtigsten Technologien der 1930er Jahre. Deutsche Filme, Flugzeuge und Rennwagen, sie alle konnten dem neuen Regime als politische Propagandamittel dienen. Stauß hatte die richtigen Kontakte, um die reichen Möglichkeiten zu nutzen, die in diesen Industriezweigen steckten, und um die Rolle des politischen Verbindungsmanns zu spielen. Er griff in die Angelegenheiten der Filmgesellschaft

Emil Georg von Stauß, Vorstandsmitglied von 1915–1932

Ufa, der Deutschen Lufthansa, der Bayerischen Motoren Werke, der Daimler-Benz AG, des multinationalen Faserherstellers AKU wie auch in eine Reihe kultureller und akademischer Vereinigungen in entscheidender Weise ein.

1. *Filme und politische Erziehung*

Seit ihrer Gründung 1917 hatte Stauß den Vorsitz im Aufsichtsrat der Universum-Film AG (Ufa) in Berlin inne und wesentlich an ihrem finanziellen Wiederaufbau nach der Hyperinflation mitgewirkt.[4] In der politischen Krise von 1933 wurde er noch einmal im Amt des Vorsitzenden bestätigt. Von den Aktien in Höhe von 18,8 Mio. RM, die auf der Hauptversammlung 1933 stimmberechtigt waren, verfügte die Deutsche Bank über 8,7 Mio. Weitere 910000 RM hielt Stauß im eigenen Namen.[5]

Die Ufa befand sich nun in einer prekären Lage und war entsprechend leicht angreifbar. Filme hatten offensichtlich einen politischen Charakter, und die neue Regierung zeigte ein immenses Interesse an ihrem propagandistischen Einsatz. Doch in der Vergangenheit war das Unternehmen stark von ausländischen Gewinnen abhängig gewesen, die fast zwei Fünftel des Gesamtertrages ausmachten. Man erkannte die Gefahr, daß eine neue politische Ausrichtung den ausländischen Markt ruinieren würde, was im übrigen auch tatsächlich geschah. Das Unternehmen zeigte sich außerdem besorgt, daß kommerzielle Kinos einem belastenden Konkurrenzkampf mit parteigeführten Kinos ausgesetzt würden und sich auch die von der Partei ins Leben gerufene Organisation für Freizeitgestaltung «Kraft durch Freude» nachteilig auf die Kinowelt auswirken könnte. Im März 1933 zitierte Joseph Goebbels die führenden Filmemacher in das Hotel Kaiserhof und legte dort seine Ideen für eine Reorganisation der Filmindustrie dar. Fast unverzüglich beschloß der Ufa-Vorstand, die Verträge mit jüdischen Mitarbeitern zu kündigen – mit der Folge, daß das Unternehmen viele seiner besten Schauspieler, Direktoren und Techniker verlor.[6] Aus allen diesen Ereignissen und Zwängen resultierten die gewaltigen Verluste im Geschäftsjahr 1933. Sie bedeuteten einen weiteren dramatischen Einbruch selbst gegenüber 1932, dem schwersten Depressionsjahr, in dem man immerhin noch einen – zugegebenermaßen schmalen – Gewinn erzielt hatte. Im Fall der Ufa wurde deutlich, daß ihre Verluste unmittelbar mit der politischen Anpassung zusammenhingen.

Die Reaktion der Ufa bestand darin, sich ganz der Parteilinie zu unterwerfen. Aber selbst das erwies sich als schwierig. Was war eigentlich die Parteilinie? Im nationalsozialistischen Chor gab es viele Dissonanzen, viele miteinander konkurrierende Stimmen: Agrarromantik und Verherrlichung moderner Technologie trafen hier aufeinander. Außerdem war vieles abhängig vom Geschmack, der auch sehr schnell politische Beiklänge erhalten konnte. Denn gab es eine bessere Gelegenheit, die Bewegung zu verunglimpfen, als ihre Ideen im Film plump und wenig ansprechend darzustellen? Schlecht gemachte Filme über nationalsozialistische Themen konnten diese ins Lächerliche ziehen. Ein Film mit dem vielversprechenden Titel «Blut und Scholle» mußte in «Du sollst nicht begehren» umbenannt werden; und obwohl er von einem Nazi-Regisseur auf der Basis eines Nazi-Drehbuchs von einem Nazi-Autor (Richard Schneider-Edenkoben) gedreht wurde, wurde er vom Landwirtschaftsministerium, der Parteipresse und in internen Parteiverfügungen scharf kritisiert. Die Parteiideologen warfen der Ufa «Konjunktur-Hascherei» vor.[7] Im Endeffekt hätte man 300 000 RM genausogut zum Fenster hinauswerfen können. Sogar Filme mit Themen, die, wie «Der rote Tod von Riga», ganz auf der Parteilinie lagen, wurden auf politische Interventionen hin endlos zurückgehalten.

Die Liste verbotener Sujets wuchs ständig. Skripte, die auf Büchern jüdischer Autoren basierten, kamen natürlich gar nicht erst in Frage. Aber es war auch nicht gestattet, die Kampforganisationen und paramilitärischen Einheiten der Partei, die SA und die SS, zum Gegenstand von Filmen zu machen. Ein unter dem Titel «Der Liebesrausch» konzipierter Film wurde wegen der «Besorgnis, daß Ehekonflikte, auch wenn ein Ehebruch nicht vorkommt, filmisch nicht mehr behandelt werden dürfen», nicht realisiert. Was blieb übrig? «Die Sicherheit in der Frage, was nicht gemacht werden soll, gab aber leider keine Antwort auf die Frage, was gezeigt werden konnte.»[8] Diese Unsicherheit ließ die Filmemacher zögern, sie wurden aber immer mehr von den Richtlinien abhängig, die das neue Propagandaministerium unter Joseph Goebbels ausgab. Daraus erwuchsen Filme, die sehr kritisch mit den angeblich negativen Seiten des alten Systems umgingen: Sie bekämpften den Materialismus und Individualismus, stießen sich an Devisenschieberei und Kapitalflucht – und natürlich an den Juden. Gegen alles zugleich wandte sich der Film «Inge und die Millionen», der 1933 unter der Regie von Erich Engels gedreht wurde.[9] Im Februar des Jahres 1934 versuchte Goebbels, das Problem zu lösen, indem er verlangte, eine Kurzfassung jedes Films sei einem Reichsfilmdramaturgen vorzuführen.

Mit leichter Unterhaltung konnte die problematische Frage, welches Thema sich im neuen Deutschland zur filmischen Darstellung eigne, am einfachsten gelöst werden. Zusätzlich lockten hier Vermarktungschancen im Ausland – zumal in einer Wirtschaft, die sich von der Depression allmählich erholte und in der ausländische Devisen schon bald knapp waren. Folglich explodierten förmlich die Honorare mehrsprachiger Schauspieler, die eine attraktive Unbekümmertheit auszustrahlen vermochten. Eine Welt der Stars wurde geschaffen. Nicht eine Welt ernsthafter junger Männer, die nationalsozialistische Helden darstellten – wie etwa Claus Clausen (Hitlerjunge Quex), der sich außerhalb der neuen Filmszene profilierte –, sondern eine Welt leichtsinniger und strahlender Idole einer neuen geistigen Leere. Hans Albers hatte den Vorzug, Filme in englischer und deutscher Sprache spielen zu können. Zarah Leander ähnelte in ihrem Aussehen anderen Größen, «spricht perfekt französisch und englisch und spielt die Rollen der Greta Garbo und der Marlene Dietrich, denen sie sehr ähnelt». Die Honorare von Albers und Leander schnellten in die Höhe. 1936 nahm Leander mit drei Filmen 200 000 RM ein, von denen zwei Drittel in schwedischen Kronen bezahlt werden mußten. 1933 erhielt Hans Albers noch 70 000 RM pro Film, 1936 waren es bereits 700 000 RM für vier Filme.[10] Filmemacher gaben der Regierung die Schuld an der inflationären Honorarentwicklung und verwiesen auf «die eine Rede des Herrn Reichsministers [Goebbels], in der er die Absicht geäußert habe, daß die Schauspieler viel Geld verdienen müßten».[11] Die durchschnittlichen Kosten für die Produktion eines Films stiegen unaufhaltsam: 1933 betrugen sie noch 250 000 RM, 1934 bereits 275 000 RM, Mitte 1936 420 000 RM und bis 1937 stiegen sie sogar auf 537 000 RM an.[12]

Zwar behauptete die Unternehmensleitung, daß die Ufa trotz der gestiegenen Kosten noch einen Gewinn erwirtschaften könne und bald auch wieder eine Dividende ausschütten werde. Aber da Partei und Staat die finanzielle Unterstützung einer Filmakademie und eines Kulturfilminstituts forderten, schienen die Tage der Ufa als eines marktorientierten Unterhaltungsproduzenten gezählt. 1933 wurde die Filmkreditbank GmbH unter Beteiligung führender Banken und der Ufa gegründet. Die Banken bürgten für eine Ausweitung des Kreditspielraums, um damit das Finanzierungsproblem der deutschen Filmindustrie zu lösen. Bereits 1935 kam es zur Verstaatlichung der Konkurrentin der Ufa, der Tonbild-Syndikat AG (Tobis). Gleichzeitig nahm der politische Druck auf die Ufa zu; er äußerte sich in der zunächst erfolglosen Forderung, den Produktionsdirektor Ernst Hugo Correll zu entlassen. Im Endeffekt hatten die Forderungen von Staat und Partei die gewünschte Wirkung. Im März 1937 wurde die Mehrheit der vor allem von Alfred Hugenbergs Scherl-Konzern sowie der Deutschen Bank gehaltenen Ufa-Aktien zum Nennwert an eine staatliche Treuhandgesellschaft, die Cautio Treuhand GmbH, verkauft. Cautio beherrschte schließlich das gesamte Filmgeschäft des Reichs, darunter nicht nur die Tobis und die Ufa, sondern auch die sogenannte Wien Film GmbH und die Prag Film GmbH. Im Mai 1942 wurde dieses Filmimperium in eine einzige Holdinggesellschaft umgewandelt, die Ufa-Film GmbH. Aber bis zu diesem Zeitpunkt blieb Stauß mit Johannes Kiehl, einem weiteren Vertreter der Deutschen Bank, trotz eines fast vollständigen personellen Wechsels in diesem Gremium, an der Spitze des Aufsichtsrats der Ufa.[13]

Das neue Kino erntete gerade dann am meisten Zuspruch, wenn es sich nicht in politischer Erziehung versuchte. Das Programm von 1933 umfaßte nur wenige ideologische Filme («Deutsches Grenzland im Osten» und «Hitlerjunge Quex» wie auch «Flüchtlinge») und konzentrierte sich statt dessen mit «Viktor und Viktoria» oder dem «Walzerkrieg» stärker auf weniger brisante Themen.

Stauß war durchaus mehr als nur ein politisch einflußreicher Strohmann. Er beteiligte sich an der kaufmännisch gesehen kritischen Frage der Programmauswahl, wollte hier aber auch politisch und manchmal ästhetisch Einfluß nehmen. Es war ein Dilemma: Einerseits mußte die Ufa Geld verdienen, andererseits durfte sie die politisch einflußreichen Persönlichkeiten nicht verprellen. So protegierte Stauß Ernst («Putzi») Hanfstaengls Idee, einen Film nach dem Roman «Volk ohne Raum» zu drehen[14] und unterstützte 1939 die Produktion eines Films zur Kolonialthematik, um die deutschen Forderungen nach besserer Behandlung in der Kolonialfrage zu unterstreichen. Er machte – häufig unpassende – Vorschläge, mit welchen Schauspielern Rollen besetzt werden sollten.[15]

Einen weitaus politischeren Charakter hatte allerdings Stauß' Engagement in der «Deutschen Akademie». Sie war 1925 mit einem erzieherischen Auftrag gegründet worden, der im Laufe der 1930er Jahre zu einem politischen wurde. 1932 hatte die «Praktische Abteilung» der Akademie das Goethe-Institut mit dem Ziel errichtet, die deutsche Sprache und Kultur zu pflegen. Nach Kriegsbeginn 1939 wurde dem Goethe-Institut dann eine spezifische Aufgabe übertragen. Die Akademie verhandelte mit dem Auswärtigen Amt erfolgreich über eine finanzielle Unterstützung, um im befreundeten Ausland – bei Verbündeten Deutschlands oder potentiellen Alliierten in einem neuen Europa – Deutschkurse anbieten zu können. Ihr Präsident erläuterte den Plan in einer persönlichen Unterredung mit Hitler folgendermaßen: «Das Wichtigste ist und bleibt ja die Arbeit, die dazu dienen soll, die deutsche Sprache zu *der* Weltsprache, allermindestens zu einer Weltsprache zu machen.»[16] An den Kursen des Goethe-Instituts, die im akademischen Jahr 1940/41 unter der Schirmherrschaft der Deutschen Akademie stattfanden, nahmen 600 Italiener, Bulgaren, Jugoslawen, Griechen und Spanier teil.[17]

Die Akademie bot die Möglichkeit, Politik und Bankenwelt miteinander zu verbinden. Stauß war Vizepräsident und verkehrte mit den äußerst problematischen und hochpolitischen Präsidenten der 1930er Jahre. Zuerst wurde 1934 der Geopolitiker Karl Haushofer, ein Freund von Rudolf Heß, dem «Stellvertreter des Führers», ernannt, aber es stellte sich schon bald heraus, daß er geistig und physisch krank war. Er trat zurück, nachdem ein heftiger Konflikt zwischen ihm und dem Generalsekretär der Akademie über die politische Zukunft der Institution und ihren faktischen wirtschaftlichen Bankrott ausgebrochen war. An diesem Punkt rettete Stauß die Akademie, indem er die Ernennung eines neuen Generalsekretärs vorbereitete und sich zudem bereit erklärte, wenn nötig, für eine kurze Übergangszeit die Präsidentschaft zu übernehmen.[18] Ungünstigerweise trat auch Haushofers Nachfolger, Professor Kölbl, bald zurück, nachdem er wegen homosexueller Neigungen festgenommen worden war.[19] Hierauf sprang der bayerische Ministerpräsident Ludwig Siebert ein, um die Lücke zu schließen. Aber nicht einmal die Ernennung eines prominenten nationalsozialistischen Politikers bot einen hinreichenden politischen Schutz, und Stauß wurde in persönliche Auseinandersetzungen auf höchster Parteiebene hineingezogen. Rudolf Heß' Stabsleiter Martin Bormann beschwerte sich über die Akademie, die den Weisungen Hitlers zuwiderhandle: Um künftig in größeren und repräsentativeren Bereichen wirken zu können, kassiere sie unter anderem Gelder von der Industrie.[20] Stauß, der als wichtigster Geldbeschaffer der Akademie fungierte und in Berlin eine Gesellschaft der Freunde der Akademie ins Leben gerufen hatte, wandte sich zu seiner Verteidigung an Siebert; dieser hatte jedoch keine starke Stellung gegenüber der zentralen Parteileitung. Stauß gelang es schließlich, direkt zur Spitze vorzudringen und Hitler persönlich davon zu überzeugen, daß «eine Ausnahmestellung berechtigt sei. Er ersuchte Reichsleiter Bormann über den Tisch hinweg, dies alsbald dem Herrn Reichsfinanzminister mitzuteilen.»[21] Es nutzte alles nichts: Obwohl es von oben grünes Licht gegeben hatte, stellten sich Armee und Auswärtiges Amt auf die Seite der Partei. Das Aufgabengebiet der Deutschen Akademie blieb während des Krieges auf den trockenen Sprachunterricht beschränkt.

2. *Motoren in der Luft und auf dem Boden*

Aufsichtsratsvorsitzender war Stauß auch bei der Deutschen Lufthansa AG (1926 als Deutsche Luft Hansa AG gegründet). Sie war im Besitz des Reichs, einiger Länder und der Reichsbahn, und mehr als ein Viertel der Aktien hielt die Deutsche Bank im Namen der Deutschen Aero Lloyd. Wie der Luftverkehr überall auf der Welt, blühte auch die Lufthansa in den 1930er Jahren auf. Ihr Mitarbeiterstab wuchs von 1232 Angestellten im Dezember 1934 auf 2415 im Juni 1939. Die Zahl ihrer Flugrouten innerhalb Europas und ihrer Luftpostlinien nach Südamerika nahm zu. Die Kombination aus Eigentum der öffentlichen Hand, Tätigkeit im öffentlichen Interesse und Hochtechnologie hätte wohl in jedem

System die Politik auf den Plan gerufen – im nationalsozialistischen Deutschland war dieses Schicksal unausweichlich. Viele deutsche Flieger hatten schon vor 1933 den Nationalsozialismus unterstützt und betrachteten die Lufthansa als geeigneten Ausgangspunkt einer deutschen Luftwaffe, die nach den Bestimmungen des Versailler Vertrages verboten worden war. Erhard Milch schied 1933 aus dem Vorstand der Lufthansa aus, um Staatssekretär für Luftfahrt zu werden, blieb aber im Aufsichtsrat der Gesellschaft. Hermann Esser, Gründungsmitglied der NSDAP sowie 1933 Staatsminister für Wirtschaft und Chef der bayerischen Staatskanzlei – ein ungehobelter und unangenehm radikaler nationalsozialistischer Ideologe –, wurde neues Mitglied im Aufsichtsrat. In seiner ersten Sitzung meinte er, «als einer der ältesten Mitkämpfer des Führers feststellen zu können, daß Lufthansa den Geist des neuen Deutschlands schon lange in sich getragen habe und darin die Berechtigung ihrer bisherigen Arbeit erblicken dürfe».[22]

Die Verbindung zu Milch war Stauß bei seinen sonstigen Tätigkeiten von großem Nutzen: Den Großteil seiner Zeit verwendete er auf den Vorsitz in den Aufsichtsräten der Bayerischen Motoren Werke und der Daimler-Benz AG. Beide Unternehmen entwickelten sich in den 1930er Jahren zu den wichtigsten Herstellern von Flugmotoren. Dies war ein Bereich der Rüstungsindustrie, der gravierende technische Probleme aufwarf, in dem schwierige Entscheidungen zwischen unterschiedlichen Entwicklungsstrategien zu treffen waren. In einem hochgradig politisierten System gewannen solche Fragen politische Brisanz, da jede Lösung mit einer bestimmten politischen Klientel verknüpft war. Gerade bei der Auswahl von Flugzeugmotoren nach technischen Gesichtspunkten intervenierte die Politik während des Krieges ständig – ein Aspekt, auf den später noch zurückzukommen ist.

Von allen Unternehmen, in denen Stauß aktiv war, förderte Daimler-Benz den Nationalsozialismus am auffälligsten. Stauß hatte den Aufsichtsrat von Daimler-Benz verlassen, als er 1932 vom Vorstand der Deutschen Bank zurückgetreten war, kehrte jedoch schon bald wieder zurück, um am 4. Juli 1933 sogar Aufsichtsratsvorsitzender zu werden. Dies war sicherlich in erster Linie auf den Umfang und die Intensität seiner politischen Beziehungen zurückzuführen.[23] Innerhalb des Unternehmens war unter dem Gesichtspunkt politischer Einflußnahme Jakob Werlin die Schlüsselfigur, ursprünglich Direktor des Münchener Verkaufsbüros und intimer Förderer der neuen Führung. 1933 verkaufte Werlin an das neue Establishment Autos zu günstigen Konditionen: an

Joseph Goebbels, an Ministerialrat Hanke im Propagandaministerium, an Julius Streicher, an Wilhelm Keppler und an Staatssekretär Gottfried Feder. Dies war, zumindest kaufmännisch betrachtet, keine sinnlose Aktion. Sie brachte Einfluß und sicherte Anschlußaufträge.

Werlin gelang es auch, den Kontakt zu Hitler aufrechtzuerhalten und mit ihm die Folgen der Wiederaufrüstung ausführlich zu diskutieren. Der Firma berichtete er anschließend, Hitler habe ihm erläutert, wenn es zur Erhöhung der Heeresstärke auf 300 000 Mann komme, die Motorisierung mit größter Energie betrieben werden würde, und dann die Aussichten für Daimler-Benz nicht schlecht seien. «Ich habe daraufhin erwidert», so Werlin, «daß wir das Werk Marienfelde in Betrieb setzen werden und damit rechnen, dann besonders von der Reichswehr tatkräftigst unterstützt zu werden.«[24] Die zugesagte Belohnung ließ nicht lange auf sich warten: Im Februar 1934 erhielt das Unternehmen von der SA Aufträge für Lastwagen in Höhe von 1,5 Mio. RM.

Werlin wurde wenig später mit einem Vorstandsposten bei Daimler-Benz belohnt, wo er sich teils wie eine Primaballerina, teils wie ein verzogenes Kind aufführte. Ein Brief, den er 1935 an den Vorstandsvorsitzenden von Daimler-Benz, Wilhelm Kissel, schrieb, um darauf hinzuweisen, daß er für das Unternehmen unentbehrlich sei, war typisch: «Ich möchte Sie schon heute darauf aufmerksam machen, daß, falls mir seitens der eigenen Firma nicht die nötige Unterstützung zuteil wird, mir kein anderer Weg übrig bleibt, als auf die ganzen Verhältnisse an anderer Stelle hinzuweisen. Es steht nicht nur das Interesse unseres Konzerns auf dem Spiel, sondern auch die staatlichen Belange.»[25] Als Vorsitzender des Aufsichtsrats mußte Stauß Werlin in seine Schranken verweisen und ihn zugleich den Zielen des Unternehmens nutzbar machen. Er zögerte nicht, seinerseits mit Automobilen als Bestechungsgeschenken Politik zu machen, und ließ sich damit zu den Methoden Werlins herab. Warum, so wollte er 1934 wissen, fuhren Ernst Röhm und Heinrich Himmler immer noch einen Maybach statt eines Mercedes?[26]

Aber es wäre verfehlt, in Stauß lediglich einen mit der Politik spielenden Mann zu sehen, der von der Deutschen Bank toleriert wurde und im übrigen ohne geschäftlichen Nutzen für die Firmen war, in deren Aufsichtsräten er saß. In zweierlei Hinsicht trug die Entwicklung von Daimler-Benz in den 1930er Jahren deutlich die Handschrift dieses Bankiers. Erstens verdankte Stauß seine außergewöhnlich einflußreiche Position bei Daimler-Benz seinem Weitblick, in den 1920er Jahren eine Fusion von Daimler und Benz herbeigeführt zu haben. Die Automobilindustrie befand sich noch inmitten einer Krise, in der die schwächeren Konkurrenten aus dem Markt gedrängt wurden und in der die Depression den Konkurrenzdruck noch zusätzlich steigerte. Stauß' Überlebensstrategie sah eine enge Zusammenarbeit – und eine sich vielleicht daraus ergebende Fusion – mit den Bayerischen Motoren Werken (BMW) vor (deren Aufsichtsrat er ebenfalls vorsaß).

Franz Josef Popp von BMW saß im Aufsichtsrat von Daimler-Benz, während Kissel umgekehrt an den Münchener Aufsichtsratssitzungen teilnahm. Man arbeitete im Fertigungsbereich das eine oder andere Mal zusammen. Die Karosserien des BMW 315 und des BMW 319 wurden von Daimler-Benz in Sindelfingen hergestellt.[27] Popp und Werlin erarbeiteten gemeinsam die Pläne, um Hitlers Traum eines Volkswagens zu verwirklichen. Am bedeutendsten (und, wie sich herausstellte, für BMW am gefährlichsten) aber waren die Absprachen bei der Produktion von Flugmotoren: Stauß trat dafür ein, diesen Bereich nach unterschiedlichen Technologien aufzuteilen. Daimler-Benz sollte mit wasser-, und BMW mit luftgekühlten Motoren arbeiten.

Zweitens war Stauß sehr darum bemüht, an die Entscheidungen der Unternehmensleitung finanziell realistische Maßstäbe anzulegen. Angesichts der wirtschaftlichen Unsicherheit in der Automobilindustrie und angesichts der Tatsache, daß die Technikexperten ständig versucht waren, sich mit interessanten, aber kaufmännisch unrentablen Innovationen zu befassen, drängte Stauß während der gesamten Erholungsphase zur finanziellen Vorsicht. Dies erforderte einen heiklen Balanceakt zwischen den Forderungen des Unternehmens und der skeptischen Haltung der Bankiers der Deutschen Bank. In der Bank, so berichteten manche Beobachter später, wurde Stauß als jemand angesehen, der sich seiner Position im Arbeitsausschuß des Aufsichtsrats bedient, um seinen Lieblingen in der Automobilindustrie großzügige Kreditlinien zu verschaffen.[28] Daimler-Benz war – in den 1930er Jahren – ein von den Banken beherrschtes Unternehmen, und die Erfahrungen der 1920er Jahre und der Depression hatten die Banken verängstigt. Nach der Depression feierte die Firma ein spektakuläres Comeback: Verkaufs- und Produktionszahlen gingen wieder nach oben. Tatsächlich war Daimler-Benz eines der ersten deutschen Unternehmen, das Anzeichen des Aufschwungs erkennen ließ – schon 1932 war eine bedeutende Besserung unverkennbar. Da jedoch die Rentabilität wesentlich langsamer stieg, verlangte Stauß eine Korrektur: «Es ist auf die Dauer natürlich unerträglich, daß die Werke per Saldo aus einem so großen Umsatz keine nennenswerten Gewinne aufweisen.»[29] Dies war eher die authentische Stimme des Bankiers Stauß als die des Politikers Stauß. Der wirtschaftliche Aufschwung sollte nicht allein einen größeren Marktanteil, mehr Einfluß und höhere Umsätze bescheren, sondern er mußte vor allem zu einer Steigerung der Gewinne führen.

3. Multinationale Unternehmen im Konflikt mit dem Nationalsozialismus

Die Rollen von Bankier und Politiker kollidierten; vielleicht weniger im Fall von Daimler-Benz als bei dem politisch gesehen schwierigsten Einsatz von Stauß, dem bei dem deutsch-holländischen Kunstfaserhersteller Allgemeene Kunstzijde Unie N.V. (AKU). Dieser Mischkonzern war, wie Daimler-Benz, das Ergebnis einer von Banken in den 1920er Jahren angeregten Fusion. 1929 hatte Oscar Schlitter von der Deutschen Bank eine Interessenvereinigung aus der dynamischen, aber hochverschuldeten Vereinigten Glanzstoff-Fabriken AG (VGF) und dem holländischen Hersteller Nederlandsche Kunstzijde gebildet. Zur Gründung der AKU fand ein Aktienaustausch statt, so daß die neue Gesellschaft die VGF kontrollierte. Als deutsch-holländischer Zusammenschluß bildete sie die erste multinationale (nicht transnationale) Gesellschaft in Deutschland. Das Leitungsorgan der AKU, der geschäftsführende deutsch-holländische Delegiertenausschuß, setzte sich aus vier Vertretern der holländischen und vier der deutschen Unternehmensgruppe sowie einem neutralen Mitglied zusammen. Der Konzern besaß bedeutende ausländische Tochtergesellschaften: in den USA die North American Rayon Corporation, die American Enka Corporation, die American Bemberg Corporation sowie Unternehmen in Großbritannien, Italien, der Tschechoslowakei und in Österreich. Außerdem verfügte der Konzern über eine Beteiligung an der Glanzstoff-Courtaulds GmbH in Köln. Die Produktion der AKU befand sich noch zum überwiegenden Teil in Deutschland – in den frühen 1930er Jahren machte deutsche Viskose allein über 60 Prozent der Gesamtproduktion aus.

Das Verhältnis zwischen den holländischen und den deutschen Teilen des Unternehmens war zu allen Zeiten gespannt. In den ersten Jahren waren in fast allen multinationalen Konzernen – oft politisch gefärbte – Konflikte über Produktion, Verkauf, Besteuerung etc. an der Tagesordnung. Häufig wurde den Konzernen von Nichtfachleuten vorgeworfen, ihre Geschäftspolitik kollidiere mit nationalen Interessen. In den 1930er

Jahren führten durch Handels- und Devisenkontrollen verursachte Verzerrungen, technische Disparitäten und politische Einflüsse zu einer weiteren Verschlechterung der Stimmungslage. Sie machte es allen schwer, für die AKU zu arbeiten. Die VGF war bei der holländischen Gesellschaft hochverschuldet – eine Schuld, die im Laufe der 1930er Jahre sogar noch anwachsen sollte, da die Holländer VGF-Anleihen aufkauften, die in den USA ausgegeben wurden und im Besitz von Amerikanern waren. Folglich wurde auch der Anteil des Konzerns, der sich in deutschem Besitz befand, immer kleiner. Gleichzeitig hinkte der holländische Teil des Konzerns technisch hinterher und blieb – obwohl schnellere Doppeldrahtzwirnmaschinen eingesetzt wurden – relativ gesehen unterentwickelt.

1933 entzweiten harte Auseinandersetzungen die Unternehmensleitung der AKU. Einem Vorstandsmitglied der VGF, Carl Benrath, und dem Aufsichtsratsmitglied Willi Springorum wurde vorgeworfen, die Bilanzen zu verschleiern und die Verordnung zum Aktienrecht und zur Bankenaufsicht vom 19. September 1931 zu verletzen. Benrath reagierte mit einem wütenden Angriff gegen Oscar Schlitter, Mitglied im Aufsichtsrat der AKU, und wandte sich an Schlitters «politischeren» Kollegen in der Deutschen Bank, an Stauß. Zu dieser Zeit war keiner der beiden Bankiers mehr Mitglied des Vorstands, beide saßen jedoch im Aufsichtsrat der Deutschen Bank. Benrath nutzte die neue politische Sprache für den Versuch, sich zu rehabilitieren: «Wir leben in einem neuen Deutschland, in dem – Gott sei Dank – die Ehre des Einzelmenschen von starker Hand geschützt wird. Auch ich begebe mich getrost unter diesen Schutz und bin sicher, daß ich zu meinem Recht kommen werde», schrieb er an Stauß. «Ich habe gerne von Ihnen vernommen, daß Sie meine Position aus den bekannten Gründen nach der moralischen Seite günstig beurteilen.»[30] Obwohl die Klage gegen sie schließlich fallengelassen wurde[31], mußten Benrath und Springorum ihre Ämter bei der AKU niederlegen, aber – wie das so oft bei Auseinandersetzungen in der Unternehmensführung der Fall ist – der Konflikt schadete der Stellung aller Beteiligten. Auch Schlitter kam nicht ungeschoren davon. Zwar behielt er den Vorsitz im Aufsichtsrat der Deutschen Bank, aber im Aufsichtsrat der AKU wurde er auf die neunte Position des «neutralen» Mitglieds versetzt. Gleichzeitig wurde Stauß in dieses Gremium aufgenommen.

Der Eintritt von Stauß erleichterte es der AKU, politische Kontakte zu knüpfen. Diese waren unabdingbar für einen Konzern, der sich einem zunehmend auf wirtschaftliche Autarkie bedachten Regime gegenübersah (für welches synthetische Fasern ein wichtiges Substitutionsprodukt für importierte Rohstoffe sein mußten) und an den allgemein die Forderung gerichtet wurde, «nationaler» zu werden. Daß allerdings ein internationaler Konzern für die Substituierung des Imports verantwortlich sein sollte, schien sonderbar. Deswegen ging einer der ersten Vorschläge der Textilexperten der NSDAP dahin, den größten deutschen Produzenten von Kunstseide zu renationalisieren, indem ihn die I.G.-Farben, bei der es sich wenigstens um ein echtes deutsches Unternehmen handele, übernähme.[32]

Gegen den Vorwurf von politischer Seite, keinen hinreichend deutschen Kurs zu steuern, wehrten sich die deutschen Aufsichtsratsmitglieder mit der Produktionsverlagerung nach Deutschland. Die deutsche Kunstfaserproduktion zog aus der staatlichen Einflußnahme Vorteile, insbesondere aus den Importbeschränkungen, die unter dem «Neuen Plan» von 1934 für natürliche Baumwolle und Wolle verhängt wurden. Gleichzeitig wurde die Produktion in den holländischen Fabriken von Eden und Arnheim verringert.[33] Außerdem half die Deutsche Bank, die holländischen Anteile für die VGF-Interessengruppen aufzukaufen.

All dies war aus der Sicht der Partei immer noch nicht genug. Nach 1936 und damit nach Verkündung des Vierjahresplans orientierten sich die Parteiideologen immer deutlicher in Richtung Autarkie. 1937 fragte Görings Amt für Rohstoffversorgung nach, ob Pläne zur Nationalisierung des Unternehmens existierten. Stauß gab eine ausweichende Antwort: Bis er eine entsprechende Stellung habe, sei es «taktisch verfehlt», «positive Vorschläge» zu diesem Thema zu machen.[34] Da man die Zuschüsse, besonders die aus Amerika, möglichst nicht zurückzahlen wolle, müsse die Firma wirken, als sei sie nicht in deutschem, sondern mehrheitlich in holländischem Besitz.[35]

Aber eine solche Entgegnung war in den Augen der Schöpfer des Vierjahresplans unangemessen. Sie sahen in Stauß und seinen Kollegen zunehmend ein Hindernis für eine deutsche Lösung der Probleme, die die Existenz multinationaler Konzerne aufwarf. Im Mai 1939 traten die deutschen Mitglieder des Aufsichtsrats der AKU, einschließlich Stauß, zurück, nachdem Hans Kehrl vom Amt für den Vierjahresplan starken Druck auf sie ausgeübt hatte.[36] Göring war zu dem Schluß gekommen, daß Stauß von den holländischen Mitgliedern des Gremiums bestochen worden war, um eine anti-deutsche Front zu unterstützen. Als Beweis diente ihm, daß Stauß ein Gemälde (passenderweise ein holländischer alter Meister) als Geschenk erhalten hatte. Die deutschen Delegierten wurden durch vier neue Personen ersetzt, unter ihnen Abs von der Deutschen

Bank und Baron von Schroeder vom Bankhaus Stein in Köln. Die holländischen Delegierten waren überrascht und wütend zugleich, vor allem als sich abzuzeichnen schien, daß die deutsche Regierung den verdächtigen Managern von 1933, Benrath inbegriffen, wieder zu Machtpositionen verhelfen wollte. Der Plan wurde nur auf Verlangen Philipp Reemtsmas, des Zigarettenkönigs, fallengelassen, der bei diesem Manöver eng mit den neuen Männern in der Deutschen Bank zusammenarbeitete.[37] Auf diese Weise überlebte die AKU – trotz des vollständigen personellen Wechsels unter den Delegierten – als deutsch-holländischer Konzern bis zum Krieg und der Besetzung der Niederlande. Bald war sie der einzige holländische multinationale Konzern, dessen Management direkt von den deutschen Behörden gesteuert werden konnte. Shell, Philips und Unilever hatten ihre Zentralen nach Übersee verlegt und wurden unter der Besatzung von Treuhändern geführt. Auf diese Weise konnten sie sich im Gegensatz zur AKU wenigstens ansatzweise dem gierigen Griff des «Neuen Deutschlands» entziehen.

Stauß fungierte in der Bank als eine Art politische Versicherung. Nach seinem Tod im Dezember 1942 gestaltete sich die Beziehung zu Staat und Partei wesentlich schwieriger. Die neue Offensive gegen die Finanzwelt war großenteils die Folge einer rapiden ideologischen Radikalisierung während des Krieges. Aber sie resultierte wenigstens teilweise auch aus der Unfähigkeit oder dem Widerwillen der Bank, einen Ersatz für Stauß zu finden, der das Spiel beherrschte, Geschäft und Politik miteinander zu verbinden. Vielleicht handelte es sich dabei aber auch um ein Spiel, das nicht unbegrenzt fortgesetzt werden konnte – darauf deutet der Vorfall bei der AKU hin. Innerhalb des nationalsozialistischen Staates gab es so viele miteinander konkurrierende Hierarchien, daß es sogar jemandem mit wenig Sinn für Moral und stark ausgeprägtem Opportunismus schwerfallen mußte, die Rolle von Stauß auszufüllen.

In der wirtschaftlichen Karriere von Emil Georg von Stauß steckt eine interessante und wichtige Lehre. Stauß verfolgte in erster Linie geschäftliche Ziele und wollte Geld verdienen. Der Wunsch nach tatsächlichem politischen Einfluß stand dahinter zurück. Er nutzte jedoch die Politik, um seine wirtschaftlichen Interessen voranzutreiben. Wenn allerdings unternehmerische Fähigkeiten ganz ausdrücklich in den Dienst eines politischen Systems gestellt werden, so werden die Energien, die sich vorher im Geschäftsleben entfalteten, zunehmend instrumentalisiert, um politische Macht und Einfluß zu gewinnen. In einem rein wirtschaftlichen Sinn ist eine solche Entwicklung vollkommen verständlich – wenn man nämlich versucht, die betroffenen Personen als Vertreter rationaler individueller oder korporativer Eigeninteressen zu sehen. Daß sich Stauß im überaus modernen 20. Jahrhundert der industriellen Entwicklung in der Luft, auf der Straße und auf dem Gebiet des Films vom technischen Zauberer zum Makler politischer Interessen im Dritten Reich entwickelte, ist gewissermaßen natürlich und selbstverständlich. Aus einer anderen, einer moralischen Perspektive ist diese Entwicklung jedoch äußerst problematisch.

V. Expansion ins Ausland

Die Deutsche Bank war von jeher auch auf internationaler Ebene aktiv. Ja, sie war sogar explizit mit dem Ziel gegründet worden, die Entwicklung des deutschen Überseehandels zu fördern. Schon lange vor dem Ersten Weltkrieg hatte sie die Deutsche Ueberseeische Bank zur Finanzierung des Handels mit Südamerika errichtet, die Deutsch-Asiatische Bank mitgegründet und bei der Erschließung rumänischen Erdöls und dem Bau türkischer Eisenbahnen mitgewirkt. Die Auslandsbeziehungen blieben auch in den 1930er Jahren von Bedeutung, obwohl die allgemeine Entwicklung dieses Jahrzehnts von den internationalen Verflechtungen wegführte und Autarkiebestrebungen die Oberhand gewannen. Nach 1931 leitete ein Vorstandsmitglied der Deutschen Bank, Gustaf Schlieper, das deutsche Schuldenkomitee, in dem alljährlich über die Verlängerung der kurzfristigen Verbindlichkeiten, die von privater deutscher Seite gegenüber dem Ausland bestanden, verhandelt wurde. Diese regelmäßigen Beratungen über das Stillhalteabkommen (auch Deutsches Kreditabkommen genannt) führten zu Maßnahmen, durch die die Schulden im Ausland sukzessive getilgt wurden; sie befaßten sich daneben mit der komplexen Materie, eingefrorene Forderungen in andere langfristige Anlagen in Deutschland zu konvertieren. Regelmäßige Umschuldungen und die zuletzt genannte Möglichkeit, Gläubigerpositionen in Aktienbesitz umzuwandeln, erinnern stark an die internationalen Schuldenverhandlungen der 1980er Jahre – mit dem Unterschied, daß in den 1930er Jahren ein Großteil der Schulden bei den Banken und der Privatwirtschaft lag. Da sich das Stillhalteabkommen automatisch auch auf den Devisenmarkt auswirkte und die internationalen Rücklagen 1933 fast völlig erschöpft waren, verfolgten Regierung und Reichsbank die Verhandlungen nicht nur mit großer Aufmerksamkeit, sondern mischten sich häufig direkt ein.

Im August 1937 starb Schlieper, im Vorstand der Deutschen Bank für das Auslandsressort verantwortlich und hochgeschätzt. Seine Nachfolge trat Hermann J. Abs an, 36 Jahre jung und bisher Partner der führenden Privatbank Delbrück Schickler & Co. Aus Sicht der Bank sprachen für Abs sein Fachwissen im Auslandsgeschäft, seine Fremdsprachenkenntnisse – er sprach fließend Englisch, Holländisch, Französisch und Spanisch –, seine weitreichenden Verbindungen ins Ausland und seine offenkundige Intelligenz. Vor allem aber war er der Wunschkandidat der Regierung für die Nachfolge Schliepers als Leiter des deutschen Stillhaltekomitees. Abs meinte später, Reichsbankpräsident Hjalmar Schacht habe Eduard Mosler über die Pläne zur Regelung der Nachfolge Schliepers – und damit die beabsichtigte Berufung seiner Person – informiert und dabei auch auf die notwendige Folge hingewiesen, daß die Deutsche Bank künftig nicht mehr die Stillhalteverhandlungen führen würde. Eduard Mosler fand indessen einen einfachen Weg, diese mißliche Konsequenz zu vermeiden: Er überzeugte seine Kollegen davon, daß es das Prestige der Bank verlange, den aufgehenden Stern der deutschen Finanzwelt in den Vorstand aufzunehmen. Abs entwickelte sich dann mehr und mehr zu einer Art Verbindungsmann zum Ausland, wo seine Kontakte von der New Yorker Bankenwelt bis zum Vatikan reichten. Er wurde rasch zum «Figaro» im deutschen Bankwesen: «Jedem zu Diensten, zu allen Stunden, umringt von Kunden, bald hier, bald dort.» Lothar Gall nannte ihn, treffend genug, «a man for all seasons».[1]

Dies war der erste bedeutende Wechsel im Vorstand seit dem Umbruch von 1933. Solange es keinen Wechsel gab, konnte sich auch niemand beschweren, daß kein Parteimitglied dem Vorstand angehörte. Stand jedoch eine Erneuerung an, bestand die akute Gefahr, daß Parteiaktivisten fragten, warum das neue Mitglied nicht der ganz Deutschland umspannenden Bewegung angehörte. Jede Änderung warf also die Frage nach der politischen Zusammensetzung des Vorstands und seinem Gleichgewicht auf. Die Bank benötigte so – nachdem sie mit der Berufung des Nicht-Parteigenossen Abs den politischen Erwartungen nicht entsprochen hatte – einen stärkeren politischen Rückhalt, und diesen suchte sie, indem sie jemanden in den Vorstand aufnahm, der als relativ «harmloses» Parteimitglied galt: Karl Ritter von Halt war der richtige Kandidat und wurde mit dem Personaldezernat betraut. 1938 in den Vorstand berufen, übernahm er selbstbewußt die Aufgabe, die Beziehungen zwischen Bank und Partei zu pflegen. Er leistete Beiträge zu einem Fonds, der die Aktivitäten des «Reichsführers SS», Heinrich Himmler, unterstützte (Sonderkonto «S» beim Bankhaus J. H. Stein in Köln).[2] In den Jahren 1943 und 1944 spendeten die größeren deutschen Industriekonzerne (Siemens-Schukkert, I. G. Farben, Mitteldeutsche Stahlwerke, Wintershall, Vereinigte Stahlwerke, Braunkohle-Benzin AG) jeweils 100 000 RM, während die Deutsche Bank 75 000 und die Dresdner und die Commerzbank jeweils 50 000 RM pro Jahr beisteuerten.[3]

Eduard Mosler, Vorstandsmitglied von 1929–1939; Sprecher von 1934–1939

Hermann J. Abs, Vorstandsmitglied von 1938–1945 und 1952–1967; Sprecher von 1957–1967

Halt war auch Mitglied einer Gruppe von etwa vierzig führenden Männern der Wirtschaft und Offizieren, die sich monatlich im «Freundeskreis Heinrich Himmler» trafen. Bis April 1943 erhielt von Halt insgesamt 38 Einladungen, von denen er nur sechs ausließ (Karl Rasche von der Dresdner Bank war noch häufiger anwesend, denn er fehlte bei nur fünf Sitzungen).[4] Als Bankier trat von Halt wenig in Erscheinung, und er hatte in anderen Aufsichtsräten auch nur unbedeutende Positionen inne. Von vielen, die sich an ihn als Bankier erinnerten, wurde er gewöhnlich als «eine Null», als unauffällig und unfähig beschrieben.

Die personellen Konzessionen an die Partei wurden durch die weitaus gravierenderen politischen Veränderungen in Deutschland überschattet. Die militärische und politische Expansion Deutschlands nach 1938 veränderten die Bedingungen grundlegend, unter denen die Deutsche Bank bislang erfolgreich gearbeitet hatte. Ende der 1930er Jahre wurden die im internationalen Geschäft gesammelten Erfahrungen in den Dienst der Politik gestellt – überwiegend weil Partei und Staat darauf bestanden.

1. *Kolonialpolitik*

Schon in den 1920er Jahren hatte sich Kurt Weigelt – 1928 bis 1930 stellvertretendes Mitglied des Vorstands, danach wieder Direktor der Zentrale – mit Kolonialfragen beschäftigt. Nach 1933 wurde er Mitglied des Kolonialpolitischen Amtes der NSDAP, trat 1934 der SS und 1937 der NSDAP bei.[5] Seine öffentlichen Äußerungen ließen keinen Zweifel daran, daß er die deutschen Rechte an den Kolonien der Vorkriegszeit offensiv verteidigte: Kritik am ausbeutenden Imperialismus der westlichen Kolonialmächte verband er mit dem wirtschaftlichen Argument, daß sich der Besitz von Kolonien positiv auf die Stellung Deutschlands im internationalen Zahlungsverkehr auswirken würde. «Das Deutsche Reich braucht Rohstoffe zahlbar in Reichsmark.» Er rechnete damit, daß die alten Kolonien innerhalb weniger Jahre an Deutschland Waren im Wert von 400 Mio. RM (10 zehn Prozent der deutschen Handelsbilanz) verkaufen könnten.[6] Durch einen Mittelsmann hatte Weigelt 1933 herauszufinden versucht, ob der neue deutsche Reichskanzler am Wiedergewinn von Kolonien interessiert sei. Er erhielt allerdings keine klare Antwort. Daraufhin sandte Weigelt im Oktober 1933 ein Schreiben an Hitler, in dem er den Standpunkt vertrat, daß es lange dauern würde, «für das deutsche Volk im Osten Raum zu schaffen». Waren da nicht Kolonien ein weitaus angemesseneres und realistischeres Ziel? 1934 bat er Rudolf Heß, ein Projekt zu unterstützen, dessen Zweck es war, von deutschen Siedlern in Kamerun und Tanganjika produzierten Kaffee in Deutschland zu verkaufen. Später schlug er vor, ein französisch-deutsches Unternehmen zu gründen, um den Handel mit den französischen Überseegebieten zu erhöhen.[7]

Faktisch bewirkten diese Initiativen wenig. Die deutsche Regierung interessierte sich weder für Besitzungen in Übersee noch für eine Zusammenarbeit mit Frankreich. Einzig Hjalmar Schacht favorisierte – in der Regierung isoliert und von der Partei ignoriert – die Koloniallösung und behauptete, es sei der Verlust der deutschen Kolonien gewesen, der das Land nach dem Ersten Weltkrieg so destabilisiert habe. Die deutschen Pläne für Kolonien in Übersee standen weitgehend nur auf dem Papier. Auch der Kolonialhandel entwickelte sich in den 1930er Jahren nicht wie in Frankreich oder England. Am stärksten weitete sich der deutsche Überseehandel mit den unabhängigen Staaten Südamerikas aus. Weigelt begrüßte und schätzte diese Entwicklung. Er scheint aber ein eher vorsichtiger Geschäftsmann gewesen zu sein und setzte keineswegs alles auf die kolonialpolitische Karte. Hunde, die bellen, beißen nicht – das Sprichwort beschreibt treffend Weigelts Verhalten in der Kolonialfrage. Beispielsweise riet er Siemens, den Bau eines bedeutenden Elektrizitätswerkes in der Türkei nicht voranzutreiben, da die Türkei hohe Auslandsschulden habe und da die Wahrscheinlichkeit, daß die türkische Industrie verstaatlicht werde, relativ groß sei.[8] Gleichwohl war Weigelts Stellung durch einen größeren geschäftlichen Skandal in einer der von ihm geleiteten Kolonialgesellschaften geschwächt. Jedenfalls erlangte die Kolonialfrage, obwohl als langfristige Zielsetzung durchaus attraktiv, für die nationalsozialistische Führung, die letztlich die Richtung der deutschen Politik bestimmte, nie oberste Priorität.

2. *Expansion in Europa*

Das unmittelbare Ziel deutscher Expanison lag in Europa. Die erste Beute des wiedererstarkten Deutschlands war Österreich, das im März 1938 dem Reich angeschlossen wurde. Es folgte das Sudetenland, das von Frankreich, Großbritannien und Italien auf der Münchener Konferenz im September 1938 an Deutschland abgetreten wurde. Vor allem England und Frankreich glaubten damals, den Frieden in Europa durch ein Nachgeben gegenüber den Forderungen der Sudetendeutschen billig erkaufen zu können. Mit dem «Münchener Abkommen» begann die wirtschaftliche wie auch die politische Neuordnung Mitteleuropas[9]. Ein großer Teil der tschechischen Industrie war im Sudetenland angesiedelt, so allein 37,5 Prozent aller Arbeitsplätze im Bergbau und 57,6 Prozent aller Arbeitsplätze in der Textilindustrie.[10] Im März 1939 besetzten deutsche Truppen den schutzlosen Rumpfstaat Tschechoslowakei und teilten ihn in das militärisch besetzte Protektorat Böhmen und Mähren und den Marionettenstaat Slowakei. Im September 1939 schließlich führte der nächste Schritt der deutschen Expansion – nach Polen – in einen neuen europäischen Krieg.

In manchen neubesetzten Gebieten – im Sudetenland, in dem Teil Polens, der als Warthegau annektiert wurde, im Generalgouvernement und nach 1940 in Elsaß-Lothringen – übernahmen deutsche Banken die Filialen bestehender Banken. In anderen besetzten Ländern dagegen faßten sie Fuß durch ihre bereits bestehenden Verbindungen zu Finanzinstituten oder deren vollständige Übernahme. Aus rein wirtschaftlicher Sicht schuf die deutsche Expansion erst wieder das Umfeld, in dem die Banken – wie zur Zeit der Blüte des deutschen Univeralbankensystems vor dem Ersten Weltkrieg – ihre Rolle angesichts neuer geschäftlicher Möglichkeiten und umfangreicher Besitztumsübertragungen spielen konnten: Sie organisierten riesige Übernahmen und Erwerbungen. Aber die neuen Möglichkeiten unterschieden sich fundamental von denen vor 1914: Sie waren politischer Natur, und sie resultierten aus diplomatischen und – nach 1938 – militärischen Aktionen. Die Rahmenbedingungen waren vollkommen verändert. Die Banken versuchten in der Regel nicht, ihre Neuerwerbungen zu verheimlichen. 1944 konnte das US Federal Reserve Board, im wesentlichen auf der Basis veröffentlichten Materials, einen umfangreichen Bericht darüber erstellen, wie das deutsche Bankwesen das kontinentale Europa durchdrungen hatte. In ihm hieß es, daß «die Banken, die die Durchdringung am stärksten vorantrieben, stolz auf ihre Expansion waren. Sie warben damit, daß sie einen Beitrag dazu leisteten, den deutschen Einfluß im Ausland zu vergrößern und das Bankwesen in den annektierten Gebieten mit dem des alten Reiches zu verschmelzen».[11] Die Deutsche Bank vertrat, wie wir sehen werden, in dieser Beziehung eine außergewöhnlich vorsichtige Position.

Es war vor allem Hermann Abs, der den Grundsatz, direkte Engagements zu vermeiden, relativ konsistent verteidigte, zumindest im halböffentlichen Raum. So ließ er zum Beispiel im September 1941 den Börsenausschuß der Reichsbank wissen, daß es seiner Ansicht nach besser sei, das Bankwesen in Südosteuropa durch die Förderung «nationaler Kreise» zu entwickeln, als Banken mit erklärtermaßen deutscher Identität zu lancieren. Davon abgesehen, gebe es in diesen Ländern bereits genug Banken, die unter überwiegend deutschem Einfluß stünden.[12] Die deutschen Banken könnten ohne weiteres genug Einfluß geltend machen, auch ohne daß ihre Führungsrolle nach außen hin sichtbar würde.

Banken operierten nicht in einem politischen Vakuum. Eines der auffälligsten Kennzeichen der großen deutschen Handelsexpansion nach Südosteuropa in den 1930er Jahren war gewesen, daß sie von so gut wie keinen Kapitalflüssen begleitet war. Alan Milward kommentierte, daß es in der «Geschichte in der Tat kein größeres Mißverhältnis zwischen Außenhandel und Kapitalanlagen gegeben habe, als es in den Wirtschaftsbeziehungen zwischen Nazi-Deutschland und Südosteuropa in den 1930er Jahren zutage getreten sei. Man könnte genauso gut die Frage stellen: Warum war der Umfang der deutschen Kapitalflüsse in diese Länder so niedrig, wenn ihr Anteil am deutschen Außenhandel doch so hoch war?»[13] Nach dem Münchener Abkommen von 1938 änderten die deutschen Politiker den Kurs und entwarfen eine Strategie, die die (wirtschaftliche) Vorherrschaft durch Kapitalkontrolle beinhaltete.

Die Verhältnisse und Möglichkeiten, die die deutschen Großbanken im besetzten Mittel- und Osteuropa antrafen, waren jedoch von Land zu Land höchst unterschiedlich. Die Deutsche Bank baute im Verlauf der Kriegsjahre aus den von ihr übernommenen österreichischen, tschechischen und slowakischen Banken so etwas wie einen Konzern auf.

In Österreich meldete sich nach dem «Anschluß» eine einflußreiche politische Lobby aus der Mitte der NSDAP zu Wort, die der Deutschen Bank den Weg in die österreichische Finanzwirtschaft versperren wollte. (Die Dresdner Bank hatte bei der Partei bessere Karten; ihr wurde zügig die Möglichkeit eröffnet, die Mercurbank zu übernehmen.) Auf der anderen Seite gab es das Reichswirtschaftsministerium in Berlin, in dem die Einsicht in die Bedeutung der Handelsfinanzierung allmählich an Boden gewann, mit der Folge, daß die Deutsche Bank 1942 grünes Licht für die Übernahme einer Mehrheitsbeteiligung an der größten österreichischen Bank, der Creditanstalt, erhielt.

Ganz anders lagen die Dinge in bezug auf den tschechischen Fall; hier war mit der Besetzung des Sudetenlandes und angesichts der Pläne für ein weiteres expansives Vorgehen gegen den tschechischen Staat von Anfang an klar, daß die deutsche Regierung von den beiden größten deutschen Privatbanken, Deutsche und Dresdner, die Übernahme tschechischer Banken erwartete, vor allem solcher Banken, die eine große Zahl deutschsprachiger Kunden hatten. Die Banken traten in diesem Fall sogar als Vordenker der Neuen Ordnung auf – immerhin äußerte ein Manager der Dresdner Bank bereits im Sommer 1938 Überlegungen zur Neuordnung der sudetendeutschen Banken, noch bevor Hitler schließlich den Druck auf den tschechischen Staat massiv erhöhte. Ein Vertreter der Deutschen Bank traf im März 1939 zu Verhandlungen über die Zukunft der tschechischen Bankenwirtschaft in Prag ein – zwei Tage vor dem deutschen Einmarsch. Was zeichnete die Großbanken in den Augen des deutschen Staates aus, das sie zu einem unentbehrlichen Element seines wirtschaftsimperialistischen Vorgehens gegen die Tschechoslowakei machte? Was konnten sie tun, was eine staatseigene Bank wie etwa die Reichs-Kredit-Gesellschaft nicht konnte?

Da waren zunächst einmal ihre Auslandskontakte, die für die Finanzierung der nötigen Transaktionen grundlegend wichtig waren. Die Übernahme der Deutschen Agrar- und Industriebank durch die Deutsche Bank wurde zum Beispiel durch Sperrmarkttransaktionen, die über die Schweiz liefen, finanziert. Zum zweiten konnte man von den Privatbanken erwarten, daß sie die anstehenden umfassenden «Arisierungen» auf eine Weise durchführen würden, die geeignet war, das Vertrauen und die Kooperationsbereitschaft habgieriger deutscher und tschechischer Industrieller zu wecken, so daß diese fest in die Rüstungswirtschaft des «Reichsprotektorats Böhmen und Mähren» eingebunden werden konnten.

Ein gewisses Maß an bankwirtschaftlicher Aktivität gab es auch im besetzten Polen, doch da die polnische Industrie für die deutsche Kriegswirtschaft nicht annähernd so wichtig war wie die tschechische, wurde hier seitens der deutschen Machthaber weitaus weniger Druck auf die deutschen Großbanken ausgeübt, sich zu engagieren. Erst recht kein Thema war die Übernahme von Industriebetrieben (und damit verbunden eine Präsenz der Banken) in den besetzten sowjetischen Gebieten. Während die Deutsche Bank und andere deutsche Banken in Polen Zweigstellen eröffneten, war das in den besetzten sowjetischen Gebieten nicht der Fall. Die von diesen Filialen getätigten Geschäfte waren relativ unbedeutend, doch ihr Personal verstrickte sich tief in die Greueltaten des Besatzungsregimes.

Wie bereits erwähnt, versuchte die NSDAP – und zu einem gewissen Grad auch die Reichsregierung –, die Deutsche Bank aus Österreich auszusperren, doch diese war nicht gewillt, auf den Zugang zu diesem wichtigen und gewinnträchtigen Wirtschaftsgebiet zu verzichten. Im tschechischen Gebiet betrachtete die Reichsregierung die Deutsche Bank (ebenso wie die Dresdner Bank) im Prozeß der wirtschaftlichen Durchdringung und Beherrschung als wichtiges Werkzeug. Polen war in den Augen sowohl der deutschen Regierung als auch der Deutschen Bank ein relativ uninteressantes Feld für Bankgeschäfte.

3. Die Österreichische Creditanstalt-Bankverein in Wien

Die seit 1855 bestehende Creditanstalt war die bekannteste Geschäftsbank Österreichs und hielt Anteile an zahlreichen Industrieunternehmen. Da die Familie Rothschild über eine erhebliche Kapitalbeteiligung an der Creditanstalt verfügte, galt das Institut vielen als eine «Rothschild-Bank». Als die Firma im Mai 1931 zahlungsunfähig wurde und damit eine allgemeine Banken- und Finanzkrise auslöste, die von Österreich aus auf ganz Mitteleuropa übergriff und schließlich auch deutsche Banken in den Abgrund riß, erhöhte dies die internationale Bekanntheit der Creditanstalt noch weiter. Gerettet wurde sie durch eine kostspielige Intervention des österreichischen Staates, und 1934 fusionierte sie mit einer anderen, ebenfalls krisengeschüttelten österreichischen Bank, dem Wiener Bankverein. 1938 wies die vereinigte Bank eine Kapitalisierung von 101 Mio. Schilling und eine Bilanzsumme von rund 700 Mio. Schilling auf. Der Preis, den der österreichische Staat für die Rettungsoperation bezahlte, lag nach Schätzungen bei rund 1 Mrd. Schilling.[14]

Die Creditanstalt (CA) war in zwei wichtigen Geschäftsfeldern engagiert. Zum einen war sie aufgrund ihrer zahlreichen Beteiligungen de facto eine gigantische industrielle Holdinggesellschaft – die Weltwirtschaftskrise hatte zur Entwertung ihrer Aktivposten und damit zum Zusammenbruch von 1931 geführt. Doch gerade diese Beteiligungen garantierten der Creditanstalt einen entscheidenden Einfluß auf jeglichen Plan zum Umbau der österreichischen Wirtschaft. Auf der anderen Seite unterhielt die Creditanstalt ein weitgespanntes Beziehungsnetz in den Ländern der früheren Doppelmonarchie und darüber hinaus im Südosten Europas.[15]

Die Männer, die bis 1938 die Geschicke der Creditanstalt leiteten, wurden von den deutschen und österreichischen Nazis mit Argwohn beäugt, vor allem wegen der engen Verzahnung der Bank mit dem politischen System Österreichs. Zwei Vorstandsmitglieder der Creditanstalt waren Juden: Franz Rottenberg, der unmittelbar nach dem «Anschluß» aus dem Amt schied, und Oscar Pollack, der ihm einige Monate später folgte. Auch der Generaldirektor, Josef Joham, zog sich zurück, wodurch nur noch ein Vorstandsmitglied übrig blieb, ein Mann, der eher Ingenieur als Bankier war. Der Vorsitzende des Verwaltungsrats trat daraufhin zurück. Sein Stellvertreter Franz Hasslacher galt als «begeisterter Anhänger des neuen Groß-Deutschlands».[16] Die neuen Naziautoritäten beklagten, daß ihre Vorgänger es versäumt hätten, die angeblichen kriminellen Aktivitäten, die 1931 zum Zusammenbruch der Bank geführt hatten, mit entsprechendem Nachdruck zu verfolgen.[17]

Im Umgang Deutschlands mit Österreich wogen politische Erwägungen stets schwerer als wirtschaftliche Logik. Ende Februar 1938 arbeitete die Reichsbank im Hinblick auf den sich abzeichnenden «Anschluß» hastig einen Plan für eine deutsch-österreichische Währungsunion aus, der einen festen Wechselkurs von 2 Schilling zu 1 RM vorsah, was dem aktuellen Kursverhältnis an der Berliner Devisenbörse entsprach. Den Reichsbankökonomen war klar, daß diese Quote die höhere Kaufkraft des Schillings nicht berücksichtigte, sie glaubten jedoch, die von ihnen vorgeschlagene Lösung werde die österreichische Wirtschaft ankurbeln.[18] Das Reichswirtschaftsministerium schloß sich ihrer Einschätzung an, der Plan wurde aber schließlich aus Rücksicht auf die Stimmung der Österreicher abgelehnt, die am Ende ihr Geld zu einem Kurs von 1,50 Schilling pro RM eintauschen konnten. Dies lief auf eine erhebliche Überbewertung des Schilling hinaus, mit der Folge, daß die österreichische Wirtschaft – ähnlich wie 50 Jahre später die ostdeutsche Wirtschaft im Gefolge der Währungsunion zwischen West- und Ostdeutschland – schwer durchgeschüttelt wurde und es zu zahlreichen Konkursen kam, gefolgt von Forderungen nach Sondermaßnahmen zur Förderung und Erhaltung der «alpenländischen» Wirtschaftsregionen. Wie konnten die Österreicher mit dem neu zusammengesetzten Vaterland versöhnt werden? Göring faßte sofort ein riesiges Arbeitsbeschaffungsprogramm ins Auge, das Österreichs 600 000 Arbeitslose auffangen sollte.

Als zusätzliche Reaktion auf die Probleme in Österreich sorgte Göring dafür, daß ein Bankensyndikat ein Kreditprogramm für die österreichische Wirtschaft (inklusive Landwirtschaft) auflegte, das «der Sanierung österreichischer Betriebe und der Erfüllung von Aufgaben des Auslandes und Vierjahresplans im Lande Österreich dienen» sollte.[19] Die gemeinsame Konsortialführung übernahmen die Creditanstalt und die Mercurbank; letztere, eine Tochter der Dresdner Bank, vereinigte sich in der Folge mit der österreichischen Tochter der Pariser Banque des Pays de l'Europe Central (in Österreich unter dem Namen Länderbank bekannt) und wurde dadurch zur zweitgrößten Bank Österreichs. Später traten auch die Dresdner und die Deutsche Bank in das Syndikat ein und übernahmen gleich hohe Anteile wie die beiden Konsortialführer. Für das erste Jahr strebte das Syndikat ein Gesamtkreditvolumen von 25 Mio. RM an, im Jahr darauf waren es schon 65 Mio. RM.

Sofort nach dem «Anschluß» bemühte sich Eduard Mosler, der Vorstandssprecher der Deutschen Bank, um ein Treffen mit Friedrich Ernst, dem Reichskommissar für das Kreditwesen, um ihm zu sagen, «daß wir in der Überlegung seien, Filialen in Österreich auf Grund des Anschlusses an Deutschland zu errichten, daß die Entscheidung darüber aber noch abhängig sei von Besprechungen mit der Österreichischen Creditanstalt-Wiener Bankverein über ein anderweitiges enges Zusammenarbeiten mit dieser uns seit ältester Zeit eng befreundeten Bank».[20] Wenige Tage später entsandte die Deutsche Bank Abs (in Begleitung von Helmut Pollems und Walter Pohle vom Berliner Sekretariat) nach Wien. Pohle, ein noch junger Mann, avancierte rasch zu einer wichtigen Figur für die praktische Umsetzung der finanzwirtschaftlichen Konsequenzen aus der politisch-militärischen Neuordnung Mitteleuropas. Was die Creditanstalt so attraktiv machte, waren nicht allein ihre Operationen in Österreich. Für die Deutsche Bank bedeutete die beabsichtigte Übernahme der Creditanstalt vielmehr den Beginn einer Expansion in einen Teil Europas hinein, der zunehmend unter den politischen und wirtschaftlichen Einfluß Deutschlands geriet.

Gegen eine Beteiligung der Deutschen Bank an der Creditanstalt wurde allerdings Widerstand seitens der neuen, nationalsozialistischen österreichischen Regierung laut. Wirtschaftsminister Hans Fischböck meldete Bedenken an. (Fischböck, NSDAP-Mitglied und vormals in leitender Stellung bei der glücklosen österreichischen Bodenkreditanstalt und der Creditanstalt hatte dem österreichischen NS-Führer Arthur Seyss-Inquart als Wirtschaftsberater gedient; im März 1938 wurde er Handels-, im Mai Finanzminister.)[21] Daß hier starke Vorbehalte bestanden, erfuhr Abs, als der entlassene Präsident der Österreichischen Nationalbank, Viktor Kienböck, ihm von seiner Unterredung mit Wilhelm Keppler erzählte, dem Wirtschaftsberater Hitlers und Reichsbeauftragten für Österreich. Offenbar herrschte in österreichischen Finanzkreisen «eine sehr miserable Stimmung gegen die Deutsche Bank». Keppler hatte den Eindruck, der sich in Österreich breitmachte, so zusammengefaßt: «D.B. will rauben, ist mit 20 Mann in Wien angekommen, um die C.A. zu übernehmen.»[22]

Die Vertreter der Deutschen Bank machten rasch deutlich, daß sie die Kontrolle zu übernehmen gedachten. Bei der Generalversammlung der Creditanstalt am 25. März 1938 übernahm – Hasslacher war abwesend – Abs den Vorsitz. Einen Tag später, am 26. März, wurde ein Vertrag ausgearbeitet, der das Verhältnis zwischen den beiden Banken regeln sollte und in dem es unter anderem hieß, daß «bei einer entsprechenden materiellen Beziehung der Deutschen Bank zur C.A. die Deutsche Bank ihr Südosteuropa-Geschäft tunlichst über Wien zu leiten bereit sei.»[23] Sogleich begannen Deutsche Bank-Filialen im Altreich mit ihren engen Beziehungen zur Creditanstalt zu werben: «Wir dürfen sagen, dass wir über genaue Kenntnisse aller einschlägigen Verhältnisse in Österreich verfügen».[24]

Keppler blockierte diese Vereinbarung, während Fischböck behauptete, Schacht habe Abs erklärt, die Deutsche Bank könne die Creditanstalt nicht übernehmen. Abs hielt in seiner Entgegnung fest, er habe 1938 kein einziges Gespräch mit Schacht geführt. Wie auch immer, die Creditanstalt begann zu dieser Zeit über den Verkauf von Anteilen an die staatliche Viag nachzudenken.

Die Deutsche Bank war von der Entscheidung des Reichswirtschaftsministeriums «enttäuscht», und Abs notierte: «Das oft von mir betonte Südosteuropa-Geschäft hat überhaupt keine Würdigung gefunden.»[25] Der Anteil von 35 Prozent der Creditanstalt-Aktien, der vom Österreichischen Staat gehalten wurde, wurde an die RKG verkauft, während weitere 39 Prozent, die von der Österreichischen Industriekredit AG und der Österreichischen Nationalbank gehalten wurden, direkt an die Viag verkauft wurden, die dadurch insgesamt 71 Prozent der Creditanstalt-Aktien kontrollierte.[26]

Helmut Pollems, ein Mitglied der Leitungsebene der Deutschen Bank, nahm Kontakt zu Carl Brinkmann von der Reichsbank sowie zum Reichswirtschaftsministerium auf und erhielt ein gewisses Maß an Rükkendeckung für seine Auffassung, derzufolge die Deutsche Bank über die besten Voraussetzungen für die Entwicklung der deutschen Wirtschaftsbeziehungen nach Südosteuropa verfügte.[27] Unglücklicherweise erlitt Brinkmann kurze Zeit später einen Nervenzusammenbruch – er lief durch die Straßen Berlins, Geldscheine unter das verdutzte Publikum streuend, bis er abgeführt und in ein Sanatorium eingeliefert wurde. Der Wirtschaftsstab des Gauleiters Josef Bürckel schien für die Argumente von Abs und Pollems ebenfalls empfänglich zu sein. Die Deutsche Bank operierte mit dem Argument, es sei unfair, der Dresdner Bank die Übernahme der Mercurbank zu ermöglichen, ohne der Deutschen Bank ein vergleichbares Geschäft anzubieten.[28] Im Mai 1938 verfaßte die Deutsche Bank ein umfangreiches Memorandum, in dem sie auf die weit zurückreichenden Kontakte zur Creditanstalt verwies (dabei ging sie bis ins Jahr 1873 zurück, als die drei Jahre alte Deutsche Bank zwei Sitze im Verwaltungsrat der vier Jahre alten Wiener Bankvereins besetzt hatte). Sie beklagte, daß der Verkauf an die Viag zu einer «Ausschaltung ihrer [Deutsche Bank] Betätigung in Österreich» geführt habe und schlug noch einmal eine Verschmelzung der Auslandsaktivitäten der Berliner und der Wiener Banken vor. «Vor allem aber würden durch eine Zusammenfassung des Auslandsgeschäfts der Creditanstalt und der Deutschen Bank die wichtigen Bezugs- und Absatzgebiete des Südostens in ganz besonde-

Hauptgebäude der Creditanstalt-Bankverein in Wien am Schottentor

rer Weise bearbeitet werden können.» Zusätzlich würde eine Verknüpfung der Creditanstalt und einer Berliner Großbank den Kredit- und Kapitalfluß nach Österreich erleichtern.[29]

Das Reichswirtschaftsministerium sprach sich im Herbst 1938 für eine enge Zusammenarbeit zwischen der Reichs-Kredit-Gesellschaft und der Deutschen Bank in bezug auf die Creditanstalt aus; beide sollten sich in etwa gleicher Höhe beteiligen. Die Behörde empfahl, die Viag solle ihren Anteil an der Creditanstalt an die Deutsche Bank verkaufen; sollte dies am Widerstand der Viag scheitern, solle die Deutsche Bank einen Freundschaftspakt mit der Creditanstalt abschließen, um so die Zusammenarbeit zwischen «den Apparaten der beiden Banken» zu sichern.[30] Im Gegenzug solle die Deutsche Bank auf die Eröffnung eigener Niederlassungen auf österreichischem Gebiet verzichten.

Tatsächlich waren die Vorstände der Viag durchaus bereit, eng mit der

Deutschen Bank zusammenzuarbeiten, schon weil sie sich deren große Erfahrung in den Bereichen Unternehmens- und Handelsfinanzierung zunutze machen wollten. Die Reichs-Kredit-Gesellschaft schlug Abs eine Aufteilung Südosteuropas in Einflußsphären vor. Ungarn und Jugoslawien würden von der Creditanstalt betreut werden (durch ihre Filiale in Budapest und ihre Mehrheitsbeteiligung beim Allgemeinen Jugoslawischen Bankverein), Bulgarien und die Türkei von der Deutsch-Bulgarischen Kreditbank in Sofia und der Deutschen Bank Filiale Istanbul. Für die Dresdner Bank würde («um einen gewissen paritätischen Ausgleich zu entwickeln») Griechenland übrigbleiben.[31] Zu diesem Zeitpunkt wurden die Pläne der Deutschen Bank auch von Reichskommissar Josef Bürkel unterstützt, der vermerkte, daß «die Vertretungen der beiden Banken im Südosten sich außerordentlich günstig ergänzen». Die Creditanstalt sollte ihre Industriebeteiligungen verkaufen und sich auf die Handelsfinanzierung konzentrieren.[32]

Fischböck wurde Vorstandsvorsitzender der Creditanstalt, nahm aber in der Praxis kaum Einfluß auf die Bankgeschäfte. Seine wichtigste offizielle Funktion bestand darin, sich um Personalfragen zu kümmern. Ohnehin wurde er bald darauf sehr stark von einer neuen Aufgabe in Anspruch genommen: der «Arisierung» der Niederlande nach dem von ihm mitentwickelten österreichischen Muster.

Die meisten Industriebeteiligungen der Creditanstalt wurden 1938 herausgelöst und an die Reichswerke «Hermann Göring» verkauft. Diese kamen dadurch zu Mehrheitsbeteiligungen bei der Steirischen Gußstahlwerke AG, der Kärntnerischen Eisen- und Stahlwerksgesellschaft, der Feinstahlwerke Traisen AG vormals Fischer, der Steyr-Daimler-Puch AG, der Maschinen- und Waggonfabrikations AG in Simmering vormals H. D. Schmid, und der Ersten Donau-Dampfschiffahrtsgesellschaft. Im Zuge der 1938 sehr zügig durchgeführten «Arisierung» der österreichischen Wirtschaft gelangte die Creditanstalt aber auch in den Besitz einer erheblichen Zahl neuer Beteiligungen, unter anderem an Papierfabriken, Steinbrüchen, Brückenbau- und Außenhandelsfirmen.

Die Creditanstalt spielte eine bedeutsame Rolle in der österreichischen «Arisierungskampagne», auch wenn die treibende Kraft – weitaus eindeutiger, als das in Deutschland der Fall gewesen war – der Staat war. Die Creditanstalt legte ein Register aller von Juden bei ihr unterhaltenen Guthaben an. Sie bemühte sich um den Ankauf jüdischer Werte, die im November 1938 von deutschen Juden als «Vermögensabgabe» bei der Preußischen Seehandlung eingeliefert worden waren. Sie versuchte, jüdische Unternehmen direkt zu übernehmen, etwa die Bunzl und Biach AG.[33] Sie wurde dabei jedoch von einem konkurrierenden Konsortium unter Führung der Dresdner Bank ausgestochen und mußte sich letztlich mit einer Minderheitsbeteiligung zufriedengeben.[34] Die Creditanstalt vergab auch Kredite an «arisierte» Firmen wie die Gebr. Eisert AG, die Taschen und Geldbörsen aus Leder herstellte. Das Unternehmen war kreditbedürftig, obwohl die jüdischen Vorbesitzer, wie es in einem von der Deutschen Revisions- und Treuhandgesellschaft für das österreichische Konsortium angefertigten Bericht euphemistisch hieß, ihre Aktien «teils unentgeltlich, teils gegen Zahlung eines geringfügigen Betrages (im Höchstfall RM 10 je Aktie) [...] zur Verfügung gestellt» hatten.[35]

Alle Unternehmen in Österreich, nicht nur die jüdischen, waren durch die Festlegung eines unangemessenen Wechselkurses innerhalb der deutsch-österreichischen Währungsunion benachteiligt. Daraus erwuchs ein ständiger Bedarf an neuem Kapital aus Deutschland, der im Verlauf der Jahre 1938 und 1939 immer drängender wurde. Das führte dazu, daß die staatlichen Instanzen bestimmten Plänen der Deutschen Bank, die sie bis dahin abgelehnt hatten, zunehmend mehr Sympathie entgegenbrachten. Deutsche Bank und Viag einigten sich in einem Konsortialvertrag vom 30. Dezember 1938 auf die Übernahme von 25 Prozent des Creditanstalt-Kapitals – 48 500 Stamm- und 35 000 Vorzugsaktien – durch die Deutsche Bank. Im Aufsichtsrat würde die Viag mit drei, die Deutsche Bank mit zwei Leuten vertreten sein; beide würden je einen Aufsichtsrats-Vizepräsidenten stellen; als AR-Präsident würde Franz Hasslacher amtieren.

Die Deutsche Bank entsandte Finanzfachleute nach Wien, die die Creditanstalt bei der Neustrukturierung ihrer Geschäfte beraten sollten, und riet der Creditanstalt, ihre leitenden Mitarbeiter in Filialen der Deutschen Bank praktische Erfahrungen mit modernen Arbeitsmethoden sammeln zu lassen. Im November 1940 (d. h. nach der deutschen Besetzung Belgiens) stockte die Deutsche Bank ihre Beteiligung an der Creditanstalt auf 36 Prozent auf, indem sie von der Société Générale de Belgique und von der Compagnie Belge de l'Étranger Aktien im Nennwert von 525 000 RM bzw. 262 500 RM kaufte. Die Société Générale begrüßte die Gelegenheit, ihre südosteuropäischen Beteiligungen abzustoßen, die sie seit der Wirtschaftskrise sehr teuer zu stehen gekommen waren. Ende 1941 begannen vorbereitend Gespräche über die teilweise oder vollständige Übernahme der von der Viag gehaltenen 51 Prozent des Creditanstalt-Kapitals. Die Kernargumente, die die Vertreter der Deutschen Bank in den Gesprächen mit den deutschen Behörden vorbrachten, hoben auf die Notwendigkeit eines koordinierten wirtschaftlichen Aufbaus in Südosteuropa ab. «Wenn die Entwicklung so kommt, wie die Deutsche Bank dies wünscht und geschildert hat, dann begrüßt die Deutsche Bank die Stärkung des Südostgeschäftes der CA auch auf Kosten der Deutschen Bank.» Um einigen der Bedingungen Genüge zu tun, an die eine Übernahme der Creditanstalt durch die Deutsche Bank geknüpft war, sprach man über die Veräußerung weiterer industrieller Beteiligungen.[36]

Schon 1940 hatte die Creditanstalt begonnen, sich als treibende Kraft in die finanzielle Reorganisation der österreichischen Nachbarstaaten einzubringen. Ohne sich mit den deutschen Ministerien abzustimmen – vielmehr zu deren Überraschung und Verärgerung –, kaufte sie die slowakischen Filialen der Böhmisch-Mährischen Bank (auch Legiobank genannt), die sich mit der slowakischen Regierung angelegt hatte.[37] Gleichzeitig übernahm die Creditanstalt auf Initiative Fischböcks die Filiale Krakau der Deutschen Bank.

Im Mai 1942 wurde eine Vereinbarung getroffen, die der Deutschen Bank endlich die erstrebte Mehrheitsbeteiligung an der Creditanstalt sichern sollte, indem sie für 17 675 000 RM Creditanstalt-Aktien erwarb. Der über die Anteilsmehrheit hinausgehenden Teil des Viag-Anteils (der sich auf ungefähr zehn Prozent des Creditanstalt-Kapitals belief) sollte Kleinanlegern angeboten werden.

Bezahlt wurde die Viag mit den industriellen Beteiligungen aus dem Creditanstalt-Portefeuille. Parallel dazu baute die Deutsche Bank die Creditanstalt zu einem Instrument der finanziellen Kontrolle über Mitteleuropa aus. Folgende Beteiligungen sollte die Creditanstalt übernehmen: 30 Prozent an der Banca Comerciala Romana, Bukarest, 30 Prozent an der Deutsch-Bulgarischen Kreditbank, Sofia, und einen Drittelanteil an der Böhmischen Union-Bank (BUB), einer bedeutenden tschechischen Tochter der Deutschen Bank. Die letztgenannte Transaktion wurde vom Reichsaufsichtsamt für das Kreditwesen im Oktober 1942 genehmigt.

Abs erläuterte die Philosophie der finanziellen Kontrolle in einer Sitzung des Arbeitsausschusses der Creditanstalt im August 1941, indem er exemplarisch darlegte, weshalb etwa die Creditanstalt-Filiale in Budapest niemals aus eigener Kraft erfolgreich sein könne. «Da mit Eigenmitteln allein das Geschäft schon aus grundsätzlichen Erwägungen nicht zu führen sei, müsse getrachtet werden, fremde Mittel heranzuziehen, was einer nach außen hin als ungarisches Institut auftretenden Bank gelingen könne. Was den Partner anbelangt, gibt Herr Abs seiner Auffassung unter Zustimmung aller Herren des Arbeitsausschusses dahin Ausdruck, daß hierfür nur das erstrangige Institut in Frage komme, das wäre die Pester Ungarische Commercialbank.»[38]

Die so verbundenen Banken sollten zusätzlich durch Personalunionen in der Führungsebene gleichgeschaltet werden. Die Creditanstalt würde einen Vertreter in den Verwaltungsrat der Partnerbanken in Bukarest und Sofia und deren zwei in den Aufsichtsrat der BUB entsenden. Im Gegenzug sollte ein BUB-Vorstandsmitglied im Aufsichtsrat der Creditanstalt vertreten sein. Als die große Creditanstalt-Transaktion 1942 zum Abschluß gebracht wurde, markierte dies zugleich die Schaffung einer großen, von der Deutsche Bank geführten Bankengruppe in Mitteleuropa, die von der deutschen Seite schon in zahlreichen früheren Äußerungen vorweggenommen und als «Konzern» bezeichnet worden war.[39]

Zunächst sah Abs die Creditanstalt als Teil eines Europa umspannenden Netzes von Bankbeteiligungen, in dem die Creditanstalt eng mit der Deutschen Bank wie auch der Société Générale de Belgique zusammenarbeiten sollte. Er wirkte noch vor Kriegsausbruch auf die Creditanstalt ein, Anteile der Zorka (Erste Jugoslawische Chemische Gesellschaft) an den belgischen Chemieriesen Solvay zu verkaufen.[40] Die Société Générale hielt zudem große Anteile am Jugoslawischen Bankverein, den die Göring-Behörde der Deutschen Bank übertragen wollte, aber Abs sträubte sich, und der Fall blieb bis zur Besetzung Belgiens unerledigt.[41] Dann erinnerte man sich des offensichtlichen Interesses der Deutschen Bank an belgischen Anteilen, und die Société Générale zeigte daraufhin bei den Verhandlungen über die Veräußerung ost- und südosteuropäischer Vermögenswerte gegenüber Abs wesentlich mehr Entgegenkommen als gegenüber den anderen rivalisierenden deutschen Bankiers.[42] Die Société Générale gab schließlich ihre jugoslawischen Beteiligungen auf. Zahlungen aus dem Verkauf des Jugoslawischen Bankvereins erfolgten in der üblichen Weise, über den deutsch-belgischen Verrechnungsverkehr. Die Creditanstalt übernahm 51 Prozent der jugoslawischen Aktien, die deutschen Banken hielten Minderheitsbeteiligungen: die Deutsche und die Dresdner Bank je 12,5 Prozent, die Commerzbank und die Reichs-Kredit-Gesellschaft je 6,25 Prozent und die BUB vier Prozent.[43] Später wurde die jugoslawische Bank nach den Grundsätzen des neuen politischen Abkommens in einen Bankverein für Kroatien AG und einen Bankverein AG, Belgrad, aufgeteilt.

Die Creditanstalt weitete auch ihre eigenen jugoslawischen Geschäfte aus, indem sie der Südost-Montan und den Mines de Bor, einem bedeutenden Kupfervorkommen mit beträchtlichen Zink-, Blei-, Antimon- und Chromerzen, Kredite gewährte. Bis März 1941 wurde den früheren französischen und belgischen Besitzern die Aktienmehrheit abgekauft.

4. Die Böhmische Union-Bank und die tschechische Finanzwirtschaft

Die Zerschlagung der Tschechoslowakei[44] in den Jahren 1938/39, zuerst durch das Münchener Abkommen vom September 1938 und dann durch den Einmarsch vom März 1939, bildete ein wichtiges Element der wirtschaftlichen Expansion Deutschlands. Die Tschechoslowakei verfügte über eine Industrie, die erheblich zur Stärkung der deutschen Rüstungswirtschaft beitragen konnte.[45] Um dieses neu hinzugewonnene Potential ausschöpfen zu können, strebte das NS-Regime eine Änderung der Eigentumsverhältnisse an. Im tschechischen Teil des Staates befanden sich einige Banken mit deutsch-jüdischer Vergangenheit und mit substantiellen Industriebeteiligungen. Diese Banken waren ebenso wie das ganze tschechische Bankensystem durch die Weltwirtschaftskrise geschwächt worden, und es gab zahlreiche Beschwerden, daß das Bankgewerbe in der Tschechoslowakei übersetzt sei. Während der Weltwirtschaftskrise hatten viele Banken beträchtliche Industrievermögen von ihren Kunden erworben, als diese sich in wirtschaftlicher Bedrängnis sahen.[46] In den Augen der deutschen Wirtschaftsplaner waren diese Banken die geeigneten Werkzeuge für die angestrebte Reorientierung der tschechischen Wirtschaft und ihre Eingliederung in die wirtschaftliche Aufrüstung für den bevorstehenden Krieg. Die Monate nach dem in München gespielten ersten Akt der tschechischen Tragödie nutzte die deutsche Seite zum Aufbau einer Position der Stärke, um von dieser Basis aus nach dem März 1939 in neue Dimensionen des wirtschaftlichen Imperialismus vorzustoßen. Nach München übersandte die deutsche Regierung den Banken Listen jüdischer Firmen im Sudetenland, mit der Bitte, dort eine systematische «Arisierung» durchzuführen.[47] Die Deutsche Bank publizierte eine detaillierte Übersicht über die industrielle Struktur des Sudetenlandes sowie der übrigen Teile von «Böhmen und Mähren» und den Charakter der wichtigsten dort ansässigen Firmen.[48]

Der Wirtschaftsführer für das Sudetenland wurde erstaunlich schnell im Oktober 1938 veröffentlicht und muß bereits vor dem Münchener Abkommen vorbereitet gewesen sein. Die Dresdner Bank war in ihrer

Niederlassungen der Böhmischen Union-Bank (1938)

Vorbereitung des wirtschaftlichen Imperialismus von einer noch provokativeren Direktheit: Am 25. Juli 1938 veranstaltete der Direktor der Filiale Dresden, Reinhold Freiherr von Lüdinghausen, im Haus des Glasproduzenten Walter Riedel in Polubny (Unter-Polaun) ein Treffen sudetendeutscher Geschäftsleute unter Einschluß etlicher Vorstandsmitglieder der zwei wichtigsten deutschsprachigen tschechischen Banken, der Böhmischen Union-Bank und der Böhmischen Escompte-Bank. Im Rahmen dieses Treffens wurde von den anwesenden Geschäftsleuten das Potential für eine «Arisierung» des tschechischen Bankwesens besprochen.[49]

Die Expansion endete hier nicht. Nur drei Wochen nach der deutschen Invasion im Sudetenland ordnete Hitler am 21. Oktober 1938 Vorbereitungen bei der Wehrmacht an, die Deutschland in die Lage versetzen sollten, «die Rest-Tschechei jederzeit zerschlagen zu können, wenn sie etwa eine deutsch-feindliche Politik betreiben würde.»[50]

Nach dem deutschen Einmarsch am 15. März 1939 wurden «Arisierungen» zu einem so durchsichtigen Vorwand für die Etablierung einer deutschen Vorherrschaft und für die «Eindeutschung» tschechischer Unternehmen, daß der Widerstand tschechischer Industrieller und der tschechischen Regierung unter Emil Hácha gegen diese deutsche Politik allein schon aus diesem Grund – mehr als aus tief wurzelnder moralischer Empörung heraus – immer heftiger wurde. Sie forderten, den Einzug jüdischer Vermögenswerte dort, «wo es zu Störungen der öffentlichen Ordnung kommen könnte», einzustellen.[51] Der Gegensatz zwischen der deutschen und der tschechischen Linie entlud sich in Konflikten und führte zu einer weiteren Brutalisierung der antijüdischen Politik im besetzten Tschechien.

Es kann kein Zweifel daran bestehen, daß die treibende Kraft hinter diesem Prozeß der Herstellung deutscher Vorherrschaft nicht die deutsche Wirtschaft war, sondern das politische Regime. Die deutschen Großbanken, allen voran Dresdner und Deutsche Bank, spielten allerdings eine wichtige Helferrolle. Ihre Motive waren komplexer Natur. Einerseits ließen sie sich vom Konkurrenzdenken leiten: Kümmerten sie sich zu wenig um die Expansion in die neu eroberten Gebiete, so bestand die Gefahr, von ihren deutschen Wettbewerbern überholt zu werden. Die Deutsche Bank registrierte aufmerksam jeden Vorgang, bei dem sie den Eindruck hatte, die militärischen Stellen oder die Partei gewährten der Dresdner einen unbilligen Vorteil, und legte entsprechend Protest ein. Einen weiteren Beweggrund bildeten steuerliche Anreize und andere von der deutschen Regierung gewährte Vorteile. Ein dritter Faktor war die Eigendynamik, die der Expansionsprozeß entwickelte: In dem Maß, wie die deutschen Großbanken sich als Dirigenten der tschechischen Wirtschaft etablierten, fanden die jungen, ideologisch ausgerichteten leitenden Mitarbeiter, die von den Zentralen an die Frontlinie des deutschen Imperialismus abkommandiert wurden, Gefallen an der Möglichkeit, sich hier einen Namen zu machen, und entwickelten Eigeninitiative. Viele ihrer spontanen Ideen – die nicht aus den Berliner Vorstandsetagen kamen, sondern aus den mittleren Ebenen der Firmenhierarchie – gingen eine perfekte Symbiose mit dem zunehmend radikaleren Kurs ein, den die deutsche Besatzungspolitik im September und Oktober 1941 einschlug – nach Reinhard Heydrichs Ankunft in Prag.

Nach dem Münchener Abkommen vom 30. September 1938 und der Annexion des Sudetenlandes durch Deutschland übernahm die Deutsche Bank im Rahmen einer vom Reichswirtschaftsministerium geplanten und dirigierten Neuordnung des sudetendeutschen Bankwesens 16 Filialen einer tschechischen Bank, die über einen großen deutschsprachigen Kundenstamm verfügte: die Česká Banká Union, auch Böhmische Union-Bank (BUB) genannt. Eigentlich hätte die Deutsche Bank lieber die Filialen einer anderen, erfolgreicheren tschechisch-deutschen Bank übernommen, der Böhmischen Escompte-Bank (Bebca), doch Anfang Oktober 1938 entschied sich der deutsche Bankenkommissar Friedrich Ernst dafür, die Escompte-Bank-Filialen der Dresdner Bank zuzuschlagen.[52] Der Kommissar war befugt, Genehmigungen für die Übernahme von Bankfilialen oder für die Schließung einzelner Zweigstellen zu erteilen.[53] Bei Diskussionen, die innerhalb der dem Sudetenland aufoktroyierten deutschen politischen Gremien geführt wurden, erhielt die BUB am wenigsten Sympathie. Das Fazit einer Diskussion im November 1938, die sich mit der Frage beschäftigte, welche Banken genutzt werden könnten, um den deutschen Einfluß zu vergrößern, lautete, daß die BUB «als Konzentrationspunkt [ausscheidet], da es sich um eine rein jüdische Bank handelt».[54]

Die Deutsche Bank stand zu dem Zeitpunkt indes schon in Kontakt zu einer tschechischen Bank. Bankiers haben manchmal sehr feine politische Fühler – die ersten Gespräche hatten schon vor der Münchener Konferenz stattgefunden. Oswald Rösler und Abs hatten die Kontakte mit Viktor Ulbrich von der Deutschen Agrar- und Industriebank AG in Prag (DAIB) geknüpft. Allem Anschein nach waren die deutschen Banker von den neuen Geschäftsaussichten, die sich hier auftaten, anfangs nicht besonders angetan. Wie Abs auf einer der Karteikarten, die ihm in geschäftlichen Dingen als Gedächtnisstützen dienten, festhielt, waren die Vertreter der Deutschen Bank entschlossen, ihrem Gesprächspartner klar zu machen, «daß eine Gesamtübernahme der Filialen o. gar des Gesamtgeschäftes nicht in Frage kommt».[55]

Am 14. Oktober 1938 erhielt die Deutsche Bank vom Bankenkommissar die Genehmigung, in Verhandlungen mit der BUB sowie mit der Deutschen Agrar- und Industriebank einzutreten, «zwecks Übernahme des sudetendeutschen Geschäfts dieser Banken». Der Grundgedanke war der, daß die Deutsche Bank den gesamten Kundenstamm der beiden Banken übernehmen, die Zahl der Filialen aber womöglich reduzieren sollte.[56]

Die BUB war 1872 mit einem Kapital von zehn Mio. österreichischen Gulden gegründet worden. Aus der Weltwirtschaftskrise ging sie sehr geschwächt hervor, stand allerdings immer noch wesentlich besser da als die stärker betroffene Agrarbank. Aufgrund ihres deutschen Charakters und weil man davon ausging, daß sie beträchtliche Vermögen in Deutschland hielten, litten die BUB, die Bebca und andere sudetendeutsche Banken nach der Bankenkrise von 1931 unter Vertrauensverlust und schwindendem Zulauf der Anleger.[57] Sowohl die BUB als auch die Bebca wiesen eine hohe Zahl jüdischer Kunden sowie jüdischer Mitarbeiter und Führungskräfte auf. Die Übernahme der BUB durch die Deutsche Bank wurde durch ein Dokument besiegelt, das das Datum des 4. Januar 1939 trug, aber den Vorgang auf den 1. November 1938 zurückdatierte. Schon vorher hatten BUB-Filialen im Sudetenland Schilder mit der Aufschrift «Hier werden Einzahlungen für die Deutsche Bank entgegengenommen» ausgehängt, sehr zum Ärger der deutschen Behörden.[58]

Am Ende übernahm die Deutsche Bank insgesamt 23 BUB-Filialen. Die Aktiva und Passiva dieser Filialen wurden auf die Deutsche Bank übertragen, der BUB verblieben nur einige wenige namhafte Kunden. Es bedeutete eine komplexe Finanzoperation, die Filialen von der Prager Bank abzutrennen. Zugleich zog dieser Vorgang massive Konsequenzen für den verbleibenden Rumpf der BUB nach sich, die Filialen in den dynamischsten industriellen Gebieten mit beträchtlichen Krediten für die Textil- und Glasindustrie verloren hatte. Eine Denkschrift vom Dezember 1938, die dem tschechischen Finanzministerium vorgelegt wurde, führte 53 Firmen auf, von denen die BUB größere Anteile gehalten hatte. 32 davon waren im Sudetenland verloren worden. Bei 16 dieser sudetendeutschen Firmen wurde die finanzielle Situation als «gut» bezeichnet, elf firmierten unter «aussichtsreich», und fünf galten als «schlecht». Von den verbleibenden 19 Firmen, die im tschechischen Staat verblieben, wurde die finanzielle Position von lediglich einer als «gut» klassifiziert, neun erhielten die Bezeichnung «aussichtsreich», sechs waren «schwach» und drei «schlecht». Die Bank hätte ihre besten Unternehmen verloren und sei in einem «katastrophalen Zustand».[59]

Böhmen-Mähren blieb nach dem deutschen Einmarsch vom 15. März 1939 ein völkerrechtlich von Deutschland getrenntes Staatswesen («Protektorat»), wenngleich seine Eingliederung in den deutschen Wirtschaftsraum ganz offenkundig auf der Tagesordnung stand – nicht zuletzt wegen der Rohstoffe, über die das Land verfügte.[60] Im Oktober 1940 wurde Böhmen-Mähren durch eine Zollunion noch fester an das Deutsche Reich angeschlossen. Durch Veränderungen der Besitzverhältnisse im Bankenbereich war freilich die Wirtschaft des Protektorats schon lange vorher an Deutschland gekettet worden.

Die deutschen Behörden gingen nach ihren Erfahrungen mit dem Sudetenland im allgemeinen davon aus, daß die Deutsche Bank weiterhin mit der BUB zusammenarbeiten würde. Dagegen machte jedoch ein Mitarbeiter der Bankenaufsicht anläßlich einer Besprechung Front: Bei der Union-Bank handle es sich, erklärte er, um «ein stark jüdisch durchsetztes Unternehmen, und es erscheine daher untragbar, daß die Deutsche Bank sich verpflichte, dieser bevorzugt Aufträge zuzuweisen».[61] Zusammen mit der Dresdner Bank übermittelte die Deutsche Bank dem Reichswirtschaftsministerium am 14. März 1939 (einen Tag vor dem Einmarsch) einen neuen Plan für die Neuordnung des tschechischen Bankwesens. Einige Zeit zuvor hatte das Ministerium der Deutschen Bank die vorläufige Genehmigung erteilt, die von der Tatra-Bank gehaltenen Anteile an der Escompte- und Volkswirtschaftlichen Bank Preßburg (Bratislava) zu übernehmen. Dagegen sah der gemeinsame Vorschlag der beiden Banken jetzt vor, die Dresdner Bank und die mit ihr verbundene Wiener Länderbank mit dieser Transaktion zu betrauen, ebenso mit der Übernahme der von der Bebca gehaltenen Anteile an der Preßburger Handels- und Kreditbank AG. Die Hälfte der so in Besitz genommenen Aktien der Handels- und Kreditbank würde die Dresdner Bank an die Deutsche Bank oder die Creditanstalt weiterreichen.[62]

Nach dem Einmarsch schickte die Deutsche Bank einen von Rummel und Rösler unterzeichneten Brief an das Reichswirtschaftsministerium. Er schilderte einleitend die Situation des tschechischen Bankgewerbes und unterbreitete dann Vorschläge und Empfehlungen. Das Ziel, die Tschechoslowakei in den deutschen Wirtschaftsraum zu integrieren, lasse sich am besten erreichen, wenn «zunächst eine oder mehrere Regionalbanken tschechischen Charakters bestehen» blieben. Dies sei «jedoch nur unter der Voraussetzung möglich, daß diese Banken sich dem gesamtdeutschen Interesse anpassen, wobei es sich als notwendig erweisen könnte, daß sich früher oder später auch deutsche Banken an derartigen Instituten beteiligen. [...] Hierbei ist ferner auch zu bedenken, daß aus dem teilweise überbesetzten tschechoslowakischen Bankwesen verschiedene Institute aus rassischen Gründen oder infolge bestehender Insolvenz werden verschwinden müssen. Bei der Sanierung und Liquidation dieser Institute müßte, soweit es sich um Unternehmen mit bedeutendem Geschäftsumfang handelt, an eine Einschaltung der deutschen Großbanken gedacht werden, da eine Regionalbank schwerlich zur Lösung der hierbei auftretenden Aufgaben in der Lage wäre.»[63]

Die Deutsche Bank sah sich nach wie vor nach attraktiveren tschechischen Alternativen zur BUB um. Röslers ursprünglicher Plan sah eine Übernahme der Bebca zusammen mit der Dresdner Bank im Verhältnis 50:50 vor. Das Reichswirtschaftsministerium drängte jedoch die Deutsche Bank, anstelle der Bebca die BUB zu übernehmen, und in der Praxis blieb in Böhmen und Mähren in der Tat die BUB das Standbein der Deutschen Bank. Sie übernahm weitere 23 Filialen (von insgesamt 34), dazu die 28 Filialen der Deutschen Agrar- und Industriebank sowie fünf Zweigstellen der Mährischen Bank. (Die slowakischen Filialen der BUB wurden der Union-Bank Preßburg zugeschlagen, einer gemeinsamen Tochter der BUB und der Wiener Creditanstalt-Bankverein.)

Es existiert ein Bericht über die Geschicke der BUB in der Zeit nach dem Münchener Abkommen, verfaßt von F. Kavan, einem Prokuristen der Bank, der während der gesamten Besatzungszeit auf seinem Posten blieb. Am 13. März, zwei Tage vor dem deutschen Einmarsch, erschien Walter Pohle in der BUB-Zentrale in Prag, stellte sich als ranghoher Mitarbeiter und «Vertrauensmann» der Deutschen Bank vor und begann über die finanziellen Ansprüche der Deutschen Bank nach der Übernahme der sudetendeutschen Filialen der BUB zu verhandeln. Zu diesem Zeitpunkt gab es bereits eindeutig zunehmende politische Spannungen. Am 10. März versuchte die tschechische Regierung in Prag einen Präventivschlag gegen den slowakischen Separatismus zu führen und die slowakische Regierung aufzulösen. Am 11./12. März gab es in Bratislava Straßenkämpfe, und deutsche Minderheiten schwenkten Hakenkreuzfahnen und inszenierten Unruhen in Jihlava (Iglau) und Brno (Brünn). Am 13. März bestellte Hitler seinen Verbündeten, den slowakischen Separatistenführer Tiso, nach Berlin.

Kavan war sich rückblickend völlig sicher, daß Pohle von dem bevorstehenden Einmarsch wußte. Unmittelbar nach dem Einmarsch forderten deutsche Militärs eine stärkere deutsche Einflußnahme auf die BUB. Am 16. oder 17. März erschien Pohle erneut, «trat energisch auf und erklärte, dass die BUB ein jüdisches Unternehmen sei und daher sowohl im eigenen als auch im Interesse der Deutschen Bank als Großgläubigerin aus der Transaktion der Abtretung der Sudetenfilialen, so bald wie möglich als arisiertes Unternehmen erklärt werden müsse». Pohles Rivale bei der Dresdner Bank, von Lüdinghausen, benahm sich recht ähnlich, indem er kurz nach der deutschen Invasion in militärischer Uniform in den Räumen der Bebca auftauchte.

Nach Kavans Eindruck stand Pohle unter dem Schutz der Gestapo; er erklärte die jüdischen Vorstandsmitglieder für abgesetzt und ernannte den bisherigen Direktor der Revisionsabteilung, den Deutschen Joseph Krebs, zum neuen Generaldirektor. Die Aufsichtsratssitzung vom 16. März 1939 begann mit einer persönlichen Erklärung Otto Freunds, der bekanntgab, «daß sein Dienstvertrag nicht erneuert wird und daß er der Bank, solange diese es wünscht, weiter zur Verfügung steht». Dies war mit Sicherheit kein rechtmäßiges Vorgehen nach den geltenden Statuten der Bank. Wer hatte das Recht, die Erneuerung eines Dienstvertrages zu verweigern? Freund teilte dem Gremium auch mit, daß Stein und Schubert «ausgetreten sind, was mit Bedauern zur Kenntnis genommen wird». Bei der nächsten Aufsichtsratssitzung traten die 18 verbliebenen Mitglieder des Gremiums geschlossen zurück; nur vier von ihnen kehrten in den neu konstituierten Aufsichtsrat zurück.[64] Freund, bis vor kurzem noch Generaldirektor, wurde vierzehn Tage später von deutschen Polizeikräften verhaftet und starb bald darauf im Gefängnis, angeblich von eigener Hand. Er und die anderen Säuberungsopfer wurden durch Mitarbeiter der Deutschen Bank oder durch andere dem Besatzungsregime genehme Personen ersetzt. Die Tantiemen, die den ausgeschiedenen jüdischen Vorständen noch zugestanden hätten, wurden direkt von der Bank vereinnahmt. Im Juni 1939 verkündete Pohle die Entlassung der «nichtarischen» Mitglieder der Kontrollabteilung. Im Januar 1940 waren allerdings unter den 917 Mitarbeitern der Bank laut seinem eigenen Bericht noch immer 38 Juden.[65] Laut Nachkriegsschätzungen der Deutschen Bank waren insgesamt etwa 400 jüdische Mitarbeiter entlassen worden.[66]

Gegenüber ausländischen Bankierskollegen hielt die Deutsche Bank die Vorgänge vom März 1939 sorgfältig geheim. Als Sterling Bunnell von der National City Bank of New York der Bank im März 1939 einen Besuch abstattete, erzählte man ihm, bei der Neuordnung der tschechischen Finanzwirtschaft sei «das Ausscheiden der jüdischen Verwaltungsratsmitglieder ohne Zwang im beiderseitigen Einvernehmen erfolgt [...] Unseres Wissens hätten die betreffenden Persönlichkeiten ihre Ämter mit Rücksicht auf die geänderten politischen Verhältnisse freiwillig niedergelegt.»[67]

Im April 1939 verlangte das Berliner Reichswirtschaftsministerium «eine abschließende Klärung der Frage, [...] ob die Böhmische Union-Bank als arisches oder jüdisches Unternehmen anzusehen ist». Einige der Firmen im «Protektorat», an denen die BUB beteiligt war, gerieten in Schwierigkeiten, weil die deutschen Behörden sie wegen ihrer Verbindung mit der BUB als «nichtarisch» einstuften. Die Deutsche Bank wurde dazu verpflichtet, «baldmöglichst ein Exposé über die gegenwärtigen Verhältnisse kapitalmäßiger sowie persönlicher Art [zu erstellen], das alsdann zur Nachprüfung nach Prag gesandt werden soll».[68]

Anforderungsgemäß übersandte die Deutsche Bank eine Eingabe ans Reichswirtschaftsministerium, in der sie die Notwendigkeit einer «Sanierung» der BUB mit dem Vorgehen der deutschen Regierung begründete. Auf dieser Grundlage wurde der BUB nunmehr am 5. Juli 1939 eine «Bescheinigung über den arischen Charakter» ausgestellt.

Kavan behauptete in seiner Eidesstattlichen Versicherung von 1950, die Deutsche Bank habe der BUB wider besseres Wissen hohe Verluste bescheinigt. «Unter diesen Umständen beschlossen die Exponenten der Deutschen Bank, die Bilanz der BUB so weit zu verschlechtern, daß sie zu einer Verlustbilanz wurde und für die weiteren Pläne verwendet werden konnte.» Tatsächlich legte die Deutsche Bank im März und April 1939 dem Reichswirtschaftsministerium Verlustschätzungen vor, die auf einer von der tschechischen Firma Revisni Jednota Bank durchgeführten Bilanzprüfung sowie auf einer eigenen, «großzügigeren» Bewertung beruhten. Während Jednota zu dem Ergebnis kam, die BUB habe alle ihre Reserven aufgebraucht und zusätzlich 40 Mio. CKr von ihrer Kapitalsubstanz eingebüßt, schätzte die Deutsche Bank die Verluste zunächst auf mindestens 200 Mio. CKr. Sie behauptete, die Jednota habe die wahrscheinlichen künftigen Verluste in der Slowakei und der Karpatho-Ukraine ebensowenig berücksichtigt wie «zu erwartende Verluste an nichtarischen Debitoren» und «die Umstellungskosten/Abfertigung der Nichtarier».[69]

Das Hauptanliegen der deutschen Seite war es, einen Kapitalschnitt im Verhältnis 1:10 zu machen und damit der Deutschen Bank die Übernahme eines Mehrheitsanteils zu ermöglichen. Die tschechischen Bankiers hatten ursprünglich das Verhältnis 1:4 vorgeschlagen (nicht 1:5, wie Kavan irrtümlich behauptet hat), doch dann setzten die Deutschen ihren Willen durch.[70] Im März 1939 hatte die BUB mit einem nominellen Aktienkapital von 150 Mio. CKr (750000 Aktien zu je 200 CKr) zu Buche gestanden. 100000 dieser Aktien waren im Besitz der British Overseas Bank in London (die eine Option auf weitere 25 000 Aktien hatte), 70292 gehörten der Société Générale de Belgique in Brüssel, 130000 der BUB selbst und 80 000 einer von ihr kontrollierten Firma, der Zuckerraffinerie Petschek.[71] Der Rest des Kapitals war breiter gestreut; 264 000 Aktien lagen in inländischen Depots (im «Protektorat»), 106 000 in sudetendeutschen und österreichischen – wobei, wie Kavan anmerkte, «ein erheblicher Teil dieser Aktien im Besitz von nicht-arischen Personen war». Aus einem internen Vermerk der Deutschen Bank geht hervor, daß sich «nicht unbeträchtliche Posten [...] im Besitz sudetendeutscher Industrieller» befanden.[72] Ein Dokument vom Mai 1939 bezifferte den Anteil der in «nichtarischen Händen» befindlichen Aktien auf rund drei Prozent.[73]

Den sudetendeutschen Aktionären kaufte die Deutsche Bank ihre Anteile zu 25 Prozent des Nominalwerts ab. Sie versuchte darüber hinaus, die politischen Turbulenzen des August und September 1939 zu nutzen, um den Banken in London und Brüssel Aktien zu zehn Prozent des Nominalwerts abzukaufen, was ihr jedoch nicht gelang.[74] Die Société Générale lehnte das Ansinnen schlichtweg ab. Nachdem dieser Versuch, sich die rechtsgültige Kontrollmehrheit an der BUB zu sichern, gescheitert war, übernahm die Deutsche Bank statt dessen die 210 000 Aktien, über die die BUB selbst verfügte. Sie erhielt sie zu 20 CKr das Stück, obwohl sie einen aktuellen Buchwert von 77,27 CKr hatten. Das Reichswirtschaftsministerium ratifizierte diese Transaktion erst am 16. März 1940.

Für den 12. Dezember wurde eine außerordentliche Aktionärsversammlung anberaumt, die den Kapitalschnitt auf ein Zehntel des bisherigen Wertes beschließen sollte. Die Deutsche Bank konnte 216 100 Aktien in die Waagschale werfen (weitere 6100 hatte sie kurzfristig hinzugekauft). 85 448 Aktien befanden sich auf Treuhänderkonten. Die Deutsche Bank bat die Société Générale de Belgique, für ihre Anträge zu stimmen; doch aus Brüssel kam die Anweisung, mit dem Stimmenpaket der Société Générale für «Enthaltung» zu votieren, sehr zum Ärger von Pohle. (Zwei Monate später erklärte Alexandre Galopin, Gouverneur der Société Générale, in einem Gespräch mit Abs, seine Firma habe «unter keinen Umständen durch die Mitwirkung bei Aufsichtsratssitzungen oder Generalversammlungen der BUB den Vorgängen in der Tschechoslowakei ihre nachträgliche Unterstützung leihen» wollen.)[75]

Nur 1449 Aktien waren auf der Versammlung durch Einzelpersonen vertreten – Kavan vermutete, sie gehörten einer Schutzvereinigung für Kleinaktionäre an. Auch hier stellt Kavans eidesstattliche Erklärung der Deutschen Bank kein gutes Zeugnis aus. Wie er berichtet, machte er Pohle darauf aufmerksam, daß viele dieser Individuen über genaue Insiderkenntnisse der Finanzlage der BUB verfügten, worauf Pohle antwortete: «Diese Leute sollen sich ihre Demonstrationsabsichten gut überlegen, da dafür gesorgt wird, daß in der Generalversammlung vom 12. Dezember 1939 auch Leute von der Gestapo oder Personen, die der Gestapo sehr nahe stehen, anwesend sein werden.» Schließlich beschloß die Aktionärsversammlung den Verkauf der von der BUB kontrollierten Anteile an die Deutsche Bank zu dem «von den deutschen Devisenbehörden vorgeschriebenen Kurse von K 100.– = RM 10.–».[76]

Pohle erklärte, der Kapitalschnitt sei der Preis, den die BUB für das Engagement und die Unterstützung der Deutschen Bank bezahlen müsse. Des weiteren kündigte er den Aktionären an: «Wir glauben, in unserem Aufgabengebiet eine Brücke vom Protektorate zum Großdeutschen Reiche und zu weiteren Kreisen des Auslandes bilden zu können.»[77] Pohle ließ sich von seiner Begeisterung für dieses Ziel zu ehrgeizigen wirtschaftlichen und finanziellen Neuordnungsplänen hinreißen, die ihn schließlich teilweise in Konflikt mit den deutschen Behörden und der Berliner Zentrale der Deutschen Bank brachten.

Die Deutsche Bank wollte die BUB zu einer Handelsbank machen und ihre industriellen Beteiligungen abstoßen.[78] Nach ihrer Ansicht war die BUB ursprünglich nicht als eine Industrieholding angelegt gewesen, sondern war zu ihren erheblichen Aktienbeständen vor allem aufgrund von Notoperationen gekommen, die mit der Weltwirtschaftskrise zu tun gehabt hatten. Die Prager Bankiers gewannen den Eindruck, die Deutsche Bank strebe nach einem stärkeren direkten Einfluß auf die Vorgänge in Tschechien. Kavan behauptete in seiner nach dem Krieg niedergeschriebenen Darstellung, die Deutsche Bank habe das «Führerprinzip» eingeführt und alle Entscheidungen in Berlin zentralisiert, so daß die BUB «nur dem Namen nach ein selbständiges Institut, aber in Wirklichkeit eine Filialgruppe der Deutschen Bank war».[79]

1939 befand sich die BUB in einer miserablen Verfassung. Die Weltwirtschaftskrise hatte sie wirtschaftlich ausgezehrt. Sie war in chronischen Liquiditätsnöten. Ihre Leitungsebene war zu großen Teilen mit deutsch-jüdischem Personal besetzt gewesen, dessen erzwungener Abgang die Firma praktisch führungslos machte. Zugleich drohten ihr weitere antisemitisch motivierte Säuberungen, denn auf den nachgeordneten Ebenen beschäftigte sie auch noch im November 1939 zahlreiche Juden.[80] Auch unter den Kunden, die bei der BUB Guthaben unterhielten, waren zahlreiche Juden, und viele ihrer Beteiligungen und längerfristig verliehenen Gelder steckten in tschechisch-jüdischen Unternehmen. Ein Vertreter der Bank schilderte die Lage im August 1939 in einem freimütigen Schreiben an ein Aufsichtsratsmitglied der Deutschen Bank:

«Neben der Abtrennung des sudetendeutschen Geschäftes war naturgemäß auch die Bildung des Protektorates Böhmen-Mähren für die restliche BUB ein schwerer Schlag, da ihr Fortbestand als deutsch-jüdische Bank unmöglich wurde. Abgesehen von den allgemeinen Schwierigkeiten der Wirtschaftsumstellung im Protektorat wurde die BUB besonders dadurch getroffen, daß sie fast ausschließlich unter jüdischer Leitung stand und daß auch zu ihrem Kundenkreis in großem Umfange noch heute jüdische Firmen zählen, deren Zukunft fragwürdig ist.»[81]

Dazu kam auch noch ein Verlust von 2 461 000 CKr durch «Spekulationen auf Risiko der Bank».[82] Sie hielt sich durch massive Kreditentnahmen aus der eigenen Pensionskasse über Wasser (20,5 Mio. CKr, die 1942 zurückgezahlt wurden).[83]

Nach Kriegsausbruch offenbarte sich eine weitere Schwäche: Einige der von der Bank verwalteten Kundendepots befanden sich im Ausland, wo sie anfällig für rechtliche Maßnahmen Dritter waren. So berichtete Pohle im November 1940 über «die erfolgte Beschlagnahme von in New York erliegenden Kundendepots auf Grund von nach USA emigrierten Juden eingebrachten Klagen auf Freigabe ihres Effektenbesitzes und über die nur teilweise zur Durchführung gebrachte Umlegung der Depots bei holländischen Bankhäusern auf Schweizer Banken; er verweist auf die Möglichkeit, daß die Bank von Kunden unter Umständen für einen Schaden haftbar gemacht werden könnte.»[84]

Nach dem Kapitalschnitt im Verhältnis 1:10, der bei der Neuordnung der BUB vorgenommen worden war, verfügte die Bank noch über ein Grundkapital von 15 (statt vorher 150) Mio. CKr. Durch Ausgabe von 212 500 neuen Aktien zum Nominalkurs von 400 CKr sollte es auf 100 Mio. CKr erhöht werden. Dies bedurfte der Genehmigung durch das Reichsfinanzministerium; diese wurde im Januar 1940 beantragt und am 18. Januar erteilt.[85] Die Deutsche Bank hatte unmittelbar nach dem Kapitalschnitt den Aktionären ein Kaufangebot zu 25 Prozent des Nominalwerts unterbreitet – jüdischen Aktionären wurde diese Option jedoch ausdrücklich vorenthalten. Von den jungen Aktien sollten Papiere mit einem Gesamtwert von 60 Mio. CKr an tschechische Anleger ausgegeben werden, während die Deutsche Bank 25 Mio. CKr übernahm. Mit Hilfe der Privatbank Delbrück Schickler & Co. gelangte die Deutsche Bank am Ende in den Besitz von BUB-Aktien im Wert von 76 740 000 CKr, also einer Dreiviertelmehrheit.[86] (Im Rahmen einer weiteren Kapitalerhöhung um 50 Mio. CKr im Jahr 1942 übernahm die Wiener Creditanstalt eine Minderheitsbeteiligung. Danach war das BUB-Kapital 1943 wie folgt verteilt: Deutsche Bank 58 Prozent, Creditanstalt 33 Prozent, British Overseas Bank und Société Générale zwei Prozent, «andere Banken» zusammen sieben Prozent.)[87]

Die Deutsche Bank erhielt die Erlaubnis, Aktien aus jüdischem Besitz zu der wesentlich schlechteren Quote von elf Prozent des Nominalwerts aufzukaufen.[88]

Die Leitung der BUB übernahmen Männer, die von der Deutschen Bank kamen. Der maßgebliche Mann war Walter Pohle aus der Berliner Zentrale, ein zupackender junger Mann von 31 Jahren, der nach einem kurzen Zwischenspiel im Reichswirtschaftsministerium als Volontär in die Dienste der Deutschen Bank getreten war. Die Bank hatte anfänglich darauf spekuliert, daß es ihr zum Vorteil gereichen könnte, jemanden in ihren Reihen zu haben, der über gute Kontakte zu der für die Aufsicht über das Bank- und Börsenwesen zuständigen Abteilung im RWM verfügte. Pohle legte dann auch eine rasante Karriere hin und stieg innerhalb weniger Jahre vom Volontär mit einer Jahresvergütung von 300 RM zum Prokuristen (ab 1937) auf. 1938 wurde er zum Stellvertretenden Direktor befördert, bei 15 000 RM Jahresgehalt. Zu dieser Beförderung kam es trotz einer seltsamen Episode im Januar 1937, als Pohle von der Gestapo verhaftet und zwei Tage lang festgehalten wurde. Die Gestapo teilte der Rechtsabteilung der Deutschen Bank schließlich mit, Pohle sei «ohne sein Wissen in eine dumme Geschichte hereingekommen»; damit war «die Angelegenheit ... vorläufig für P. erledigt».[89]

Mit Abs hatte Pohle bereits bei der versuchten «Arisierung» von Adler & Oppenheimer zusammengearbeitet. Pohle bat die Deutsche Bank, ihm die Option einer Rückkehr ins Stammunternehmen nach Ende seines Prager Abenteuers offenzuhalten. Der andere frühere Deutschbanker im Vorstand, Max Ludwig Rohde, war älter und kam aus der Filiale Saarbrücken.[90]

Die Übernahme der BUB und die Rekrutierung einer neuen Führungsgruppe[91] kostete die Deutsche Bank eine Menge Geld. Da die Bank die Operation auf Drängen der deutschen Regierung durchgeführt hatte, forderte sie jetzt die Unterstützung der öffentlichen Hand ein. Ursprünglich strebte sie an, eine ähnliche Sperrmarkprozedur, wie sie für die Übernahme der DAIB ausgetüftelt worden war, zur Anwendung zu bringen.[92]

Im Dezember 1939 sprach sich das Reichswirtschaftsministerium dafür aus, Vergünstigungen zu gewähren, mit der Begründung, die BUB sei «von jeher ein deutsches Institut gewesen. Ihr Zusammenbruch würde daher für das Deutschtum einen politischen Rückschlag bedeuten.»[93] In der Folge erklärte sich der deutsche Fiskus bereit, sich mit 55 Prozent an allen eventuellen Verlusten zu beteiligen, die der Deutschen Bank aus dem Ausfall sudetendeutscher Gläubiger der BUB entstehen mochten. Das Reich sagte zu diesem Zweck eine Ausfallbürgschaft bis zu maximal 16,9 Mio. RM zu. Man einigte sich darauf, die im Rahmen dieser Bürgschaft anfallenden Zahlungen mit allfälligen Gewinnen zu verrechnen, die der Deutschen Bank durch eine Neubewertung der tschechischen Beteiligungen der BUB zufallen mochten.

Aus der Perspektive der Deutschen Bank hatte dieses ganze Geschäft nur wenige attraktive Seiten. Im November 1939 erklärte die Bank der deutschen Regierung, sie hätte die Finger von dieser Sache gelassen, «falls wir in unseren Entscheidungen vollkommen frei gewesen wären».[94] Intern wurde die Übernahme der BUB mit zwei Argumenten begründet: zum einen damit, daß die Initiative nicht von der Bank ausgegangen sei, sondern vom Reichswirtschaftsministerium; zum zweiten mit der Überlegung, daß von der territorialen Ausdehnung Deutschlands einseitig die mit besseren politischen Verbindungen ausgestattete Dresdner Bank profitieren würde, wenn die Deutsche Bank nicht reagiert hätte.[95]

Als sich die Rentabilität der BUB Anfang 1941 dramatisch verbesserte, versuchte die Deutsche Bank, die Reichsbürgschaft für Verluste aus nicht eintreibbaren Forderungen streichen zu lassen. Zur Begründung erklärte sie, es liege «der Deutschen Bank nicht, in ihrem Konzern eine Reichsgarantie für ihre Engagements zu haben, und noch weniger, auf Grund einer solchen Garantie Zahlungen, die als Subventionen angesehen werden könnten, zu erhalten. Auch das Standing der BUB leidet darunter, wenn sie als irgendwie reichsverbürgt gilt.»[96] Die Deutsche Bank schlug jetzt vor, die Verlustrisiken aus dem BUB-Engagement selbst zu tragen, unter der Voraussetzung, daß «ihr daraus keine steuerlichen Nachteile erwachsen, d.h. wenn sie den ihr nunmehr allein, nicht nur zu 45 Prozent, entstehenden Verlust in ihrer Gewinn- und Verlustabrechnung ebenso wie jeden anderen Debitoren-Verlust steuerfrei abschreiben kann und ihr nicht etwa der Verzicht auf das ihr gegenüber der BUB zustehende Recht auf Abführung der Reserven als steuerpflichtige Einnahme angerechnet wird».[97]

Die Reichsbürgschaft wurde schließlich gelöscht, wenn auch erst im Februar 1942 (mit rückdatierter Wirkung ab Ende 1941). Im gleichen Zug erwarb die Deutsche Bank vom Reich «Besserungsscheine» der Firmen Leibig & Co. in Reichenberg und J. Ginzkey in Maffersdorf.[98]

Aus dem Umfang der Verluste lassen sich Rückschlüsse auf die Verfassung der BUB ziehen. Die ursprünglich vom Reich gewährten Subventionen enthielten eine Summe von 40 Mio. CKr (4 Mio. RM) zur Abdeckung uneinbringlicher Ansprüche gegen «Nichtarier». Im November 1939 schätzte die Deutsche Bank ihre wahrscheinlich anfallenden Verluste auf 20,6 Mio. RM; 4,2 Mio. RM wurden durch die Übertragung von Kontoguthaben von der Agrarbank zur Deutschen Bank ausgeglichen. Im April 1941 gelangte ein Devisenprüfungsbericht zu dem Schluß, die Verluste aus Debitorenkonten würden sich auf 141 138 000 CKr summieren.[99] Am Ende hielten sich die Verluste in weitaus engeren Grenzen – 5,9 Mio. RM, von denen 3,23 Mio. RM durch die Reichsbürgschaft abgedeckt waren.[100] Das lag daran, daß es 1941 zu einer drastischen Wende in den geschäftlichen Geschicken der BUB, dem Umfang ihrer Geschäftstätigkeit und ihren Erträgen kam. Die Bilanzsumme der Bank erhöhte sich von 5426,1 Mio. CKr Ende 1942 auf 7074,5 Mio. CKr Ende 1943.[101]

Im November 1941 fertigte die Prager Tochter der Deutschen Revisions- und Treuhand AG im Auftrag des Reichswirtschaftsministeriums einen umfassenden Prüfbericht über die BUB an; darin wurden einige der früheren Bewertungen der BUB durch optimistischere Annahmen ersetzt.

Woher kam die neue Rentabilität, die die Deutsche Bank in die Lage versetzte, auf die Reichsbürgschaft zu verzichten? Rohde sprach Anfang 1943 in vorsichtigen Worten von einer «guten Entwicklung des Geschäfts im abgelaufenen Jahr».[102] Die wichtigste Ertragsquelle, die die BUB sich erschlossen hatte, war die Beteiligung an einer umfassenden Neuordnung der tschechischen – und noch allgemeiner der gesamten mitteleuropäischen – Wirtschaft.

Die Unsicherheit über das Ausmaß der Verluste der BUB nährte sich zum größten Teil aus den Drohungen von Parteistellen und sudetendeutschen Nationalisten, der BUB im Wege der «Zwangsarisierung» ihre industriellen Beteiligungen wegzunehmen, die sie größtenteils durch die Gewährung von Krediten erworben hatte. So kündigte das Reichsministerium für Ernährung und Landwirtschaft im April 1939 eine treuhänderische Übernahme der Troppauer Zuckerfabrik an, mit der Begründung, die BUB, die eine Anteilsmehrheit an der Firma hielt, sei nach wie vor eine jüdische Bank. «Das Interesse der Landwirte ist so vordringlich, daß etwaige Bankinteressen zurückzutreten haben.» 1940 übernahm die Vierjahresplanbehörde die Zügel bei den Kupferwerken Böhmen, an denen die BUB eine maßgebliche Beteiligung hatte.[103]

Die BUB eröffnete unverzüglich ein Arisierungsbüro, dessen Leitung Ernst Gaertner von der Deutschen Bank Filiale Freiburg übernahm.[104] Dieses Büro leistete wiederholt Maklerdienste, indem es zunächst auf eigene Rechnung jüdische Firmen aufkaufte und sie dann weiterveräußerte.[105] Darüber hinaus finanzierte die BUB regelmäßig Arisierungen durch Gewährung von Krediten.[106] Sie wurde auch auf eigene Rechnung tätig, indem sie Arisierungen nutzte, um sich finanzschwacher Kunden zu entledigen. Unter der Wirtschaftskrise der frühen 1930er Jahre hatte das Textilgewerbe besonders stark gelitten, und so war die BUB in den Besitz von Kontrollmehrheiten an einer Reihe von Textilfirmen gelangt. In solchen Fällen wurde im Zuge von Arisierungen in der Regel ein Teil der gewährten Kredite abgeschrieben, d.h. Verluste realisiert, die eigentlich schon vor Jahren angefallen waren.

Eine «arisierte» Firma, die Bohemia-Keramikwerke in Neu-Rohlau (Nová Role), die sich weitgehend im Besitz der Prager Investment- und Bankfirma Petschek befand und über erhebliche Beteiligungen in Deutschland verfügte, wurde von der BUB 1940 an die SS verkauft. Die Firma hatte seit 1922 keine Dividende bezahlt und verfügte über große, schwer verkäufliche Lagerbestände. Die Deutsche Bank war, wie sie in einer Stellungnahme festhielt, der Meinung, daß «eine Kaufpreisforderung, die sich lediglich auf die Bilanzzahlen aufbauen würde, sich auf einer für Dritte nicht annehmbaren Höhe bewegen» würde.[107] Verkaufsverhandlungen liefen bereits seit August 1939. Wie viele ums Überleben kämpfende tschechische Firmen, hatte auch die Bohemia hohe Bankverbindlichkeiten. Mit ihrem Verkauf ging ein Teilerlaß dieser Schulden von 601195 RM auf wenig mehr als die Hälfte einher. Den Verlust trugen die Deutsche Bank und der deutsche Fiskus gemeinsam.[108] Heftigen Widerspruch gegen diese Modalitäten erhob der einzige Mann im BUB-Vorstand, der der Firmenleitung schon vor 1939 angehört hatte, Krebs. Am Ende trug der Übernahmevertrag die Unterschrift der neuen, von der

Deutschen Bank gekommenen Vorstandsmitglieder; Krebs weilte im Urlaub. Die größte Attraktivität für die SS lag in der Fähigkeit des Unternehmens, hochwertige Porzellankunstwerke im Stile des SS-Kitsch herzustellen. Ein Bericht der SS, der die SS-Wirtschaftsunternehmen auflistet, beschreibt die Firma als «qualitativ die bedeutendste Porzellanfabrik im gesamten tschechoslowakischen Raum, sowohl für Geschirr als auch für figürliches Porzellan, besonders auch die Spezialitäten wie Blauunterglasur (von chinesischem bzw. japanischem nicht zu unterschieden) und sogenannte Eisglasur.» Fünf Prozent der Produktion war auf Himmlers Anordnung dafür gedacht, «jungverheirateten SS-Angehörigen, bombengeschädigten und sonstigen bedürftigen Personen Geschirre zum Geschenk zu machen.» 1942 stellte die Fabrik freie Kapazitäten für die Rüstungsindustrie zur Verfügung.[109] Die SS führte die Firma in Deutschland unter dem Namen Porzellanmanufaktur Allach-München, mit einer z. T. aus dem Konzentrationslager Dachau rekrutierten Belegschaft weiter. Diese Firma war einer der ersten Bausteine für das, was sich bis zum Kriegsende zu einem wirtschaftlichen Großimperium unter Kontrolle der SS auswuchs.[110]

Die tschechische Regierung hatte schon im September 1938, in der Stunde der nationalen Not, Devisenreserven zu mobilisieren versucht; so hatte sie eine teilweise Öffnung aller Bankschließfächer verfügt, um die Bürger davon zu überzeugen, daß sie besser daran taten, ihrer patriotischen Pflicht zur Ablieferung ausländischer Werte Genüge zu tun. Am 25. und 31. März 1939 (nach dem deutschen Einmarsch) ordnete das Finanzministerium die Öffnung und Inventarisierung aller von Juden gemieteten Bankschließfächer an. Tschechische Banknoten sollten auf ein «gebundenes – nichtarisches – Konto» überwiesen werden. Wertsachen und Edelmetalle sollten in den Tresoren belassen, aber versiegelt werden.

Die Zwangsverwaltung jüdischer Konten brachte eine umfangreiche und unerfreuliche Korrespondenz mit der Gestapo mit sich, besonders nach der Neuordnung des Besatzungsregimes und dem Beginn der Judendeportationen im Herbst 1941. Am 27. September 1941 übernahm SS-Obergruppenführer Reinhard Heydrich das Amt des Reichsprotektors in Böhmen und Mähren von Konstantin von Neurath, der aus Gesundheitsgründen beurlaubt wurde. Heydrich sah seine große Aufgabe in der «Eindeutschung» der neu besetzten Gebiete und der schleichenden Entmachtung der tschechischen Regierung unter Emil Hácha. Am 24. November 1941 kam es unter der Regie der deutschen Besatzer zur ersten Deportation tschechischer Juden ins Lager Theresienstadt (Teresin). Theresienstadt nahm innerhalb des von den Nazis errichteten Lagerkosmos eine Ausnahmestellung ein: Es war als Vorzeigelager konzipiert und sollte zum einen die jüdischen Opfer der NS-Verfolgung in relativer Sicherheit wiegen, zum anderen der Weltöffentlichkeit eine humane Behandlung der Internierten vorspiegeln. In Wirklichkeit setzten schon wenig später, am 9. Januar 1942, Deportationen aus Theresienstadt in die Vernichtungslager im besetzten Osten ein.

Deportationen hatten offenkundige finanzielle Implikationen. Den Banken, einschließlich der BUB, wurden vom «Zentralamt für die Regelung der Judenfrage in Böhmen und Mähren» Listen zugestellt, in denen die tschechischen Juden namentlich erfaßt und mit Registriernummern versehen waren. Die Banken erhielten Anweisung, die Konten dieser Personen so lange nicht anzutasten, bis hinter dem betreffenden Namen eine zweite Nummer erschien: die Deportationsnummer. Sobald einem Namen auf einer der Listen zwei Nummern zugeordnet waren, durfte bzw. mußte die Bank das betreffende Konto auflösen und das Guthaben transferieren.[111] Gemäß einer Verordnung vom 12. Oktober 1941 wurden die Kontoguthaben der als deportiert gemeldeten Juden an den Auswanderungsfonds für Böhmen und Mähren überwiesen. Das Hauptkonto des Fonds befand sich bei der Böhmischen Escompte-Bank; die anderen Banken wurden angehalten, abzuführende jüdische Guthaben auf dieses Konto zu überweisen.[112] Auch die BUB führte zwei hochkarätige Konten für den Auswanderungsfonds. Auf ihnen landete ein Teil der Erlöse aus «Arisierungsverkäufen», insbesondere im Bereich kleiner und mittlerer Betriebe.[113]

Wertgegenstände, darunter Juwelen, Kunstgegenstände und Edelmetalle, die von deportierten Juden in Tresorfächern zurückgelassen worden waren, wurden an eine deutsche Handelsgesellschaft, die Hadega, verkauft. Bis Juli 1942 wurden von der BUB jüdische Vermögenswerte von – geschätzt – 364,5 Mio. CKr auf diese Weise «verwaltet».[114]

Die Gestapo wies die Banken an, Guthaben von Juden, «die im Konzentrationslager verstorben sind», zu melden, die betreffenden Konten zu sperren und die Guthaben der Gestapo zur Verfügung zu stellen. Geldmittel, die auf diese Weise der Gestapo zuflossen, wurden zum Teil an andere Einrichtungen der Partei weitergeleitet. So wurde etwa das nachgelassene Kontoguthaben eines tschechischen Juden auf Anweisung der Gestapo dem Verein Lebensborn e. V. in München zur Verfügung gestellt.[115]

Im November 1943 summierten sich die Guthaben auf den Konten der «labilen Kreditoren» der Bank zu einem Betrag von 943 584 000 CKr (rund 94 Mio. RM). Diese Zahl umfaßte auch die Konten des Auswanderungsfonds sowie sogenannte Umsiedlungskonten (d. h. Konten deportierter und «umgesiedelter», also ermordeter Juden), die sich zusammen auf 271 527 000 CKr beliefen, sowie ein Konto mit einem Guthaben von 284 109 000 CKr, das auf den Namen der Jüdischen Selbstverwaltung des Konzentrationslagers Theresienstadt lief.[116] Dazu kamen zwei Festgeldkonten in Höhe von je 312 172 000 CKr zugunsten der jüdischen Selbstverwaltung von Theresienstadt. Somit befanden sich insgesamt mehr als 908 Mio. CKr auf Konten, die für die Opfer von Theresienstadt bestimmt waren. Dies zeigt deutlich, daß die BUB ihr hauptsächliches Geschäft in der Verwertung des Eigentums der Opfer des Nationalsozialismus zugunsten des deutschen Staates sah. Die eigentlichen Eigentümer des auf diesen Konten geparkten Geldes waren natürlich die Opfer des nazistischen Völkermords. Es gab im übrigen einige Bewegung auf und zwischen diesen Konten, und der Kreditausschuß der Deutschen Bank diskutierte über sie. Im November 1944 gab Direktor Ulbrich einen Bericht über die allgemeine Lage der BUB. Er verwies «auf die starken Reduktionen der Einlagen von Geldanstalten und des Auswanderungsfonds, sowie auf die damit zusammenhängende Verminderung des Bilanzumfanges und der Anlagen in Wertpapieren».[117] Eine letzte, zum 28. Februar 1945 vorgelegte Aufstellung über Debitoren und Kreditoren wies Guthaben aus, die allerdings in ihrer Mehrzahl aus Staatspapieren bestanden, und Verbindlichkeiten in einer Höhe von immerhin noch 287 693 000 CKr in kurzfristigen Einlagen und 617 432 000 CKr auf Sperrkonten zugunsten von Theresienstadt.[118]

Es hatte zunächst nicht danach ausgesehen, als liege die Zukunft des besetzten Osteuropa in den Händen der SS; der weitaus bedeutendere Akteur schienen die Reichswerke «Hermann Göring» (RHG), jener gigantische, staatlich gelenkte, aber privat finanzierte Konzern zu sein. Diese begannen ihre Expansion ins östliche Europa zunächst mit groß angelegten «Arisierungen» in Österreich, gefolgt von analogen Transaktionen in Böhmen, wo sie die Braunkohlengruben der Petschek-Gruppe übernahmen.[119]

Als Hausbank der RHG hatte von Anfang an die Dresdner Bank fungiert. Die Deutsche Bank hatte sich oft und recht ausdauernd über ihre relative Benachteiligung in einem wirtschaftlichen Bereich, der für die Zukunft viel versprach, beklagt, im besonderen über die scheinbare Bevorzugung eines Bankhauses durch den staatlichen Konzern.[120] Der

RHG-Manager Paul Pleiger gab Karl Kimmich von der Deutschen Bank in etwas gereiztem Ton zu verstehen, seiner Ansicht nach könnten «die Differenzen zwischen den beiden Banken auf die Dauer doch unmöglich weitergehen».[121] Pleiger hatte Kimmich schon 1937 gebeten, die in der Anlaufphase der neuen Firma anfallenden Investitionsfinanzierungen in die Hand zu nehmen, eine Liste von Firmen zusammenzustellen, die sich als Kooperationspartner für die RHG eignen würden, und einen Finanzplan für das RHG-Konglomerat als ganzes zu erarbeiten. Kimmich arrangierte ein Treffen zwischen Pleiger und den beiden führenden deutschen Stahlindustriellen Flick und Klöckner. In der Folge war die Deutsche Bank jedoch links liegen gelassen worden, und Pleiger hatte die Federführung im Finanzierungskonsortium der RHG Karl Rasche von der Dresdner Bank versprochen.

Die Geschichte wiederholte sich, als nach dem deutschen Einmarsch in Tschechien eine neuerliche Kapitalwelle nach Osten rollte, diesmal nach Böhmen und Mähren; auch jetzt beschwerte sich Kimmich bei Pleiger heftig darüber, daß die großen Transaktionen im Sudetenland und im Protektorat der Deutschen Bank durch die Lappen gegangen waren. Die großen Konzerndeals – etwa die Übernahme der Witkowitz Bergbau- und Eisenhüttengesellschaft (die zu drei Vierteln den Wiener und Londoner Rothschilds gehörte), der Skoda-Werke (an denen französische Unternehmen mit erheblichen Einlagen beteiligt waren) oder der Brünner Waffenwerke AG durch die RHG mit Hilfe des Reichswirtschaftsministeriums – waren zunächst der Dresdner Bank angetragen worden.[122] (Allerdings beglückwünschte sich die BUB 1940 selbst dazu, wenigstens in eine Geschäftsbeziehung zur Fa. Witkowitz eingetreten zu sein, wenn es sich auch nur um ein Einlagekonto auf Guthabenbasis handelte.[123]) Anfang 1940 sicherte sich die BUB einen 20-Prozent-Anteil an den Krediten, die die RHG für die Übernahme der Ersten Brünner Maschinenfabriks-Gesellschaft (in absoluten Zahlen entsprach dieser Anteil einem Kapital von 4575758 CKr.) und der Brünn-Königsfelder Maschinen- und Waggonfabriks AG (1952194 CKr) benötigte.[124]

Eigentumsübertragung durch Kauf war das tragende Element der von den RHG verfolgten Strategie für eine Neuordnung des besetzten Europas, die weit über den Krieg hinaus Bestand haben sollte. Die Übertragung der Verfügungsgewalt durch käuflichen Erwerb würde eine wesentlich dauerhaftere Lösung darstellen als die Alternative einer mit Militärgewalt erzwungenen Unterstellung ausländischer Firmen unter deutsche Treuhänderschaft; andererseits barg sie größere rechtliche Komplikationen in sich, die zu entwirren Jahre dauerte. So erfolgte die endgültige Übernahme der Firma Witkowitz erst 1942, und zwar im Rahmen eines auf zehn Jahre terminierten, verlängerbaren Vertrages.[125]

Im Rückblick erscheinen diese Transaktionen eher schwer verständlich – eine bizarre Mischung aus einer peniblen, auf ein formaljuristisch korrektes Procedere pochenden Prinzipientreue und dem bewußten Ausnützen einer im Hintergrund lauernden Gewaltandrohung von zutiefst unmoralischem bis kriminellem Charakter. Es ist für den forschenden Historiker immer wieder erstaunlich, wieviel Zeit und Akribie darauf verwendet wurden, in den besetzten Gebieten Wertpapierzertifikate zu suchen und zu finden, diese oft in zerfleddertem und beschädigtem Zustand befindlichen Dokumente durch halb Europa zu transportieren, ihren Eigentümerwechsel in diverse Register einzutragen und dafür Einzahlungen auf die entsprechenden Konten zu tätigen. Von der Besetzung Frankreichs 1940 bis weit nach der alliierten Landung in der Normandie pendelten Kuriere der Deutschen Bank beständig mit plombierten Koffern zwischen Paris und Berlin, um sicherzustellen, daß die Herstellung der «Neuen Ordnung» in Europa nach allen Regeln des Rechts vollzogen und dokumentiert wurde. Diese Mixtur aus formaler Korrektheit und Ordentlichkeit (die der Historiker Jonathan Steinberg als «Sekundärtugenden» bezeichnet hat) auf der einen Seite und der völligen Ausblendung der menschlichen und moralischen Dimensionen auf der anderen war charakteristisch für die Art und Weise, wie deutsche Institutionen und Unternehmen in den Jahren der NS-Diktatur ihren Geschäften nachgingen.[126]

Im Frühjahr 1940, als Görings Ansehen innerhalb der Nazihierarchie vorübergehend an Glanz verlor, gewann Kimmich die Überzeugung, daß es zu einer Zerschlagung der gigantischen RHG und in der Folge zu einer neuen Welle von Eigentumsübertragungen kommen werde.[127] Doch solange es die RHG noch gab, hielt die Deutsche Bank es für nötig, eine Beziehung zu ihnen aufzubauen. Im April 1939 verkaufte die Bank den RHG ihre Anteile am Bayerischen Lloyd, um die Integration der Donauschiffahrt in die strategischen und politischen Planungen des Reichs zu erleichtern. Die BUB schien das geeignetste Instrument für die Pflege der Beziehungen zu dem Wirtschaftsmoloch des besetzten Ostens zu sein. Daher drängte die Deutsche Bank die BUB im Sommer 1939, sich um eine führende Rolle bei der Veräußerung der Witkowitzer Eisenwerke und der Brünner Waffenwerke zu bemühen.[128]

In Wirklichkeit standen die Reichswerke 1940 keineswegs vor der Zerschlagung; ganz im Gegenteil, Göring kündigte zu diesem Zeitpunkt eine neue Expansionsphase an. Am 22. Juni wies er Reichswirtschaftsminister Funk an, mit dem «Einbau der in das Reich eingegliederten und der besetzten Gebiete in die großdeutsche Volkswirtschaft» zu beginnen, damit der «Neuaufbau der von Deutschland geführten kontinentalen Wirtschaft» vorangetrieben werden könne. Funk versprach, die «Neue Ordnung» werde den «Beginn einer ungeahnten wirtschaftlichen Blüte» markieren. Im Zuge der anstehenden Neuordnung würden die Eigentumsverhältnisse in der Industrie einer Rationalisierung unterzogen werden.[129] Im September 1940, im Gefolge des deutschen Vormarsches nach Holland, Belgien und Frankreich, wies Göring die deutschen Banken an, mit den besiegten Staaten in Verhandlungen über die Überführung ihrer wichtigsten ausländischen Beteiligungen in deutsche Verfügung zu treten. In dem von den Nazis anvisierten «Neuen Europa» sollten die deutschen Großbanken wieder in ihre alte Rolle als Makler der Wirtschaft schlüpfen, die bei der Umstrukturierung und beim Aufbau wirtschaftlicher Imperien Regie führten. Der Unterschied zu früheren Epochen lag freilich darin, daß die jetzt zu schaffenden Konzerne weitgehend unter staatlicher Kontrolle stehen würden.

Allein in den Niederlanden brachten die RHG bis 1941 «im Zuge *privatwirtschaftlicher* Verhandlungen» [Hervorhebung im Original] Auslandsbeteiligungen im Wert von mehr als 65 Mio. RM an sich.[130] Diese Übernahmen erfolgten in so zügigem Tempo, daß sie zu einem Störfaktor für die vom Staat direkt getätigten Käufe wurden. Im April 1941 ermahnte das Wirtschaftsministerium, das formell die Bankenaufsicht ausübte, die Großbanken, «bei ihren Beratungen dem Publikum unbedingte Zurückhaltung im Erwerb holländischer Aktien und Renten anzuempfehlen».[131] Der Aufkauf von Firmenanteilen in Westeuropa durch Private sollte gebremst werden; der deutsche Staat konzentrierte sich in seinem Programm für die Neuordnung Europas derweil auf die Eindeutschung der osteuropäischen Beteiligungen, die sich im Besitz westeuropäischer Finanziers befanden.

Die BUB, die sich unterdessen mit Erfolg um einigermaßen herzliche Beziehungen zu Repräsentanten der RHG in Osteuropa (wie auch zur SS) bemüht hatte, erwies sich als ideales Werkzeug für die Umsetzung der staatlichen Vorgaben. Sie kaufte westeuropäischen Aktionären deren Anteile an tschechischen und polnischen Unternehmen ab: an der Witkowitz Bergbau- und Eisenhüttengesellschaft, an Janina und Huta Bankowa, von denen letztere wiederum Beteiligungen an der Sosnowitzer

Bergwerks AG, der Sosnowitzer Röhren AG, der Radomsko Metallurgia und der Gewerkschaft Renard hielt.[132] Diese wirtschaftlichen Transaktionen schienen eine logische Konsequenz der Ausweitung der deutschen Militärherrschaft zu sein. Walter Pohle von der BUB schrieb 1940, auf der Höhe des deutschen Kriegsglücks, anläßlich der Übernahme von Berghütte-Aktien vom französischen Schneider-Creusot-Konzern, «wenn man die Aktien von Schneider-Creusot kaufen könne, u. zw. billig, so sei es letzten Endes ein Erfolg der deutschen Waffen».[133]

Alles in allem organisierte Pohle den Kauf von 110 545 Berghütte-Aktien in Frankreich zu einem Preis von 137,10 RM je Aktie. Er veranlaßte weiterhin den Kauf von weiteren 19 170 Aktien aus dem «Besitz jüdischer, im Protektorat ansässiger Aktionäre, den wir auf Veranlassung des Reichswirtschaftsministeriums und des Reichsprotektors aufkaufen sollen». Die BUB kassierte bei dieser Transaktion eine Kommission von zwei Prozent.[134] Pohle wies in seinen Berichten über solche Geschäfte mit französischen Investoren immer wieder darauf hin, sie würden «im Einvernehmen mit dem Reichswirtschaftsministerium» getätigt – und zudem ohne Risiko für das eigene Institut, da «die Bank von der HTO [Haupttreuhandstelle Ost] in jeder Hinsicht schadlos gehalten wird und [...] die vorgelegten Gelder volle Deckung genießen».[135] Als Pohle den Ankauf von Anteilen an der Huta Bankowa und der Französisch-Italienischen AG der Dombrowaer Kohlengruben für 333 Millionen Francs (16 759 309,31 RM) meldete, betonte er, es handle sich dabei «um kein Eigengeschäft, sondern um einen Vertrauensauftrag für das Reich».[136] Solche Transaktionen wurden primär auf das Konto der Reichswerke «Hermann Göring» durchgeführt, doch wickelte die BUB ähnliche Verkäufe auch im Auftrag anderer deutscher Privatunternehmen ab. So sprach Pohle einmal vom «Ankauf der Aktien der Metallwalzwerke, für welche sich die Mannesmann-Werke interessieren».[137]

Bezahlt wurden die im besetzten Westeuropa getätigten Käufe von Beteiligungen an mittel- und osteuropäischen Unternehmen durch die Regierung oder Einrichtungen des öffentlichen Sektors gelegentlich im Wege des Verrechnungsverkehrs, d. h. sie wurden als Reparationsleistungen verbucht, in anderen Fällen mit den Erlösen aus dem Verkauf französischer und belgischer Inlandswertpapiere, die den deutschen Besatzern in die Hände gefallen waren. Darunter befanden sich in erheblichem Umfang auch Wertpapiere aus dem Besitz von Juden aus besetzten westeuropäischen Ländern, vor allem aus Holland, wo das ehemals jüdische Bankhaus Lippmann Rosenthal als Sammelstelle für die Effekten diente, deren

Ablieferung der deutsche Reichskommissar für die besetzten niederländischen Gebiete in seinem Erlaß Nr. 141 im Frühjahr 1941 angeordnet hatte.

Die ganze Operation wurde unter strengster Geheimhaltung durchgeführt und lief, wie auch die anderen Transaktionen dieser Art, durch die Bücher der BUB, nicht die der Deutschen Bank.[138] (Obwohl die Deutsche Bank an diesen Vorgängen nicht unmittelbar beteiligt war, waren ihre leitenden Männer über die Transaktionen orientiert. In einer Aktennotiz von 1943 hieß es, die «Abmachungen mit der BUB [seien] nur möglich gewesen [...] dadurch, daß die Deutsche Bank für *allgemeine* [Hervorhebung im Original] Zwecke einen wesentlichen Beitrag durch Zurverfügungstellung von Wertpapieren geleistet habe, ohne sich allerdings mit dem Prager Geschäft identifizieren zu wollen».[139]) Die Transaktionen gingen bis 1944 weiter. Im März 1944 ließ Pohle den Kreditausschuß der BUB wissen, «daß alle französischen Engagements zur Abwicklung gelangt seien, allerdings ständen die einzelnen Abbuchungen noch aus. Nach einer in Aussicht genommenen Reise nach Paris würden die Konten geschlossen werden können.»[140]

Es war nicht so sehr die Deutsche Bank als die BUB, die enge Beziehungen zu den RHG pflegte. Der Direktor der BUB, Walter Pohle, war in der Zeit seiner größten Macht Vorsitzender des Aufsichtsrats der Berghütte und leitete die wichtigsten Unternehmen des Berghütte-Komplexes: die Berg- und Hüttenwerksgesellschaft Karwin-Trzynietz, die Berg- und Hüttenwerksgesellschaft Teschen (Tecin) und die Berg- und Hüttenwerksgesellschaft Wegierska Gorka. Ferner gehörte er den Verwaltungsgremien der Böhmisch-Mährischen Stickstoffwerke (einem Sprengmittelhersteller), der Coburg-Werke und der Bandeisen- und Blechwalzwerke AG Karlshütte in Friedeck bei Mährisch-Ostrau (Moravska Ostrava) an.[141] Hier wie anderswo, wurde die Politik manchmal zum Feind der Betriebsführung und die BUB war regelmäßig politischen Interventionen ausgesetzt.

Der erste, der sich Anfeindungen durch Partei und Gestapo ausgesetzt sah, war Josef Krebs; man beschuldigte ihn der politischen Unzuverlässigkeit, der Mitgliedschaft in einer Freimaurerloge und der Kontakte zu Juden. Schon im Juli 1940 sah die BUB sich gezwungen, ihrem Direktor in einem Schreiben an die Prager Zentrale des Sicherheitsdienstes (SD) den Rücken zu stärken. «Sein vielfacher Umgang mit Juden», erläuterte die Bank, «dürfe zwangsläufig damit zusammenhängen, dass er einen gehobenen Posten in einer fast ausschließlich jüdisch geleiteten Bank mit stark jüdischer Kundschaft inne hatte. Wir selbst haben Herrn Krebs als einen Mann kennen gelernt, an dessen deutscher Gesinnung wir keinen Zweifel haben.» Im weiteren Verlauf des Schreibens wurde Krebs als ein für die weitere Geschäftstätigkeit der Bank unentbehrlicher Mann bezeichnet.[142]

1941 wurde ihm die Ausstellung eines Visums für Auslandsreisen verweigert; damit wurden ihm viele der geschäftlichen Aktivitäten, die er bis dahin wahrgenommen hatte, unmöglich gemacht, mit der Folge, daß die Bank seinen Aufgabenbereich neu definierte und er in der Folge nur noch für Vorgänge, die das Protektorat betrafen, zuständig war.[143]

Die Vorstandsmitglieder in der Berliner Zentrale bemühten sich kontinuierlich, Krebs gegen die politischen und polizeilichen Anwürfe zu verteidigen. Oswald Rösler besprach sich mit seinem für Personalfragen zuständigen Vorstandskollegen, dem Parteimitglied Karl Ritter von Halt, und gab zugleich Krebs den dringenden Rat, es nicht auf einen Konflikt mit der Gestapo ankommen zu lassen, sondern sich lieber mit einem beschnittenen Tätigkeitsfeld abzufinden.[144] Röslers Vorahnung trog nicht: Die Vorwürfe gegen Krebs waren lediglich das Vorspiel für eine Attacke auf den gesamten Vorstand der BUB, namentlich auf Walter Pohle.

Im Rahmen des Umbaus der deutschen Wirtschaft im Sinne der Erfordernisse des totalen Krieges wurde Pohle 1942 von Generalmajor Hermann von Hanneken, Direktor der Hauptabteilung II des Reichswirtschaftsministeriums (Bergbau, Eisenwirtschaft und Energiewirtschaft), aus seinen einflußreichen Positionen verdrängt. Pohle hatte unter anderem den Fehler begangen, sich wegen der ihm angetragenen Übernahme der I.G. Kattowitz und Berghütte (die er in eine neue Göringsche Monopolgesellschaft einbringen wollte, in der metallverarbeitende Betriebe aus der früheren Sowjetunion und Polen zusammengefaßt werden sollten) mit dem Reichswirtschaftsministerium ins Benehmen zu setzen.[145] Das Reichswirtschaftsministerium hatte jedoch strikt gegen eine indirekte Beherrschung der RHG-Anteile durch die Berghütte Stellung bezogen. «Das Reichswirtschaftsministerium wünscht [...], daß die Berghütte auch kapitalmäßig im Reich verankert wird, so daß der Protektoratseinfluß sich entsprechend vermindert.»[146] Diesen einen falschen Schritt, nämlich den Versuch, die industriellen Beteiligungen der BUB auf Kosten der Reichswerke zu erweitern, bezahlte Pohle mit dem Verlust seiner Ämter im Industriekomplex Berghütte.

Das Reichswirtschaftsministerium fädelte die Entmachtung Pohles ein, indem es sich an Rösler wandte und ihm zu verstehen gab, die Deutsche Bank könne sich «ein Verdienst erwerben [...], wenn sie Herrn Pohle zur *Niederlegung seiner Mandate* veranlasse». Deutlicher äußerte sich Kehrl von der Vierjahresplanbehörde; er warf Pohle vor, dieser habe «geglaubt, die Frage Berghütte nach eigenem Ermessen behandeln zu können, und sich fortlaufend in einen Gegensatz zum Reichswirtschaftsministerium gestellt, indem er ohne Wissen des RWM mit politischen Stellen in Prag oder in Oberschlesien Verhandlungen geführt oder sich in Gespräche eingelassen habe, aus denen dem RWM dauernd Schwierigkeiten entstanden seien. Das RWM habe sich daher mehr und mehr davon überzeugen müssen, daß das Verhalten von Herrn Pohle unseriös und unaufrichtig gewesen sei.» Rösler führte daraufhin ein Gespräch mit Pohle und überredete ihn, seine Aufsichtsratsposten zu räumen. Er drängte ihn ferner (in einem Brief, der es an Eindringlichkeit nicht fehlen ließ), sich bei Kehrl zu entschuldigen.

Pohle wurde im Aufsichtsrat der Berghütte durch Hans Adolf von Moltke ersetzt, einen Mann von hochgradiger Reputation und Integrität, der aus dem Auswärtigen Amt wegzukommen versuchte, aber nach weniger als einem Jahr an den Folgen einer verpatzten Blinddarmoperation starb.[147] Auf Moltke folgte ein Mann, dessen Sympathie in starkem Maß der Deutschen Bank gehörte: Karl Blessing, Direktor bei der strategisch bedeutsamen Firma Kontinentale Oel, gegründet 1941 als Vorzeigemodell für eine künftige «privatkapitalistische Planwirtschaft», die mithelfen sollte, Deutschland «die Stellung [zu] verschaffen, die [es] als Großmacht braucht und die ihm zukommt».[148] Bis 1939 war Blessing Direktor bei der Reichsbank gewesen; man hatte ihn beurlaubt, nachdem er seine Unterschrift unter das Reichsbank-Memorandum vom 7. Januar 1939 gesetzt hatte, das Kritik an der Politik der Regierung übte.

Gewiß gab es um den Erwerb von Vermögenswerten in Osteuropa einen Wettlauf zwischen privatem Kapital und dem staatlichen Wirtschaftssektor, doch das Komplizierte daran war, daß sowohl die Reichswerke «Hermann Göring» als auch ihre privatwirtschaftlichen Mitbewerber dieselben Produkte herstellten, nämlich Rüstungsgüter, bestimmt für denselben monopolitischen Kunden, nämlich den deutschen Militärmoloch. In den ersten Phasen des Krieges mußten sich private Konzerne mit den Reichswerken Hermann Göring arrangieren, wenn sie industrielle Beteiligungen im Osten erwerben wollten.

1940 sicherte sich die Graf von Ballestremsche Güterdirektion Gleiwitz eine starke Machtposition in Oberschlesien, indem sie mit Hilfe der Deutschen Bank und Delbrück Schickler & Co. Anteile an einstmals deutschen Unternehmen, die sich seit 1918 in polnischem Staatsbesitz befunden hatten, zurückkauften: Kohlengruben der Rudaer Steinkohlegewerkschaft, die Friedenshütte (die im Rahmen des Versailler Vertrags an Polen abgetreten worden war, wobei Ballestrem allerdings eine Minderheitsbeteiligung behalten hatte), sowie Werkzeugmaschinen- und Kesselhersteller in Sosnowitz, Dombrowa und Kattowitz.[149] Als Kaufpreis wurden 12 Mio. RM gezahlt, wovon allerdings nur 4 Mio. sofort überwiesen wurden – der Rest sollte aus zukünftigen Gewinnen bestritten werden. Allerdings konnte der Käufer die Anzahlung aus den Gewinnen finanzieren, die seit dem 30. September 1939 in den oberschlesischen Werken angefallen waren.

Von 1941 an, als Görings politische Rolle ihn zu einer immer umstritteneren Figur machte und sein Einfluß innerhalb des NS-Machtgefüges unwiederbringlich dahinschmolz, bot sich privaten deutschen Kapitalanlegern die Chance, ihre Position weiter zu stärken. Das RHG-Konglomerat begann zu bröckeln. Die Metallurgia Radomsko, die ihre Rohstoffe von der Berghütte Dombrowa bezog (die ihrerseits zur Berg- und Hüttenwerksgesellschaft Teschen gehörte), wurde an die Oberhütte verpachtet, gegen den Widerspruch der Rüstungsinspektion Krakau.[150] Das Ende für die Reichswerke «Hermann Göring» als Industriekonglomerat kam freilich erst später, als Folge militärischer Entwicklungen. Vorderhand mußten sie ihr verschachteltes Holdingsystem schon deshalb beibehalten, weil sie damit den Umfang ihrer eigenen finanziellen Verbindlichkeiten minimieren konnten. Im Herbst 1944 kündigten die Reichswerke jegliche Gewährleistung für die Schulden der mit ihr verflochtenen Firmen, die zu diesem Zeitpunkt von sowjetischen Truppen überrannt wurden.[151]

Die Aktivitäten der BUB in Sachen Aktienerwerb beschränkten sich nicht darauf, westeuropäischen Investoren ihre Anteile an ost- und mitteleuropäischen Firmen abzukaufen. Sie übernahm auch Papiere von jüdischen Aktionären in Ungarn, und in Jugoslawien kaufte sie sich Beteiligungen an der Zagreber Bankverein AG und der Bankverein für Serbien AG zusammen. Ihre Stellung innerhalb des südosteuropäischen Finanznetzes der Deutschen Bank festigte sie zusätzlich durch den Austausch von Aktien und Aufsichtsratsposten mit der Creditanstalt-Bankverein in Wien.[152]

Ein großer Teil der von der BUB getätigten Beteiligungsinvestitionen geschah im Auftrag staatlicher oder mit der SS verbundener Käufer, die für die Durchführung von Eigentumsübertragungen einen scheinbar seriösen Zwischenträger suchten. Die deutsche Kriegswirtschaft war jedoch

Oswald Rösler, Vorstandsmitglied von 1933–1945; Sprecher von 1942–1945

bei aller Dominanz des Staates nicht zur Gänze sozialisiert, und manche privaten Konzerne arbeiteten mit denselben Methoden.

Je mehr sich das Kriegsglück wendete, je wahrscheinlicher die Niederlage Deutschlands und je offenkundiger die tiefe Verstrickung der BUB in den deutschen Wirtschaftsimperialismus in den eroberten Ostländern wurde, desto mehr schien die Böhmische Union-Bank den Berliner Vorständen der Deutschen Bank peinlich zu werden. Die Bank hatte sich von den Wogen der Expansionseuphorie der Jahre 1938/39 forttragen lassen und sah jetzt keinen Rückzugsweg. Im Juli 1943 stellte Oswald Rösler, Vorstandsmitglied der Deutschen Bank und Vorsitzender des Verwaltungsrats der BUB, in einer ausführlichen Analyse der Geschäftspolitik der BUB ein schlechtes Zeugnis aus. Als Gründe für das unternehmerische Fehlverhalten nannte er die «Arisierungen» mit ihren vergiftenden Auswirkungen und die Unmöglichkeit, geeignete Führungskräfte zu finden.[153] Dabei begann die BUB just zu diesem Zeitpunkt Gewinne zu machen.

Die BUB war das eindeutigste und konkreteste Beispiel für die Beteiligung der Deutschen Bank an der brutalen Ausschaltung jüdischer Manager und Mitarbeiter, an dubiosen Aktienverschiebungen und an der Enteignung jüdischen Vermögens. So kann es nicht überraschen, daß die Deutsche Bank nach Kriegsende versuchte, sich von der BUB zu distanzieren. Einer der Manager der BUB, der von der Deutschen Bank nach Prag abgeordnete Wilhelm Hirschmann, der in der Personalabteilung der Bank tätig gewesen war – einem besonders heiklen Bereich –, wurde nicht entnazifiziert, und die Deutsche Bank weigerte sich aufgrund belastender Unterlagen in seiner Personalakte, ihn wieder einzustellen. Hermann J. Abs, der Mitglied des Verwaltungsrats der BUB gewesen war und zumindest eine gewisse Mitverantwortung trug, berichtete seinen amerikanischen Vernehmern von den Aktienkäufen der BUB und fügte zu seiner eigenen Exkulpation hinzu: «Die Herren Rösler und Kaiser nahmen an allen Sitzungen in Prag teil, während ich nur einmal jährlich zugegen war. Ich bin daher nicht besonders gut mit den Details der Union-Bank vertraut.»[154]

5. *Slowakei: Die Preßburger Union-Bank*

Anfang 1939 hatte die Deutsche Bank beim Reichswirtschaftsministerium um die Genehmigung angesucht, sich sogar noch vor der endgültigen Teilung der Tschechoslowakei eine Tochterfirma in Preßburg zuzulegen. Sie hatte sich die Escompte- und Volkswirtschaftliche Bank ausgesucht, während die Dresdner Bank in einer parallelen Übernahme die Allgemeine Handels- und Creditbank kaufen wollte. Der Erwerb von 90 Prozent der Escompte Bank-Aktien sollte eine gemeinsame Unternehmung von Deutscher Bank und Creditanstalt sein.[155] Die slowakischen Behörden verabscheuten und fürchteten eine Bevormundung von tschechischer Seite. Ministerpräsident Vojtech Tuka beschwerte sich auch noch mitten im Krieg über «ständige Agitationen» durch die Mitarbeiter der ehemals tschechischen Banken in seinem Land. Im Dezember 1939 beschloß die slowakische Regierung denn auch, die Preßburger Filiale der BUB in ein «Institut deutschen Charakters» umzuwandeln.[156]

So kam es, daß die Preßburger Filiale der BUB im Oktober 1940 unter dem Namen Union-Bank Preßburg eine eigenständige Existenz begann; in der Folge baute sie durch Übernahme weiterer Zweigstellen ein eigenes Filialnetz auf. Die Zweigstelle Sillein (Žilina) zum Beispiel erwarb sie von der Böhmisch-Mährischen Bank oder Legio-Bank. Die Union-Bank Preßburg (UBP) hatte ein Kapital von 60 Mio. Kronen, bestehend aus

50 Mio. Grundkapital und 10 Mio. Kapitalreserve.[157] Auf der ersten Aktionärsversammlung hielt der Vorsitzende des Verwaltungsrates, Ludwig Fritscher von der Creditanstalt Wien, eine Rede, in der er den deutschen Charakter der Bank hervorhob:

«Die Union-Bank arbeitet mit deutschem Eigenkapital. Sie arbeitet hier in der Slowakei, wo ihr Fremdmittel in Form von Einlagen jeder Art zufließen werden. Diese Tatsachen verpflichten sie dem Reich und der Slowakei gegenüber, aber es sind nicht zwei Verpflichtungen, die sich etwa widersprächen, sondern beide fließen in der einen zusammen: den slowakisch-deutschen Wirtschaftsbeziehungen, die den beiden so eng miteinander befreundeten Völkern in gleicher Weise zum Segen gereichen sollen, zu dienen. Die neue Bank wird nicht als eine vom individualistisch-kapitalistischen Typus gegründet, sie kommt nicht in die Slowakei, um hier zu exploitieren, sondern um die notwendige Vermittlerrolle im slowakisch-deutschen Wirtschaftsverkehr zu übernehmen.»[158]

Die Geschäftstätigkeit der Union-Bank Preßburg ähnelte der der Prager BUB; zu ihren einträglichsten Transaktionen gehörte der Verkauf slowakischer Firmen an deutsche Industrielle. Philipp Reemtsma erwarb die Vereinigte Holz und Industrie AG, Preßburg, und setzte die UBP als Treuhänderin ein. Der Bergbaukonzern Coburg wurde in die Berg- und Hüttenwerke (Berghütte) und damit in das Imperium der Reichswerke «Hermann Göring» eingegliedert. Die Antinom Berg- und Hüttenwerke AG in Neusohl (Banska Bistrica) wurde ebenfalls der Berghütte zugeschlagen.

Wie der BUB in Prag – und aus analogen Gründen – erschienen auch der UBP in Preßburg jüdische Kredite als die unsichersten. Der Verwaltungsrat der Bank, in dem außer dem Österreicher Fritscher (Creditanstalt-Bankverein) die deutschen Bankiers Hermann Kaiser, Max Ludwig Rohde (beide Deutsche Bank) und August Rohdewald (Creditanstalt-Bankverein) saßen, beschäftigte sich auch mit Debitorenkonten, bei denen als Sicherheit für gewährte Kredite Außenstände bei jüdischen Unternehmen verpfändet waren – so bei der Firma M. Rippers Söhne in Sillein (Žilina).[159] Doch das Gesamtvolumen gefährdeter Kredite war bei der UBP um ein Vielfaches kleiner als bei der BUB, und so kam es bei ihr auch nicht zu einem Ertragseinbruch und in der Folge zu einer aus «Arisierungsgewinnen» gespeisten Erholung. Dazu kam, daß in Tisos Marionettenstaat mit Guthaben in jüdischem Besitz anders umgegangen wurde. Die allermeisten von ihnen wurden in das staatlich kontrollierte Postsparbanksystem eingespeist; damit war sichergestellt, daß nicht private

Banken oder gar die Gestapo, sondern der slowakische Staat die finanziellen Früchte der Judenverfolgung ernten konnte.[160]

6. Die Deutsche Bank und die Creditanstalt in Polen

Mit Ausnahme von Ostoberschlesien, das einen Teil des Gebietes darstellte, das ins Deutsche Reich eingegliedert wurde, spielte die polnische Industrie in der deutschen Kriegsplanung eine deutlich weniger wichtige Rolle als die tschechische. Die Militärmaschinerie war folglich weniger auf Banken angewiesen als im tschechischen Fall.

Eine Präsenz deutscher Banken in Polen hatte es schon in der Zwischenkriegszeit gegeben. Sowohl die Deutsche als auch die Dresdner Bank hatten nach Maßgabe des Genfer Abkommens vom 15. Mai 1922 Filialen im polnisch-oberschlesischen Kattowitz unterhalten.[161] Die Dresdner Bank hatte nach Auslaufen des Abkommens am 14. Juli 1937 ihre Filiale geschlossen, und der Deutschen Bank wurde von den deutschen Behörden geraten, es ihr nachzutun. Reichsbankpräsident Schacht erklärte: «Die deutschen Banken, die heute noch Filialen in Kattowitz unterhielten, [täten] gut daran [...], einen Verkauf der Institute in Erwägung zu ziehen.» Mosler von der Deutschen Bank schlug vor, mit dem Verkauf der Filiale Kattowitz polnische Zahlungsansprüche gegen Deutschland, die aus dem Transitverkehr durch den «polnischen Korridor» resultierten, teilweise abzulösen. Die polnische Regierung wünschte jedoch ein Verbleiben der deutschen Banken, die eine wichtige Rolle für die Finanzierung der schlesischen Schwerindustrie spielten. Die Deutsche Bank entschied sich daher, ihre Kattowitzer Filiale – das größte Bankinstitut der Stadt – weiterzubetreiben.[162]

1936 machte ein Beamter des Reichwirtschaftsministeriums die Deutsche Bank «auf die Notwendigkeit aufmerksam, daß sich die DD-Bank mehr als bisher für die wirtschaftlichen Beziehungen zu Polen interessiere, wie dies im Zusammenhang mit den neuen Wirtschaftsabkommen seitens der Dresdner Bank schon geschehen ist».[163]

Unmittelbar nach dem deutschen Überfall auf Polen am 1. September 1939, als die westlichen Landesteile Polens unter deutsche Besatzung gerieten, erging man sich bei der Deutschen Bank in enthusiastischen Visionen, was die durch die militärischen Eroberungen geschaffenen wirtschaftlichen Chancen betraf. In einem Schreiben der Bank an die deutschen Aufsichtsorgane hieß es: «So kann ja wohl davon ausgegangen

Filiale Kattowitz (1933)

werden, daß die polnischen Bankinstitute liquidieren müssen, zumal sich – schon im Hinblick auf die vielen jüdischen und polnischen Debitoren – bei den meisten ein Konkurs- oder mindestens ein Vergleichsverfahren nicht wird vermeiden lassen.»[164] Die Filiale Kattowitz der Deutschen Bank beschäftigte zu diesem Zeitpunkt 90 Mitarbeiter, von denen mindestens 80 Reichsdeutsche oder Volksdeutsche waren. Schon vor der Flucht der polnischen Regierung ins Exil (17. September) und der Kapitulation Warschaus (27. September) leitete die Deutsche Bank die Eröffnung neuer Zweigstellen ein; so war sie schon ab dem 11. September in Bielitz (Bielsko-Biała) und Teschen (Tečin), und ab dem 14. September in Oderberg (Bohumin) mit Außenstellen vertreten.

Was taten diese neu eröffneten Zweigstellen? Warum war es für die Bank so wichtig, sie so schnell, noch vor Ende der Kampfhandlungen, zu eröffnen? Das Hauptinteresse der deutschen Seite richtete sich auf die Erfassung von Vermögenswerten – Gold, Silber, Wertpapiere, Devisen, polnisches und tschechisches Geld –, bei denen die Gefahr bestand, daß sie aus den deutsch besetzten Gebieten fortgeschafft würden. Daher tauchten schon am 7. September 1939 Beamte des Devisenfahndungsamtes in den größeren Städten des oberschlesischen Industriereviers auf. Wie sie später in einem Tätigkeitsbericht schrieben: «Die hier getroffenen Feststellungen ergaben, daß die Banken fast ausnahmslos geschlossen und die Inhaber bzw. Leiter unter Mitnahme der Geschäftsbücher und sämtlicher beweglicher Werte in das Innere Polens geflüchtet waren. Die gleichen Feststellungen wurden hinsichtlich der in diesen Städten ansässig gewesenen vermögenden Juden gemacht.»

Einen Tag danach, am 8. September, notierte Regierungsoberinspektor Fischer vom Devisenfahndungsamt: «Der Vertreter der Reichsbank beim C. d. Z. [Chef der Zivilverwaltung], Reichsbankrat Behrbohm, hat heute die Deutsche Bank Berlin mit dem Ankauf der genannten Werte im Olsagebiet betraut. Die Deutsche Bank wird in den bedeutendsten Städten des Gebietes sofort Ankaufstellen errichten, so daß dann die Anordnung in Anwendung kommen kann.» Er registrierte aber auch, daß die Deutschen womöglich zu spät gekommen waren: «Nach den bisherigen Feststellungen sollen die im Olsagebiet ansässig gewesenen vermögenden Juden mit ihren Werten nach Krakau geflüchtet sein. Durch die schnelle Besetzung Krakaus ist es ihnen wahrscheinlich nicht mehr möglich geworden, ihre Vermögenswerte weiter in das Innere Polens zu verlagern.»

Behrbohm drängte daher auf die Einrichtung einer Devisenbank auch in Krakau. In einem wenig später angefertigten eingehenden Bericht des

Devisenfahndungsamtes hieß es: «Nachdem auf Veranlassung des Herrn Reichsbankrats Behrbohm die Deutsche Bank Niederlassungen in Teschen, Oderberg und Bielitz errichtet hatte und zum Ankauf der ablieferungspflichtigen Werte ermächtigt worden war, wurde die Anordnung im Olsagebiet am 9.9.1939 in Kraft gesetzt.» Sogleich wurden auch Pläne für eine weitere Expansion der Bank gen Osten geschmiedet: «Es ist beabsichtigt, in diesen Städten [Tarnów, Rzeszów] Niederlassungen der Deutschen Bank zu errichten, die dann den Wertankauf übernehmen.»[165] Diese Pläne wurden jedoch nie verwirklicht.

Die eroberten Gebiete wurden nach Maßgabe eines Hitlererlasses vom 8. Oktober aufgeteilt. Vier Territorien wurden als «besetzte Ostgebiete» in das Deutsche Reich eingegliedert: der Regierungsbezirk Zichenau im Norden (einschließlich des polnischen Bezirks Suwałki), der Reichsgau Danzig mit Westpreußen, das oberschlesische Industrierevier (das einfach dem deutschen Teil Schlesiens zugeschlagen wurde) und der Reichsgau Posen (später in Reichsgau Wartheland umbenannt), zu dem auch die Industriestadt Łódź gehörte. Alle übrigen Teile des besetzten polnischen Territoriums wurden zum «Generalgouvernement» zusammengefaßt und einem militärischen Besatzungsregime unterstellt.

Mehrere deutsche Banken gingen im Wettlauf gegeneinander daran, sich in den neu eroberten Gebieten einzurichten. Die deutschen Banken beschwerten sich wechselseitig über die «aggressiven» Geschäftsmethoden der Konkurrenten; das Reichswirtschaftsministerium wiederum setzte sich in der Erwartung, sie unter die direkte Kuratel der deutschen Behörden stellen zu können, für den Erhalt bestehender polnischer Banken ein. Einmal beklagten sich Deutsche Bank, Commerzbank und die Deutsche Genossenschaftsbank gemeinsam über das Verhalten der Dresdner Bank in Łódź (von den Deutschen in «Litzmannstadt» umbenannt). Tatsächlich nutzte die Dresdner Bank, wie die Łódźer Reichsbankaußenstelle bestätigte, ihre Tätigkeit für die Zentral-Textilien-Gesellschaft (für die sie Zahlungen abwickelte) dazu, deren Kunden die Eröffnung von Konten anzubieten. Damit nicht genug, hatte die Dresdner Bank in den Räumen des Grand Hotels einen «Bierabend mit Essen» veranstaltet, zu dem «angeblich ungefähr alle Industriellen von Litzmannstadt und Umgebung, auch solche, die kein Konto bei der Dresdner Bank unterhalten, eingeladen wurden».[166]

Das Reichswirtschaftsministerium brachte sein Mißfallen an den Plänen der Deutschen Bank zum Ausdruck. Diese hatte versucht, Beamte der Haupttreuhandstelle Ost (HTO), der für die Neuordnung der Wirt-

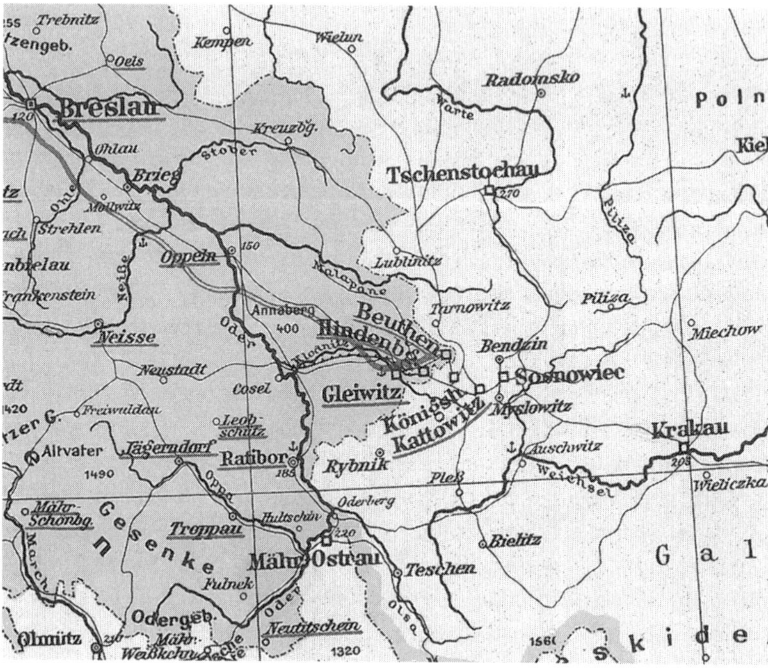

Niederlassungen in Oberschlesien (Kartenausschnitt 1939)

schaft im eroberten Osten verantwortlichen Behörde, vor ihren Karren zu spannen. Trotzdem schaffte es die Deutsche Bank bis 1941, die HTO fest in den Griff zu bekommen: alle sieben oder acht Mitarbeiter der Bankenabteilung der Treuhandstelle Kattowitz kamen von der Deutschen Bank.[167]

Die HTO verwaltete eine große Zahl beschlagnahmter Unternehmen und verkaufte einige von ihnen, oft an die mit der vorläufigen Leitung der betreffenden Firmen beauftragten Mitarbeiter. Da diese Leute meistens nicht über eigene Geldmittel verfügten, waren sie in der Regel auf Bankkredite angewiesen, um die Käufe tätigen zu können. Die Filiale Kattowitz der Deutschen Bank bekam es mit einer nicht unerheblichen Zahl solcher Vorgänge zu tun.

Auf der anderen Seite hatten die neuen Niederlassungen der Bank im Osten wenig Bewegungsspielraum. Sie waren verpflichtet, Kredite zu gewähren, wenn immer der Staat sich entschloß, eine Bürgschaft für ein bestimmtes Projekt zu übernehmen; unter den herrschenden Kriegsbedingungen gab es in der Region kaum andere, nicht-militärische Unternehmen, die man hätte fördern, oder Kredite, die man hätte vergeben können. Klagen aus dem Reichswirtschaftsministerium, die Deutsche Bank habe unter Verstoß gegen ihre patriotische Pflicht Kredite verweigert, wies die Bank empört zurück. In einem internen Vermerk der Bank vom Spätsommer 1940 hieß es: «Hiernach können wir feststellen, daß die gemachten Vorwürfe, was die Deutsche Bank angeht, keineswegs stichhaltig sind. Keine unserer Filialen hat einen Kredit abgelehnt, für den Reichsbürgschaft zur Verfügung stand; sie haben pflichtgemäß in Ausführung der von der Reichsregierung bei Hergabe der Bürgschaft gemachten Auflagen gehandelt. Wohl aber sind im allgemeinen Interesse häufiger Kredite ohne Reichsbürgschaft, wo irgend vertretbar, oder auch schon in einem Stadium praktisch gegeben worden, in dem die Entscheidung über die Reichswirtschaftshilfe noch schwebend war. Daß wir darüber hinaus erhebliche Opfer gerade in dem besonders erwähnten Bezirk Kattowitz nicht gescheut haben, beweist einwandfrei die Vergangenheit unserer Kattowitzer Filiale, was auch bekannt und allgemein anerkannt worden ist.[168]

Die unheilvollsten dieser Kredite gewährte die Filiale Kattowitz an Baugesellschaften, die am Bau der Konzentrationslager im Raum Auschwitz beteiligt waren, sowie an die I.G. Farben für den Bau ihrer riesigen Buna-Produktionsanlagen bei Auschwitz, die von Sklavenarbeitern errichtet und später auch betrieben wurden. Eines dieser Bauunternehmen war die Fa. Wilhelm Riedel aus Bielitz, der die Deutsche Bank Kattowitz 1942 eine Kreditlinie in Höhe von 300000 RM für die Anlage von Rohr- und Abwasserleitungen, Brücken und Drainagen im I.G.-Farben-Komplex sowie für Betonarbeiten für die Waffen-SS in Auschwitz einräumte. Wie aus den Kreditberichten der Deutschen Bank hervorgeht, hatte die Fa. Riedel Auftragsbestände von rund zwei Mio. RM von der SS und von weiteren zwei Mio. RM von der I.G. Farben, dazu kleinere Aufträge von den Reichswerken «Hermann Göring» in Brzeszcze.[169] 1943 überzog die Firma ihre Kreditlinie um 160000 RM und hinterlegte als Sicherheit Zahlungsansprüche gegen die I.G. Farben und die SS in Auschwitz.[170] Eine weitere von der Deutschen Bank finanzierte Baufirma mit einer allerdings geringeren Kreditlinie von 100000 RM war die Fa. Hermann Hirt, die seit 1941 Bauten im Auftrage der SS erstellte.[171]

Die Deutsche Bank Kattowitz stellte der I.G. Farbenindustrie, Werke Auschwitz, von 1941 an Kredite in Höhe von insgesamt 250000 RM zur Verfügung. (Im Dezember 1943 wurde die Kreditlinie auf 500000 RM erhöht.) Diese beträchtlichen Kredite wurden natürlich an die Berliner

Zentrale der Deutschen Bank gemeldet.[172] Ein Bankmitarbeiter besichtigte im April 1943 die Baustelle des I.G.-Farben Werks Auschwitz. In seinem Bericht über diesen Besuch hieß es: «Gelegentlich meines gestrigen Besuches in Auschwitz (bei Dr. Sakelsberg und Prokurist Sigel) konnte ich mich anhand der mir bereitwilligst zur Verfügung gestellten Unterlagen überzeugen, daß etwa 80 Prozent des gegenwärtigen finanziellen Geschäftes über uns abgewickelt werden. Die I.G. Farbenindustrie arbeitet neben der Kreissparkasse in Auschwitz ausschließlich mit uns. Über die Kreissparkasse werden die Lohngelder abgewickelt, die jedoch vorläufig nur einen geringeren Umfang besitzen, da die auf dem Werk arbeitenden Baufirmen den größten Teil der auf die Baustelle anfallenden Löhne selbst zu finanzieren haben [...] Man hat es insbesondere dankbar anerkannt, daß wir uns bereit erklärt haben, im Überweisungsverkehr die Vordrucke der Gesellschaft entgegenzunehmen, was für diese eine erhebliche Arbeitsersparnis mit sich bringt. (Dagegen bedeutet dieses Entgegenkommen für uns eine erhebliche Mehrarbeit.)»[173]

Offenbar war man in der Niederlassung Kattowitz stolz auf die geschäftliche Verbindung mit einem Großprojekt, das dabei war, sich zur größten Mordstätte in der Geschichte Europas zu entwickeln.

Die Deutsche Bank eröffnete neben ihren neuen Filialen in Ost-Oberschlesien Bielitz-Biala, Teschen und Oderberg, auch größere Filialen in Łódź (Reichsgau Posen) und Krakau (Generalgouvernement). Der Direktor der Filiale Kattowitz regte darüber hinaus die Errichtung einer Niederlassung in Sosnowitz an.[174] Im April 1940 wurde die Filiale Krakau an die Creditanstalt abgetreten. Fischböck hatte dem Arbeitsausschuß den Vorschlag unterbreitet, «daß die Credit-Anstalt in Krakau, Tarnów, Rzeszów und Przemyl Filialen errichten solle; die Deutsche Bank möge ihre in Bielitz und Krakau errichteten Filialen der Credit-Anstalt überlassen. Herr Abs behält sich nach Besprechung im Vorstand der Deutschen Bank Stellungnahmen vor.»[175] Nach Beginn des deutschen Überfalls auf die Sowjetunion, als das gesamte Territorium des polnischen Vorkriegsstaates unter deutsche Kontrolle gelangte, eröffnete die Creditanstalt auch eine Filiale in Lemberg (Lwów). Die deutschen Bankenaufsichtsbehörden mißbilligten das Vordringen der deutschen Großbanken ins Generalgouvernement. Schon im Oktober 1940 äußerte das Reichsaufsichtsamt die Auffassung: «Rein organisatorisch gesehen, wäre es wohl zweckmäßig, die Filialen von Altreichbanken auf Krakau zu beschränken.»[176]

Gegen Ende 1940 wurden sowohl bei der Creditanstalt als auch bei der Deutschen Bank Pläne zur Eröffnung einer Filiale in Warschau diskutiert.

Eine zunächst ins Auge gefaßte Idee sah die gemeinsame Übernahme einer polnischen Regionalbank vor.[177] Die Creditanstalt hatte die Möglichkeit einer «Ausdehnung unseres polnischen Geschäftes» angedacht, etwa durch die Übernahme des Allgemeinen Bank-Vereins.[178] Als die Deutsche Bank davon erfuhr, schrieb sie einen schroffen Brief an die Creditanstalt. «Wir haben Ihnen seinerzeit», hieß es darin, «den Platz Krakau überlassen, nachdem wir dort eine aussichtsreiche Filiale eingerichtet hatten. Wir sind dessen überzeugt, daß unsere Interessen, was Warschau betrifft, aus den angeführten Gründen als vorwiegend angesehen werden müssen.»[179]

Johannes Kiehl, Vorstandsmitglied der Deutschen Bank, machte im April 1942 den Vorschlag, sein Unternehmen solle die bedeutendste Bank Polens übernehmen, die Bank Handlowy. Das Aktienkapital von Handlowy betrug 25 Mio. Zloty (12,5 Mio. RM) und befand sich zu nicht unerheblichen Teilen in ausländischer Hand. Zu den internationalen Anteilseignern gehörten die British Overseas Bank mit 5,5 Prozent, die Londoner Bank Hambros (3,1 Prozent), die Banca Comerciale Italiana (4,8 Prozent) und die Banque de Bruxelles (3,2 Prozent).[180] Die Bank tätigte nach wie vor bedeutende Umsätze im Geschäft mit ausländischen Firmen; so kam es zum Beispiel noch nach Kriegsbeginn zu erheblichen Transaktionen mit der International Business Machines Corp. in New York (IBM) und mit Watson Business Machines.[181]

Von den Kundenguthaben, die die Bank zu Kriegsbeginn verwaltete, gehörte etwa die Hälfte polnischen Juden. Wie Kiehl in einem Bericht an den Danziger Generalkonsul Winkelmann schrieb: «Herr Bechtolf und ich wollen zum 30. April nach Warschau fahren und eventuell auch am 1. Mai noch dort bleiben. Zweck der Reise ist, abgesehen von allgemeiner Information über die dortigen Verhältnisse, insbesondere auch eine weitere Vorbereitung unserer Bestrebungen, im Generalgouvernement eine Niederlassung unserer Bank zu errichten oder gemäß den bisherigen Tendenzen der maßgebenden Regierungsstellen eine polnische Bank zu übernehmen und sie als regionales Tochterinstitut unserer Bank zu betreiben. Über diese Angelegenheit haben wir uns ja schon öfters unterhalten. Für die etwaige Übernahme käme in erster Linie die Warschauer Handelsbank als das bei weitem größte Institut in Betracht.»[182]

Der Präsident des Vorstands der Bank Handlowy, Stanisław Wachowiak, erstellte 1945 einen Bericht über die Verhandlungen seines Hauses mit der Deutschen Bank. Darin bezeichnete er das, was 1942 vor sich ging, als den Beginn eines «Krieges gegen die Grundlagen des polnischen

Bankenwesens». Vom damaligen Bankenaufsichtskommissar in Krakau, Reichsbankdirektor Paersch, der auch als Direktor der Polnischen Emissionsbank amtierte (die in den Kriegsjahren die Rolle der Polnischen Nationalbank übernahm), erfuhr Wachowiak, daß der deutsche Wirtschaftsminister Funk die Verschmelzung der polnischen mit deutschen Banken angeordnet und ein Ultimatum dafür gesetzt hatte. Wachowiak überlegte sich, zusammen mit seinen Kollegen zurückzutreten. Doch dann suchte ihn am 1. Mai Erich Bechtolf von der Deutschen Bank auf, der zunächst in Begleitung einer Sekretärin, danach unter vier Augen, mit ihm sprach. «Als wir unter uns waren, erzählte er mir zu meiner Verwunderung, die Deutsche Bank mit ihrer einhundertjährigen Tradition sei für die Dauer des Krieges nicht mit dem Standpunkt des Reichswirtschaftsministers einig. Die Deutsche Bank werde gegen den Fusionsbefehl Widerstand leisten; um Zeit zu gewinnen, werde sie einen «Beobachter» entsenden. Er bat mich um Diskretion und versicherte mir, dieser Beobachter werde für die Bank Handlowy in keiner Weise eine Bedrohung sein. Tatsächlich kam der Beobachter, wenn auch mit einer Verspätung von sechs Monaten, quartierte sich im Hotel Bristol ein [dem damals wie heute besten Hotel Warschaus] und besuchte uns zweimal.»[183]

Die Deutsche Bank operierte natürlich nicht in einem Vakuum, und ihre Erzkonkurrentin, die Dresdner Bank, meldete immer wieder eigenes Interesse an der Bank Handlowy an. Im August 1943 suchte Glathe von der Dresdner Bank den deutschen Bankenaufsichtskommissar in Krakau auf und fragte ihn direkt, «ob wir den schriftlich der Dresdner Bank bekanntgegebenen Standpunkt etwa dann abändern wollen, wenn die Poln. Kommerzbank unter ihrer bisherigen Bezeichnung in Warschau weitergeführt und der Einfluß der Dresdner Bank nicht sichtlich hervortreten würde».[184] Indem die Deutsche Bank in dieser Situation fortgesetzt Absichtserklärungen abgab, praktisch aber untätig blieb, sorgte sie de facto für den Fortbestand der Bank Handlowy.

Die Reichsbank und die Polnische Emissionsbank in Krakau standen der Aussicht auf die Eröffnung von Filialen sowohl der Creditanstalt als auch der Deutschen Bank am selben Ort eher widerstrebend gegenüber. «Herr Paersch soll in dem Zusammenhang [...] erklärt haben, daß er die Deutsche Bank und die C.-A. nebeneinander im Gouvernement nicht zulassen könnte, sondern daß dann Warschau mit Krakau und Lemberg unter einer Firma vereinigt werden müßten.»[185]

Unterdessen hatte sich die Creditanstalt in Krakau ein recht lukratives Geschäft erschlossen. Das Gesamtvolumen der von ihr gewährten Kredite hatte ihre Liquidität so stark eingeschränkt, daß die Bankenaufsicht im Generalgouvernement mehrmals Bedenken äußerte. Wem und wofür wurden die Kredite gewährt? Einen wesentlichen Anteil bildeten Kredite für den Kauf treuhänderisch verwalteter Unternehmen. Nach einer Verordnung vom 24. September 1940 verfiel alles, was dem polnischen Staat gehörte, deutscher Treuhandverwaltung. Damit nicht genug, hatten die deutschen Behörden das Recht, privates Eigentum zu konfiszieren oder, wenn es zu «herrenlosem» Eigentum erklärt wurde, «einzuziehen». Bis 1942 wurden nicht weniger als 3296 Firmen unter Treuhandverwaltung gestellt. Davon waren 1659 Industrieunternehmen, die übrigen 1036 Handels- oder Handwerksfirmen. Etliche dieser Firmen wurden für eine Veräußerung vorbereitet. In einem Artikel der *Krakauer Zeitung* vom Herbst 1942 hieß es dazu:

«Die Verwertung der Treuhandbetriebe kann im Hinblick auf den Stand der Vorkriegsverschuldung und die gerade bei den früheren jüdischen Betrieben festzustellende geringe Leistungsfähigkeit nur zurückhaltend vorgenommen werden. Soweit es irgend möglich ist, werden bei der Veräußerung die Belange der deutschen Frontsoldaten berücksichtigt. Dies setzt voraus, daß jedoch die Betriebe so entwickelt werden, daß sie nach Kriegsende einen annehmbaren Vergleich mit entsprechenden Unternehmen im Reich aushalten können.»[186]

Die Krakauer Creditanstalt-Filiale überwies u.a. Geldbeträge von Verwandten an KZ-Häftlinge. Aus dem dürftigen Dokumentenbestand, der erhalten geblieben ist, wird deutlich, daß die Creditanstalt Krakau über die abnorm hohe Sterblichkeit in den Lagern Bescheid wußte.[187] Außerdem führte sie etliche Konten der Treuhandverwaltung und hatte dadurch Einblick in Transaktionen, die eingezogenes jüdisches Eigentum betrafen.

In dem Maß, wie sich die militärische Lage Deutschlands verschlechterte, wurden die Risiken des Kreditgeschäfts zunehmend größer. Im Juli 1943 sprach Creditanstalt-Vorstandsmitglied Walter Tron über die aus gefährdeten Krediten resultierenden Risiken:

«Die inzwischen eingeleitete Spezialüberprüfung der Debitoren hat ergeben, daß einige Engagements zur Abwicklung gestellt oder neu geordnet werden müssen, wobei noch ungewiß sei, ob und in welcher Höhe Ausfälle zu erwarten sind. Auf Grund dieser Mitteilungen wiederholt der Arbeitsausschuß die bereits früher geäußerte Ansicht, daß im Hinblick auf diese Risiken die Umwandlung der Filialen in eine selbständige Bank wünschenswert wäre.»[188]

Im Oktober 1942 berichtete Tron von Verhandlungen mit der Deutschen Bank über den Betrieb einer polnischen Filiale in gemeinsamer Trägerschaft.[189] Im August 1943 ließ Tron die Aufsichtsbehörde wissen, daß ihm die Umwandlung der Creditanstalt-Filialen in eine eigenständige Bank lieber wäre. «Das Geschäft könne von Wien aus schwer bearbeitet und beaufsichtigt werden.» Er fügte hinzu, er habe bereits mit der Deutschen Bank gesprochen, «welche möglicherweise eine Beteiligung an der neuen Regionalbank übernehmen dürfte». Danach könne die neue Partnerbank polnische Institutionen übernehmen. «Herr Direktor Tron bemerkte, daß die Gründung einer Regionalbank in keiner Weise der späteren Übernahme einer polnischen Bank vorgreife.»[190]

Die Gespräche über die Gründung einer polnischen Regionalbank wurden erst im März 1944 abgeschlossen – zu diesem Zeitpunkt befanden sich die deutschen Armeen an allen Fronten auf dem Rückzug. Im April 1944 berichtete Tron, in Krakau und Lemberg sei «die Verselbstständigung der Filialen [...] in Durchführung begriffen».[191] Im Mai 1944 wurde die Creditanstalt AG in Krakau gegründet, mit Walter Tron von der Creditanstalt als Vorsitzendem des Aufsichtsrates und einem weiteren Bankier aus den Reihen der Deutschen Bank, Hermann Kaiser, als Aufsichtsratsmitglied. Sie übernahm nie eine Warschauer Bank.

Im Juni 1944 nahm das Volumen der Bankeinlagen im Generalgouvernement allem Anschein nach immer noch zu.[192] Einige wichtige Konten wurden um diese Zeit jedoch geschlossen. Am 27. Juli 1944 transferierte das SS-Wirtschaftsamt seine Einlage auf dem Konto des Reichsführers SS bei der Creditanstalt Krakau (8 Mio. Zloty, entsprechend 4 Mio. RM) zur Kommerzialbank, der Krakauer Tochter der Dresdner Bank, bei der der Reichsführer SS ein Konto mit einem wesentlich größeren Guthaben (79 Mio. Zloty) unterhielt. Auch dieses Geld wollte die SS abziehen. Nach einem Protest der Bankenaufsicht beschränkte sie sich darauf, nur 30 Mio. Zloty abzuheben.[193] Der Verantwortliche für diese Abhebung war SS-Standartenführer Erich Schellin. War es mehr als ein arithmetischer Zufall, daß der Guthabenbetrag auf dem Konto, 79 Mio. Zloty, sich in der Nähe der 101 Mio. Zloty bewegte, die Schellin als «Beutemittel» im Rahmen des Genozids der «Aktion Reinhard» erwarb?[194] Im September verlagerte die Creditanstalt Krakau ihren Geschäftsbetrieb nach Breslau, und die Kommerzialbank verlegte ihren Sitz nach Leipzig. Diese Verlagerungen sorgten dafür, daß – zumindest was die Creditanstalt Krakau betrifft – der allergrößte Teil der Firmenakten bis heute unauffindbar geblieben ist. Mit der Folge, daß die dokumentarischen Belege, aus denen Rückschlüsse auf die Aktivitäten der Creditanstalt und auf die wichtigen wirtschaftlichen Aspekte der Verfolgung und Enteignung der polnischen Bevölkerung (gipfelnd in der Vernichtung der polnischen und europäischen Juden) gezogen werden könnten, nach wie vor weitgehend fehlen.

Bechtolfs fehlgeschlagene Verhandlungen in Warschau waren offenbar zum Teil ein Resultat seiner persönlichen Überzeugung im Jahre 1942, daß die Deutsche Bank kein Recht hätte, eine große polnische Bank zu übernehmen. Der Umstand, daß die Bankbehörden des Generalgouvernements bereit waren, dieses entschieden hinhaltende Vorgehen zu tolerieren, belegt eine ziemliche Indifferenz zur Frage der deutschen Bankbeteiligung. Weder die Deutsche Bank noch die Creditanstalt unterhielten ein ähnlich massives Finanzkontrollsystem der Schlüsselpositionen der polnischen Wirtschaft, wie es Walter Pohle im Protektorat Böhmen und Mähren aufgebaut hatte. Statt dessen gab es eine Reihe von Engagements in vergleichsweise kleinen, aber dennoch lukrativen Geschäftszweigen, die vom Besatzungsregime auf Kosten der Polen (die polnischen Juden inbegriffen) geschaffen worden waren.

7. Die Niederlande

Wenn es um die Übernahme von Finanzinstituten in den besetzten Ländern Westeuropas ging, zeigte sich die Deutsche Bank sehr viel zurückhaltender als bei ihren Fischzügen im Osten. In Frankreich, Dänemark und Norwegen spielte die Bank in den deutschen Anstrengungen, die wirtschaftliche Macht des Reichs zu festigen, so gut wie keine Rolle. Mehr Aktivität entfaltete sie nach 1940 in den besetzten Ländern Belgien und Niederlande. Ihre Strategie bestand hier darin, bestehende geschäftliche Kontakte auszubauen. Wie viele deutsche Betriebe und Banken, hatte die Deutsche Bank sich während der inflationären Nachwehen des Ersten Weltkriegs aus währungstaktischen und steuerlichen Gründen ein Standbein in den Niederlanden aufgebaut.

1936 versuchte die Bank, ihre niederländische Tochtergesellschaft Handel-Maatschappij H. Albert de Bary & Co. N.V., Amsterdam, als holländisches Unternehmen zu tarnen, indem sie Aktien auf Personen übertrug, die dem Namen nach Holländer waren. Nach Ausbruch des Krieges in Europa im September 1939 entließ die Bank einen beträchtlichen Teil ihrer deutschen Mitarbeiter. Erst nach der Invasion der Niederlande kaufte die Deutsche Bank die Anteile zurück; erst jetzt nahmen auch die deutschen Mitarbeiter wieder ihre früheren Arbeitsplätze ein. 1941 befanden sich alle de Bary-Anteile im Besitz der Deutschen Bank, und das bei einem erhöhten Grundkapital der Bank. Das Reichswirtschaftsministerium bezeichnete dieses Engagement als «die stärkste deutsche Position in Holland».[195]

Unmittelbar nach der Besetzung der Niederlande fragte das Reichswirtschaftsministerium bei der Deutschen Bank an, ob sie bereit sei, Anteile der Rotterdamsche Bankvereeniging zu übernehmen. Aber die Bank zögerte. Karl Kimmich gab zu verstehen, «daß, da augenblicklich das Verhalten der Holländer deutschem Einfluß gegenüber sehr steif sei, ein solches Zusammengehen schwer denkbar wäre und daß man auf freiwilligem Wege nur allmählich etwas erreichen könne.»[196] Das Reichswirtschaftsministerium versuchte dann, in den neu besetzten Ländern die Einflußsphären der Deutschen Bank und der Dresdner Bank voneinander zu trennen: Holländische Banken sollten an die Deutsche Bank, belgische Banken dagegen an die Dresdner Bank fallen. Dahinter stand der Gedanke, Europa zwischen den Banken aufzuteilen, um einem Konkurrenzkampf zu vermeiden.

Wieder protestierte die Deutsche Bank. Kimmich teilte dem Staatssekretär im Reichswirtschaftsministerium, Neumann, mit: «Ein solches Verfahren stünde jeder kaufmännischen Einstellung entgegen und könne nur zum Fiasko führen.»[197] Das Hauptengagement der Deutschen Bank lag in Belgien und nicht in den Niederlanden. Entsprechend vorsichtig verhielt sie sich gegenüber Bestrebungen, eine größere deutsche Direktbeteiligung an holländischen Unternehmen herbeizuführen. Ein Jahr nach der deutschen Invasion schrieb der Deutsche Bank-Direktor in Den Haag: «Eine deutsch-holländische Wirtschaftsverflechtung in größerem Ausmaße als bisher kann nur betrieben werden, wenn der Holländer nicht mehr an Englands Endsieg glaubt.»[198] Dennoch engagierte sich die Deutsche Bank in den Niederlanden mit einigen größeren Aktienkäufen; sie erwarb beispielsweise einen Großteil der holländischen Anteile an der Algemeene Kunstzijde Unie und 75 Prozent der Anteile der Norddeutschen Lederwerke AG, die vor 1940 in holländischem Besitz gewesen waren.[199]

8. *Belgien und die Société Générale*

Die Bemühungen des Reichswirtschaftsministeriums, den Banken bestimmte Einflußbereiche zuzuteilen, stießen schon allein deswegen auf Unwillen, weil Kimmich glaubte, daß die beherrschende belgische Bank, die Société Générale, eng mit der Deutschen Bank zusammenzuarbeiten wünschte und nicht mit der viel politischeren Dresdner Bank.[200] Der Gouverneur der Société Générale, Alexandre Galopin, vertrat die Theorie des «kleinsten Übels» (im Belgien der Kriegszeit als «doctrine Galopin» bekannt), nämlich daß es besser sei, mit Deutschland zusammenzuarbeiten und Waren zu liefern (sogar halbmilitärische Produkte wie Stiefel oder Stahl), als die belgische Bevölkerung verhungern zu lassen. Für diese Strategie brauchte Galopin einen zuverlässigen und politisch neutralen Partner in Deutschland. Gleichzeitig hielt er seit September 1940 über den Vizegouverneur der Société Générale, Félicien Cattier, Kontakt zur belgischen Exilregierung in London. Ab 1941 versuchte die Bank dann, den Umfang ihrer Zusammenarbeit mit den Deutschen zu reduzieren. Im Februar 1944 wurde Galopin vor seiner eigenen Haustür ermordet, und zwar von einem Mitglied einer flämischen Faschistengruppe, des Veiligheidskorps, das auf die Vergeltung von Angriffen der belgischen Widerstandsbewegung spezialisiert war.

Die Société Générale war eine riesige Holdinggesellschaft mit umfangreichen Vermögenswerten sowohl in Belgien als auch im Ausland. Bis Sommer 1940 hatte sie dafür gesorgt, daß ein bedeutender Teil ihres Vermögens in Übersee – erwähnenswert sind die wichtigen Anteile an Minengesellschaften in Katanga und anderswo in Afrika – auf die Unternehmensleitungen in London und New York übertragen worden war. Auf der anderen Seite war die Bank überhaupt nicht abgeneigt, ihren Besitz im südöstlichen Europa und auf dem Balkan zu veräußern, der gewaltige Verluste eingebracht und wesentlich zu dem sehr dürftigen Geschäftsverlauf der Société Générale in den 1930er Jahren beigetragen hatte. Daher verkaufte sie nach 1940 rasch ihre Anteile an der Österreichischen Eisenbahnverkehrsanstalt, der Creditanstalt in Wien, dem Instituto Nazionale di Credito per il Lavoro all'Estero, dem Allgemeinen Jugoslawischen Bankverein und der Banca Comerciala Romana an Deutschland.[201] Aber das von der Société Générale vorgeschlagene Abkommen, an die Deutsche Bank die Hälfte der Anteile der Banque Générale du Luxembourg mit Option auf die andere Hälfte zu verkaufen, war wesentlich komplizierter; es beinhaltete auch stillschweigende Übereinkünfte über eine Annullierung bei Kriegsende.

Ende August begann ein Wettlauf zwischen den deutschen Großbanken um Verbindungen nach Belgien und um belgische Kapitalanlagen. Carl Goetz, Vorstandsmitglied der Dresdner Bank, glaubte, sich auf Reichswirtschaftsminister Funks Anordnung und die Sympathien des für das Bankwesen zuständigen deutschen Besatzungsbeamten in Brüssel, Major von Becker, verlassen zu können. Als Goetz Galopin und den Präsidenten der Socíété Générale, Willy de Munck, besuchte, teilte ihm Galopin jedoch mit, daß er keine Vereinbarung treffen könne, da «die politischen Verhältnisse es ihm nicht erlaubten, sich ein klares Bild von der Zukunft Belgiens und der Société Générale zu machen».[202] Plötzlich und unerwartet erschien am Abend des 27. August Hermann J. Abs in Brüssel und arrangierte bis ins Detail die Verhandlungen seiner Bank mit der Société Générale. Der örtliche Vertreter der Deutschen Bank hielt fest: «Sein unvermutetes Erscheinen stiftete in den Räumen des Kommissariats sichtbare Verwirrung.»[203] Doch reichte das Eingreifen von Abs offenbar nicht aus. Deswegen zog die Deutsche Bank Ex-Reichswirtschaftsminister Schacht zu Rate – als Minister ohne Geschäftsbereich immer noch offiziell Mitglied der deutschen Regierung –, der sich telephonisch mit Goetz und Funk in Verbindung setzte und schließlich einen Brief an Funk richtete, in dem er erklärte, daß die beiden deutschen Banken zu einer Einigung gelangt seien: «Die Banken würden es daher in Übereinstimmung mit ihm für richtig halten, ihnen in beiden Ländern [in Belgien und in den Niederlanden] freie Hand für die einzelnen Geschäfte zu lassen, die sie machen wollen, doch sollten sie gehalten sein, beim Vorliegen ‹größerer Geschäfte› dem Reichswirtschaftsminister jeweils Kenntnis zu geben.»[204]

Nachdem die Deutsche Bank offenbar siegreich aus diesem anfänglichen Geplänkel hervorgegangen war, besuchten Vertreter bedeutender deutscher Industrieunternehmen Galopin in der Erwartung, selbst belgische Vermögenswerte erwerben zu können – darunter die Vereinigten Stahlwerke, Mannesmann und Otto Wolff. Einige deutsche Unternehmen – vor allem die I.G. Farben – bereiteten im Sommer 1940 detaillierte Ausarbeitungen über eine eventuelle Übenahme von belgischen Betrieben vor. Otto Wolff traf im August eine Vereinbarung mit der metallexportierenden Gesellschaft Société Commerciale d'Ougrée, mit der er bereits vor 1939 zusammengearbeitet und für die er Exportgeschäfte nach Mittel- und Osteuropa übernommen hatte. Aber Galopin kritisierte die

Vereinbarung Wolffs und äußerte gegenüber der Deutschen Bank, daß sie während des Krieges keinesfalls in Kraft treten werde.[205] Die Vertreter der Bank in Brüssel konnten sogar Unternehmen wie Mannesmann, die traditionell sehr eng mit der Deutschen Bank verbunden waren, überraschend wenig unterstützen. Direktor Kurzmeyer machte deutlich, daß die Deutsche Bank ihnen bei Übernahmen nicht behilflich sein könne. Denn diese Übernahmen waren, wie sich bald herausstellte, zu komplex, als daß die Bank sie noch hätte bewältigen können.

Im besetzten Belgien betraf der größte Einzeltransfer industriellen Eigentums die Luxemburger Stahlwerke Arbed, zu deren Eigentümern Franzosen, Belgier und Luxemburger zählten. Im November 1940 schlug die Société Générale der Deutschen Bank vor, die Hälfte ihrer Arbed-Anteile an eine Holdinggesellschaft abzutreten und einige Aktien des deutschen Chemieunternehmens Dahlbusch an die I. G.-Farben zu verkaufen. Tatsächlich wurde der Transfer auf das Ende der Kriegshandlungen verschoben. Statt auf rechtlich höchst komplizierte Weise dieses Wirrwarr miteinander verflochtener Beteiligungen neu zu ordnen, wurde die Arbed während des gesamten Krieges von einem deutschen Militärbeauftragten geführt.

War eine Direktbeteiligung der Banken im besetzten Europa nicht doch günstiger – so fragten die deutschen Behörden? Am 20. September 1940 gestattete das Reichswirtschaftsministerium 22 deutschen Unternehmen, sich auf Kapitalverflechtungen in den Niederlanden, in Belgien und im besetzten Frankreich einzulassen. Doch blieb die politische Lage in den besetzten Ländern unklar: Der belgische König Leopold besuchte Hitler im November 1940 in Berchtesgaden, aber der Führer mochte den Monarchen nicht, so daß es nicht zum Abschluß eines Friedensvertrages kam. Sogar Baron de Launoit von der Banque de Bruxelles, der allgemein als den Deutschen wohlgesonnener galt als Galopin, erklärte daher der Dresdner Bank, ihm erscheine eine deutsche Beteiligung an einer belgischen Großbank kontraproduktiv, da sie das Vertrauen der Bevölkerung in das Institut untergrabe.[206]

Im November 1940 erstellte das Brüsseler Bankenkommissariat ein Papier, in dem ein größeres Engagement deutscher Banken in Belgien empfohlen wurde. Die Banken sollten, so hieß es darin, Tochtergesellschaften in Belgien gründen, um Kredite an Fabriken zu geben, die im deutschen Auftrag Waffen produzierten, und um sich mit den «Verflechtungsaufgaben» auseinanderzusetzen, die aus einer Neuordnung der Eigentumsrechte in der europäischen Wirtschaftsordnung resultierten. Auf dieses Exposé folgten Verhandlungen im Berliner Reichswirtschaftsministerium, in denen der Sachverständige für das Bankwesen vorschlug, eine Reihe gemeinsamer deutsch-belgischer Banken zu gründen. Diese könnten dann das «Feindvermögen» wie auch Filialen britischer und französischer Banken und nicht zuletzt «arisierte» Banken (Phillippson et Cie, Banque Lambert, Banque Cassel) erwerben. Die Dresdner Bank richtete daraufhin die Banque Continentale in den Räumen ein, die vorher die Banque de Paris belegt hatte, und die Commerzbank nutzte die Brüsseler Hansabank. Aber die Deutsche Bank lehnte es ab, sich an diesem Manöver zu beteiligen und ihrerseits die Banque de Commerce in Brüssel zu übernehmen, da sie auch ohne Tochtergesellschaften auszukommen glaubte. Abs wies darauf hin, daß die Deutsche Bank beabsichtige, «ihre Geschäfte in Belgien auf die sehr alten und guten Beziehungen zu der ersten belgischen Bank, der Banque de la Société Générale, zu stützen und vor der Herbeiführung irgend welcher Entschlüsse nach Möglichkeit die weitere politische Entwicklung abzuwarten».[207] Zweifellos sah Abs die internationalen Aktivitäten der Deutsche Bank vor dem Hintergrund einer umfassenderen Vision der künftigen Entwicklung einer gesamtheitlichen europäischen Wirtschaft.

9. Südosteuropa und Balkan

Die Festlegung von Einflußsphären der konkurrierenden Banken im europäischen Südosten wurde vom Reichswirtschaftsministerium sorgfältig geplant und vorausberechnet.[208] Die Aufteilung des Gebiets spiegelte Erwartungen über die künftige Entwicklung sowohl des Handels als auch der finanziellen Verflechtungen mit einem neu geordneten Südosteuropa wider. Die Handelsbeziehungen zu diesen Ländern waren bislang durch ein komplexes System von Devisenkontrollen erschwert worden – Zahlungen waren über die Clearingstellen der Zentralbanken der betreffenden Länder abgewickelt worden. Wer diese Zahlungen kontrollierte, stellte praktisch die Weichen für Handelsströme und -strukturen.

Einen großen Teil des Südosteuropageschäfts sollte die Wiener Creditanstalt für die Deutsche Bank abwickeln, aber es gab Ausnahmen.

Griechenland lag außerhalb des Einflußbereichs der Creditanstalt. Im Sommer 1941 arbeitete die Deutsche Bank mit dem Reichswirtschaftsministerium zusammen, um die Anteile der Société Générale an der führenden griechischen Handelsbank zu erwerben, der Banque Nationale de

Grèce, während der Dresdner Bank nichts anderes übrig blieb, als eine Beteiligung an der wesentlich kleineren Banque d'Athènes aufzubauen.[209]

Rumänien und Bulgarien lagen ebenfalls außerhalb des Wirtschaftsraums der Creditanstalt. Auch hier erwarb die Deutsche Bank bedeutende Direktbeteiligungen an verschiedenen Banken. 1941 hielt sie bereits 88 Prozent der Banca Commerciala Romana, Bukarest (die früher im Besitz französischer und belgischer Banken war), und über 90 Prozent der bulgarischen Kreditbank in Sofia (die traditionell eng mit der Disconto-Gesellschaft, dem Finanzier des deutsch-bulgarischen Handels, verbunden war). Im August 1940 hatte Abs in einer Sitzung mit dem Vorstand der Creditanstalt von einer möglichen «Bereicherung der Deutschen Bank» in Rumänien gesprochen.[210]

Rumänien hatte vor 1939 eine große Rolle in der deutschen Wirtschaftsdiplomatie gegenüber Südosteuropa gespielt. Es hatte eine äußerst günstige Verhandlungsposition, da Deutschland auf Mineralölexporte aus Rumänien angewiesen war. Die Entwicklung von künstlichen Ersatzstoffen ging in Deutschland nicht nur extrem schleppend voran (und war damit vor dem Hintergrund der deutschen militärischen Ambitionen wertlos), sondern erwies sich zudem noch als höchst unwirtschaftlich. Den strategischen Vorteil als Hauptölproduzent versuchte Rumänien zu nutzen, indem es die Kapazitäten seiner Raffinerien erhöhte, so daß vier Fünftel des heimischen Öls bereits raffiniert exportiert werden konnten.[211] 1935 nahm die Deutsche Bank an Verhandlungen teil, um eine gemeinsame deutsch-rumänische Raffinerie zu gründen: Deutsche Maschinenimporte sollten hierbei mit Mineralölprodukten bezahlt werden. Doch der Plan stieß bei den deutschen Behörden auf Widerstand.[212] Daraufhin schränkte Rumänien den Export nach Deutschland ein und erhob eine spezielle Steuer, um die Überbewertung der Reichsmark im Clearingabkommen auszugleichen. Erst nach September 1938 und der Münchener Konferenz zeigte die rumänische Politik mehr Wohlwollen gegenüber dem Reich: Im November 1938 sprach König Carol mit Hermann Göring über eine «systematische Zusammenarbeit für die Entwicklung wirtschaftlicher Beziehungen».[213]

Anfang 1939 leitete Helmuth Wohlthat eine Kommission der «Reichsstelle für Devisenbewirtschaftung», die damit beauftragt war, den deutsch-rumänischen Handel auszuweiten. Sie gelangte nach dem Fall der Tschechoslowakei zu einer Vereinbarung, die in weiten Kreisen als Vorbild für zukünftige Wirtschaftsbeziehungen im «Großwirtschaftsraum» galt. Deutschland verkaufte danach landwirtschaftliche Geräte –

Traktoren und Sämaschinen – im Tausch gegen Mineralöl. Schon vor Kriegsausbruch förderte Wohlthat die Gründung von Gesellschaften, in denen Banken und Industrie sowie Staat und Partei zusammenarbeiteten, um die Beziehungen zu den Staaten Südosteuropas zu verbessern. Professor Emil H. Meyer, Direktor der Dresdner Bank, wurde schließlich Präsident der Deutsch-Jugoslawischen Gesellschaft und Abs Präsident der entsprechenden Rumänischen Gesellschaft.[214]

Bis Ende des Jahres 1940 wurde ein Zehnjahresplan ausgearbeitet, wonach Deutschland Rumänien einen langfristigen Kredit für die Lieferung von Maschinen gewährte. Jetzt hieß es: «Rumänien wird auf die Dauer das Problem seines landwirtschaftlichen Überbevölkerungsdrucks nur mit Hilfe der Industrialisierung lösen können.»[215] Dieser Plan bildete die Grundlage für einen weiter ausgearbeiteten Vorschlag, der nach Beratungen von Wirtschaftsfachleuten beider Seiten zustande kam und schließlich Eingang in das neue «Deutsch-rumänische Abkommen» vom 2. Februar 1943 fand. Dem deutsch-rumänischen Sachverständigenausschuß gehörten von deutscher Seite Abs, Karl Blessing (früher Reichsbankdirektor, nach 1941 Vorstandsvorsitzender der Kontinentale Oel AG) und als Vorsitzender Max Ilgner von der I. G. Farben an. Der Ausschuß entwarf ein Sofortprogramm, dessen wichtigste Punkte die Verlagerung der Produktion von Konsumgütern von Deutschland nach Rumänien, die Herstellung von Kunstfasern aus Schilf von der Donau und aus Buchenholz, die Produktion von Kunstdünger (Phosphate und Nitrate) und Erdgas, der Abbau von Bauxit zur Herstellung von Aluminium, der Bau von Wasserkraftwerken und die Elektrifizierung der wichtigsten Eisenbahnstrecken waren. Die Gesamtkosten dieser ehrgeizigen Industrialisierungsmaßnahmen wurden auf 150–200 Mio. RM geschätzt. Davon sollte Deutschland die Hälfte tragen und damit die Lieferung deutscher Maschinen und deutschen Know-hows finanzieren. Der Rest sollte in Rumänien beschafft werden, wo die rumänischen Banken, die sich in deutschem Besitz befanden, eine bedeutende Rolle spielten.[216] Dank des Ankaufs französisch-rumänischer Anteile der Gesellschaften Colombia und Concordia seitens der Deutschen Bank hatte sich die Kontinentale Oel AG inzwischen zum Hauptmineralölproduzenten Rumäniens aufgeschwungen.[217]

Im Auftrag verschiedener privater Gesellschaften erwarb die Deutsche Bank auch Beteiligungen in anderen Ländern. Die Otavi Minen-Gesellschaft war auf die Lieferung von Aluminium und seltenen Metallerzen angewiesen, konnte jedoch ihre afrikanischen Zechen wegen der militärischen Auseinandersetzungen nicht nutzen. Als Ersatz erwarb sie die Zinnbergbau Sudetenland GmbH, die Bauxit Trust AG (die über beträchtliche ungarische Erzquellen verfügte), die Donautal-Tonerde AG, Budapest, und die Bauxitmine Gravia in Griechenland. Sie versuchte außerdem, rumänische Gesellschaften aus dem Portefeuille der liquidierten rumänisch-jüdischen Bank Marmarosch, Blank & Co. zu kaufen, stieß jedoch auf Schwierigkeiten, die rumänischen Gesetze zu umgehen, die den ausländischen Besitz von Industrieunternehmen beschränkten.[218] Und trotz des Krieges erwarb Otavi auch Zechen im Kongo, die bislang in belgischem Besitz waren.[219]

10. Gold und Wertpapiere

Übernahm die Deutsche Bank Aufgaben, die andere, staatsnähere oder staatliche Institutionen nur schwer oder gar nicht hätten bewältigen können, und leistete sie dem NS-Regime so gesehen wertvolle Dienste? Wie wir bereits festgestellt haben, lag der größte Wettbewerbsvorteil der Deutschen Bank in der Vielfalt und Breite ihrer internationalen Kontakte.

In mindestens einem Fall versuchte der Nachrichtendienst der deutschen Wehrmacht, die Abwehr, die Deutsche Bank als Fassade für geheimdienstliche Operationen zu benutzen. 1941 stellte die Bank Claus Morgenstern als den neuen Leiter ihrer Nachrichtenabteilung ein; vorher hatte er für die Reichsgruppe Industrie gearbeitet. In einem internen Vermerk hieß es dazu, Morgenstern werde aufgrund seiner erheblichen Reisetätigkeit durch ganz Europa ein «Aktivum» für die Bank sein. 1941 verfaßte er für die Deutsche Bank eine Aktennotiz, in der er von seiner Begegnung mit einem Mitglied des schweizerischen nazistischen Erneuerungsbundes berichtete, einem Dr. Keller, von dem er erfahren hatte, der Verleger der *Neuen Basler Zeitung* bemühe sich, das Blatt aus dem Fahrwasser seines bisherigen deutschlandfreundlichen Kurses herauszuführen und künftig keine deutsche Unterstützung mehr in Anspruch zu nehmen. Morgenstern schlug vor, die Deutsche Bank solle dem Mann eine Kreditgarantie anbieten und die Vermögenswerte der *Neuen Basler Zeitung* in Deutschland übernehmen. Er schloß seine Ausführungen mit den Worten: «An der Angelegenheit ist neben dem Reichswirtschaftsministerium die Presseabteilung des Auswärtigen Amtes, Gesandter Schmidt, interessiert.»[220]

In der Bank stieß dieser Vorschlag offenbar nicht auf Zustimmung, und es scheint, als habe der Versuch Morgensterns, die Geschäfte der Bank mit politischen Machenschaften zu verknüpfen, dem Vorstand mißfallen, denn als im März 1942 Oberstleutnant Schmidt von der Abwehrstelle Münster die Deutsche Bank aufsuchte und es als wünschenswert bezeichnete, daß Morgenstern seine Auslandsreisen weiterhin für die Beschaffung nachrichtendienstlicher Informationen nutze, erhielt er eine ziemlich unfreundliche Antwort: Man habe nichts dagegen, wenn Morgenstern die Zeit seiner Freistellung vom Wehrmachtsdienst für derartige Dinge nutze, doch dürfe er nicht seinen Posten bei der Deutschen Bank oder Geschäftskarten der Firma als Entree für die Erschließung nachrichtendienstlicher Quellen einsetzen. «Die Erledigung seiner militärischen Aufträge müsse unter allen Umständen von dem Aufgabenbereich als Chef der Nachrichtenabteilung der Deutschen Bank getrennt bleiben», erklärte die Geschäftsleitung kategorisch. Als Morgenstern einen Monat später in Basel eine Messe besuchte, instruierte die Bank ihn, nur mit deutschen Journalisten zu sprechen, nicht mit deren Schweizer Kollegen, wie er es sich gewünscht hatte. Wenig später nahm Morgenstern seinen Abschied von der Deutschen Bank, die ihm allerdings noch bis Juni 1943 sein Gehalt weiterzahlte.[221]

Andererseits stellte sich die Bank zweifellos, wenn auch auf weniger direkte Weise, in den Dienst der nationalen Sache. In den 30er Jahren gehörte sie zu der relativ exklusiven Gruppe der anerkannten Devisenbanken, Geldhäuser mit der Lizenz zur Abwicklung von Währungstransaktionen und zum Ankauf – auf Rechnung der Reichsbank – derjenigen Edelmetalle und ausländischen Wertpapiere, die der Anmeldepflicht sowie, einer neuen Rechtslage zufolge, dem Zwangsankauf unterlagen. Eine 100prozentige Tochter der Deutschen Bank, die Aktiengesellschaft für Vermögensverwertung, wurde mit der Aufgabe betraut, die Repatriierung ausländischer Wertpapiere aus dem Besitz in Deutschland wohnhafter Personen durchzuführen, nachdem die 7. Durchführungsverordnung zum Devisengesetz vom 19. November 1936 dies obligatorisch gemacht hatte. Häufig lagen solche Wertpapiere bei Banken im Ausland im Depot. Da sie laut Verordnung bei einer deutschen Devisenbank abgeliefert werden mußten, bot sich die Aktiengesellschaft als probate Durchgangsstation an. Später, nach Kriegsausbruch, diente dieselbe Tochtergesellschaft der Bank als Deckmantel für die Tarnung deutscher Guthaben bei holländischen und anderen ausländischen Banken.[222]

Seit der Finanzkrise von 1931 gab es in Deutschland eine Meldepflicht für private Goldtransaktionen. Wieviel Brisanz der Umgang mit Gold in sich barg, ergibt sich aus der Tatsache, daß zwei Mitarbeiter der Deutschen Bank in Krefeld verhaftet wurden, weil sie zwischen 1931 und 1936 Goldmünzen im Wert von 22495 RM an «Zahnärzte und Dentisten» verkauft hatten, die zwar berechtigt waren, Gold zu erwerben, nicht jedoch von Privatbanken. Im übrigen wäre «die Filiale auch zur Abgabe von Gold nicht berechtigt gewesen ..., da sie als Devisenbank lediglich für ausländische Zahlungsmittel als Kommissionärin der Reichsbank tätig ist».[223]

Gold spielte im wirtschaftspolitischen Denken der Nazis eine eigentümliche Rolle. Offiziell betrachtete das Regime Gold als überlebtes Relikt der liberalen internationalen Wirtschaftswelt des 19. Jahrhunderts. Nach Überzeugung der Nazis stand als Deckung hinter der deutschen Währung jetzt nicht mehr eine international konvertierbare Edelmetallreserve, sondern die «Arbeitsleistung der Volksgenossen». Eine der ersten Amtshandlungen Hjalmar Schachts als wiederberufener Präsident der Reichsbank bestand 1933 in der Rückzahlung des internationalen Zentralbankdarlehens von 1931, mit dem Deutschland auf dem Höhepunkt der Währungskrise von 1931 seine Reserven aufgestockt hatte. Die Folge war, daß die deutschen Goldreserven dramatisch abschmolzen. Der amtlich bekanntgegebene Goldreservenpegel verharrte konstant bei bescheidenen 70,8 Mio. RM. In dieser Periode akkumulierte die Reichsbank freilich zusätzliche, nicht offiziell registrierte Reserven, und zum Zeitpunkt des Kriegsausbruchs verfügte sie realiter über einen Goldvorrat im Gegenwert von 387,2 Mio. RM. Zusätzlich beschlagnahmte die Reichsbank die Goldreserven Österreichs und der Tschechoslowakei.

Im Verlauf des Krieges sahen sich die Reichsbehörden und die Reichsbank zunehmend mit dem gebieterischen Zwang konfrontiert, genug Gold zu beschaffen, um die Einfuhr strategisch wichtiger Rohstoffe wie Erdöl, Wolfram und Manganerz finanzieren zu können. Wie Reichswirtschaftsminister Walther Funk 1941 rundheraus erklärte: «Bei Kriegsende wird das Gold, das wir brauchen, unser sein.»[224] Von dem Gold, das Deutschland insgesamt zur Verfügung stand, stammte der größere Teil (1208 Mio. RM, wenn man den offiziellen damaligen Goldpreis zugrunde legt) aus den während des Krieges geplünderten Zentralbanken anderer Länder, ein kleinerer, aber gleichwohl verblüffend großer Teil (im Wert von 212,5 Mio. RM) aus individuellem Privatbesitz. Sogenannte Devisenschutzkommandos, die im Rahmen von Görings Vierjahresplan-Organisation operierten, hatten dieses Gold eingesammelt. In dem letztgenannten Betrag war auch Gold im Wert von mindestens 7,5 Mio. RM enthalten, das die SS im Rahmen der «Operation Reinhard» den Opfern der Vernichtungslager in Polen geraubt hatte.

Bei Kriegsende beschlagnahmten die Alliierten in deutschen Geheimdepots Gold im Wert von 298,9 Mio. US-$; fast das Doppelte dieser Menge – Gold im Wert von 565,5 Mio.US-$ – war in den Kriegsjahren ins Ausland verkauft worden, vorwiegend an die Schweizerische Nationalbank, aber auch an Schweizer Privatbanken.[225] Ein relativ kleiner Teil des Reichsbankgoldes wurde an die beiden größten deutschen Banken, die Deutsche und die Dresdner Bank, sowie an zwei kleine Spezialbanken veräußert, die die geheimen Geschäfte der Vierjahresplan-Organisation im besetzten Europa besorgten: H. Fetschow & Sohn und Sponholz & Co.[226]

Welche Rolle spielten die Privatbanken, und welches Motiv hatten sie, das potentiell schmutzige Geld der Reichsbank zu kaufen? Die Deutsche Bank betrieb von 1941 an ein begrenztes, aber ziemlich lukratives Geschäft mit Goldlieferungen an deutsche Diplomaten in der neutralen Türkei und andere dort ansässige Deutsche. Ihr bester Kunde war dabei der deutsche Botschafter Franz von Papen, der der Deutschen Bank seit langem verbunden war und seine persönlichen Papiere in einem Tresor in ihrer Berliner Zentrale deponiert hatte. Eine Zeit lang hatte die Deutsche Bank in diesem Geschäft eine Monopolstellung inne; im Sommer 1942 lehnte sie das an sie gestellte Ansinnen ab, die Istanbuler Niederlassung der Dresdner Bank (die damals noch Deutsche Orientbank hieß) daran teilhaben zu lassen. Ursprünglich lief das Geschäft so, daß die Deutsche Bank in der Schweiz Gold einkaufte und es gegen US-Dollars, Schweizer Franken oder «freie» (d. h. konvertierbare) Mark in die Türkei veräußerte.

Doch im Sommer 1942 begann die Schweizerische Nationalbank sich Sorgen um einen zu starken Abfluß schweizerischer Goldreserven zu machen und erließ Beschränkungen für die Ausfuhr von Gold aus dem Land. Im Dezember 1942 trat eine Bestimmung in Kraft, derzufolge Goldkäufe und -verkäufe nur noch zum amtlichen Goldpreis erfolgen durften und alle Goldtransaktionen in der Schweiz über die Nationalbank laufen mußten. Daraufhin mußte sich die Istanbuler Niederlassung der Deutschen Bank nach einer anderen Bezugsquelle für Gold umsehen. Gerade in der Zeit, in der die Goldgeschäfte mit der Schweiz schwieriger zu werden begannen, statteten zwei führende Männer der Edelmetall- und Devisenabteilung der Reichsbank, Albert Thoms und Karl Graupner, der Deutschen Bank Filiale Istanbul einen Besuch ab. Deren Direktor legte eine Aktennotiz vor, in der er den Vorschlag unterbreitete, die Reichsbank solle Gold für das Arbitragegeschäft zur Verfügung stellen. Die Reichsbank ging darauf ein, wahrscheinlich weil auch sie sich davon hübsche Gewinne versprechen konnte, würde sie doch für ihr Gold einen wesentlich höheren Preis erlösen als den in Deutschland nach wie vor geltenden amtlichen Goldpreis, der auf dem Stand von vor 1931 eingefroren war.

Insgesamt verkaufte die Reichsbank an die Deutsche Bank 4446 kgf Gold (davon 2456 kgf in Barrenform), ferner 5676 kgf an die Dresdner Bank, darunter 2136 kgf in Barrenform. (Die Dresdner Bank wurde endlich zu diesem profitablen Geschäft zugelassen, vermutlich dank ihrer guten politischen Kontakte.)[227] Das von der Deutschen Bank erworbene Reichsbankgold war nach amtlichem Kurs 12,5 Mio. RM wert, auf dem freien türkischen Markt hingegen wesentlich mehr. Die Deutsche Bank kaufte zusätzlich auch weiterhin in der Schweiz und konnte so während der Dauer des Krieges auf dem Istanbuler Markt insgesamt 4143 kgf (von ihrem gesamten eingekauften Volumen von 4967 kgf) veräußern.[228]

Dieses Gold wurde fast vollständig an Privatpersonen verkauft, überwiegend an Diplomaten der Achsenmächte Bulgarien, Italien und Rumänien (während Ungarn und Japaner sich eher der Dresdner-Tochter Deutsche Orientbank bedienten). Einer der Istanbuler Direktoren der Deutschen Bank erklärte dazu nach dem Krieg: «Da das Goldgeschäft stärkeren Nutzen ließ, war jede Bank bemüht, ihren Umsatz darin zu vergrößern, was naturgemäß ein gewisses ‹Poussieren› dieser Kundschaft erforderte.»[229] Diese Goldverkäufe in der Türkei gehörten freilich nicht in den großen Rahmen der deutschen Kriegswirtschaft und waren für die Aufrechterhaltung der Verteidigungsfähigkeit des Landes nicht notwendig. Was Deutschland von der Türkei unbedingt brauchte, waren Chromerze, eine notwendige Zutat für die Herstellung hochwertiger Stähle; das ursprüngliche deutsche Anerbieten, diese Erze mit Gold zu bezahlen, hatte die türkische Regierung abgelehnt, und man hatte sich auf eine andere Abgeltung dieser Lieferungen geeinigt.

Es liegen im übrigen auch keine Anhaltspunkte dafür vor, daß aus den Erträgen der Gold-Arbitragegeschäfte der Privatbanken deutsche Spionageaktivitäten finanziert worden wären (wie im Zweiten Bericht des U.S. State Department über Goldtransaktionen behauptet wurde)[230] – der wichtigste deutsche Spion wurde in gefälschten britischen Pfundnoten bezahlt. Die Wahrheit ist viel banaler: Der Handel mit Gold unter Ausnutzung der erheblichen Differenz zwischen Ankaufs- und Verkaufspreis war für deutsche und andere Diplomaten in der Türkei ein Mittel, sich zu bereichern,

Alfred Kurzmeyer, Direktor mit Generalvollmacht von 1939–1945

und die Deutsche Bank und ihre Manager ließen es sich nicht nehmen, an diesem attraktiven und einträglichen Geschäft mitzuverdienen.

Das eigentlich Problematische an diesem Handel war nicht der geschäftstüchtige Gebrauch, der von dem Gold in Istanbul gemacht wurde, sondern die Herkunft des Goldes. Dank der Haupt- und Kontrollbücher der Reichsbank (die nur noch in Gestalt einer Mikrofilmkopie im Washingtoner Nationalarchiv existieren und dort 1997 von Historikern wiederentdeckt wurden) und der Aufzeichnungen der Degussa (der Firma, die im Auftrag der Banken Edelmetalle verfeinerte und zu Barren schmolz) war es möglich, ziemlich genau zu rekonstruieren, woher das «Türkeigold» der Deutschen Bank stammte. Ein überraschend großer Teil dieses Goldes, 744 kgf, entfiel auf Goldbarren, die von der Reichsbank mit der Herkunftsangabe «Melmer» versehen worden waren. Dieses Gold stammte aus insgesamt 76 Gold- und Edelmetallieferungen des SS-Obersturmbannführers Bruno Melmer an die Reichsbank. Es handelte sich hier um «Opfergold», das die SS ihren zumeist jüdischen Opfern (den noch lebenden wie den ermordeten) im Zuge der sogenannten Operation Reinhard abgenommen hatte.

Die Juden in den Vernichtungslagern waren nicht die alleinige Quelle des Melmer-Goldes. Eine Lieferung von 3,2 kgf an die Deutsche Bank stammte wahrscheinlich von einem Massaker, das ein SS-Kommando im ukrainischen Stanislau verübt hatte.[231] Auf die Frage, warum ein so großer Teil der Barren, die aus geraubtem Opfergold erschmolzen wurden, an die Deutsche Bank ging (ein kleinerer Teil ging zur Dresdner Bank), gibt es eine zumindest teilweise plausible Antwort: Die Einwilligung der Reichsbank, Gold aus ihren Vorräten für den Export nach Istanbul abzugeben, erging kurz bevor die größeren Schübe des Melmer-Goldes eintrafen. Auf der anderen Seite wuchsen in derselben Zeit die Goldverkäufe an die Schweizerische Nationalbank stark an; Barren aus dem Melmer-Gold waren darin nur sehr wenige enthalten, sondern hauptsächlich beschlagnahmtes Gold aus westlichen Ländern, vor allem aus den Zentralbanken der Niederlande und Belgiens, aber auch aus dem Besitz von Privatpersonen. Bei diesen sehr viel größeren Goldmengen wurde einfach eine Umschmelzung in 12,5-Kilo-Barren vorgenommen, die Standardeinheit für den Goldaustausch zwischen Zentralbanken. Die zumeist privaten Abnehmer in der Türkei verlangten hingegen eine kleinere Stückelung; entweder Münzen (vorwiegend westeuropäischer Provenienz) oder 1-kg-Barren. Ein großer Teil der letzteren stammte aus der Ein- und Umschmelzung der Melmer-Lieferungen.

Bei alledem haben wir keine Möglichkeit, sicher zu ergründen, welchen Weg das Gold nahm, das die SS durch Bruno Melmer der Reichsbank zufließen ließ. Die neuesten Forschungen über die Abwicklung der Schmelzaufträge bei der Degussa deuten darauf hin, daß Gold, das im Namen eines Kunden zur Bearbeitung (zum Einschmelzen und/oder Verfeinern) bei der Degussa angeliefert wurde, nur mengenmäßig, nicht aber in seiner physischen Identität mit bestimmten nach erfolgter Einschmelzung oder Verfeinerung ausgelieferten Chargen übereinstimmte.[232] Es besteht also nicht zwangsläufig eine physische Verbindung zwischen dem Gold aus den Vernichtungslagern Osteuropas und den Goldverkäufen der Deutschen Bank an von Papen und andere. Nur wenige Leute in der Reichsbank wußten von den Goldlieferungen der SS – Thoms und Graupner gehörten mit Sicherheit dazu. Wir können nur darüber spekulieren, ob sie bei Besprechungen in Berlin oder beim Besuch der deutschen Banken in Istanbul etwas von dem, was sie wußten, durchblicken ließen.

Die Goldgeschäfte in der Türkei hatten ein eigenartiges Nachspiel, das einem den Eindruck vermittelt, Hermann J. Abs seien diese Goldtransaktionen unangenehm gewesen, und er habe tunlichst vermeiden wollen, daß auch nur ein kleiner Zipfel davon öffentlich bekannt wurde, da sonst womöglich die von der Deutschen Bank in den Kriegsjahren getätigten türkischen Geschäfte in ihrem ganzen Umfang ans Licht gekommen worden wären. Um dies zu verhindern, ließ Abs die Goldbarren in einem Schweizer Banktresor lagern, wo sie bis in die 1990er Jahre blieben.

Alfred Kurzmeyer, Mitarbeiter der Deutschen Bank im Direktorenrang und Schweizer Staatsbürger, verwaltete bei Kriegsende 307 kgf Gold auf Rechnung der Istanbuler Niederlassung der Deutschen Bank, dazu Barbestände in Schweizer Banknoten. Er meldete alle diese Guthaben vorübergehend unter seinem eigenen Namen an, um sie vor der im Februar 1945 verfügten Einfrierung aller deutschen Konten zu bewahren. 1952 wurden im Rahmen eines Abkommens zwischen Deutschland und der Schweiz zunächst einmal die eingefrorenen Goldguthaben freigegeben, unter der Maßgabe, daß ein Drittel ihres Wertes an den Schweizer Staat abgeführt werden mußte. (Kurzmeyer versuchte sich dieser Abgabe zu entziehen, indem er nunmehr argumentierte, das Gold gehöre Deutschen mit ständigem Wohnsitz in der Türkei und falle deshalb nicht unter die Abgabepflicht.) Tatsächlich waren und blieben die Goldbarren in der Schweiz und gehörten formell der Trinitas Vermögensverwaltung, einer 100prozentigen Tochter der Nachfolgeinstitute der Deutschen Bank.

Dieses Gold wurde erst 1995, nach dem Tode von Abs, für 5,6 Mio. DM verkauft. Diesen Erlös spendete die Deutsche Bank 1997 je zur Hälfte an die World Jewish Restitution Organization und an die Stiftung «March of the Living». Jonathan Steinberg stellt in seinem Bericht über die Goldtransaktionen der Deutschen Bank die Vermutung an, Abs und Kurzmeyer hätten um das Geheimnis des Reichsbankgoldes gewußt.[233] Das anhaltende Zögern von Abs, das Trinitas-Gold nach dem Krieg aus der Versenkung zu holen, hing womöglich mit dem Wissen um seinen Makel zusammen.

Kurzmeyer selbst pflegte direkte Kontakte zur SS und spielte anscheinend für diese Organisation eine ähnliche Treuhänderrolle wie für die Deutsche Bank im Bereich ihrer Goldgeschäfte. Anfang 1945 ließ die SS bei der Schweizerischen Kreditanstalt in Zürich ein Nummernkonto für ihr Industrie-Imperium Deutsche Wirtschaftsbetriebe eröffnen, auf das neben Oswald Pohl und Georg Lörner aus der Chefetage des SS-Wirtschaftsamts auch Leo Volk (der als SS-Sendbote die Schweizer Konten der Organisation eröffnet hatte) und Kurzmeyer Zugriff hatten. Kurzmeyer war der Schweizer Polizei und den Nachrichtendiensten des Landes wohlbekannt; sie berichteten ab September 1944 über den Schmuckhandel, den er von seinem Stützpunkt im Hotel Savoy am Zürcher Paradeplatz aus betrieb.[234] Abs mußte wissen, daß Kurzmeyer auch für das deutsche Auswärtige Amt und die Reichsbank arbeitete, denn diese Verbindungen waren es, die seine Dienste für die Bank interessant machten. Ob Abs Kurzmeyers SS-Kontakte kannte, läßt sich nicht nachprüfen, doch es wäre nur vernünftig gewesen, diesem halbseidenen Einfädler von Hintertreppen- und Hotelzimmerdeals alle erdenklichen Verbindungen zuzutrauen.

Abs hatte vor seinem Eintritt in die Deutsche Bank eine besonders hohe Kompetenz im Bereich der Regulierung der deutschen Auslandsschulden erworben (wo alljährlich Neuverhandlungen über das nach der großen Bankenkrise von 1931 vereinbarte Stillhalteabkommen geführt wurden, an denen er beteiligt war). Zu den lukrativsten Finanzoperationen, die sich in den 1930er Jahren anboten, gehörte der Aufkauf deutscher Schatzbriefe, die in den 1920er Jahren von ausländischen Anlegern gekauft worden waren und seit der Stundung der deutschen Schulden 1931 zu sehr niedrigen Kursen (zwischen 10 und 50 Prozent ihres Nominalwerts) gehandelt wurden. Diese Titel wurden en gros eingesammelt und nach Deutschland repatriiert, wo sie zu Kursen nahe der Parität abgesetzt werden konnten. Für die Realisierung dieses einträglichen Geschäfts benötigte man allerdings Devisen, die die Reichsbank eifersüchtig hütete. Abs zog kurz nach seinem Eintritt in die Deutsche Bank eine solche Transaktion durch, allerdings auf eigene Rechnung, nicht auf die des Hauses.

1940 kaufte er Schuldverschreibungen im Wert von 40 Mio. US-Dollar aus der sogenannten Kreuger-Anleihe von 1929 (die sich auf insgesamt 125 Mio. Dollar belaufen hatte) zu 40 Prozent ihres Nominalwertes auf. Verkauft wurden sie ihm von der Stockholms Enskilda Bank, die der Wallenberg-Dynastie gehörte. (Die Wallenbergs waren die großen Rivalen des schwedischen «Zündholzkönigs» Ivar Kreuger gewesen – und damit auch die Hauptnutznießer seines finanziellen Kollapses und seines anschließenden Selbstmordes im Jahr 1932.) Abs trat bei dem Geschäft als unmittelbarer Agent der Reichsbank auf, die das Gold für die Transaktion zur Verfügung stellte; er war jedoch offenkundig bestrebt, ihre Rolle im Dunkeln zu halten, da die Operation überhaupt nicht zu ihrer öffentlichen Rhetorik über die Notwendigkeit, die deutschen Goldreserven zusammenzuhalten, passen wollte. Das Geschäft erwies sich als so einträglich (allein Abs' Provision belief sich auf 293 052 RM und lag damit nur knapp unter der Summe, die er bei der Deutschen Bank pro Jahr verdiente), daß Abs der Reichsbank sogleich vorschlug, noch mehr Kreuger-Anleihescheine zurückzukaufen. Das Reichsfinanzministerium weigerte sich jedoch, der Verwendung weiterer Teile der deutschen Goldreserve für eine solche Operation zuzustimmen.[235]

In den Kriegsjahren tätigte Abs für die Reichsbank noch andere Währungsgeschäfte; er benutzte dazu die Deutsche Ueberseeische Bank (Banco Alemán Transatlántico), eine Tochter der Deutschen Bank. Deutsche Zahlungen nach Südamerika waren früher überwiegend über New Yorker Banken abgewickelt worden, doch das wurde ungleich schwieriger, nachdem die US-Regierung am 14. Juni 1941 das Einfrieren aller Guthaben auf amerikanischen Konten mitteleuropäischer Kunden verfügt hatte. Die Zweigstelle Lima der DUB hatte bei der Chase Manhattan Bank of New York ein Konto mit einem Saldo von 100 000 US-Dollar, das nominell dem Banco Central de Reserva del Peru zugeordnet war.[236] Schon im Februar 1941 hatte eine andere Tochter der Deutschen Bank, die Deutsch-Asiatische Bank in Schanghai, bei der New Yorker Niederlassung der Schweizerischen Kreditanstalt einen Kredit aufgenommen. Insgesamt lieh die SKA der Deutsch-Asiatischen Bank 6 Mio. Schweizer Franken.[237] Im April 1941 wurde reichsbankintern die Eröffnung eines Dollarkontos bei der DUB angeregt.[238] Nach dem Einfrieren der feindlichen Konten in den USA bestätigte die DUB ihre Bereitschaft, für die Reichsbank eine Lieferung von Banknoten und Goldzertifikaten im Gesamtwert von 90 000 US-Dollar nach Buenos Aires durchzuführen.[239]

Die Dienste der DUB wurden auch für die Überweisung recht erheblicher Geldbeträge in die Schweiz in Anspruch genommen, besonders im Endstadium des Krieges, als die Westalliierten die Tätigkeit der Schweizer Banken immer intensiver beobachteten. Im Oktober 1944 richtete die Reichsbank bei der DUB ein Schweizer-Franken-Konto ein.[240] Franken wurden für die Beschaffung von Rüstungsgütern gebraucht, vielleicht auch für Spionageaktivitäten. Ende 1944 lief über die DUB eine Zahlung in Höhe von 1 Mio. Schweizer Franken an Major Gäfgen, den Leiter der Deutschen Industriekommission in der Schweiz. Auf der Zahlungsanweisung findet sich neben dem im Namen und zu Lasten des Auswärtigen Amtes erteilten Überweisungsauftrag die Anordnung, zusätzlich 682 325,90 Schweizer Franken «zur Verwendung als Dienstgelder für die Dienststelle früher Winzer, jetzt Hames (Pol. Abt.), im Auftrag des Reichsführers SS und Reichsminister des Innern» auszuzahlen.[241] Im Januar 1945 wurden 4,7 Mio. Schweizer Franken an das deutsche Generalkonsulat in Zürich gezahlt.[242] Im März 1945 gingen noch einmal 1,3 Mio. Schweizer Franken an Major Gäfgen. Wie gelangte dieses Geld in die Schweiz? Es kam nicht mehr direkt aus Deutschland, sondern per Überweisung von einer spanischen Bank, dem Instituto de Moneda Extranjera, das seinerseits im Auftrag der DUB handelte. Der Gesamtbetrag – es handelte sich um 6 769 550 Schweizer Franken – wurde schließlich von Kurzmeyer im Tresorschließfach XXXII der Schweizerischen Kreditanstalt deponiert und aufbewahrt.[243] Auf diese Weise wurde die DUB zum Vehikel für die Tarnung deutscher Auslandszahlungen.

Das Geschäft mit den Kreuger-Papieren war nicht die fragwürdigste Finanzoperation, die Abs in der Kriegszeit durchgeführt hat. Während der letzten Monate des Krieges scheint Abs einige Geschäfte in eigener Sache durchgeführt zu haben. Im September 1944 unternahm er eine einwöchige Reise in die Schweiz, wo er die Adresse seiner Schwiegermutter, Doris Schnitzler, in Küstnacht bei Zürich als Postanschrift angab. Während seines Aufenthalts erhielt er von der Dresdner Bank 746 800 Schweizer Franken, die bei der Züricher Niederlassung des Schweizerischen Bankvereins eingingen. Es ist unklar, wozu er das Geld verwendete, oder weshalb es überwiesen wurde.[244] Vieles an der Transaktion ist rätselhaft, doch sicher scheint, daß Abs damit gegen die Bestimmungen seines Anstellungsvertrages bei der Deutschen Bank verstieß, der den Unterhalt von Konten bei anderen Instituten ausschloß.[245] Es sieht ganz danach aus, als sei er nicht völlig erhaben darüber gewesen, sich auf zwielichtige Geschäfte ganz und gar Kurzmeyerschen Charakters einzulassen.

11. Die «Neue Ordnung»

Insbesondere in der Phase zwischen der Niederwerfung Frankreichs im Mai 1940 und der «Operation Barbarossa», dem Angriff auf die Sowjetunion im Juni 1941, verfolgte die Wirtschaft mit begeisterter Zustimmung die dramatische Neuordnung Europas zum Vorteil Deutschlands. Unternehmer und Bankiers gingen davon aus, daß man nach einem baldigen Kriegsende Lehren aus der Zwischenkriegszeit ziehen werde, aus dem Scheitern des Internationalismus und aus der in den 1930er Jahren üblichen Beschränkung des Handels. Im Zentrum der neuen Nachkriegsära, so glaubte man, werde die deutsche Wirtschaftsmacht stehen.

Reichswirtschaftsminister Walther Funk übertrug die bekannte nationalsozialistische Idee der «Großraumwirtschaft» auf einen europäischen

Handels- und Währungsblock der Zukunft, in dem feste Wechselkurse und frei konvertierbare Währungen die frühere Sicherheit des Goldstandards wieder gewährleisten würden, diesmal aber unter Integration des europäischen Kontinents. Funk beharrte auch dann noch auf seiner Position, als sie den meisten anderen bereits unrealistisch schien. Noch 1944, als das deutsche Verrechnungssaldo in schwindelerregende Höhen geklettert war, als die unterdrückte Inflation zu Fehlallokationen und zur Entwicklung eines Schwarzmarktes führte und, nicht zu vergessen, als Deutschland ganz offensichtlich im Begriff war, den Krieg zu verlieren, erklärte er: «Eines unserer Grundprinzipien für die Gestaltung der Wirtschaft im neuen Europa ist die Stabilität der Wechselkurse und die Stabilität der Preise.»[246]

Zu solchen Themen äußerte sich auch Abs in seiner Rede «Europa und USA in wirtschaftlicher Betrachtung», die er am 17. Juli 1941 vor dem «Handelspolitischen Ausschuß der Reichswirtschaftskammer» hielt. Die Hauptbotschaft seiner Überlegungen war, daß das Verrechnungssystem der 1930er Jahre der Entwicklung des Handels und dem wirtschaftlichen Aufschwung geschadet habe und daß folglich in Zukunft Zahlungen in konvertierbarer Währung über das internationale Bankensystem erfolgen sollten. Da sich jedoch das europäische Wirtschaftsgebaren von dem amerikanischen unterscheide, schien es Abs sinnvoll, die Liberalisierung zunächst auf kontinentaler Ebene durchzuführen. Einerseits könnte man hierin eine Art Vorgriff auf die «Europäische Zahlungs-Union» der 1950er Jahre sehen. Andererseits, und zwar aus der politischen Sicht von 1941 betrachtet, lieferte Abs hier eine Rechtfertigung des deutschen Imperialismus: «Die Perspektiven, die sich für die deutsche Wirtschaft nach dem Kriege stellen und die auf einen engeren Zusammenschluß aller kontinentaleuropäischen Volkswirtschaften hinauslaufen, rechtfertigen ja unter außenhandelsmäßigen Aspekten eine Betrachtung, die Kontinental-Europa dem amerikanischen Kontinent gegenüberstellt.»[247]

Die Vision eines neugeordneten Europas – wirtschaftlich geeint und von deutschen Interessen geleitet – schien nach der schnellen Folge militärischer Siege von 1940 greifbar nahe. Aber bald erlosch der Enthusiasmus der Unternehmer und Bankiers, ihre Zukunftsvisionen schwanden dahin – es blieben die Probleme des internationalen Zahlungsverkehrs in den von Deutschland okkupierten Teilen Europas. Über die Schwierigkeiten wurde häufig in der Reichsbank wie auch später im «Arbeitskreis für Außenwirtschaftsfragen» beraten. Letzterer wurde 1944 gegründet und setzte sich aus Beamten des Reichswirtschaftsministeriums und Vertretern der Wirtschaft, unter ihnen auch Abs, zusammen. Schon im Dezember 1939 hatte Abs die Verrechnungstechnik als ineffizient, untauglich und handelshemmend kritisiert und für eine Rückkehr zum multilateralen Handel plädiert.[248] Dieses Thema taucht in Abs' Stellungnahmen zur Handelspolitik immer wieder auf, unabhängig davon, ob Deutschland den Krieg zu gewinnen schien oder ob es ihn verlor.

Im Laufe des Jahres 1943 wurde Abs in eine erregte internationale Diskussion über eine künftige Nachkriegsordnung verwickelt. Im Mai 1943 traf sich der wirtschaftliche Berater der in Basel ansässigen Bank für Internationalen Zahlungsausgleich, der Schwede Per Jacobsson, mit Abs, Emil Puhl von der Reichsbank und Carl Goetz von der Dresdner Bank. Im Zürcher Hotel Baur en Ville diskutierten die Bankiers die von John Maynard Keynes und Harry Dexter White entwickelten (zum Teil in Antwort auf Funks «Neue Ordnung» entworfenen) Währungspläne. Die Deutschen verliehen ihrer großen Vorliebe für die britische Version Ausdruck: «Puhl scheint zu denken, daß der amerikanische Plan zu sehr auf eine amerikanische Hegemonie abziele. Abs sagte, daß die von White entwikkelte Rechnungseinheit UNITAS im Entwurf des amerikanischen Finanzministeriums nur ein Feigenblatt für den Dollar sei.» Erstaunlicherweise kritisierten die deutschen Bankiers auch die deutsche Zahlungspraxis und beschrieben das deutsche Währungssystem als schlichte Notlösung. Die Diskussion setzte sich einen Monat später in Berlin fort, als Jacobsson erschien, um die Details der Entwürfe Whites und Keynes' einem erweiterten Kreis von Finanzfachleuten vorzustellen, wiederum unter Teilnahme von Abs.[249] Abs wollte auf Keynes und White mit einer befriedigenderen als der von Funk vorgeschlagenen Lösung reagieren.

Im Beirat der Reichsbank drängte Abs 1943 darauf, daß Deutschland seine Verkäufe an die Länder Kontinentaleuropas erhöhte, um das Auflaufen eines großen Verrechnungssaldos zu verhindern. «Die Veröffentlichung des Keynesplans und des Whiteplans habe einen interessanten Aufschluß über die Meinungsverschiedenheiten zwischen den Engländern und den Amerikanern gebracht. Deutschland habe wohl kaum die Möglichkeit, diesen Plänen etwas Ähnliches entgegenzustellen. Hingegen könnten wir zeigen, welche Vorteile mit einer großzügigen Handelspolitik verbunden sind.»[250] Indem er sich für eine liberale Handelspolitik aussprach, wandte sich Abs gegen eines der wichtigsten und charakteristischsten Merkmale nationalsozialistischer Außenwirtschaftspolitik; aber es war unmöglich, in gleicher Weise den wesentlich allgemeineren Komplex des nationalsozialistischen Wirtschaftsdenkens und der Ausweitung staatlicher Kontrolle zu diskutieren.

VI. Die Machtsteigerung von Staat und Partei während des Krieges

Bei dem Blick auf die Auslandsaktivitäten der Deutschen Bank wurde deutlich, daß der staatliche Einfluß auf wirtschaftliche Angelegenheiten ständig zunahm: Der Staat bestimmte die Rüstungsgüterproduktion im besetzten Europa, er vergrößerte die Anzahl staatlicher Betriebe, und er legte geographisch definierte Einflußzonen für die einzelnen Banken fest. Nur gelegentlich wurde der Politik ihre Stoßkraft genommen – in der Regel dann, wenn eine Person an der Spitze eines Unternehmens der öffentlichen Hand in der schwierigen und gefährlichen Cliquenpolitik des nationalsozialistischen Deutschland eine persönliche Niederlage erlitt. Die gleiche Tendenz – wachsende Staats- und Parteigewalt, die nur durch parteipolitische Machtkämpfe gestört wurde – kennzeichnete die Entwicklung der deutschen Wirtschaft im Innern. Kriege können privatwirtschaftlichen Unternehmen ungeahnte Möglichkeiten eröffnen, aber auch zu der Forderung führen, daß unverhältnismäßige private Gewinne zu begrenzen und die staatliche Wirtschaftskontrolle auszuweiten seien. Im Fall der Nationalsozialisten besteht kein Zweifel daran, daß während des Krieges die Forderung nach Begrenzung und Kontrolle die Oberhand gewann.

1. *Die Machtsteigerung des Staates*

In den frühen Kriegsjahren 1940/41 umfaßte das Bankgeschäft nicht allein den Erwerb von Vermögenswerten im besetzten Europa, sondern auch die Privatisierung einzelner Unternehmen innerhalb Deutschlands. Ein einzigartiges Investitionsklima erwuchs aus der Kombination von wachsendem Inflationsdruck (infolge des Staatsdefizits, das mit Hilfe der Notenpresse finanziert wurde) und festgelegten Höchstgrenzen der Börsenkurse. Insbesondere Sachwerte gewannen dadurch für solche Spekulanten an Anziehungskraft, die sich an die Inflationserfahrungen nach dem Ersten Weltkrieg erinnerten und auch nicht vergessen hatten, welch hohe Gewinne aus der schnellen industriellen Expansion und dem Erwerb von Sachwerten mit Papiergeld zu ziehen waren. Einige wichtige

Debitorenkonten schnellten bei der Deutschen Bank in die Höhe: vor allem die des Tabakimperiums Reemtsma und der Akkumulatorenfabrik AG von Günther Quandt. Beide griffen auf Kredite von Banken zurück, um ihren Industriebesitz zu vergrößern. Reemtsma, einer der bedeutendsten Aktienbesitzer der Bank, hatte bis Oktober 1944 Kredite über 46 Mio. RM aufgenommen und verfügte damit über das größte Debitorenkonto der Bank.[1]

Unter anderem wurde die Hapag 1941 so unauffällig wie möglich privatisiert, und zwar von einem Konsortium, das von Philipp Reemtsma geführt und von der Deutschen Bank finanziert wurde. Reemtsma erwarb Aktien im Wert von 4 Mio. RM mit der Option auf weitere 4 Mio., ohne daß Rücksprache mit dem Aufsichtsrat von Hapag gehalten worden wäre. Dieser konnte lediglich seinem «Bedauern [...], daß der Aufsichtsrat diese Tatsache und sonstige Einzelheiten erst aus der Presse erfahren hat», Ausdruck verleihen.[2]

1941 führte die Bank außerdem die Privatisierung von Anteilen der Vereinigten Stahlwerke (des führenden deutschen Stahlkonzerns) über 120 Mio. RM durch. Göring, jetzt eine wesentlich weniger bedeutende Persönlichkeit im Machtgefüge des Dritten Reiches, genehmigte dies fast demütig, obwohl er früher, als er die staatlichen Reichswerke aufbaute, erbittert gegen die Führung der Vereinigten Stahlwerke (Stahlverein) gekämpft hatte. Er gab, wie die Deutsche Bank glaubte, seine Einwilligung, «da augenblicklich diese obersten Stellen nach der privatwirtschaftlichen Seite gehen».[3] Aber diese Bemerkung wurde just in dem Augenblick gemacht, als sich der Kriegsverlauf und damit die Wirtschaftspolitik erneut zu ändern begannen und eine noch radikalere Wendung nahmen.

Nachdem die «Operation Barbarossa» gescheitert war, also kein sofortiger Sieg über die Sowjetunion erzielt werden konnte, fand eine vollständige Neuordnung der Kriegswirtschaft statt. Am 3. Dezember 1941 erging ein «Erlaß des Führers», demzufolge die Produktion von Verbrauchsgütern einzuschränken und die Produktion von Kriegsgütern in den rationellsten und wirtschaftlichsten Betrieben zu konzentrieren war. Mitte Januar 1942 begann Deutschland, sich mit der Neuordnung der Wirtschaft auf die Erfordernisse einer langen kriegerischen Auseinandersetzung einzustellen. Rationalisierungsbestrebungen führten im April 1942 unter Albert Speer zur Errichung der «Zentralen Planung», die die Rohstoffzuteilung zentral regelte und mit den bereits unter Speers Vorgänger im Amt des Reichsministers für Rüstung und Munition, Fritz Todt, eingerichteten Industrieausschüssen zusammenarbeitete.[4]

Während das Ministerium Speers die Volkswirtschaft in den Griff nahm, steigerte auch die Partei ihren Einfluß durch die Schaffung von Kontrollorganen auf regionaler Ebene: Sie errichtete Gauwirtschaftskammern anstelle der alten Handelskammern und ernannte Gauwirtschaftsführer.

Die Neuorganisation der Industrie führte außerdem dazu, daß sich der Staat bei der Finanzierung der Kriegsproduktion wesentlich stärker einmischte. Die wichtigsten Rüstungsgüterproduzenten erhöhten ihre Kapazitäten mit Hilfe von Konsortien, in denen mehrere Geschäftsbanken vereinigt waren, in denen jedoch die öffentlichen Kreditinstitute die Hauptrolle spielten. Eine solche Hauptrolle übernahm beispielsweise die neu gegründete Bank der Deutschen Luftfahrt in der äußerst kapitalintensiven Luftfahrtindustrie. Bankkredite spielten bei der Steigerung der Rüstungsgüterproduktion eine zwar bedeutende, aber letztlich untergeordnete Rolle.

Die Unternehmen, die traditionell mit der Deutschen Bank verbunden waren, bildeten keine Ausnahme, als es an die Finanzierung jener gesteigerten Rüstungsproduktion ging. 1944 hatte die Flugmotorenfabrik der Daimler-Benz Motoren GmbH Gemshagen – ursprünglich zu 95 Prozent im Besitz des «Luftfahrtkontors», des Vorgängers der Bank der Deutschen Luftfahrt – Verbindlichkeiten in Höhe von 17 750 000 RM, von denen 7 000 000 aus einem Betriebsmittelkredit der Luftfahrtbank und 3 125 000 RM aus einem staatlichen Kredit zur Mobilisierung («Mob-Kredit») stammten.

Das BMW-Werk in Eisenach war ebenfalls zum Teil in staatlichem Besitz[5], und der staatliche Kreditanteil wuchs während des Krieges weiter. Im Juli 1939 belief sich die Kreditsumme insgesamt auf 43,5 Mio. RM. Davon kamen 19,5 Mio. aus dem Bankenkonsortium (an dem die Deutsche Bank zu zwei Dritteln und die Dresdner Bank zu einem Drittel beteiligt war), 17 Mio. aus dem Luftfahrtkontor und 7 Mio. aus einem weiteren öffentlichen Kreditinstitut, der Bank für Industrie-Obligationen. Bis 1941 waren die Kredite auf 77 Mio. RM angewachsen, von denen die beiden Geschäftsbanken nur noch 13,5 Mio. RM stellten.[6] 1942 verlangte die Luftfahrtbank, sowohl an Umlaufkrediten als auch an «Mob-Krediten» beteiligt zu werden.[7] Ein weiteres Beispiel bieten die Junkers Flugzeugwerke, wo die Luftfahrtbank 29 Mio. RM des Investitionskredits über 65 Mio. RM bereitstellte und die Deutsche Bank 12 Mio. RM; im Fall des Betriebsmittelkredits übernahm die Luftfahrtbank 40 Mio. RM und die Deutsche Bank 12 Mio. RM.[8] Die öffentlichen Kreditinstitute – Bank der

Deutschen Luftfahrt und Industriebank – hatten gegenüber den Geschäftsbanken den Vorteil, daß für ihre Kredite eine Rediskontzusage seitens der Reichsbank bestand, während über die anderen Kredite im Kreditausschuß der Reichsbank beraten werden mußte.[9]

2. *Kritik an den Banken*

Als Industrieunternehmen rationalisiert und Geschäftsbanken von staatlich kontrollierten Kreditinstituten unter Druck gesetzt wurden, schöpften jene Parteigenossen Hoffnung, die eine starke Abneigung gegen den Finanzkapitalismus hegten. Sie nahmen einen neuen Anlauf, die ursprünglichen radikalen Forderungen des nationalsozialistischen Programms durchzusetzen. Die alten Rufe wurden wieder laut: «Das Kreditgewerbe ist nicht Selbstzweck, sondern nur insoweit und in dem Umfang daseinsberechtigt, als die Volkswirtschaft seiner bedarf.» Folglich seien «Vereinfachungsmaßnahmen» vonnöten.[10] Wiederum tauchten Vorschläge auf, das deutsche Bankensystem zugunsten eines Netzes von Regionalbanken zu zerschlagen.[11]

Es gab Beschwerden über die Zinssätze; Beschwerden, daß es zu viele Filialen in Großstädten gebe, daß Banken ihr Depotstimmrecht mißbraucht hätten, daß sie über ihre Mitgliedschaft in Aufsichtsräten schädlichen Einfluß ausübten. Der «Völkische Beobachter» ging davon aus, daß die Industriefinanzierung von Banken von jeher zu Verzerrungen in der Wirtschaft geführt habe: «Wenn die Banken und vor allem die Emissionsbanken sich in der zweiten Hälfte des 19. Jahrhunderts in die Finanzierung nicht eingeschoben hätten, wäre der Wirtschaftsaufbau viel einfacher, glatter und mit geringeren Krisenschwankungen vor sich gegangen [...] Alle Finanzierung auf Kredit ist spekulativ.»[12] Der Sicherheitsdienst der SS verwendete öffentliche Meinungsumfragen, um seiner Forderung nach Maßnahmen gegen den Finanzkapitalismus Nachdruck zu verleihen: «Überwiegend werde der Gedanke von Großbanken abgelehnt, aber die Nützlichkeit von Kreditinstituten, die einen größeren Wirtschaftsbezirk betreuen, hervorgehoben.»[13] Anfang 1944 hatte die SS bereits zum allgemeinen Angriff gegen privatwirtschaftliche Prinzipien ausgeholt. Sie behauptete, «daß es letzten Endes völlig gleichgültig sei, ob in Zukunft die volkswirtschaftlichen Investitionen von der Privatwirtschaft oder von der öffentlichen Hand getragen werden.»[14]

Das zwischen 1931 und 1934 aufgebaute Bankenaufsichtssystem wurde als untauglich bemängelt und sukzessive demontiert. 1942 entzog man dem Reichsaufsichtsamt für das Kreditwesen die Kontrolle über die Bankfilialen und übertrug sie auf die Reichsbank, die damit die Aufsicht über die laufenden Bankgeschäfte übernahm. 1944 wurde das Aufsichtsamt dann ganz aufgelöst.[15] Man rechtfertigte diesen Schritt mit den Erfordernissen der Kriegswirtschaft, aber er war doch auch Teil eines allgemeinen Angriffs gegen die Stellung der Banken. Da die Banken inzwischen hauptsächlich verwaltend tätig waren – sie befaßten sich mit dem Zahlungsverkehr und damit, private Ersparnisse der Staatskasse zuzuführen – konnte man sie zurechtstutzen, genau wie dies bereits mit der öffentlichen Finanzverwaltung geschehen war.[16]

Die Offensive gegen die Banken wurde 1942 mit einem Brief Martin Bormanns an Reichswirtschaftsminister Funk zum Thema Kreditkosten und übertriebene Gewinne von Banken in Kriegszeiten eingeleitet. Die Deutsche Bank, so hieß es, habe ihren Gewinn von 1939 bis 1940 vervierfachen können.[17] Der Leiter der Parteikanzlei forderte deshalb, die Aufsichtsratssitze für Bankenvertreter zu begrenzen und Bankiers durch Experten aus der jeweiligen Branche zu ersetzen.[18] Die Forderung nach Rationalisierung – das war das wichtigste Schlagwort im Winter 1941/42 und wurde auf alle Bereiche von Verwaltung und Wirtschaft bezogen – ließ sich von der Partei auch für ihr Ziel instrumentalisieren, eine Neuordnung des deutschen Finanzwesens herbeizuführen und dessen Macht einzuschränken.

Im Mai 1942 erhielten alle Banken die Instruktion, sie hätten 10 Prozent ihrer Filialen zu schließen. Der Partei erschien das nicht radikal genug. Der für das Bankwesen zuständige Beamte im Reichswirtschaftsministerium, Ministerialdirektor Joachim Riehle, bemerkte, daß «bei den Reichsstatthaltern und Gauleitern offenbar die Ansicht entstanden sei, als ob die Rationalisierungsmaßnahmen von den Berliner Stellen nicht mit gehörigem Nachdruck betrieben würden». Einige Monate später soll er gegenüber Journalisten geäußert haben, daß im Bankwesen eine zu starke Konzentration stattgefunden habe: «Der Tatbestand, daß *eine einzige Großbank* [Hervorhebung im Original] ein rundes Drittel aller Kreditbankdepositen auf sich vereinige, sei ein Politikum. ‹Schicksal und Haltung› einer Großbank müßten als politische Angelegenheit betrachtet werden.»[19] Dies führte zur sofortigen Erstellung einer weiteren Liste von Filialen, die geschlossen werden sollten.[20] Daraufhin schloß die Deutsche Bank 1942 21 Filialen und 24 Stadtdepositenkassen, 1943 61 Filialen und 30 Kassen.

Im Oktober 1943 ordnete die Regierung eine Verkleinerung der Aufsichtsräte von Aktiengesellschaften an, bei der vor allem die Zahl der Bankiers reduziert und die meisten Aufgaben einem fünfköpfigen Komitee übertragen werden sollten. Die Deutsche Bank reagierte darauf, indem sie die Zahl der Bankenvertreter in den Aufsichtsräten der mit der Bank verbundenen Unternehmen auf ein Drittel der gesamten Ratsmitglieder verminderte.[21]

Die Banken und ihre politischen Verbündeten versuchten, eine Verteidigung aufzubauen. Vielleicht waren Banken tatsächlich für die Bedürfnisse einer Kriegswirtschaft überflüssig – aber wie verhielt es sich in Friedenszeiten? In einer im Dezember 1942 gehaltenen Rede betonte der Führer der «Reichsgruppe Industrie», Wilhelm Zangen von Mannesmann, daß Banken bei der Überführung von militärischen Produktionskapazitäten in eine friedliche Nutzung eine bedeutende Rolle spielen würden.[22] Anfang 1944 brachte sogar ein überzeugter nationalsozialistischer Bankier wie Otto Christian Fischer, Führer der «Reichsgruppe Banken», eine Denkschrift über den «Wiederaufbau einer Friedenswirtschaft» in Umlauf, in der er den Wiederaufbau einer «reinen Volkswirtschaft» verlangte, «die sich nach den Gesetzen von Angebot und Nachfrage auf der Grundlage des Wettbewerbs und der Kostenrechnung vollzieht».[23]

Die Deutsche Bank war zu diesem Zeitpunkt besonders leicht verwundbar, weil Stauß im Dezember 1942 gestorben war, und die Bank nun keinen politischen Fürsprecher mehr an prominenter Stelle hatte. Stauß mußte dringend ersetzt werden. Zunächst hatte das zur Folge, daß sich die Partei stärker in die Angelegenheiten des Aufsichtsrats einmischte. Als im März 1943 der Arbeitsausschuß über das Thema Bankrationalisierung beriet, wurde der Präsident der Reichswirtschaftskammer, Albert Pietzsch, eingeladen, um die Ansichten der Partei darzulegen.

Pietzsch war langjähriges NSDAP-Mitglied, ein sogenannter «Alter Kämpfer» und persönlicher Freund Hitlers. In den Protokollen wurde lediglich festgehalten, daß es «eine lebhafte Aussprache» gab.[24] Im April 1943 trat dann der Gauwirtschaftsführer von Mittelschlesien, Otto Fitzner, in den Aufsichtsrat der Deutschen Bank ein. Allein mit der Umbesetzung des Aufsichtsrats konnte man dem starken politischen Druck allerdings nicht begegnen. Sollte nicht besser auch im Vorstand ein engagierter und aktiver Nationalsozialist neben den harmlosen und der Bank gegenüber loyalen Ritter von Halt treten?

Das politische Gleichgewicht des Vorstands war schon 1940 gestört worden, als mit Clemens Plassman ein Außenseiter (aus dem Vorstand der Rudolph Karstadt AG) in die Bank eintrat, der gläubiger Katholik war. Da es bereits drei katholische Vorstandsmitglieder gab – Abs, Rösler und Bechtolf (letzterer übrigens kein praktizierender Katholik) –, begannen Kritiker in den Reihen der Partei, wie Rudolf Lencer von der DAF, die Deutsche Bank die «katholische Bank» zu nennen. Im November 1942 wurde von Halt zur Teilnahme an einer Besprechung eingeladen, bei der ein Sprecher der Gauwirtschaftskammer erklärte, es sei «der Wunsch der Partei und des Reichswirtschaftsministers, daß die nach einem siegreichen Krieg heimkehrenden Soldaten eine in jeder Beziehung und mit aller Konsequenz nationalsozialistisch aufgebaute Wirtschaft vorfinden sollen. Deswegen sei zunächst die Frage zu prüfen, ob alle Mitglieder des Vorstands der Deutschen Bank den Voraussetzungen entsprächen, die die Partei an die Träger derartiger Schlüsselstellungen setze.» Kritik wurde insbesondere an Abs geübt.[25]

Nachdem die Partei Angriffe gegen zwei Katholiken, Plassman und Abs, gerichtet hatte, nahm die Bank im Mai 1943 ein weiteres Parteimitglied, neben Halt, in den Vorstand auf. Der neue Mann war Robert Frowein, seit 1938 Leiter der Frankfurter Filiale und bereits seit 1936 Mitglied der NSDAP.[26] Aber Frowein behielt seine Stellung in Frankfurt bei und war – bis er im Februar 1945 dorthin zog – nur selten in Berlin.[27] So war er kein sehr wirkungsvoller Vertreter der Nationalsozialisten in der Bank.

Ein Vorschlag der Partei ging dahin, Landrat Boernicke – Generaldirektor der Girozentrale Brandenburg und militantes Parteimitglied – in eine Führungsposition bei der Deutschen Bank zu bringen. Aber dieser Vorschlag, dessen Realisierung die Partei aufs engste mit den Bankgeschäften verstrickt hätte, wurde von der Parteikanzlei abgelehnt. Hitler und Bormann stellten klar, daß sie zwar die allgemeine Zielsetzung einer «Zurückdrängung des Einflusses der Banken» teilten, es aber gerade deswegen ablehnten, der Partei Verantwortung im Nervenzentrum des Finanzkapitalismus zu übertragen. «Er [Hitler] hält diese Pläne für undurchführbar, da es überhaupt nicht in Frage kommen kann, daß die Partei irgend welche Verantwortung für die Banken übernimmt.» Die Banken sollten selbstverständlich Parteigenossen einstellen und fördern, aber dies sollte nicht so verstanden werden, als übernehme der Staat die Leitung des Bankwesens. «Hätte die Deutsche Bank Herrn Boernicke selbst für den Vorstand vorgeschlagen, so wären hiergegen keine Bedenken erhoben worden.»[28]

Schließlich entschied sich die Deutsche Bank für Professor Heinrich Hunke als weiteren Parteimann im Vorstand. Er war Herausgeber der Zeitschrift «Die deutsche Volkswirtschaft», Ministerialdirektor im Propagandaministerium von Joseph Goebbels und Ende der 1930er Jahre der einflußreichste nationalsozialistische Wirtschaftstheoretiker. Ursprünglich Grundschullehrer, hatte er erst spät die Universität besucht und schließlich den Doktortitel (Dr. rer. nat.) erworben. Er war in der merkwürdigen Lage, die Voraussetzungen für einen Universitätsbesuch erst 1929 zu erfüllen, als er bereits seine Doktorarbeit abgeschlossen hatte. 1935 wurde er Honorarprofessor an der Technischen Hochschule Berlin. Von 1927 bis 1933 hatte er im Reichswehrministerium gearbeitet. Der NSDAP war er 1928 beigetreten,[29] und 1932 wurde er Reichstagsabgeordneter. 1933 trat er die Vizepräsidentschaft des «Werberats der deutschen Wirtschaft» an, einer Institution, die im Dienste der Autarkiepolitik der Regierung stand und deren Ziel es war, das Konsumverhalten mit Hilfe von Werbung zu beeinflussen. 1934 verfaßte er einen Aufsatz, in dem er für die Verstaatlichung der Berliner Großbanken eintrat.[30] Im Propagandaministerium war er nach 1940 für die Auslandsabteilung zuständig und propagierte die Entwürfe Funks für eine neue europäische Wirtschaftsordnung und Wirtschaftsgemeinschaft.[31] Abs und Rösler hatten Hunke erstmals während einer nächtlichen Zugfahrt nach Wien gebeten, in den Vorstand der Deutschen Bank einzutreten, doch damals hatte er das Angebot noch ausgeschlagen. Offenbar überlegte er es sich später anders, nachdem sich sein Verhältnis zum Propagandaministerium verschlechtert hatte.[32]

Als der Arbeitsausschuß der Deutschen Bank über die Ernennung Hunkes beriet, sprach er explizit die Gefahren einer solchen politischen Wahl an und fragte sich, inwiefern sie Auswirkungen auf die Arbeit des Vorstands haben werde. Im Protokoll heißt es: «Insbesondere bleibe das vom Vorstand mit guter Berechtigung und aus der Erfahrung heraus für eine Privatbank, insbesondere für unsere Bank, einzig durchführbare Kollegial-Prinzip im Gegensatz zum Führerprinzip unverändert aufrechterhalten.» Hunke war über die Pflichten und Verpflichtungen des Sprechers informiert worden («Auch das Sprecheramt gewähre keine Vorrechte, sondern sei lediglich eine Vertrauensaufgabe, um die Willensbildung des Vorstandes und die Vertretung nach außenhin zu erleichtern»); und er hatte sich «mit den Auffassungen des Vorstandes solidarisch» erklärt.[33] Der Pressesprecher der Deutschen Bank, Morgenstern, erklärte Hunkes Wechsel in die Privatwirtschaft folgendermaßen: Hunke wolle eine bedeutende Persönlichkeit im Wirtschaftsleben werden und strebe die Präsidentschaft der Gauwirtschaftskammer in Berlin an; die «Voraussetzung dazu sei eine entsprechende Position in der Privatwirtschaft».[34] In manchen Berichten der alliierten Nachrichtendienste wurde Hunke zuweilen abschätzig bewertet – «ein rabiater Nazi und vollkommener Trottel», hieß es über ihn in einem britischen Report. In anderen wiederum wurde seine Intelligenz erwähnt.[35]

Wie sah es sonst in der Bank aus? Parteimitgliedschaften werden von Historikern oft als Gradmesser politischen Engagements und der Politisierung von Unternehmen verwendet. Sie können aber umgekehrt auch als Beleg dafür herangezogen werden, inwieweit es Unternehmen gelang, sich aus der Politik herauszuhalten. Für eine Bank wie die Deutsche Bank wäre es schier unmöglich gewesen, keine Vorstandsmitglieder oder Direktoren zu haben, die Mitglieder der NSDAP waren – das haben die Diskussionen um die Ernennung Halts und Hunkes deutlich gezeigt. Es ist jedoch gleichermaßen deutlich, daß die meisten Direktoren unmittelbare politische Bindungen zu vermeiden suchten.

In der Führungsebene unterhalb des Vorstands war der prozentuale Anteil von Parteimitgliedschaften schon wesentlich höher. Eine gegen Kriegsende zusammengestellte Liste gibt Aufschluß über 84 Filialdirektoren. 44 waren Parteimitglieder, keiner war vor 1933 beigetreten. Die meisten Filialen hatten zwei Direktoren, aber es scheint nicht üblich gewesen zu sein, hier ein politisches Gleichgewicht herzustellen. In wenigen Filialen, wie etwa in Danzig, waren beide Direktoren Parteimitglieder, in anderen, wie Kattowitz, keiner.[36] Diese Statistik scheint für das Geschäftsleben im allgemeinen nicht ganz untypisch gewesen zu sein. Sie belegt auf überzeugende Weise, daß weder die Mitgliedschaft in der Partei noch die Distanz zur Partei Voraussetzungen für eine erfolgreiche Karriere im Bankgeschäft waren. Abgesehen von den drei Parteimitgliedern im Vorstand – Halt, Frowein und Hunke – konnten bislang keine weiteren Fälle ausfindig gemacht werden, in denen jemand allein aufgrund seiner Parteimitgliedschaft befördert worden wäre. Da im übrigen auch die Parteimitgliedschaft den Bankiers keinen Schutz vor Angriffen militanter Parteianhänger bot, liegt der Schluß nahe, daß diejenigen Vorstandsmitglieder und Direktoren der Deutschen Bank, die der Partei beitraten, diesen Schritt wirklich um der Mitgliedschaft willen gingen.

Die Partei begegnete den neuen Anhängern aus der Wirtschaft mit Argwohn – sogar den neuen Vorstandsmitgliedern. Der «Reichstreuhänder der Arbeit», dessen Zustimmung zu den Arbeitsverträgen erforderlich war, versuchte über mehrere Monate hinweg – allerdings ohne Erfolg – ihr Einkommen aus den Aufsichtsratspositionen zu drücken.[37]

Die Mitgliedschaft in der Partei brachte nur einen konkreten Vorteil mit sich: Als Parteigenosse hatte man das Recht, an den Abteilungssitzungen teilzunehmen, in denen Belegschaftsvertreter und Abteilungsleiter über Gehaltsfragen entschieden. Wie ein in britische Kriegsgefangenschaft geratener Bankbeamter seinen Vernehmern erzählte, hatten Parteigenossen «tatsächlich die Macht, eine Gehaltserhöhung für einen gut arbeitenden Kollegen – selbst wenn diese von einem Direktor befürwortet wurde – zu verhindern, wenn sie ihn für nicht linientreu genug hielten. Das sorgte nach Angaben des [Kriegsgefangenen] bei der Mehrheit der Belegschaft für Unmut und führte zu Mißtrauen und Verdächtigungen zwischen den Mitarbeitern und denen unter ihren Kollegen, die Parteifunktionäre waren.»[38]

Mit Hunkes Ernennung wurde eine Verbindung zwischen dem Unternehmen und den neuen Wirtschaftsorganisationen der Partei geknüpft. Hunke hatte gerade seine Wirtschaftsphilosophie in einer Rede vor der «Gesellschaft der Berliner Freunde der Deutschen Akademie» (nebenbei bemerkt, einer von Stauß ins Leben gerufenen Institution) dargelegt. Sie schien privaten Unternehmen wenigstens noch eine kleinere Rolle zuzugestehen und eine völlige Verstaatlichung abzulehnen: «Wir vertreten den Grundsatz der politisch geführten Wirtschaft. [...] Gelenkte Wirtschaft ist jedoch keine Planwirtschaft, die von einem zentralen Willen nach einem bis ins einzelne geregelten Plane gesteuert wird.» Man müsse sich international orientieren, aber dies bedinge – auf absehbare Zeit – staatliche Kontrolle: «Deutschland wird auch nach dem Kriege nicht wieder nach dem Prinzip der liberalen Handelspolitik kaufen, sondern nach den Erfordernissen der europäischen Wirtschaftsgemeinschaft.»[39]

Zu solchen Überlegungen über die Zukunft und über das Verhältnis der deutschen zur europäischen Wirtschaft mußte es in einer Bank, die in langfristigen Perspektiven dachte, unweigerlich kommen. Dennoch waren sie in höchstem Maße heikel, da es 1943 bereits unwahrscheinlich war, daß das nationalsozialistische Deutschland siegreich aus dem Zweiten Weltkrieg hervorgehen könnte. Abgesehen davon machten die kritische Haltung der Politik gegenüber dem Bankwesen sowie die Existenz des Terrorregimes es der Bank fast unmöglich, weiterhin in der herkömmlichen Weise als eine Art wirtschaftlicher Nachrichtendienst zu funktionieren. Sie weckte automatisch den Argwohn derjenigen, die andere Arten von Nachrichtendiensten unterhielten.

3. Geschäftsbeziehungen zu Unternehmen

Von jeher hat man von Bankiers, die in Aufsichtsräten anderer Unternehmen saßen, erwartet, daß sie die Rolle des weisen Onkels spielten, der interne Streitigkeiten zu schlichten vermag und frisch und unvoreingenommen auf persönliche Differenzen blickt, zu denen es im Wirtschaftsleben unvermeidlich kommt. Während des Krieges führte diese Vermittlerrolle notwendigerweise zu Verwicklungen und Verwirrungen.

Stauß war ein Meister der Intrige, wenn es um die Partei ging. 1939 hatte er es als stellvertretender Vorsitzender des Aufsichtsrats der Schultheiss-Patzenhofer Brauerei mit dem Fall eines Betriebsobmanns zu tun, der ein regelrechtes System von Begünstigungen und Bestechungen innerhalb des Unternehmens und der «Deutschen Arbeitsfront» aufgebaut hatte. Es kam zu einer Neubesetzung der Unternehmensspitze, die zum Ergebnis hatte, daß Stauß auf die Position zurückkehrte, die er schon zu Zeiten der Weimarer Republik innehatte, und wieder Vorsitzender des Aufsichtsrats wurde.[40]

In anderen Fällen, in denen Unternehmen politische Schwierigkeiten hatten, war oftmals nicht nur ein Vertreter der Bank, sondern der ganze Vorstand betroffen. Zwei Beispiele: 1942 griffen die Partei und das Reichsministerium für Rüstung und Munition das Vorstandsmitglied eines Familienunternehmens an, das enge Verbindungen zur Deutschen Bank hatte: der Vereinigten Westdeutschen Waggonfabriken AG (Westwaggon), Köln-Deutz. Daß Direktor Jackowski nicht in der Lage war, die Terminpläne für Lieferungen einzuhalten, wurde schlicht als Sabotage interpretiert. Bald stellte sich allerdings heraus, daß hinter diesen Anschuldigungen eine Intrige steckte. Der «Gauwirtschaftsberater» von Köln, der politisch aktive und tatkräftige nationalsozialistische Bankier Kurt von Schroeder, verfolgte die Angriffe der Partei mit regem Interesse, um dann Aktien der Westwaggon zu erwerben. Anfangs meinte die Partei, daß die Deutsche Bank und ihr Kölner Direktor J. B. Rath (zufällig ein Parteimitglied) für die Unzulänglichkeit von Westwaggon verantwortlich seien. Westwaggon war Ende der 1920er Jahre hochverschuldet gewesen, und die Unfähigkeit des Unternehmens, während des Krieges genügend Waggons zu liefern, wurde der Kreditpolitik der Bank angelastet, da «Westwaggon stark von Banken beeinflußt wäre». Westwaggon benötigte eine wirksame Verteidigung, und Abs, das für den Kölner Raum verantwortliche Vorstandsmitglied, sandte eine Notiz an die übrigen Mitglieder des Vorstands, in welchem er die Ernennung eines neuen Vorstandsmitglieds beantragte.[41]

Am schwierigsten aber gestaltete sich für die Bank der Aufsichtsratsvorsitz bei den Bayerischen Motoren Werken. Sie waren 1913 unter dem Namen Rapp-Motorenwerke gegründet worden und hatten sich im Ersten Weltkrieg rasch entwickelt, und zwar vor allem auf dem Gebiet der Herstellung von Flugmotoren, ein Produktionszweig, zu dem sie in den 1930er Jahren wieder zurückkehrten. Seit 1917 war das Unternehmen auf höchst autokratische Weise von dem österreichischen Ingenieur Franz Josef Popp geführt worden. 1928 war es mit einer größeren Liquiditätsspritze der Deutschen Bank gerettet worden,[42] und Stauß hatte sich vehement für eine engere Zusammenarbeit mit Daimler-Benz eingesetzt. Während der Depression hatte Popp dann BMW mit der Produktion preiswerterer Autos zu retten versucht.

Nach 1933 hatte das Unternehmen zunächst größere Gewinne sowohl durch die allgemeine Motorisierung als auch durch die Expansion der Lufthansa erwirtschaftet,[43] obwohl Popp darauf hinwies, daß die Länder der Entente im Flugmotorenbau technisch bereits weit voraus waren. Das Problem bestand aus seiner Sicht darin, daß die Produktion für den Staat externe Kontrollen nach sich zog, die die Entwicklung hemmten. Schon im Januar 1934 ernannte das Reichsluftfahrtministerium einen Staatskommissar (Dr. Höfeld), der bei BMW die Aufsicht führen sollte, worüber Popp «nicht gerade sehr entzückt» war.[44] Als das Unternehmen 1936 in größerem Maße expandierte, wurde dies zum Teil über einen Kredit der Deutschen Bank in Höhe von 8 Mio. RM und deren Erwerb von Aktien über 1 Mio. RM finanziert.[45] Doch den Großteil der Expansionskosten trug der Staat: indem er «Mefowechsel» bereitstellte und indem sich das Luftfahrtkontor an zwei neuen Werken beteiligte. Die Flugmotorenfabrik Allach GmbH und die Flugmotorenfabrik Eisenach GmbH entstanden als private Gesellschaften mit beschränkter Haftung, um den Umfang der Produktion von Kriegsgütern zu verschleiern.[46]

Historisch gesehen war BMW Spezialist auf dem Gebiet der Produktion leichterer luftgekühlter Motoren, die zunächst als weniger stark und somit für die deutsche Luftwaffe weniger wichtig eingestuft wurden als wassergekühlte Motoren. Als jedoch später der Kampfhöhe im Luftkrieg ein größeres Gewicht zukam, gewannen auf einmal luftgekühlte Systeme an Bedeutung, da die wassergekühlten Motoren Gefahr liefen, in größeren Höhen zu gefrieren. Das Reichsluftfahrtministerium beabsichtigte 1936, einem Vorschlag von BMW folgend, die Produktion der verschiedenen Typen zu rationalisieren, «so daß BMW und Siemens die beiden Fabriken in Deutschland für luftgekühlte Motoren seien, während Junkers und Daimler-Benz sich ausschließlich mit dem Bau von wasser- bzw. flüssigkeitsgekühlten Motoren auch weiterhin beschäftigen werden».[47]

Bei dem zweiten Produzenten von luftgekühlten Motoren handelte es sich ebenfalls um eine GmbH, die Siemens-Apparate-und-Maschinenbau GmbH in Berlin-Spandau. Im Zuge der Produktionsneuordnung 1936 gab Siemens die Fabrik auf, weil sie immens hohe Investitionen erforderte, und weil sie «innerhalb unseres eigentlichen Arbeitsgebietes, nämlich der Elektrotechnik, eine uns fremde Technik» bedeute.[48] Die Werke bestanden als Brandenburgische Motorenwerk Gesellschaft mbH fort, und die Deutsche Bank war intensiv darum bemüht, ihren Verkauf an BMW sicherzustellen. Die Transaktion war 1939 unter Dach und Fach, und wiederum lag die Finanzierung hauptsächlich bei Gesellschaften der öffentlichen Hand (beim Luftfahrtkontor und der Bank für Industrie-Obligationen). Im Ergebnis hatte BMW nun drei Flugmotorenwerke – in Spandau, Eisenach und München-Allach – und ein Monopol für luftgekühlte Motoren. Damit wurde die Leistung dieses Unternehmens für die Führung des deutschen Luftkriegs entscheidend. Sein Umsatz stieg von 32,5 Mio. RM 1933 auf 280 Mio. RM 1939 an (davon kamen 190 Mio. RM aus dem Bereich der Flugmotoren).[49] Wie schon 1933 betrachtete Popp diese dramatische Expansion auch jetzt mit einiger Skepsis: Im nachhinein sagte er, daß er keine «Expansionspolitik durch Zusammenkauf anderer Firmen» gewollt habe – «so waren es ausschließlich äußere Verhältnisse, die uns dazu mehr oder weniger gezwungen haben».[50] Zum Zeitpunkt des Abkommens behauptete Popp, von seinem Stellvertreter Fritz Hille zu dem Abschluß gedrängt worden zu sein: «Seit über 25 Jahren sei es sein Prinzip gewesen, BMW von Expansionen fernzuhalten. Es sei doch eine große Belastung, ein Entwicklungswerk in München zu betreiben und ein zweites in Spandau.»[51]

Eine so dogmatische Erklärung, daß ein ideales Unternehmen eine bestimmte Größe nicht überschreiten dürfe, wirkte auf den Aufsichtsrat von BMW und die beiden Mitglieder der Deutschen Bank, Stauß, den Vorsitzenden, und Hans Rummel, den stellvertretenden Vorsitzenden, längst überholt. Sie wirkte erst recht unter den Bedingungen des Zweiten Weltkrieges hoffnungslos antiquiert, denn staatliche Kontrolle und Einmischung sowie große Unternehmen waren eine militärische Notwendigkeit. Während des Krieges erweiterte BMW seine Produktion auf Fabriken im Elsaß, im besetzten Frankreich, in Dänemark und im Generalgouvernement. Zur gleichen Zeit erhöhte BMW auch die Produktion in seinen deutschen Werken durch «systematische Menschenplanung [...] vor allem die schnelle Durchsetzung der Eisenacher Gefolgschaft mit ausländischen Arbeitern» und die Einsetzung von Arbeitern aus Konzentrationslagern in Allach und Eisenach.[52]

Es bestanden allerdings immer Schwierigkeiten, die Arbeit der drei deutschen Motorenwerke zu koordinieren. Die Münchener Entwicklungsanstalt arbeitete quälend langsam an ihrem Entwicklungsprogramm und hatte nicht genügend Geldmittel für das Sternmotorenprojekt zur Verfügung, von dem plötzlich deutsche Erfolge in der Luft abzuhängen schienen. Ein grundsätzliches technisches Problem bestand ferner darin, daß die Geldmittel auf zwei Projekte aufgeteilt werden mußten: den Flugmotor 800 aus Spandau (ein Einsternmotor) und den Münchener Doppelsternmotor 801. Der 800-Motor wurde zunächst gestoppt und später – als ein hoffnungsloser Mangel an Motoren auftrat – aus Teilen des 801-Motors gefertigt. Mitte 1940 bildete die zu geringe Kapazität der Motorenwerke das Haupthindernis bei der Flugzeugfertigung und im Luftkrieg.[53] Göring setzte sich in einem hitzig formulierten Brief an Popp höchstpersönlich dafür ein, die Produktionsmenge zu steigern: «Noch einmal möchte ich hierbei Ihnen geradezu beschwörend sagen, wie bitter notwendig der neue Doppelsternmotor für uns ist und daß hier keine Stunde verloren werden darf, um den Motor an die Front zu bringen.»[54] BMW führte die schwache Produtionsleistung natürlich auf einen Mangel an Arbeitern und Werkzeugmaschinen zurück, machte aber auch die Beschaffungspolitik des Reichsluftfahrtministeriums dafür verantwortlich: Der 800-Motor «wurde bei Kriegsausbruch in der Dringlichkeit zurückgesetzt, da dieser Motor nicht zum Einsatz im Kriege vorgesehen war. Dieser Motor sollte nach Kriegsschluß für das Baumuster 132 gelten.»[55] Später erst befahl das Reichsluftfahrtministerium doch die monatliche Produktion von 200 Motoren des Typs 800 in Eisenach und weiterer 170 in französischen Fabriken. Popp klagte weiter: «Wir haben das Pech, daß durch die Kriegssituation unser Motor plötzlich als der wichtigste erscheint, obwohl man noch vor einem halben Jahr davon im Reichsluftfahrtministerium ganz anders gesprochen hat.»[56] Das Ministerium stellte daraufhin Popps Leistungen in Frage – «eine betrübliche Kenntnislosigkeit der wirklichen technischen Verhältnisse und eine unverantwortliche Leichtfertigkeit»[57] – und ließ ihn schließlich Anfang 1942 durch seinen Stellvertreter Hille ablösen.

Daß Popp, der lange Zeit eine Art Alleinherrschaft in dem Unternehmen ausgeübt hatte, abgesetzt wurde, nützte weder BMW noch der Luftwaffe. Vielmehr nahmen die politisch motivierten Konflikte innerhalb des alten Managements zu. Dann starb auch noch Stauß, der Mann, der immer sichergestellt hatte, daß das richtige Rad der Partei geschmiert wurde[58], und der vielleicht auch mit der deutschen Kriegspolitik zurechtgekommen wäre. Sein Nachfolger als Vorsitzender des Aufsichtsrats, das Deutsche Bank-Vorstandmitglied Hans Rummel, war politisch wesentlich weniger versiert und angesichts der politisch aufgeladenen Kämpfe um die Motorproduktion völlig verunsichert.

Um das Unternehmen zu sanieren, ohne sich in völlige Abhängigkeit vom Staat zu bringen, forderte man die Vereinigten Stahlwerke (Stahlverein) im Mai 1942 auf, eine größere Minderheitsbeteiligung bei BMW zu übernehmen. Der Stahlverein versuchte, die Staatskredite abzubezahlen und sich langfristige Kredite über 50–70 Mio. RM zu beschaffen – in der Hoffnung, sich damit eine Grundlage für die Automobil- und Traktorfabrikation nach dem Krieg zu schaffen.[59]

Hille erkannte, daß seine Stellung gefährdet war, und verlangte deswegen einen Fünfjahresvertrag als Generaldirektor; da Stauß ablehnte, ermunterte Hille – allerdings erfolglos – den Stahlverein sogar, eine Mehrheitsbeteiligung von BMW zu erwerben, um künftig eine Einmischung der Deutschen Bank ins Management zu verhindern.

Ende des Jahres 1943 kam BMW durch das Versäumnis, die vereinbarte Anzahl von Flugmotoren an die Luftwaffe zu liefern, wieder in eine kritische Lage. Schließlich verlangte Feldmarschall Erhard Milch die Umstrukturierung des BMW-Managements innerhalb von 48 Stunden und die Versetzung Hilles auf eine Position bei BMW, die fern jeglicher fachlichen Verantwortung lag. Die Unternehmensleitung übertrug Milch dem technischen Direktor der Werke in Eisenach, Schaaf – einem Mann, der ursprünglich auf Vorschlag des Rüstungsministeriums Albert Speers ernannt worden war. Aber die Schwierigkeiten des Unternehmens, das Produktionsniveau aufrechtzuerhalten, waren nach wie vor groß, und im November 1944 sagte Hille für den Zeitraum Oktober bis Dezember ein weiteres Defizit von 1500–1800 Motoren voraus.[60] Selbst gegen diese pessimistische Voraussage ankämpfend, wandte sich Hille in der Absicht an die Parteikanzlei, Schaaf wegen Sabotage und Hochverrat anzuzeigen. In Anbetracht dieser Krise eilte Rummel – obwohl Reisen in diesem Stadium des Krieges physisch beschwerlich waren – am 11. Dezember nach München; er fand einen vom 9. Dezember datierten Brief Hilles an Schaaf vor, in dem Schaaf die Autorität abgesprochen und der Versuch unternommen wurde, die Unternehmensführung wiederzuerlangen. Hille sagte, er werde «alle Maßnahmen [ergreifen ...], die notwendig sind, um die durch Ihr Verhalten und durch das Versagen des Aufsichtsratsvorsitzendens entstandene Unruhe, Unordnung und Überorganisation zu beseitigen, sowie allen direkten oder indirekten lancierten Zweckgerüchten u. dergl., die eine Untergrabung jeder Autorität ergeben haben, entgegenzutreten».[61]

Rummel schickte Hille unverzüglich in den Urlaub. Als Hille erwiderte, daß die Regierung ein generelles Urlaubsverbot zu Kriegszeiten erlassen habe, entließ Rummel ihn. Daraufhin zerriß Hille den Brief und bezichtigte Rummel und die Deutsche Bank des Hochverrats.

Als sich Rummel mit dem Management von BMW befaßte, glaubte er zunächst, in der Münchener Parteiführung nach Verbündeten suchen zu können. Doch dieses Manöver scheiterte kläglich. Gauleiter Paul Giesler lehnte es ab, Rummel zu empfangen, und Hille rief: «Nur mein Gauleiter kann mir Weisungen erteilen. Merken Sie sich, Herr Rummel, ich bin Nationalsozialist.» Giesler wollte bei dieser Gelegenheit nicht etwa Hille unterstützen (dessen Behauptung, daß Giesler sein «Paladin» sei, berührte ihn peinlich), sondern er wollte BMW wieder zu einem bayerischen Unternehmen und damit zu einem Teil seines politischen Lebens machen. Giesler schlug vor, daß entweder die Bayerische Staatsbank oder Flick die «Bajuwarisierung» und Umstrukturierung von BMW finanzieren sollten.

Rummel wurde aus dieser ernsthaft bedrohlichen Situation in Berlin durch die Intervention des politischen Kontaktmanns der Deutschen Bank gerettet.[62] Heinrich Hunke arbeitete auf höchster Ebene mit Reichsleiter Philipp Bouhler zusammen und drängte Rummel, eine Denkschrift zu seiner eigenen Verteidigung zu verfassen: «Es wird sich unseres Erachtens dringend empfehlen, daß Sie möglichst unverzüglich mit der Abfassung einer eingehenden Denkschrift beginnen, die Ihnen gegebenenfalls auch für Ihren mündlichen Vortrag nützlich sein wird. [...] Andererseits glauben wir nach dem Gang der Dinge nicht, daß die Zusammensetzung des Aufsichtsrats und insbesondere auch Ihre Person als Vorsitzender des Aufsichtsrats außer jeder Diskussion bleibt.»[63] Trotz dieser pessimistischen und harten Warnung scheinen Rummel und die Deutsche Bank letztlich rein formal einen Sieg davongetragen zu haben: Am 2. Februar 1945 ernannte der BMW-Aufsichtsrat Schaaf zum Vorstandsvorsitzenden.[64]

Die Episode macht deutlich, wie unglaublich verworren die Industriepolitik durch die nationalsozialistische Ideologie und den totalen Krieg geworden war. Sie ist außerdem recht typisch dafür, wie die Bank auf die veränderte politische Lage und die Offensive einer neuen und radikalen Vision eines staatlich gelenkten Kapitalismus reagierte. Angesichts der Schärfe des Angriffs und des Fanatismus der Täter ist es vielleicht bedauerlich, aber keinesfalls erstaunlich, daß die führenden Vertreter der Bank nur zu defensiven, den Schaden begrenzenden Antworten fanden.

4. Jüdische Bankkonten

Der diskriminierende Umgang von Banken und staatlichen Stellen mit jüdischen Bankguthaben, der in ihrer faktischen Einziehung im Gefolge staatlicher Verordnungen gipfelte, wurde Ende 1937 verschärft. Ein Motiv dafür war das Bestreben, vom Eigentum der deutschen Juden soviel wie irgend möglich für die Zwecke des NS-Staates nutzbar zu machen. Bis 1938/39 bestand für Banken keine rechtlich zulässige Möglichkeit, herauszufinden, welche ihrer Kunden Juden oder «Nichtarier» im Sinne der Nürnberger Rassegesetze von 1935 waren. Sich danach zu richten, ob ein Name einen jüdischen Klang hatte, war unbefriedigend und führte in etlichen Fällen zu Fehleinschätzungen und zu Beschwerden empörter Kunden (s. Kap. III, 3).

Die Banken reagierten nicht nur auf Vorgaben der Politik, sondern nahmen sie manchmal auch vorweg. Kurze Zeit nach der Verabschiedung der Nürnberger Gesetze versandte die Zentrale der Deutschen Bank ein Rundschreiben an alle Filialen mit der Bitte um Zusammenstellung einer Liste aller an «nichtarische» Firmen vergebenen Kredite über 20000 RM. Einige Filialen übererfüllten den Auftrag, indem sie zusätzlich zu den Kreditnehmern auch die jüdischen Inhaber größerer Guthaben auflisteten.[65] Am Anfang waren diese Listen noch Provisorien, doch im Verlauf der darauffolgenden drei Jahre wurden sie zunehmend vollständiger. Allerdings erstellte nicht jede Filiale solche Listen, zumal für die Banken keine gesetzliche Verpflichtung bestand, von sich aus diesen Schritt zu tun – es lag nicht einmal eine offizielle staatliche Aufforderung dazu vor.

Schon vor 1938 waren einige gesetzliche Einschränkungen in Kraft getreten, die in der Praxis vorwiegend jüdische Konten betrafen. So wurden die Konten von Personen, die einen Auswanderungsantrag stellten, automatisch gesperrt, und die darauf befindlichen Guthaben konnten nur zu einem Kurs in Devisen gewechselt werden, der erheblich unter dem amtlich festgestellten Wechselkurs lag. (Dieses Vorgehen entsprach exakt dem Umgang mit den im Zuge der Bankenkrise von 1931 eingefrorenen Guthaben bzw. Forderungen ausländischer Kreditgeber.) Ausländer, die etwa deutsche Wertpapiere kaufen oder als Touristen nach Deutschland kommen wollten und Reichsmark benötigten, konnten solche «Auswanderersperrkonten» günstig aufkaufen.[66] Diesen Bestimmungen unterlagen allerdings nur Personen, die ihre Auswanderung betrieben oder Deutschland bereits verlassen hatten. Das wirksamste Instrument, mit dem die NS-Behörden die Verfügungsgewalt deutscher Juden über ihr Vermögen einschränken konnten, war der Erlaß einer «Sicherungsanordnung». Bis Ende 1938 wurde dieses Mittel relativ selten angewandt – in der Regel nur in Fällen, in denen die Behörden Grund zu der Annahme hatten, jemand stehe unmittelbar vor der Auswanderung und die normalen Mittel des Zugriffs auf einen Teil seines Vermögens würden vielleicht nicht greifen.

Eine Verordnung vom 26. April 1938 verpflichtete die deutschen Juden zur Anmeldung ihrer in- und ausländischen Vermögenswerte. (Ausländische Juden mußten lediglich ihre in Deutschland befindlichen Vermögenswerte anmelden.) Bei Nichtbefolgung drohten hohe Strafen.[67] Diese Anmeldepflicht erleichterte dem Regime die Verhängung von Sicherungsanordnungen. Nach dem großen Pogrom vom 9.-10. November 1938 führte die daran anschließende Verhängung einer «Sühneleistung», die die jüdische Bevölkerung zu erbringen hatte, und die rapide steigende Zahl von Auswanderern, denen die konfiskatorische sogenannte Reichsfluchtsteuer abgeknöpft wurde, dazu, daß auf breiter Front Sicherungsanordnungen ergingen.[68] Eine am 12. Dezember 1938 in Kraft gesetzte Verordnung verpflichtete jeden Inhaber eines unter Sicherungsanordnung gestellten Kontos, innerhalb von fünf Tagen seine sämtlichen Bankguthaben auf ein einziges Konto bei einer der zum Handel mit Auslandswährungen berechtigten «Devisenbanken» zusammenzuführen, und zwar auf ein «beschränkt verfügbares Sicherungskonto». Von einem solchen Konto durfte der Inhaber monatlich einen bestimmten Betrag für die Bestreitung regelmäßiger Zahlungen abziehen. Darüber hinausgehende Abhebungen oder Überweisungen waren nur für eng umschriebene Zwecke zulässig, etwa für die Begleichung von Steuerschulden, für Zahlungen an die jüdische Kultusgemeinde oder an andere anerkannte Religionsgemeinschaften oder soziale Einrichtungen, für die Bezahlung von Anwalts- und Arztrechnungen oder Konsulargebühren sowie für die Rückzahlung von Altschulden und den Kauf von für die Auswanderung benötigten Dingen.

Ein zunehmend größerer Teil dieser Zahlungen landete auf den Konten der Reichsvereinigung der Juden in Deutschland, einer Institution, die vielen jüdischen Verfolgungsopfern als eine Art rettende Insel erschien, bitter nötig in einer Situation, in der den meisten Juden jegliche Berufsausübung unmöglich gemacht worden war mit der Folge, daß sie in Not und Elend gerieten. (1940/41 war nur noch ein Viertel bis ein Drittel der deutschen Juden in der Lage, seinen Lebensunterhalt selbst zu bestreiten.)[69] In Wirklichkeit stand die Reichsvereinigung unter der Aufsicht der Gestapo und war nicht viel mehr als eine Schleuse, die dazu diente, die Juden selbst für die materiellen und administrativen Kosten ihrer Verfolgung zahlen zu lassen.

Kurz nachdem die Nazis den Juden die «Sühneleistung» auferlegt und am 12. November 1938 die Verordnung zur Ausschaltung der Juden aus dem deutschen Wirtschaftsleben in Kraft gesetzt hatten, erging aus der Berliner Zentrale der Deutschen Bank eine Weisung an die Geschäfts- und Zweigstellen, die besagte, «daß man den Verfügungen der jüdischen Kunden über ihre Guthaben in Anbetracht der sich aus den neuerlichen Verordnungen ergebenden Verhältnisse im Allgemeinen nicht stattgeben könne».[70] Aus einigen Filialen kamen Berichte über polizeiliche Interventionen; so hatte in Meißen die Politische Polizei einen generellen Auszahlungsstopp verfügt; schon einen Tag später, am 15. November, hieß es jedoch in einer Mitteilung derselben Filiale, daß «Verfügungen im Rahmen freier Guthaben ausgeführt werden könnten».[71]

Eine weitere Verordnung, erlassen im Dezember 1938, schuf die Möglichkeit, Wertpapiere aus jüdischem Besitz zu verkaufen und den Erlös gegen Forderungen des Finanzamts aus der «Sühneleistung» und der «Reichsfluchtsteuer» zu verrechnen. Die Reichsgruppe Banken bzw. die ihr untergeordneten Wirtschaftsgruppen sollten selbständig über die Liquidierung jüdischer Wertpapierdepots entscheiden, ein Prozeß, der infolge der den Juden abgepreßten sogenannten «Sühneleistung» bereits in vollem Gang war. Die Banken und die Börsen sollten die Größenordnungen der Verkäufe sorgfältig überwachen und dosieren, um einem abrupten Fallen der Börsenkurse vorzubeugen.[72]

An einem Beispiel soll gezeigt werden, wie das Zusammenwirken von Devisenkontrollen und dem auf jüdische Unternehmer ausgeübten Verkaufsdruck zu erheblichen Bewegungen auf den Konten jüdischer Bankkunden führte – ohne daß dies jedoch mit erheblichen oder unangemessen hohen Provisionen oder Gewinnen für die Bank verbunden gewesen wäre, jedenfalls nicht in den dem Autor bekannten Fällen. Die in Mannheim ansässige Maschinen- und Apparatebaufirma M. Eichtersheimer geriet im Verlauf der ersten Jahreshälfte 1938 unter zunehmenden «Arisierungs»-Druck. Im Juli 1938 verkaufte der Eigentümer einen Teil der Firma für RM 196 750 an die Vereinigte Sauerstoffwerke GmbH; den Erlös legte er umgehend in Wertpapieren an, vor allem in deutschen Schatzbriefen, aber auch in Pfandbriefen sowie in Obligationen und Aktien der I.G. Farben. Im November 1938, nach der Reichspogromnacht, faßte der Eigentümer offenbar den Entschluß, auszuwandern, und am 22. November verkaufte er sein Privathaus für RM 61 500 an die staatliche Heeresstandortverwaltung Mannheim. Der Hauptteil des Unternehmens wurde erst im Frühjahr 1939, als der Eigentümer bereits im Ausland war, an einen aus Argentinien zurückgekehrten «Auslandsdeutschen» veräußert. Von dem vereinbarten Kaufpreis von RM 424 900 zahlte der Käufer nur RM 45 360 in «freien», d.h. zum offiziellen Wechselkurs konvertierbaren Devisen, die dem Konto des Verkäufers bei der Deutschen Bank gutgeschrieben wurden.

Nun schaltete sich der Karlsruher Oberfinanzpräsident ein und wies den Käufer an, weitere RM 100 000 «ersatzlos» an die Golddiskontbank zu überweisen, dazu den Gegenwert von RM 29 640 in Devisen sowie einen weiteren Betrag, falls die Erträge des Unternehmens eine bestimmte Summe überstiegen.[73] Im Juni 1939 griff die Finanzbehörde auf die von der Deutschen Bank verwalteten Vermögenswerte des Alteigentümers zu, um damit dessen Steuerschulden zu tilgen. Seine I.G. Farben-Aktien (nominell RM 70 600) wurden auf einen aktuellen Wert von RM 105 489 taxiert. Die gegen ihn geltend gemachten Steuerforderungen summierten sich auf insgesamt RM 290 658, wovon RM 73 766 auf die «Judenvermögensabgabe» und RM 106 500 auf die «Reichsfluchtsteuer» entfielen. Im August 1940 ließ die Gestapo das Bankschließfach der Ehefrau des Alteigentümers öffnen und beschlagnahmte darin verwahrte Goldmünzen, Armbanduhren und andere Wertgegenstände; diese wurden im Verlauf des Jahres 1941 verkauft, der Erlös in Höhe von RM 944 seinem Bankkonto gutgeschrieben. (Der wirkliche Verkaufserlös war höher gewesen; in den Akten ist von einem «Mehrerlös» von RM 586 die Rede.) Fast alle vom Alteigentümer erworbenen Wertpapiere wurden im Juli 1939 veräußert; die Ausnahme bildete ein kleines Paket von Aktien der Reichswerke «Hermann Göring» im Wert von RM 500, das erst Anfang 1942 verkauft wurde.

Im Verlauf der Jahre 1940 und 1941 übertrug die Deutsche Golddiskontbank die übriggebliebenen Guthaben des Mannes auf ein Auswanderersperrkonto. Von den RM 190605, die zunächst auf dieses Konto überwiesen wurden, wurden RM 190 184 umgehend wieder abgezogen, teilweise um neu aufgelaufene Steuerschulden und Altschulden des Unternehmens zu begleichen; eine nicht unerhebliche Summe (RM 15 000) ging aber auch an den Käufer der Maschinenfabrik und ein ebenso erklecklicher Betrag an die Heidelberger Anwaltskanzlei, die die Interessen des Alteigentümers in Deutschland wahrnahm. Wenn in diesem Fall eine der beteiligten Parteien unangemessen hohe Spesen kassierte, dann war dies der Anwalt, dem der Auswanderer die Wahrnehmung seiner Geschäfte übertragen hatte. Im Ergebnis jedenfalls löste sich das Bankguthaben des Betreffenden (ebenso wie sein Wertpapierdepot) im Verlauf des Krieges in nichts auf.

In den Jahren 1940 und 1941 wurden jüdische Unternehmen oft gleichsam ad hoc und auf sehr zweifelhafter rechtlicher Grundlage enteignet – zweifelhaft selbst nach den Maßstäben der NS-Diktatur. So gab es zum Beispiel Zahlungen eingeschüchterter Juden an Gestapo- und SS-Gliederungen, die als Beiträge oder Spenden für jüdische Organisationen getarnt wurden. Am 21. August 1941 wies die Reichsvereinigung sämtliche jüdischen Gemeinden an, in einer Komplett-Inventur das mobile und immobile Eigentum ihrer Mitglieder lückenlos zu erfassen.[74] Dazu kamen direkte lokale «Aktionen». So verkündete der Reichsführer SS am 4. April 1941 die Einziehung des Vermögens aller gemäß der Verordnung vom 22. Oktober 1940 aus Baden deportierten Juden. Ähnliche Beschlagnahmungsverfügungen ergingen in Pommern und in Saarpfalz. Als Rechtfertigungsgrund diente der simple Verweis auf die Verordnung zum Schutz von Volk und Staat, die am Morgen nach dem Reichstagsbrand in Kraft getreten war.[75] Am 29. Mai 1941 ordnete Hitler an, daß sämtliche beschlagnahmten Werte dem Reich zufallen sollten.[76]

Die Voraussetzung für die endgültige und systematische Ausplünderung der deutschen Juden wurde schließlich mit der 11. Verordnung zum Reichsbürgergesetz am 25. November 1941 geschaffen. Sie entzog allen im Ausland lebenden deutschen Juden die deutsche Staatsbürgerschaft und setzte fest, daß die Deportation aus Deutschland bei Juden auch künftig die sofortige Aberkennung der Staatsbürgerschaft nach sich ziehen würde. Da aufgrund anderer geltender Bestimmungen der Verlust der deutschen Staatsbürgerschaft die Einziehung des Eigentums zur Folge hatte, bedeutete dies, daß von nun an alles, was deportierte deutsche Juden im Reichsgebiet zurückließen, zur Gänze in den Besitz des Reichs übergehen würde. Soweit es sich um deutsche Anteilscheine handelte, würde die Preußische Staatsbank (Seehandlung) sie übernehmen. Für alle anderen Wertpapiere (z.B. Anleihen oder ausländische Aktien) war die Wertpapierabteilung der Reichsbank zuständig.

Den Banken bereitete die praktische Umsetzung dieser Verordnung erhebliche Schwierigkeiten. Wie würden sie von der Umsiedlung oder Deportation ihrer Kunden erfahren? Wie sollte bei Juden verfahren werden, die an Orte innerhalb der Reichsgrenzen deportiert wurden? (Auschwitz zum Beispiel gehörte zu Ost-Oberschlesien, das ins Reich eingegliedert worden war.)[77] In zahlreichen Fällen forderten Bankmitarbeiter amtliche Mitteilungen irgendwelcher Art über den Verbleib jüdischer Kunden an. So heißt es beispielsweise in einem Schreiben der Bielefelder Filiale der Commerzbank: «Da wir nicht wissen, wohin der Jude abgeschoben worden ist, steht auch nicht fest, ob es sich wirklich um einen Juden handelt, der unter die Verordnung vom 25.11.1941 fällt. Wir teilen Ihnen daher mit, daß die Überweisung unsererseits solange nicht erfolgen kann, bis uns der ebengenannte Nachweis durch Vorlage einer Entscheidung des Chefs der Sicherheitspolizei erbracht wird.»[78]

Wieder war es die Wirtschaftsgruppe Privates Bankgewerbe, die als Schaltstelle für den Austausch von Informationen und Erfahrungen zwischen ihren Mitgliedsfirmen fungierte, wenn es im Zusammenhang mit der praktischen Anwendung der Verordnung zu Fragen und Problemen kam. So versandte sie ein Rundschreiben mit Erläuterungen zur 11. Verordnung; darin fand sich etwa der Hinweis an die Adresse der Mitgliedsbanken, es sei «überflüssig und nicht mehr angebracht», die Kunden individuell über den Einzug ihres Vermögens zu informieren. Im Rahmen der nunmehr geltenden Bestimmungen über den «Vermögensverfall» seien «auch die Bedenken gegenstandslos geworden, die einzelne Kreditinstitute mit Rücksicht auf die Verfolgbarkeit im Ausland bisher gegen die behördliche Aufforderung erhoben haben, beschlagnahmte, aber noch nicht für verfallen erklärte Guthaben oder Depots auf eine amtliche Kasse oder ein anderes Kreditinstitut zu übertragen».[79]

In einzelnen Fällen sahen sich deutsche Banken in der Tat mit im Ausland gegen sie eingereichten Klagen konfrontiert. So machte die Deutsche Bank im März 1942 die Wirtschaftsgruppe darauf aufmerksam, daß «uns bereits wegen Nichtausführung von Aufträgen Klage im Ausland angedroht worden ist mit der Begründung, die betreffenden Auftraggeber fallen nicht unter die Elfte Verordnung».[80] Nicht alle Banken wählten bei der Umsetzung der Verordnung und im Hinblick auf das Risiko, im Ausland verklagt zu werden, dieselbe Vorgehensweise. Wie die Wirtschaftsgruppe Privates Bankgewerbe im April 1942 feststellte: «Aus den wiederholten Besprechungen über die sich aus der Elften Verordnung zum Reichsbürgergesetz ergebenden Zweifelsfragen ist bekannt geworden, daß die Banken in der Frage der Benachrichtigung ausgewanderter jüdischer Kontoinhaber über den Eintritt des Vermögensverfalls nicht ganz einheitlich verfahren. Während die Dresdner Bank und die Commerzbank in Fällen, in denen die ausgewanderten jüdischen Kontoinhaber Verfügungsaufträge erteilen oder Konto- oder Depotauszüge oder sonstige Auskünfte verlangen, eine kurze Mitteilung über den Eintritt des Vermögensverfalls unter Hinweis auf die Elfte Verordnung ergehen lassen, sieht die Deutsche Bank, nachdem ihre Handhabung in zwei Fällen vom Oberfinanzpräsidenten Berlin beanstandet ist, *ganz allgemein* von einer Beantwortung von Schreiben ausgewanderter Juden ab.»[81]

Allgemein galt jedoch, daß die Großbanken sich in langwierigen, von der Wirtschaftsgruppe moderierten Diskussionen über die Umsetzung der 11. Verordnung verständigten. So einigten sie sich zum Beispiel darauf, «Verfügungen und Ablieferungen an den Oberfinanzpräsidenten Berlin nur nach vorheriger Feststellung des Vermögensverfalls durch den Sicherheitspolizeichef und die Anmeldungen nur unter Vorbehalt» vorzunehmen.[82] So konnte die Deutsche Bank etwa in einem Fall ein Schreiben des Oberfinanzpräsidenten von Münster vorlegen, in dem sich ergänzend zu der Bitte, das Guthaben eines Kunden abzuführen, die Mitteilung fand: «Der Jude ist am 27.1.1942 in das Ausland abgeschoben [worden].»[83]

Allgemein setzte sich schließlich die Praxis durch, daß die regionalen Oberfinanzpräsidenten Listen der «abgeschobenen» Juden verschickten und um die Überweisung ihrer «dem Reich verfallenen» Guthaben ersuchten. Es konnte nicht ausbleiben, daß es zu Fehlern kam, etwa wenn eine Behörde sich das Vermögen eines Juden überweisen lassen wollte, der noch gar nicht deportiert war.[84]

Die Irrungen und Wirrungen, die sich einstellten, hatten ihren Grund im wesentlichen darin, daß diese Verordnung etwas, das ganz offenkundig schockierendes Unrecht war, für rechtmäßig erklärte und, indem sie das tat, eine Pandorabüchse voller Widersprüche öffnete. Die Möglichkeit, einer Person alles, was sie besaß, wegzunehmen, schuf einen Zustand der absoluten Rechtlosigkeit, gleichsam einer per Gesetz verfügten Nichtexistenz der betreffenden Person, wenn man davon ausgeht, daß eine Person sich durch Rechte definiert. Die Komplikationen, die sich im Vollzug ergaben, waren so gewaltig, daß eine weitere Verordnung über jüdisches Eigentum erforderlich wurde, die nicht mehr den geringsten Zweifel daran ließ, welchem Los die dem deutschen Zugriff ausgelieferten Juden entgegensahen. Unter anderem schloß die neue Verordnung (die 13.) zum Reichsbürgergesetz eine Lücke, die die 11. Verordnung offenbar gelassen hatte; sie stellte nämlich fest: «Nach dem Tode eines Juden verfällt sein Vermögen dem Reich.»

Konnten in dieser Situation, in der der Staat alles daran setzte, jüdische Vermögenswerte möglichst lückenlos an sich zu reißen, «verwaiste» Konten oder Depots entstehen analog den «nachrichtenlosen Konten», die im Fall der Schweizer Banken in den 1990er Jahren für so viel Aufruhr sorgten? Die Antwort lautet: Ja, aber nicht in einem erheblichen Umfang. Die Prozeduren, die nach Maßgabe der 11. Verordnung angewandt wurden, waren ziemlich verwickelt, und nicht alle Konten wurden tatsächlich leergeräumt.

Um einmal mehr ein Beispiel herauszugreifen: Frau Emma K. aus dem pfälzischen Böchingen, Inhaberin eines Kontos bei der Deutschen Bank Mannheim, hatte ihren Grund und Boden (offenbar ohne Einschaltung der Deutschen Bank) an die Bayerische Bauernsiedlung verkaufen müssen. Sie hatte dafür RM 4000 erhalten, wovon sie RM 1600 für die Zahlung ihrer «Judenvermögensabgabe» verwendet hatte. Damit ihres Zuhauses beraubt, zog sie in der Folge mehrmals um, zunächst zu Freunden nach Mannheim, dann nach Frankfurt und schließlich in ein jüdisches Altersheim in der Frankfurter Rechneigrabenstraße. Anfang 1942 überwies sie aus dem ihr verbliebenen Bankguthaben RM 1800 an die Jüdische Kultusvereinigung Frankfurt. Von diesem Betrag sollte die monatliche Gebühr für die Heimunterbringung in Höhe von RM 120 bestritten werden. Am 6. Oktober 1942 teilte die Deutsche Bank Mannheim der Jüdischen Kultusvereinigung Frankfurt schriftlich mit, daß laut Verfügung des Oberfinanzpräsidenten, Devisenstelle Frankfurt, vom 26. September das «Vermögen der Kontoinhaberin zugunsten des Reiches eingezogen» worden sei.

Allein, drei Wochen später, am 26. Oktober, folgte ein weiteres Schreiben der Bank, in dem es hieß, die Verfügung vom 26. September sei «als hinfällig zu betrachten». Man ersuche die Jüdische Kultusvereinigung nunmehr, von der Gestapo die Genehmigung für die Überweisung des Guthabens nach Theresienstadt (wohin Frau K. deportiert worden war) zu erwirken.[85] Eine Antwort auf dieses Schreiben findet sich in den Unterlagen nicht, dafür eine Erinnerung der Bank vom 9. Januar 1943. Was aber war zwischen dem 26. September und dem 26. Oktober 1942 geschehen? Am 9. Oktober hatte die Wirtschaftsgruppe Privates Bankgewerbe ein Rundschreiben mit Richtlinien für den Umgang mit Bewohnern von Theresienstadt verschickt. «Judenabschiebungen innerhalb des Reichsgebietes finden in der Hauptsache nach Theresienstadt (Böhmen und Mähren) statt», hieß es darin. Konten der davon betroffenen Personen sollten nicht gemäß der 11. Verordnung behandelt, sondern mit dem Vermerk «Wohnsitzverlegung nach Theresienstadt» versehen werden.[86] Ende 1943 fanden sich auf dem Konto von Frau K. noch immer RM 797 (Ende 1945 waren es noch 790); auf den Kontounterlagen prangte der Adressenaufdruck «Fräulein Emma K., Frankfurt/M., jetzt Theresienstadt, z. Hd. Sekretariat im Hause».

Nach der Währungsreform von 1948 wurde das Guthaben in DM umgestellt. Dies geschah ohne Kundenauftrag (wie er bei in Deutschland wohnhaften Kunden vorgeschrieben war), weil die letzte bekannte Anschrift der Kundin eine ausländische gewesen war. Ursprünglich hatte das Währungsreformgesetz eine Umstellungsrate von 10 : 1 und die Sperrung der Hälfte des resultierenden Guthabens vorgesehen, doch am Ende kam eine noch niedrigere Wechselquote zum Tragen – 100 : 6,5. Demzufolge wies das Konto von Frau K. jetzt ein Guthaben von DM 50,70 auf, wovon die Südwestbank Mannheim (die Nachfolgerin der Deutschen Bank) 1949 Gebühren in Höhe von 70 Pfennig abzog. In einem Aktenvermerk vom 19. Juli 1950 heißt es: «Wir bitten Sie, das rubr. Konto zu übertragen auf das bei der Oberbuchhalterei geführte Sammelkonto ‹unauffindbarer Besitzer›.» Die Überweisung der DM 50 auf das Sammelkonto folgte eine Woche später.[87]

Die rechtliche Lage nach Kriegsende war klar geregelt. Das von den Alliierten erlassene Wiedergutmachungsgesetz (Military Law 59) schrieb vor, daß der Umgang mit den Vermögenswerten der NS-Opfer dokumentiert werden mußte; die sich daraus ergebenden Ansprüche wurden in der Folge an die mit der Wiedergutmachung befaßte jüdische Nachfolgeorganisation (Jewish Restitution Successor Organization) übertragen. Diese schloß, um unverzüglich Zahlungen leisten zu können, Globalabkommen mit den deutschen Ländern, die vorsahen, daß die Länder die Wiedergutmachungssummen ausbezahlen und dafür die Ansprüche der enteigneten Juden auf sie übergehen sollten. 1955 verpflichtete der Bundesgerichtshof in einem Grundsatzurteil die Banken, die jüdische Konten und Wertpapierdepots verwaltet hatten, zur Auszahlung darauf befindlicher Guthaben, ohne daß es eines Wiedergutmachungsverfahrens bedurfte.

Bei der Deutschen Bank gab es eine ganze Reihe von Konten, die von der Währungsumstellung des Jahres 1948 nicht erfaßt worden waren. (Es handelte sich dabei nicht ausschließlich um Konten von NS-Opfern.) Diejenigen, die Guthaben von mehr als DM 100 aufwiesen, wurden dem deutschen Staat übereignet; betroffen waren davon insgesamt 323 Konten mit einem addierten Guthaben von rund DM 150 000. Guthaben unter DM 100 wurden im Rahmen ihrer allgemeinen Gewinn- und Verlustrechnung von der Bank verbucht. Somit gab es in den 1970er Jahren keine «nachrichtenlosen Konten» mehr. Einige der einschlägigen Konten – mit kleinen, aber nicht völlig vernachlässigbaren Guthaben wie dem von Frau Emma K. – waren freilich schon lange vor dem Reichsmark-Schlußgesetz von Ende 1975 gelöscht worden.

Der NS-Staat hatte alle Register gezogen, um alle als jüdisch identifizierbaren Vermögenswerte in seine Hand zu bekommen; einzelne Guthaben waren dennoch durch die Maschen seines bürokratischen Netzes gerutscht und nach 1945 zu Problemfällen geworden. So unbedeutend diese Konten sich im Vergleich mit denen in der Schweiz ausnehmen mögen, so stellen sie doch weit mehr als nur ein buchhalterisches Problem dar.

5. *Die Deutsche Bank und die Zwangsarbeit*

Die Deutsche Bank war kein Industrieunternehmen und konnte schon deshalb keine Zwangsarbeiter im konventionellen Sinn des Wortes beschäftigen. Allerdings saßen Direktoren der Bank in den Aufsichtsräten von Firmen, die Zwangs- und Sklavenarbeit in großem Stil praktizierten, wie BMW, Daimler-Benz und vor allem die I.G. Farben.

Die Deutsche Bank unterhielt immerhin eine größere Abteilung mit rund 200 Mitarbeitern, deren Aufgabe darin bestand, Geldüberweisungen für in Deutschland eingesetzte Fremdarbeiter durchzuführen. Es ging dabei um Lohnersparnisse, die die Leute in ihre Heimatländer transferieren durften, und hier besaß die Deutsche Bank als international tätiges Finanzinstitut einen Wettbewerbsvorteil. Unter den durch die zu Beginn der 1930er Jahre eingeführten Devisenkontrollen geschaffenen Bedingungen konnten Überweisungen ins Ausland nur durch Clearing-Abkommen und entsprechende Prozeduren realisiert werden. Zum ersten Mal durchexerziert wurde ein solches Verfahren 1937 für italienische Fremdarbeiter. Von 1939 an konnten auch Belgier und Ungarn Geld nach Hause überweisen. Bei ihnen handelte es sich nicht um Zwangsar-

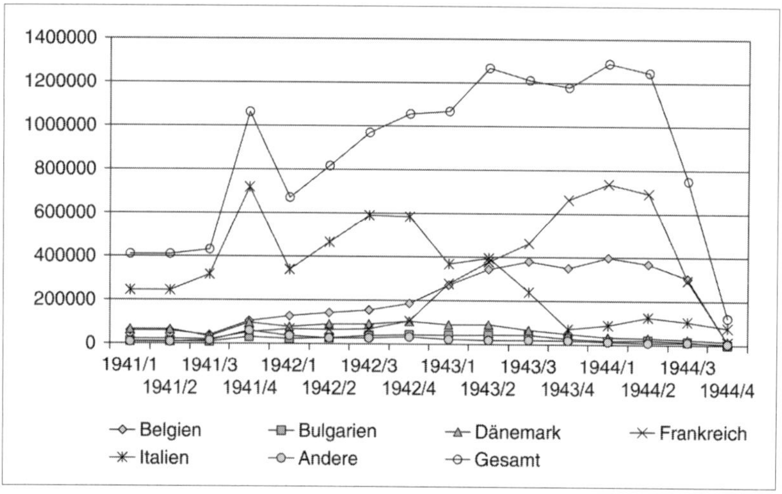

Graphik 5: Überweisungen an ausländische Arbeiter 1941–1944 (vierteljährlich)

beiter, sondern um auf freiwilliger Basis für den Arbeitseinsatz in Deutschland rekrutierte Kräfte. Seit 1940 kamen aus Belgien, Dänemark und Frankreich aber zunehmend auch zwangsrekrutierte Arbeiter, desgleichen ab 1941 aus Norwegen, Serbien und der Slowakei.[88] Die meisten Überweisungen (mit rund einem Drittel der Gesamtzahl – siehe Graphik 5) entfielen auf italienische Gastarbeiter; die zweitgrößte nationale Gruppe bildeten die Franzosen.[89] Was die Italiener betraf, so bestanden für sie besondere Vereinbarungen über ambulante Büros in den zwischen Freiburg und Basel verkehrenden Zügen, in denen Mitarbeiter der Deutschen Bank Gelder annahmen und Überweisungsaufträge ausfertigten.

Für jede dieser Überweisungen berechnete die Deutsche Bank eine Gebühr von 60 Pfennigen und erhielt außerdem einen Zuschuß von 15 Pfennigen von der Devisenstelle der Göringschen Vierjahresplanbehörde.

Aus dem Jahr 1945 liegen keine Belege über derartige Überweisungen vor, und es ist denkbar, ja sogar wahrscheinlich, daß sie wegen der politischen und militärischen Situation eingestellt wurden. Bei Kriegsende befanden sich erhebliche Beträge auf sogenannten Sammelkonten für Fremdarbeiter: 14,1 Mio. RM für belgische, 14,5 Mio. RM für französische, 3,4 Mio. RM für italienische Staatsangehörige.[90]

Einige der Mitarbeiter der Deutschen Bank, die sich um die Abwicklung dieser Zahlungen kümmerten, waren selbst Ausländer – zweifellos hatte die Bank sie wegen ihrer Sprachkenntnisse eingestellt. 150 bis 200 Franzosen, die tagsüber in Berliner Fabriken beschäftigt waren, arbeiteten abends von 19 bis 22 Uhr in der Abteilung für Lohnüberweisungen ausländischer Arbeiter der Deutschen Bank; sie erhielten für diese Arbeit die üblichen deutschen Überstundensätze, dazu Fahrgeld und einen Teller Suppe. Die Bank beschäftigte auch Bürger anderer Länder; so finden sich in den Personalakten etwa Unterlagen über einen Holländer, der vorher bei einer niederländischen Bank gearbeitet hatte und 1943 zur Zwangsarbeit in Deutschland eingezogen worden war. Er war für den Arbeitseinsatz in einem Kasseler Industriebetrieb eingeteilt, konnte jedoch Kontakte in Holland nutzen, um ein Bewerbungsschreiben an die Deutsche Bank auf den Weg zu bringen. Ein Kurier der Deutschen Bank holte ihn daraufhin aus einem Durchgangslager für Zwangsarbeiter bei Rehbrücke heraus, und er erhielt einen Posten in Berlin. Gegen Kriegsende wurde er aber doch noch zum Arbeitseinsatz in ein Rüstungswerk abkommandiert. In seiner Personalakte finden sich einige Klagen über sein Verhalten: Er habe «unpassende Bemerkungen» gemacht und während eines Luftangriffs auf Berlin erklärt, es würde «nicht schaden ..., wenn ganz Deutschland von Fliegerschäden heimgesucht wäre». Diese Äußerungen zogen, was vielleicht überraschen mag, keine Bestrafung nach sich; seine Vorgesetzten, die mit seiner Arbeit offenkundig sehr zufrieden waren, bewahrten ihn vor Konsequenzen.[91] Wie aus seinen Unterlagen außerdem hervorgeht, erhielt er den für deutsche Bankangestellte geltenden Normallohn.

Die Deutsche Bank zog im übrigen politische Gefangene und andere Häftlinge für einfache manuelle Arbeiten heran. In mindestens einer Filiale wurden Gestapo-Häftlinge nach Bombenangriffen für Reinigungsarbeiten und Notreparaturen eingesetzt. Nach den Luftangriffen auf Leipzig am 4. Dezember 1943 und 20. Februar 1944 nahm die Bank 2844 Arbeitsstunden dieser Art in Anspruch und zahlte dafür 60 Pfennige pro Stunde an die Gestapo; dazu kamen weitere 3410 Stunden zwischen April und August 1944 sowie 395 Stunden zwischen September 1944 und März 1945.

Wie aus den Kassenunterlagen ersichtlich wird, arbeiteten offenbar jeweils 20 Häftlinge pro Schicht. Sie wurden aus einem improvisierten Gefängnis herangeführt, und zwar unter dem Kommando von Beamten der städtischen Polizei oder der Gestapo, die von der Bank für ihre Bewachungsdienste extra entlohnt wurden. Bei der Arbeit wurden sie aber auch von zwei Mitarbeitern der Deutschen Bank beaufsichtigt, von denen der eine im Besitz eines Waffenscheins war, den er im Zusammenhang mit «Polizeidiensten» für die Partei erhalten hatte, während der andere, ein ehemaliger Heizungsingenieur, «als früherer Soldat mit Schußwaffen umzugehen» wußte. Die Zwangsarbeiter selbst wurden in den Rechnungen und Auszahlungsunterlagen abwechselnd als «Zivilhäftlinge», «Strafgefangene» und «politische Häftlinge» bezeichnet. In den von der Gestapo erlassenen Anweisungen hieß es: «Die zur Arbeitsleistung gestellten Häftlinge sind politische Häftlinge und dürfen mit Zivilpersonen nicht in Berührung kommen. Sprech- und Schreiberlaubnis darf ihnen nicht erteilt werden.»[92]

Die Verwendung ausländischer Zwangsarbeiter und politischer Häftlinge war eindeutig kein vorrangiger Aspekt der Geschäftstätigkeit der Deutschen Bank. Sie verdeutlicht aber einen Grundzug der deutschen Kriegswirtschaft, der erst im Verlauf wissenschaftlicher Forschungen in den späten 1990er Jahren voll und ganz zum Vorschein gekommen ist: Der Einsatz nicht-freiwilliger Arbeitskräfte ging weit über die klassische Industriearbeit hinaus und durchdrang in der Tat die Gesamtheit der deutschen Gesellschaft und Volkswirtschaft.

6. Politische Gefahren

Wie die Sklaven- und Zwangsarbeit, war auch die Politik eine stets und überall gegenwärtige Facette der deutschen Kriegswirtschaft. Da insbesondere wirtschaftspolitische Entscheidungen nunmehr im Rahmen einer staatlichen Kommandowirtschaft getroffen wurden, konnten Partei und Staat jede Debatte über Unternehmensstrategien – namentlich über langfristige Ziele, deren Definition davon abhing, wie man sich eine wahrscheinliche Nachkriegsordnung vorstellte – als Sabotage brandmarken. Davon abgesehen, liefen Bankleute immer Gefahr, in Diskussionen verwickelt zu werden, die über Fachfragen des Bankgeschäfts hinausgingen und den weiten Bereich der Politik berührten.

Es ist aufschlußreich, daß die Arbeit der «Beiräte», die früher eine Schlüsselrolle beim Sammeln und Verbreiten wirtschaftlicher Nachrichten gespielt hatten, praktisch unmöglich wurde. Viele wirtschaftliche Themen – insbesondere auch das Entwerfen von Strategien für eine Nachkriegsordnung – waren tabu. Als beispielsweise Abs die Ansichten der Bank dem Rheinisch-Westfälischen Beirat in Köln präsentierte, vermied er jegliche Kritik an staatlichen Handlungsweisen, die so charakteristisch für die Reden Kimmichs gewesen war. Statt dessen beschränkte er sich auf die Details der trockensten, technischen und wenig aussagekräftigen Aspekte des Bankgeschäfts.

Im Laufe des Jahres 1943 traten die mit dem Bankwesen verbundenen politischen Gefahren erschreckend deutlich zutage. Im November nahm der Arbeitsausschuß kommentarlos einen Bericht Ritter von Halts, der immer noch für das Personalwesen zuständig war, zur Kenntnis, wonach die Direktoren der Filialen der Deutschen Bank in Hindenburg (Zabrze, Oberschlesien) und Stuttgart aufgrund «defätistischer Äußerungen» zum Tode verurteilt worden waren.[93]

Der Stuttgarter Direktor, Hermann Koehler, zu diesem Zeitpunkt 67 Jahre alt, war einer der ältesten Filialdirektoren der Deutschen Bank. Nach einer Geschäftsbesprechung hatte er auf der Eisenbahnreise von München nach Stuttgart mit Blick auf den jüngsten Sturz Mussolinis zu den mit ihm reisenden Kollegen gesagt: «Der Faschismus sei sang- und klanglos verschwunden, bei uns werde es ebenso gehen; der Nationalsozialismus sei ja nur ein Furz.» Wegen dieser Bemerkungen wurde Koehler von einem im Abteil mitreisenden Direktor einer anderen Bank angezeigt; er wurde festgenommen und vom Volksgerichtshof in Berlin verurteilt. Er versuchte sich damit zu verteidigen, daß er wegen des heißen Wetters zu viel Bier getrunken habe und sich an die Worte nicht erinnern könne, die er im Zug verwendet habe. Aber seine Verteidigung wurde abgewiesen; am 8. Oktober verkündete das Gericht das Todesurteil (neben einer Geldstrafe über 100000 RM). Verwandte von Koehler berichteten später, daß von Halt sich große Mühe gegeben habe, ihn zu retten, jedoch ohne Erfolg. Einen Monat nach dem Urteil, am 8. November 1943, wurde Koehler im Gefängnis von Brandenburg hingerichtet.

Nur drei Wochen vor Koehlers Verurteilung war auch Georg Miethe aus Hindenburg verurteilt worden, nachdem ihn Angestellte seiner eigenen Filiale angezeigt hatten. Miethe hatte schon vor Kriegsbeginn eine Auseinandersetzung mit der Partei, als er seine Weigerung, in die Deutsche Arbeitsfront einzutreten, mit dem etwas gewagten Argument begründete, als Filialdirektor verdiene er nicht genug. Am 10. August 1943 um 9.30 Uhr war er in seinem Büro von der Gestapo verhaftet worden. Wie die Niederlassung der Deutschen Bank im nahegelegenen Kattowitz berichtete, sei Miethe von seiner Sekretärin, Fräulein S., denunziert worden. Sie habe «unmittelbar neben der Eingangstür zum Direktionszimmer ihren Arbeitsplatz ... und [will] durch die verschlossene Tür gehört haben ..., daß Herr Miethe abfällige Äußerungen über Führer, Staat, Partei und Wehrmacht getan habe».

Hermann Koehler, Direktor der Filiale Stuttgart von 1924–1943

Georg Miethe, Leiter der Filiale Hindenburg von 1935–1943

Einen Tag nach der Festnahme Miethes wandte sich Richard Gdynia, Direktor der Niederlassung Kattowitz, an den NSDAP-Kreisleiter von Hindenburg, den er seit zwanzig Jahren kannte, und den ihm ebenfalls persönlich bekannten Gestapochef und versuchte, den Vorfall herunterzuspielen. Aber damit waren die Möglichkeiten der Bank, einen ihrer Direktoren zu retten, offenbar erschöpft. Wie Johannes Kiehl, Mitglied des Vorstands der Bank, einem Bekannten Miethes schrieb, der sich mit der Bitte um Hilfe an die Bank gewandt hatte: «Wir hoffen, daß hier das Verfahren Aufklärung zugunsten des Herrn Miethe bringen wird. Leider jedoch sind wir nicht in der Lage, selbst bei der Geheimen Staatspolizei oder dem Reichssicherheitshauptamt zugunsten von Herrn Miethe einzugreifen, wenn auch nur, um weitere Informationen zu erhalten.» Alles, was er, Kiehl, tun könne, sei dem Beschuldigten einen Anwalt zu empfehlen. Er empfahl Rudolf Dix.[94]

In der Verhandlung vor dem berüchtigten Volksgerichtshof verlautete später, daß zwei Bankangestellte sich über Miethes «Meckerei» beschwert hatten; angeblich hatte er Goebbels einen «Affen» und einen «Scheißkerl» genannt, Göring einen «vollgefressenen Wanst» und Hitler einen «Schwindler». Im Urteil des Volksgerichtshofs folgt auf das Protokoll dieser Bemerkungen ein Kommentar in dem für den Gerichtspräsidenten Roland Freisler charakteristischen demagogischen Ton: «Das hat ein Mann in gehobener Stellung und ein Mann von Bildung gesagt.» Miethes soziale Stellung spielte bei dem Gerichtsurteil sicherlich eine Rolle. Aber das Gericht urteilte auch über Miethes Ansichten, den Fortschritt des Krieges in Rußland und des Luftkrieges betreffend, und über seine Frage: «Na, und wann ist es bei uns zu Ende?»[95]

Miethe wurde am 21. September 1943 hingerichtet. Der *Völkische Beobachter* meldete einen Monat später: «Miethes verbrecherisches Verhalten mußte besonders deshalb strengstens geahndet werden, weil er seine Betriebsführereigenschaft verantwortungslos mißbraucht hat, anstatt seiner Gefolgschaft Vorbild und Beispiel zu sein.»[96] Zu dem tragischen Vorfall gab es nach Kriegsende ein Nachspiel: Die Sekretärin, die Miethe denunziert hatte, zog nach Westdeutschland und lebte dort unter falschem Namen, bis sie enttarnt und 1957 vor einem Münchener Gericht angeklagt wurde. Sie erhielt eine vierjährige Gefängnisstrafe. Sie versuchte ihr Verhalten damit zu rechtfertigen, daß sie im Krieg ihren Bruder und ihren Verlobten verloren habe und «durch die ununterbrochenen Schimpfkanonaden des Herrn Miethe seelisch zermürbt gewesen» sei. Auf der anderen Seite erfuhr das Gericht, daß sie sich schon als Kind in der Schule fleißig als Denunziantin betätigt hatte.[97] Enttäuschte Mitarbeiter verfügen in einer Diktatur – und insbesondere in Kriegszeiten – offensichtlich über recht bemerkenswerte Möglichkeiten, sich an ihren Chefs zu rächen.

Die Deutsche Bank erlebte etliche weitere Fälle von politischer Justiz: Reinhold Meißner, Sachbearbeiter in der Abteilung Lohnüberweisungen ausländischer Arbeiter, wurde nach einer Denunziation durch einen Betriebsobmann von der Gestapo verhaftet und des Hochverrats angeklagt. Er gestand, in der Bank Parolen wie «Hitler verrecke!» und «Hitler ist unser Todfeind» an die Wände gemalt zu haben. Seine Frau beging Selbstmord, Meißner selbst starb in den letzten Kriegstagen.[98]

Zweifellos wußten die ranghöchsten Manager der Bank über ihre Umwelt Bescheid; sie waren über den Verlauf und den Fortgang des Krieges informiert, und sie kannten die kriminellen Seiten des Regimes. Sie wußten auch, daß ein Netz von Konzentrationslagern Deutschland durchzog.

Das war kein Geheimnis. Lediglich den Völkermord gegen rassisch definierte Minderheiten – gegen Juden, Slawen und Zigeuner – versuchte das Regime unter einem Schleier des Geheimnisses und des Euphemismus zu verstecken; nicht zuletzt um die Täter und ihre stillen Mitwisser näher an das Regime zu binden. Folglich geben die aus dieser Epoche erhaltenen Dokumente dem Historiker nur wenig konkrete Anhaltspunkte darüber an die Hand, inwieweit der Holocaust tatsächlich bekannt war. Im Fall der Deutschen Bank gibt es beispielsweise zahlreiche Akten über Konten und Eigentum von Volksdeutschen, die in Łódź (in Deutschland unter dem Namen Litzmannstadt bekannt) angesiedelt wurden, aber es gibt keinerlei schriftliche Hinweise auf das Schicksal der Menschen, die hier ursprünglich gewohnt und Land besessen hatten, oder auf das Schicksal der Bewohner des Łódźer Ghettos. Hätte man sich hierüber keine Gedanken machen sollen?

Der Historiker weiß, daß Hermann J. Abs im Aufsichtsrat der I.G. Farben saß, einer Firma, die tief in die rassistische Ausbeutungs- und Vernichtungspolitik des NS-Staats verwickelt war. Abs' Tätigkeit für die I.G. Farben ist das Verbrechen, das ihm von Kritikern wie Eberhard Czichon und Tom Bower am häufigsten und nachdrücklichsten angelastet worden ist.[99] In den Aufsichtsrat der I.G. Farben trat Abs 1940 auf Vorschlag des Unternehmens ein, als Nachfolger des verstorbenen Eduard Mosler. Das Gremium trat eher selten zusammen und kontrollierte die Geschäftstätigkeit der I.G. Farben nicht systematisch. Wurde über das I.G. Farben-Werk in Auschwitz im Aufsichtsrat jemals gesprochen? Aus den Protokollen läßt sich dies nicht eindeutig ersehen. Die I.G. Farben hatte 1940 mit den Planungen für den Bau einer großen Anlage für die Produktion synthetischen Kautschuks begonnen. Ursprünglich war als Standort dafür Rattwitz bei Breslau vorgesehen gewesen, doch dann fiel die Wahl auf ein Gelände bei Auschwitz. Das hatte zum Teil strategische Gründe, aber es ist anzunehmen, daß auch die Aussicht auf billige Arbeitskräfte aus dem nahegelegenen Lager (das 1940 noch überwiegend mit politischen Häftlingen und Kriegsgefangenen polnischer Nationalität gefüllt war) eine Rolle spielte. Das Werk florierte schließlich auf der Basis einer mörderisch brutalen Ausbeutung von Zwangsarbeitern, in der Mehrheit Juden. Die Entscheidung, in Auschwitz zu bauen, fiel bei der I.G. Farben am 6. Februar 1941. Einen Tag später, am 7. Februar, fand die erste Aufsichtsratssitzung statt, an der Abs teilnahm. Es war eine kurze Sitzung von nur 90minütiger Dauer, und es ist unwahrscheinlich, daß dabei über Auschwitz gesprochen wurde. Am 11. Juli 1941 wurde im Aufsichtsrat der I.G. Farben über den Einsatz von Fremdarbeitern und Kriegsgefangenen gesprochen, um den Arbeitermangel zu decken, jedoch nicht explizit in bezug auf das neue Werk in Auschwitz.[100]

Die Deutsche Bank stellte der I.G.Farben für Auschwitz erhebliche Mittel zur Verfügung (das Kreditvolumen betrug am Ende 500000 RM). Man kann annehmen, daß Abs darüber orientiert war. Im Juli 1943 nahm er an einer weiteren Sitzung des Aufsichtsrats der I.G. Farben teil, auf der über die sehr hohen Abschreibungen gesprochen wurde, die die Finanzbehörden dem Unternehmen auf seine sehr umfangreichen Investitionen in neue Werksanlagen gewährten. Allein das Werk bei Auschwitz kostete rund 400 Mio. RM. Abs hielt die finanziellen Eckdaten in einem für seine Vorstandskollegen bei der Bank bestimmten Vermerk fest: «Die Anlagen, die mit 617 Mill. ausgewiesen sind, enthalten Zugänge von RM 400 Mio.; die Zugänge werden in voller Höhe abgeschrieben.»[101] Das ist der einzige schriftliche Anhaltspunkt dafür, daß über das I.G. Farben-Werk in Auschwitz auf der Ebene des Vorstands der Deutschen Bank gesprochen wurde.

Muß man nicht annehmen, daß Abs mit seinen Kollegen im Aufsichtsrat der I.G. Farben und im Vorstand der Deutschen Bank ausführlicher darüber gesprochen hat, was in Auschwitz vor sich ging? Unter der Diktatur herrschte ein Klima des Schweigens und des Nichtwissenwollens, das sich auch nach 1945 fortsetzte; und daraus resultierte eine teilweise Mittäterschaft und Mitschuld. Eine höchst charakteristische Illustration dieser Kultur war ein Begleitschreiben, das die I.G. Farben ihrem Geschäftsbericht für das Jahr 1942 beilegte, als sie ihn der Filiale Kattowitz der Deutschen Bank zuleitete: «Wir weisen Sie ausdrücklich darauf hin, daß der Bericht nur zu Ihrer persönlichen vertraulichen Verwendung bestimmt ist. Eine Veröffentlichung, Berichterstattung oder Weitergabe ist nicht gestattet.»[102]

Es ist wohl unbestreitbar, daß bereits 1942 viele Menschen in bezug auf das Regime zutiefst desillusioniert waren. Einige Vorstandsmitglieder der Deutschen Bank hatten, wie Abs und Plassmann als Katholiken, ein dem Nationalsozialismus diametral entgegengesetztes Weltbild. 1943 drang die Partei im Verlauf der Diskussion um die Reform der Bank auf ihre Entlassung – wenn auch ohne Erfolg. Abs unterhielt Kontakte zur Widerstandsbewegung. In Interviews behauptete Abs, daß Adam von Trott zu Solz ihn gebeten hatte, an der Verschwörung des 20. Juli gegen Hitler teilzunehmen, was Abs wegen seiner engen Bindung an die Bank und an seine Familie abgelehnt hatte. Er behauptete, auch einmal an einem Treffen des Goerdeler-Kreises teilgenommen zu haben, aber als er sah, daß sich Goerdeler Notizen machte, beschloß er, niemals auf diese Weise das Schicksal herauszufordern. Eine Papierspur etwaiger Verschwörungsabsichten zu hinterlassen, erschien ihm als sicherer Weg in die Zellen der Gestapo. Tatsächlich erreichte diese Papierspur noch zu Kriegszeiten Washington, jedoch offensichtlich nicht die Prinz-Albrecht-Straße. Das amerikanische Schatzamt hielt in seinen Berichten über die Banken im besetzten Europa fest, daß Abs «einer der prominentesten weltlichen Katholiken Deutschlands ist und Gerüchte bestehen, daß er ein möglicher Führer der katholischen Opposition in dem Land ist. Dennoch sind keine Unterlagen über seine politischen Aktivitäten verfügbar, und daraus kann wiederum geschlossen werden, daß seine Inanspruchnahme durch die Mitwirkung in 40 Banken und Handelsunternehmen ihn davon abhält, einen nennenswerten Beitrag zur Oppositionsarbeit zu leisten.»[103] Dieses Urteil über Abs wirkt recht treffend.

Abs arbeitete sehr eng mit dem Verleger Peter Suhrkamp zusammen, der den berühmten Verlag S. Fischer übernommen hatte. Im April 1944 wurde Suhrkamp von einem Gestapospitzel denunziert und verhaftet. Der Kieler Bankier Wilhelm Ahlmann, ein NS-Gegner, der sich später das Leben nahm, um sich der Gestapo zu entziehen, besuchte Abs unmittelbar nach der Verhaftung Suhrkamps, und die beiden Bankiers gaben sich alle Mühe, etwas für den Verleger zu tun, der denn auch schließlich aus der Haft freikam.[104]

Im Archiv der Deutschen Bank sind, man könnte meinen erstaunlicherweise, einige Aufzeichnungen über Abs' Kontakte zum deutschen Widerstand erhalten. Im Juni 1940 notierte seine Sekretärin, daß Trott angerufen habe («gemäß Ihrer Verabredung mit ihm»); er «bedauerte sehr, daß Sie so außerordentlich in Anspruch genommen sind, und hoffte, daß Sie vielleicht irgendwann mal eine Viertelstunde für ihn Zeit hätten».[105] Trott, ein Mitglied des Auswärtigen Amtes, war kurz zuvor von einer Reise in die Vereinigten Staaten zurückgekehrt, wo er prominente deutsche Emigranten besucht hatte und die amerikanische Regierung davon zu überzeugen suchte, daß es in Deutschland eine starke Opposition gegen die Nationalsozialisten gebe, die durch eine versöhnlich wirkende amerikanische Außenpolitik ermutigt werden könnte. Nach seiner Rückkehr versuchte er, angesehene Persönlichkeiten zu finden, die er den Amerikanern und Briten als Vertreter einer Anti-Hitler-Opposition nennen könnte. Er nahm Kontakt zu Hjalmar Schacht, zu Hans von Dohnanyi und zu Abs auf.[106] Seit 1940 traf sich Abs wiederholt mit dem Rechtsanwalt Helmuth James von Moltke in Berlin, fast immer in Begleitung von Peter Graf Yorck von Wartenburg. Moltke mochte Abs und wollte ihn stärker in den Kreis der Verschwörer einbeziehen, indem er ihn zu Versammlungen nach Kreisau einlud. Er schrieb an seine Frau: «Abs hat sich gebessert; er ist jetzt so arriviert, daß er es nicht mehr nötig hat, eitel und ehrgeizig zu sein. Unter den deutschen Bankiers ist er eben jetzt primus inter pares.» Die Treffen wurden nach dem Juni 1941 regelmäßiger, als Moltke schnell erkannt hatte, wie schwer ein Sieg über die UdSSR zu erringen sein würde. Im Mai 1943 wurde Abs erneut nach Kreisau eingeladen, konnte aber aus einem unbekannten Grund nicht kommen.[107]

Im Oktober 1943 stellte die Deutsche Bank Geldmittel zur Unterstützung Frau von Moltkes (Davida, geb. Yorck, Witwe des Botschafters Hans Adolf von Moltke, des Onkels von Helmuth James) zur Verfügung; Yorck von Wartenburg trat bei der Zahlungsvereinbarung als Übermittler auf.[108] In einer nach dem Krieg abgegebenen eidesstattlichen Erklärung versicherte seine Witwe, Gräfin Marion Yorck von Wartenburg: «Noch ganz kurz vor dem 20. Juli 1944, als meinem Mann der Zeitpunkt des Attentats schon bekannt war, fand eine Unterhaltung zwischen ihm und Abs statt, in der mein Mann ihn aufforderte, sich der Delegation anzuschließen, die nach dem ‹Ereignis› mit England verhandeln sollte; Abs gab sein Einverständnis.»[109] Es liegen freilich keine Dokumente aus der Kriegszeit vor, die engere Kontakte Abs' zum Widerstand im Jahr 1944 belegen könnten, und an der Verschwörung vom 20. Juli waren keine Direktoren oder Angestellten der Deutschen Bank beteiligt. In der geplanten Regierungsbildung unter der Kanzlerschaft Carl Goerdelers sah die deutsche Opposition 1944 als Reichswirtschaftsminister und Reichsbankpräsident nicht Abs vor, sondern Karl Blessing von der Kontinentale Oel AG (einen weiteren Freund Peter Yorcks).[110]

Ein Vorstandsmitglied der Deutschen Bank, Oswald Rösler, wurde vor den Volksgerichtshof gestellt, weil ein Bekannter Goerdelers behauptete, er habe ihm von dem Anschlag erzählt. Da es jedoch keine stichhaltigen Beweise für eine Beteiligung Röslers gab, wurde er freigesprochen.[111] Der Fall machte deutlich, daß die – zwangsläufig sehr zahlreichen – Kontakte von Bankiers den Verdacht der Sicherheitsbehörden wecken konnten.

Abs war jedenfalls schon ins Visier der SS geraten, und sei es nur wegen der Breite und Vielzahl seiner Auslandskontakte. Nachdem die Deutsche Bank eine offizielle Beschwerde über die Aktivitäten einer der SS nahestehenden Amsterdamer Bank, des Rebholz Bankierkantoor, eingelegt hatte, beklagte sich die SS ihrerseits über Abs und einen Brief, den er an den Vizepräsidenten der Reichsbank, Emil Puhl, geschrieben hatte. Abs habe, so hieß es in dem Dossier, «bekanntlich starke katholische Bindungen». Und weiter: «Da für die Person des Vorstandsmitgliedes der Deutschen Bank, Hermann Abs, beim RSHA großes Interesse besteht, wird das RSH III D von dem Inhalt des Schreibens Abs an Pohl [sic!] in Kenntnis gesetzt.»[112]

Abs gehörte, obwohl er nie mit der NS-Ideologie sympathisierte und einigen zentralen Figuren des deutschen Widerstandes nahestand, nie zur Widerstandsbewegung und traf für sich bewußt die Entscheidung, kein Held werden zu wollen. Nach seiner Überzeugung war dies das beste, das er im Interesse seiner Familie (für die er sich in erster Linie verantwortlich fühlte) und seiner Bank (für die er ebenfalls Verantwortung empfand) tun konnte. Er fühlte sich nicht verpflichtet, ein aus seiner Sicht sinnloses Opfer zu bringen. Es ist immerhin denkbar, daß er die moralischen Dilemmata seiner Lage im kirchlichen Sakrament der Beichte zur Sprache brachte und vielleicht sogar seine zahlreichen Reisen zum Vatikan vor dem Krieg und während des Krieges nutzte, um diese Dinge zu erörtern. In der Rückschau aus der Warte eines neuen Jahrhunderts mögen sich viele wünschen, Abs hätte damals anders gehandelt; man sollte es sich jedoch mit dem Vorwurf der Untätigkeit nicht zu leicht machen.

VII. Das Ende der Diktatur

Der Kriegsverlauf wirkte sich stark auf das Tagesgeschäft der Deutschen Bank aus. 1939 hatte sie 17805 Angestellte. Anfang 1941 waren 5900 Mitarbeiter zum Militär eingezogen, im Februar 1942 waren es 7300, und bis Oktober 1944 stieg die Zahl auf 9705 an (bei einem Stammpersonal von 19343 Personen und 1400 Hilfskräften).[1] Der Frauenanteil in der Belegschaft erhöhte sich von 28 Prozent im Jahr 1941 auf 33 Prozent 1943. Parallel dazu wurde mit der Neueröffnung zahlreicher Konten die Arbeitsbelastung wesentlich größer.[2]

1943 hatten sich die Lebensbedingungen bereits drastisch verschlechtert. Luftangriffe hatten Geschäftsunterlagen und Gebäude beschädigt oder zerstört und Angestellte getötet. Im Sommer 1943 waren die Büros der Bankfilialen in Lübeck, Mainz, Barmen und Köln wie auch acht Stadtdepositenkassen völlig zerstört worden.[3] Am 22. und 23. November 1943 wurde die Zentrale in Berlin nahezu vollkommen ausgebombt: 3000 Angestellte mußten in Ersatzräumen untergebracht werden. Allein um das Tagesgeschäft aufrechtzuerhalten, waren umfassende Denzentralisierungsmaßnahmen notwendig. Schon Ende 1942 hatte der Kölner Direktor der Deutschen Bank, Jean Baptist Rath, unter anderem in Reaktion auf Kritik seitens der Partei, vorgeschlagen, die Filialbezirke als von der Zentrale unabhängige Regionalbanken zu führen.[4] Im September 1943 wurden zehn bedeutende Filialleiter zu «Direktoren der Gesamtbank mit Generalvollmacht für sämtliche Niederlassungen» ernannt.[5]

In den ersten Monaten des Jahres 1944 wurden 26 Filialen durch Bombenangriffe völlig zerstört und weitere 19 mehr oder weniger stark beschädigt. In Berlin wurde im Frühjahr 1944 auch die Ausweichstelle der Bank am Hausvogteiplatz zerstört. Dennoch konnte die Arbeit der Bank im Juli in der Berliner Presse als ein gutes Beispiel dafür angeführt werden, daß selbst nach schweren Bombenangriffen ein Wiederaufbau möglich sei.[6] Erst in den letzten Kriegstagen brach die Disziplin zusammen, und auf starke Bombardierungen, wie etwa dem schweren Bombenangriff auf Würzburg im März 1945, folgten Plünderungen.

1943 waren drei Fünftel der Belegschaft allein mit der «Aufrechterhaltung des Zahlungsverkehrs» befaßt.[7] Als die Bankzentrale aufgelöst wurde, verkleinerte sich auch der Spielraum, innerhalb dessen die Filialen neue Kredite abschließen konnten: Investitionskredite wurden nun grundsätzlich auf die Errichtung neuer Rohstoffindustrien (vor allem Zellulose und Öl) und die Finanzierung von Warenvorräten beschränkt. War schon in den 1930er Jahren das Kreditgeschäft rückläufig gewesen, so setzte sich dieser Trend während des Krieges in beschleunigtem Tempo fort. 1942 machten Kredite und Vorschüsse auf Waren in der Bilanz nur noch 18,7 Prozent aus, bis Ende 1944 sank der Anteil auf 13,4 Prozent.

Sogar der gewöhnliche Geschäftsbetrieb brach allmählich zusammen. Im Sommer des Jahres 1944 erschwerte die stärkere Rationierung von Kraftstoff den Geldtransport.[8] Dann kamen die Besetzung Deutschlands und die Evakuierung der Filialen.[9] In frontnahen Regionen gab es einen regelrechten Ansturm auf die Banken, da Kunden versuchten, ihre Konten aufzulösen, bevor sie evakuiert wurden.[10] Drei regionale Evakuierungszentren (Verbindungsstellen Vorstand) wurden in Hamburg, Wiesbaden und Erfurt errichtet. Sie setzten ihre Arbeit auch nach der militärischen Niederlage fort.

Im Oktober 1944 änderte die Bank ihre Geschäftsgrundsätze dahingehend, daß sie Auszahlungen in Höhe von 1000 RM an Privatkunden «abgeschnittener Niederlassungen» zuließ; ab Februar 1945 wurden noch höhere Auszahlungen genehmigt. Aber die für die besetzten Teile Deutschlands ausgegebenen Richtlinien und der Zusammenbruch des Kommunikationsnetzes führten zu einem gespannten Verhältnis zu den Industriekunden. Wilhelm Zangen von Mannesmann, der Führer der «Reichsgruppe Industrie», forderte die Deutsche Bank auf, die Summe des Kontos von Mannesmann in Kattowitz auszubezahlen. Rösler reagierte sehr ablehnend und stellte verärgert fest: «Die Herren beanspruchen also nichts anderes, als daß beispielsweise sämtliche Guthaben, die bei der Deutschen Bank unterhalten werden, letzten Endes in Miesbach ausgezahlt werden, wenn es der Wirtschaft unter den gegenwärtigen Umständen gefällt, nach dorthin auszuweichen.»[11]

Am 16. März 1945 führte Reichswirtschaftsminister Funk in einer Versammlung den Vorsitz, die die Evakuierung der Berliner Banken und ihrer Vorstände für den «Iwan-Fall» diskutierte – das heißt für den Fall, daß Rußland und nicht die westlichen Alliierten Berlin einnehmen sollten. Der die Deutsche Bank betreffende Vorschlag ging dahin, den Hauptsitz der Bank gegebenenfalls mit sechs oder sieben Vorstandsmitgliedern und ca. 25–30 anderen Mitarbeitern nach Hamburg zu verlegen.[12]

Der stark beschädigte Gebäudekomplex der Deutschen Bank in Berlin nach einem Bombenangriff im November 1943; in der Bildmitte sind das Hauptportal und der Schwibbogen zu erkennen

Am 9. April 1945 feierte die Bank ihr 75jähriges Jubiläum. Der Vorstand sandte ein Glückwunschschreiben an die Filialen, die noch mit Berlin in Verbindung standen: «Es ist uns nicht vergönnt, an diesem bedeutsamen Gedenktage im ruhigen Gefühl erreichter Erfolge und eines gesicherten Besitzstandes auf das zurückzublicken, was die Arbeit derer, die vor uns am Werke standen, und unsere eigene Arbeit geschaffen haben.» Die Angestellten erhielten eine Prämie in Höhe eines halben Monatslohns, obwohl dies angesichts der steigenden Inflation im Endeffekt nur wenig ausmachte.[13]

Eine Woche später, am 16. April, setzte der Kampf um Berlin ein. Die letzte Vorstandssitzung zu Kriegszeiten fand am 18. April 1945 statt. Anwesend waren vier Vorstandsmitglieder; von Halt war entschuldigt, da er den Volkssturm zur Verteidigung Berlins führte. Am 21. kämpften sowjetische Truppen bereits auf den Straßen der deutschen Hauptstadt. Am 23. April reiste Hunke aus Berlin ab; er fürchtete eine gefährliche Reaktion Joseph Goebbels' auf seine immer wieder vorgetragene Ansicht, eine weitere militärische Verteidigung Berlins sei sinnlos.[14]

Aber das Bankgeschäft ging weiter – ja, man unternahm den erstaunlichen Versuch, Normalität vorzutäuschen. Noch immer versuchten Kunden, ihre Depots aufzulösen. Doch das Chaos und die Verwirrung sowie die stark eingeschränkte innerstädtische Mobilität bewirkten, daß viele Tresorschlüssel unerreichbar waren. Rösler gelang es, sich zur Auszahlung von Kontoguthaben 500 000 RM von der Reichsbank zu beschaffen. Als am 2. Mai russische Truppen das Bankgebäude in der Mauerstraße besetzten, konfiszierten sie 498 130 RM, die sich noch in der Notkasse befanden. Erst am 11. Mai, als sowjetische Soldaten Rösler und andere führende Angestellte vorübergehend zur Vernehmung festnahmen und die Tresore aufsprengten, stellte die Bank ihre Tätigkeit in Berlin ein.[15]

Einen Tag bevor der entscheidende sowjetische Angriff auf Berlin begann, war Abs auf Wunsch der übrigen Berliner Vorstandsmitglieder nach Hamburg aufgebrochen,[16] von dort aus versuchte ein Führungsstab, der sich aus Abs, Bechtolf und Plassmann (letzterer hielt sich zu dieser Zeit in Erfurt auf) zusammensetzte, die Tätigkeit der Deutschen Bank auch nach der militärischen Niederlage aufrechtzuerhalten. Es war eine Niederlage, die man zwar lange vorausgesehen, deren Möglichkeit man aber nie öffentlich auszusprechen gewagt hatte. Stauß und Hunke mochten an den Sieg des Nationalsozialismus geglaubt haben; aber 1945 war Stauß längst tot, und Hunke stand aus der Sicht der führenden Manager im Abseits. Bankiers passen sich den Realitäten an – das ist ihr Auftrag. Die Realität von 1945 war, daß der Nationalsozialismus und die nationalsozialistische Wirtschaftsordnung militärisch wie moralisch bankrott waren.

VIII. Fazit

Die Deutsche Bank stand in der Zeit der nationalsozialistischen Diktatur vor der grundsätzlichen Entscheidung, inwieweit sie sich in das Regime einfügen und dem neuen Zeitgeist anpassen sollte. Sie wurde in beträchtlichem Maß von Kräften gelenkt, die sie nicht zu steuern vermochte. Letztlich konnten Bankiers die deutsche Politik nicht bestimmen – auch wenn dies die nationalsozialistischen Vertreter von Verschwörungstheorien angesichts der Macht des Finanzkapitalismus glaubten. In einigen Fällen machten allerdings Bankiers die Auswirkungen und Folgen deutscher politischer Entscheidungen noch schädlicher und nachteiliger für die Opfer, als sie ohnehin schon waren. Dies galt inbesondere, wenn Vertreter der Bank, die im besetzten Europa tätig waren, dort Besitztümer und Vermögenswerte beschlagnahmten, durch deren Verlust die rechtmäßigen Besitzer noch angreifbarer wurden. Die Bank spielte vor allem seit September 1938 eine Rolle im deutschen imperialistischen System, und ihre Mitarbeiter wirkten an dessen brutaler Politik mit.

Die älteren Manager verfolgten das Verhalten ihrer jüngeren Kollegen mit erheblichem Unbehagen. Über einen der mit zerstörerischer Tatkraft ausgestatteten «neuen Männer» im Unternehmen notierte ein Deutsche Bank-Vorstand noch während der NS-Zeit: «Er besitzt zweifellos viel Elan, Arbeitsfreude, Kombinationsgabe und Verantwortungsfreudigkeit, daneben aber einen ungezähmten Ehrgeiz, unter dem sein geschäftlicher Stil leidet. Wir haben uns im Falle Creditanstalt ein Bild davon machen können, zu welchen Torheiten ihn sein Ehrgeiz verleitet und daß er auch nach einer verlorenen Partie nicht die Einsicht aufbringt, seine Fehler zuzugeben. Es fehlt ihm vorläufig an der Selbsterziehung zur Eigenpersönlichkeit, da er zu sehr geneigt ist, die Dinge nur vom geschäftlichen aus zu betrachten, gleichviel mit welchen Mitteln derartige Erfolge erreicht werden.»[1]

In anderen Fällen, die sich vor allem innerhalb der Grenzen des Deutschen Reiches von 1937 zutrugen, hat die Deutsche Bank den Opfern des Regimes das eine oder andere Mal geholfen. Speziell bei der Unterstützung der offiziellen Politik der «Arisierung» gibt es einerseits Beispiele dafür, daß die Bank und ihre Vertreter tatkräftig und bestimmt zugunsten ihrer alten Geschäftspartner wirkten, während andererseits auch Initiativen zur «Arisierung» – besonders auf der lokalen Ebene – von der Bank ausgingen.

Mit den bewußt und unbewußt angestellten Überlegungen, inwieweit eine Anpassung an das «Neue Deutschland» die finanzielle und soziale Stellung von Bankiers verändern würde, konnten die meisten Finanzleute nur zu dem Schluß kommen, daß sie als Repräsentanten eines überflüssigen und in schlechtem Ruf stehenden Geschäftszweigs auf jeden Fall an Ansehen verlieren mußten. Das deutsche Bankwesen war traditionell von seinen weitreichenden Kontakten abhängig, formellen wie informellen, nationalen wie internationalen, in denen geschäftliche Verbindungen auf Vertrauen und einem Ehrenkodex beruhten. Dieses soziale Umfeld, das sich besonders durch seinen kosmopolitischen Charakter auszeichnete, korrespondierte mit einer der wichtigsten wirtschaftlichen Aufgaben der Banken, eine Fülle von Informationen zu sammeln und zu übermitteln. Den Nationalsozialisten erschien dies schlichtweg als ein diskreditiertes Geschäft, das der Vergangenheit angehörte; aber diese neue Ideologie, die eine stark egalitäre Dimension hatte, wurde nicht einfach von außen, von seiten des Staates oder der Parteiorganisation, in das Bankwesen hineingetragen. Diese neue Doktrin überzeugte vielmehr eine erhebliche Zahl von Bankangestellten, und schließlich wurde die nationalsozialistische Revolution in dem hier behandelten Finanzinstitut überwiegend von einer inneren Dynamik der bürokratischen Strukturen innerhalb der Bank getragen.

Angesichts dieses allgemeinen Meinungswandels wurden die Bankiers zunehmend passiv. Die führenden Köpfe der Bank beteiligten sich nicht am Widerstand oder an Verschwörungen gegen Hitler. Es ist bemerkenswert, daß aus den Reihen der alten Eliten Deutschlands zwar Soldaten, Diplomaten und Beamte, und in einem gewissen Umfang auch Vertreter der Kirchen, am Widerstand beteiligt waren, jedoch fast keine Unternehmer und keine Bankiers. Mir erscheint die Feststellung zu kurzschlüssig, dies habe darauf beruht, daß Bankiers in Deckung blieben und sich darauf beschränkten, Geld zu verdienen. Anders als Generäle und Diplomaten, die auch in der Diktatur noch gebraucht wurden und wichtig waren, wurden die Bankiers grundsätzlich als parasitär angesehen. In dem Maße, in dem sie diese Kritik verinnerlichten, verloren sie die Fähigkeit zu wirkungsvollem politischem Handeln. Soldaten und Generäle spielten eine zentralere Rolle. Dementsprechend begingen viele von ihnen schwerere Verbrechen als ein Bankier, der sich an seinem Schreibtisch mit dem Gleichgewicht zwischen Soll und Haben beschäftigte; aber sie hatten auch mehr Möglichkeiten, moralisch zu handeln. Sie konnten eher zu Schurken werden als Bankiers, aber sie hatten auch eine größere Chance, als Helden in die Geschichte einzugehen. Ihre moralische Bandbreite war weiter gesteckt; sie umfaßte die ruchlose Brutalität und die Grausamkeiten an der Ostfront, aber ebenso die Heldentat des 20. Juli 1944.

Demgegenüber waren die beiden Männer der Deutschen Bank, die vom Volksgerichtshof verurteilt wurden, keine Helden: Sie hatten einfach Pech. Hermann J. Abs, ohne Zweifel das dynamischste und kreativste Vorstandsmitglied der Deutschen Bank während des Krieges, war zwar in der Lage, wenn auch in etwas verschleierter Form, die gesamte Handelspolitik des nationalsozialistischen Deutschland anzugreifen, aber als er Kontakte zu den Männern des Widerstands hatte, war er gehemmt und entschied sich, kein Held zu sein. Ist es die Aufgabe des Historikers, ihn dafür zu verurteilen? Dagegen war bei ihm die Vermischung von rein privaten wirtschaftlichen Interessen mit denen der Bank und des Staates charakteristisch für den Verschleiß und Verfall von Institutionen und institutionell vermittelten Normen in der NS-Diktatur.

Im Zuge ihrer fortschreitenden gesellschaftlichen Mißachtung zogen sich viele Bankiers in jene Welt zurück, mit der sie am meisten vertraut waren: in die behagliche Sicherheit der ökonomischen Rationalität. Sie arbeiteten auf traditionelle Weise weiter, obwohl ihre Umgebung längst fremd und irrational geworden war. Vielen späteren Beobachtern mag es als außergewöhnlich erscheinen, daß sich die vehementeste Kritik von Bankiers, Unternehmern und Beamten gegen das Regime in den dreißiger Jahren auf recht banale Dinge bezog – zum Beispiel die zu großen Defizite im Staatshaushalt – und nicht gegen die singuläre Unmenschlichkeit. Zweifellos war diese Sichtweise das Ergebnis einer extremen moralischen Kurzsichtigkeit. Die Bankenwelt war insofern vom NS-Regime und seiner Art, sich den Deutschen zu präsentieren, eingefangen worden. Der Nationalsozialismus beanspruchte nachdrücklich und militant, daß er das Gemeinwohl verkörpere, und daß andere nur eng begrenzte eigennützige Interessen verträten. Nachdem den Bankiers immer wieder eingeredet worden war, daß sie bei der sozialen und politischen Gestaltung der Gesellschaft nicht mitzureden hätten, und daß sich das gesellschaftliche Leitbild der führenden Wirtschaftsvertreter durch nichts anderes auszeichne als durch zügellosen Egoismus, konzentrierten sie sich immer mehr darauf, ja nicht über die eigene Nasenspitze hinauszublicken. Im Ergebnis trugen somit auch die Bankiers zum moralischen Niedergang Deutschlands bei.

Anhang

Abkürzungen

ADCA	Allgemeine Deutsche Credit-Anstalt
AG	Aktiengesellschaft
AKU	Algemeene Kunstzijde Unie
ANN	Akt Nowych Warszawa (Staatsarchiv Warschau)
Arbed	Aciéries Réunies de Burbach-Eich-Dudelange
BA	Bundesarchiv (Koblenz, Berlin)
BDC	Berlin Document Center
BDB	Bundesverband deutscher Banken
Bebca	Böhmische Escompte Bank
BUB	Böhmische Union-Bank
CFM	Finanzministerium der Tschechischen Republik
DAF	Deutsche Arbeitsfront
DAIB	Deutsche Agrar- und Industriebank
DUB	Deutsche Ueberseeische Bank
GLA	Generallandesarchiv Karlsruhe
HADB	Historisches Archiv der Deutschen Bank
HTO	Haupttreuhandstelle Ost
NA	National Archives (Washington)
NBS	Nationalbank der Slowakei
NSBO	Nationalsozialistische Betriebszellenorganisation
NSDAP	Nationalsozialistische Deutsche Arbeiterpartei
OHG	Offene Handelsgesellschaft
RGBl	Reichsgesetzblatt
RHG	Reichswerke «Hermann Göring»
RKG	Reichs-Kredit-Gesellschaft
RWB	Rheinisch-Westfälische Bank
RWM	Reichswirtschaftsministerium
SA	Sturmabteilung
SAM	Sonderarchiv Moskau
SS	Schutzstaffel
StAL	Sächsisches Staatsarchiv Leipzig
UBB	Union-Bank Bratislava
UEK	Unabhängige Expertenkommission Schweiz – Zweiter Weltkrieg

Anmerkungen

I. Die Situation

1 Von Oktober 1929 bis Oktober 1937 lautete der amtliche Name des Unternehmens «Deutsche Bank und Disconto-Gesellschaft». Wir begnügen uns in diesem Text mit dem Begriff «Deutsche Bank».

2 Siehe Lothar Gall, Die Deutsche Bank von ihrer Gründung bis zum Ersten Weltkrieg, in: Lothar Gall/Gerald D. Feldman/Harold James/Carl-Ludwig Holtfrerich/Hans E. Büschgen (Hrsg.), Die Deutsche Bank 1870–1995, München 1995, S. 1–137.

3 Boris Barth, Die deutsche Hochfinanz und die Imperialismen: Banken und Außenpolitik vor 1914, Stuttgart 1995, S. 15–42.

4 Siehe Harold James, Monetary and Fiscal Unification in Nineteenth-Century Germany: What Can Kohl Learn from Bismarck?, Princeton: Essays in International Finance, No. 202, 1997.

5 Siehe Manfred Pohl/Angelika Raab-Rebentisch, Von Stambul nach Bagdad: Die Geschichte einer berühmten Eisenbahn, München 1999; Gall, Die Deutsche Bank von ihrer Gründung, S. 78–81.

6 Manfred Pohl, Entstehung und Entwicklung des Universalbankensystems: Konzentration und Krise als wichtige Faktoren, Frankfurt 1986, S. 67.

7 Enquête-Ausschuss, (Ausschuss zur Untersuchung der Erzeugungs- und Absatzbedingungen der deutschen Volkswirtschaft), Der Bankkredit, Berlin 1930.

8 Siehe Caroline Fohlin, The Rise of Interlocking Directorates in Imperial Germany, in: Economic History Review 52/2, 1999, S. 307–33.

9 Zur geographischen Verteilung jüdischer Wirtschaftsbetriebe siehe Werner E. Mosse, Jews in the German Economy: The German-Jewish Business Elite, Oxford 1987.

10 Peter Hüttenberger, Nationalsozialistische Polykratie, in: Geschichte und Gesellschaft 2, Göttingen 1976, S. 417–42; Dieter Rebentisch, Führerstaat und Verwaltung im Zweiten Weltkrieg: Verfassungsentwicklung und Verwaltungspolitik, Stuttgart 1989; Ian Kershaw, The Nazi Dictatorship: Problems and Perspectives of Interpretation, London 1989, S. 42–81.

11 Graciela L. Kaminsky und Carmen M. Reinhart, The Twin Crises: The Causes of Banking and Balance-of-Payments Problems, Board of Governors of the Federal Reserve System International Finance Discussion Papers, Nr. 544, März 1996.

12 Rudolf Morsey, Zur Entstehung, Authentizität und Kritik von Brünings Memoiren 1918–1934, Opladen 1975; Stephen A. Schuker, Ambivalent Exile: Heinrich Brüning and America's Good War, in: Christoph Buchheim/Harold James/Michael Hutter, Zerrissene Zwischenkriegszeit: Wirtschaftshistorische Beiträge. Knut Borchardt zum 65. Geburtstag, Baden-Baden 1994, S. 329–56.

13 Gerald D. Feldman, Die Deutsche Bank vom Ersten Weltkrieg bis zur Weltwirt-

schaftskrise 1914–1933, in: Lothar Gall/Gerald D. Feldman/Harold James/Carl-Ludwig Holtfrerich/Hans E. Büschgen (Hrsg.), Die Deutsche Bank 1870–1995, S. 138–314.

14 Siehe dazu Harold James, The German Slump: Politics and Economics 1924–1936, Oxford 1986, S. 303–7.

15 HADB, B228.

16 Lord d'Abernon, Ambassador of Peace, London 1929.

17 E. W. Schmidt an Maximilian Müller-Jabusch, 28. Dezember 1953, HADB, RWB, 27.

18 Thomas Balogh, Studies in Financial Organization,Cambridge 1947, S. 78: «a secular tendency for the demand for bank loans to decline». Siehe auch Frankfurter Zeitung v. 3. Juni 1934: Der Staat hatte neue Kredite über Arbeitsbeschaffungsmaßnahmen finanziert, jedoch: «Der auf diese Weise geschaffene Kredit verblieb aber zunächt nicht in der Wirtschaft, weil nennenswerte Teile dieser Wirtschaft noch immer auf Lagerverkleinerung zur Rückzahlung von Bank- und sonstigen Krediten bedacht waren.»

19 Aus «Gewinn-Übersicht und Kalkulationen für das Jahr 1933», HADB, B305.

20 An die Direktionen unserer Zweigniederlassungen v. 22. 8. 1933, BA, R 8119 F, 24 000.

21 Sitzungen v. 6. 10. 1936 u. 30. 8. 1938, HADB, SG8/5.

22 S-Rundschreiben S62/33, 16. 8. 1933, HADB, F63/1053.

23 Zit. in Rainer Zitelmann, Hitler. Selbstverständnis eines Revolutionärs, Stuttgart 1991, S. 260 f. Allgemein zu Hitlers Ansichten über die Wirtschaft siehe vor allem auch: Henry A. Turner, Hitlers Einstellung zu Wirtschaft und Gesellschaft vor 1933, in: Geschichte und Gesellschaft 2/1976, S. 89–117; und Avraham Barkai, Sozialdarwinismus und Antiliberalismus in Hitlers Wirtschaftskonzept, in: Geschichte und Gesellschaft 3/1977, S. 406–417. Ausführlicher siehe Avraham Barkai, Das Wirtschaftssystem des Nationalsozialismus, S. 27 ff.

24 Zit. in Klaus Kreimeier, Die Ufa-Story. Geschichte eines Filmkonzerns, München 1992, S. 306.

25 Zit. in Eduard Rosenbaum/A. J. Sherman, Das Bankhaus M. M. Warburg & Co. 1798–1938, Hamburg 1976, S. 8.

26 Dieses Argument bringt Gerald Feldman in seiner Allianz-Studie an. Gerald D. Feldman, Die Allianz und die deutsche Versicherungswirtschaft 1933–1945, München 2001.

27 Siehe zum Beispiel Eberhard Czichon, Der Bankier und die Macht. Hermann Josef Abs in der deutschen Politik, Köln 1970; Kurt Gossweiler, Großbanken, Industriemonopole, Staat, Ökonomie und Politik des staatsmonopolistischen Kapitalismus in Deutschland 1914–1932, Berlin 1971; Karl Heinz Roth, Bankenkrise, Faschismus und Macht, in: Kritische Aktionäre der Deutschen Bank (Hg.), Macht ohne Kontrolle: Berichte über die Geschäfte der Deutschen Bank, Stuttgart 1990, S. 13–23; OMGUS. Ermittlungen gegen die Deutsche Bank, in: Die Andere Bibliothek, hg. v. Hans Magnus Enzensberger – Sonderband –, Nördlingen 1985 (besonders das Nachwort von Karl Heinz Roth).

II. Die erste Herausforderung: die nationalsozialistische Ideologie

1 Keppler in der Enquetesitzung v. 6.9.1933, BA, R2/13682, Bl. 15–21.

2 Feder in der Enquetesitzung v. 6.9.1933, BA, R2/13682, Bl. 23; Feder in der Enquetesitzung v. 23.11.1933, BA, R2/13683, Bl. 69f.

3 Mosler in der Enquetesitzung v. 23./24.11.1933, BA, R2/13683, Bl. 65 f., 76.

4 Die Aufzeichnungen G.H. Pinsents über ein Interview mit Schacht v. 6.10.1933, Bank of England, OV34/5.

5 Reichsstatthalter in Braunschweig und Anhalt Leeper an Stellvertreter des Führers, Hess, v. 13.3.1934, BA, R43II/243 Bl. 74 f.

6 Vermerk Mosler an Aufsichtsrat v. 5.12.1934, BA, R 8119 F, P24004.

7 Vermerk Reichsfinanzministerium v. 25.5.1939, BA, R2/13685, Bl. 64.

8 Vermerk Mosler an Kimmich (nur für den Aufsichtsrat) v. 21.2.1934, HADB, B228.

9 Die Entwicklung des Bankwesens seit der Machtergreifung v. Mai 1938, Deutsche Bundesbank, Historisches Archiv, Reichsbank Akte 6520.

10 Emissionsprospekt, Umtauschangebot der Daimler-Benz Aktiengesellschaft v. 15.2.1937, BA, R 8119 F, P3191, Bl. 260 ff.

11 Vgl. Manfred Pohl, Die Finanzierung der Russengeschäfte zwischen den beiden Weltkriegen. Die Entwicklung der 12 großen Rußlandkonsortien, Frankfurt a.M. 1975, S. 44–48.

12 Mefo-Wechsel sind von der Metallurgischen Forschungs-GmbH akzeptierte Rüstungswechsel, die zeitweilig das wichtigste Instrument der nationalsozialistischen Rüstungsfinanzierung waren.

13 Aktenvermerk v. 10.2.1938, BA, R2/3847. Allgem. siehe Rudolf Stucken, Deutsche Geld- und Kreditpolitik 1914–1953, Tübingen 1953, S. 143.

14 Zahlen in BA, R 8119 F, P294.

15 Reichsbank an Reichsfinanzminister v. 29.12.1938, BA, R2/3847. Vgl. Heinz Pentzlin, Hjalmar Schacht. Leben und Wirken einer umstrittenen Persönlichkeit, Berlin 1980, S. 250; Wilhelm Vocke, Memoiren, Stuttgart 1973, S. 110.

16 Sitzung des Reichsanleihe-Konsortiums v. 10.1.1939, BA, R 8119 F, P296, Bl. 68 ff.

17 Reichsbank an Reichsfinanzminister v. 29.12.1938, BA, R2/3847.

18 Vermerk Kimmich v. 19.7.1939, BA, R 8119 F, P3359, Bl. 198.

19 Vgl. Peter Hayes, Industry and Ideology. IG Farben in the Nazi Era, Cambridge 1987, S. 176 u. 184.

20 Bericht Mosler v. 27.1.1938, BA, R 8119 F, P1775, Bl. 423 ff.

21 Bericht Mosler v. 25.5.1939, BA, R 8119 F, P1767, Bl. 106 ff.

22 Deutsche Bank an Deutsche Bank-Aufsichtsrat v. 24.11.1933, BA, N1013/83, Bl. 169 f. Vgl. Manfred Pohl, Konzentration im Deutschen Bankwesen 1848–1980, Frankfurt 1980, S. 353.

23 Sitzung des Rheinisch-Westfälischen Beirats v. 27.11.1935, BA, R 8119 F, P41, Bl. 31.

24 Sitzung des Rheinisch-Westfälischen Beirats v. 5.5.1936, BA, R 8119 F, P41, Bl. 43 f.

25 Sitzung des Rheinisch-Westfälischen Beirats v. 11. 11. 1936, BA, R8119 F, P41, Bl. 62; Sitzung des Rheinisch-Westfälischen Beirats v. 28.10. 1937, ebd. Bl. 98.

26 Sitzung des Rheinisch-Westfälischen Beirats v. 30.4. 1940, BA, R8119 F, P41, Bl. 137.

III. Antisemitismus und die deutschen Banken

1 Eckhard Wandel, Hans Schäffer. Steuermann in wirtschaftlichen und politischen Krisen, Stuttgart 1974, S. 160 f; Tagebuch Schäffer, Tagebucheintrag v. 4. 12. 1931. Institut für Zeitgeschichte, ED93/16.

2 Frankfurter Zeitung v. 9. 12. 1932.

3 Deutsche Bank (unterzeichnet von Solmssen und Schlitter) an Silverberg v. 19. 3. 1932, BA, N1013/83, Bl. 72 f.

4 Silverberg an Urbig v. 22. 3. 1932, BA, N1013/83, Bl. 78–80.

5 Telegramm Urbig an Silverberg v. 28. 5. 1933, BA, NL1013/83, Bl.151.

6 Bericht Urbig v. Juli 1933, BA, R8119F, P55, Bl. 18 f.

7 Bericht Urbig v. Juli 1933, BA, R8119F, P55, Bl.8–25. Siehe auch Christopher Kopper, Zwischen Marktwirtschaft und Dirigismus. Staat, Banken und Bankpolitik im Dritten Reich von 1933 bis 1939, Bonn 1995, S. 132 ff., 138–140.

8 Frankfurter Zeitung v. 31. 5. 1933.

9 Komitee zur Vorbereitung des Stillhalteabkommens, eines 1931 in Basel geschlossenen Vertrages über die Stillhaltung ausländischer Gläubigerbanken für die kurzfristigen Kredite an deutsche Banken, Industrie- und Handelsfirmen. An dem Komitee nahmen vier deutsche Bankiers, ein Delegierter der Reichsbank, je ein Vertreter Englands, Frankreichs und der USA teil.

10 Urbig an Russell v. 18. 1. 1934, HADB, P1/14.

11 Solmssen an von Batocki, 29. 10. 1930; Solmssen an Harms 17. 10. 1930, HADB, B198.

12 BA NL Luther 340, Club von Berlin, 4. 2.1932.

13 Solmssen an Urbig v. 9. 4. 1933, HADB, P1/14.

14 Vgl. Martin H. Sommerfeldt, Ich war dabei. Die Verschwörung der Dämonen 1933–1939, Darmstadt 1949, S. 41.

15 Kiehl an Hermann Reemtsma v. 19.4. 1934, BA, R8119 F, P4746.

16 Aktennotiz über Besprechung mit Schlieper v. 3. 5. 1935, HADB, RWB, 54.

17 Kimmich an Schlegelberger v. 4. 1. 1939, BA, R8119F, 24008, Bl. 13.

18 Monatshefte für die Beamten der Deutschen Bank und Disconto-Gesellschaft v. September/Oktober 1933, S. 88, Rede von Pg. Hertel, HADB.

19 Monatshefte für die Beamten der Deutschen Bank und Disconto-Gesellschaft v. September/Oktober 1933, S. 84 f., HADB.

20 Kranefuss (Büro Wilhelm Keppler) an Sippell v. 7. 7. 1934 u. Aktenvermerk Sippell v. 19. 12. 1933, HADB, RWB, 54. Zum Fall der Dresdner Bank, die aufgrund der Aktienmehrheit in öffentlicher Hand unter Staatseinfluß stand, siehe Dieter Ziegler, Die Verdrängung der Juden aus der Dresdner Bank, in: Vierteljahrshefte für Zeitgeschichte, 47. Jg. 2. Heft 1999, S. 187–216.

21 Deutsche Bank Frankfurt an Zentrale Personalabteilung, 2. 6. 1933, HADB P3/A144.

22 Reichsbankdirektion an Reichswirtschaftsministerium v. 23.3.1933, BA, R43II/244, Bl. 7 f.
23 Vermerk Kaiser v. 14.3.1933 u. Berndts (Hirschberg) an May v. 28.6.1935, BA, R 8119 F, 24 001.
24 HADB, P5/74, 21.9.1935, Stück (Kreisverwalter der DAF) an den Vertrauensrat der Deutschen Bank Görlitz; 3.1. 1936, Deutsche Bank Görlitz an S.D.
25 Brief an Chef des SD, SS-Gruppenführer Heydrich (mit Mitgliederliste) v. 22.8.1934, BDC, Gesellschaft der Freunde, Sonderakte; Reichsführer SS, Chef des Sichterheitsamtes, an Oberstes Parteigericht der NSDAP v. 2.10.1934, ebd.
26 Aktennotiz Briese v. 20.8.1946 betr. Verhalten gegenüber jüdischen Angestellten, HADB B381.
27 Liste v. Dezember 1936, gez. von Halt, HADB B381. Zu Goldenberg siehe auch Jonathan Steinberg, Die Deutsche Bank und ihre Goldtransaktionen während des Zweiten Weltkrieges, München 1999, S. 46 ff.
28 von Halt, Vermerk vom 30. Okt. 1939, HADB B381.
29 Memorandum vom 1. Juli 1940, HADB B377.
30 Deutsche Bank, Rundschreiben v. 3. Dez. 1941, HADB B377.
31 «Stand der jüdischen Pensionäre und Witwen», 26. Mai 1944, HADB B381.
32 Russell an Glum (Danzig), 1. Dez. 1921; Aktenvermerk v. 8. Dez. 1928, HADB P2/H364.
33 Vermerk Sippell an Kimmich v. 29.9.1934, HADB, RWB 54.
34 Siehe allgem. Robert Gellately, The Gestapo and German Society. Enforcing Racial Policy 1933–1945, Oxford 1999, bes. S. 130–158.
35 Winkelmann an Vorstand v. 3.9.1934, HADB, RWB, 54; Winkelmann an Sippell v. 9.9.1934, ebd.
36 Bericht Sippell v. 6.12.1935, HADB, RWB, 54; a. Brief Rösler an Maximilian Müller-Jabusch v. 1.3.1951, ebd.
37 von Halt war im Mai 1933 der NSDAP beigetreten: Parteimitgliedsnummer 3 204 950, BDC.
38 Hermann Hess, Ritter von Halt. Der Sportler und Soldat, Berlin 1936, S. 126–129.
39 Akte von Halt, BDC.
40 Tregaskes an Dougherty, 1. Febr. 1945, NA, RG 260/2/148/16, OMGUS.
41 Interview Dohmen mit Grete von Halt v. 25.8.1982, HADB: «Der Vorstand hatte meinen Mann ja gebeten, er war ja rank und schlank, ob sie nicht am Abend eine Gymnastikstunde von ihm bekommen können. Mein Mann sagte ja.»
42 Schwibbogen, Werkzeitung für die Betriebsgemeinschaft Deutsche Bank und Disconto-Gesellschaft, 7. Jg., 2. Folge v. 15.2. 1937, S. 22.
43 Deutsche Bank, Eingabe vom 1. Aug. 1947, HADB, P2/H2; Süddeutsche Zeitung, 2. Nov. 1964.
44 Rösler, Eidesstattliche Erklärung v. 20. März 1950, HADB, RWB, 31.
45 Schwibbogen, Werkzeitung für die Betriebsgemeinschaft Deutsche Bank und Disconto-Gesellschaft, 7. Jg., 11. Folge, November 1937, S. 250 f.
46 Mitteilungen der NSBO Deutsche Bank und Disconto-Gesellschaft 12, 1934, S. 12.
47 Deutsche Juristenzeitung 23, 1929, Sp. 1597.

48 Sitzung des Rheinisch-Westfälischen Beirats v. 28. 10. 1937, BA, R 8119 F, P41, Bl. 93.

49 Pfeiffer (Kassel) an Zentrale v. 13. 7. 1933, BA, R 8119 F, 24001.

50 Hutschenreuther AG an Urbig v. 1. 12. 1933, BA, R 8119 F, P4295, Bl. 106.

51 Schweisheimer an Urbig v. 15. 11. 1933, BA, R 8119 F, P4295, Bl. 96.

52 Bericht Sies über die Verhandlungen im Braunen Haus, Selb v. 5. 11. 1934, BA, R 8119 F, P4295, Bl. 223.

53 Joh. Jeserich AG an Benz (Deutsche Bank) v. 3. 4. 1933, BA, R 8119 F, P2372, Bl. 2 ff.

54 Aktenvermerk Benz v. 20. 4. 1933, BA, R 8119 F, P2372, Bl. 94.

55 Bericht Benz v. 29. 5. 1933, BA, R8119 F, P2372, Bl. 139; Feuchtmann an Benz v. 10. 7. 1933, Bl. 177 f.; Feuchtmann an Benz v. 24. 7. 1933, Bl. 187 f.

56 Hertie-Kaufhaus-Beteiligungs GmbH an Beirat v. 30. 8. 1933, BA, R 8119 F, 15 325, Bl. 9 f.

57 Vgl. Avraham Barkai, From Boycott to Annihilation, Hanover 1989, S. 69–72.

58 Avraham Barkai, Die deutschen Unternehmer und die Judenpolitik im Dritten Reich, in: Geschichte und Gesellschaft 15. Jg., Heft 2, 1989, S. 232.

59 Robert M. W. Kempner, Hitler und die Zerstörung des Hauses Ullstein, in: Hundert Jahre Ullstein 1877–1977, Berlin 1977, Bd. III, S. 285.

60 Kempner, Hitler und die Zerstörung des Hauses Ullstein, S. 273 ff.

61 Kempner, Hitler und die Zerstörung des Hauses Ullstein, S. 278.

62 HADB, B 200, Aktennotiz Mosler vom 9. Juni 1934.

63 Helmut Engel/Steffi Jersch-Wenzel/Wilhelm Treue (Hg.), Charlottenburg. Bd. I: Die historische Stadt, Berlin, 1986, S. 189–91.

64 Sitzung des Rheinisch-Westfälischen Beirats v. 11. 11. 1936, BA, R 8119 F, P41, Bl. 63.

65 Vgl. Peter Hayes, State policy and Corporate Involvement in the Holocaust, in: US Holocaust Museum (Hg.), The Holocaust: The Known, the Unknown, the Disputed and the Reexamined, Washington 1994.

66 Reichswirtschaftskammer an Reichswirtschaftsgruppen v. 7. 1. 1938, BA, R 8119 F, P2947, Bl. 114 f.

67 Niederschrift über den Besuch Schachts v. 25. 9. 1935, BA, R 8119 F, 24002.

68 Deutsche Bank an Filialdirektionen v. 14. 1. 1938, BA, R 8119 F, P10562, Bl. 112 f.

69 Niederschrift über die Sitzung der bayerischen Filialdirektoren in Nürnberg v. 21. 6. 1938, BA, R 8119 F, P24330.

70 Brief an das Berliner Filialbüro v. 29. 12. 1938, Sächsisches Staatsarchiv, Deutsche Bank, Filiale Leipzig, 623. (Ich verdanke diesen Hinweis Peter Hayes.)

71 Sitzung des Rheinisch-Westfälischen Beirats v. 2. 11. 1938, BA, R8119 F, P41, Bl. 126.

72 Aktennotiz vom 21. Nov. 1938, BA R8119 F, P24235.

73 Hauptstaatsarchiv Wiesbaden, 520, F 649 (Spruchkammerakten Carl Luer: Dresdner Bank), Kopie des Vermerks vom 30. Mai 1938.

74 Bericht Löb (ein früherer Partner von Mendelssohn & Co.) v. 20. 12. 1947, HADB, RWB 31.

75 Vgl. Kopper, Zwischen Marktwirtschaft und Dirigismus, S. 290–293.

76 Julius H. Schoeps, Wie die Deutsche Bank Mendelssohn & Co. schluckte, Frankfurter Rundschau v. 27. November 1998.

77 Ein von Abs angefertigter Vermerk über diese Gespräche ist zitiert bei Treue, Bankhaus Mendelssohn, S.76–80.
78 Die Bank, 1938, S.1593.
79 Bank-Archiv Jg. 1937/38, S.756.
80 Bundesverband deutscher Banken, Schreiben Mendelssohn i.L. an Wirtschaftsgruppe Privates Bankgewerbe vom 14. Januar 1943 und 13. Februar 1945.
81 Memorandum Dr. Kremer, «Bericht über die Entwicklung der Firma Mendelssohn» vom 2. April 1946, in: OMGUS/FINAD 2/169/11 und 2/181/2.
82 Bericht des Reichssicherheitshauptamtes, BA, R58/717, Bl. 165.
83 Die Verhandlungen betreffend: BA, R7/1010 u. 1011. Die entscheidende Sitzung fand am 28.6.1939 im Reichswirtschaftsministerium statt, BA, R7/1011, Bl. 323–328.
84 Aktenvermerk v. 18.10.1948, Rheinbraun-Archiv, 374/328; Oberfinanzpräsident Hannover, Sicherungsanordnung nach § 37a des Devisengesetzes v. 19.10.1938, 210/328.
85 Hubertus Braunkohle AG an RWM v. 11.3.1939, BA, R8119 F, P964, Bl. 101–104. Josef Abs an Hermann J. Abs v. 30.3.1939, Bl. 108–117, mit der Bewertung.
86 Urteil 2077, Bad Godesberg am 30.12.1950, Rheinbraun-Archiv, 378/328.
87 Rundschreiben an die Direktionen unserer Zweigniederlassungen (streng vertraulich) v. 19.5.1938, HADB, F63/1047, S25/38.
88 Deutsche Bank Frankfurt am Main an Personalabteilung v. 10.12.1938, BA, R 8119 F, 24 151.
89 HADB, B310, «Betr. Nicht-Arier-Engagements per November 1938» – 7. Dezember 1938.
90 HADB, F88/580, Schreiben Deutsche Bank-Filiale Hildesheim an Deutsche Bank-Filiale Hannover vom 30. März 1938.
91 HADB, F167/95.
92 HADB, Karteikarten Abs, «Steinbeck», 16. Juni 1938.
93 Das ehemalige Bankhaus Sal. Oppenheim jr. &Cie, Köln. Am 20. Mai 1938 erfolgte die Neueintragung der Firma unter dem Namen Pferdmenges & Co. Im Juli 1947 erfolgte die erneute Namensänderung in Sal. Oppenheim jr. &Cie. Siehe Michael Stürmer/Gabriele Teichmann/Wilhelm Treue, Wägen und Wagen: Sal. Oppenheim jr. & Cie. Geschichte einer Bank und einer Familie, München und Zürich 1989, S. 379 und 422 f.
94 Z.B. HADB, B32, Schreiben Sekretariat an Paul Oppenheimer, London vom 29. Dezember 1939.
95 HADB, B31, Vermerk Abs vom 30. November 1938.
96 Die Wilhelm Werhahn OHG in Neuss wurde 1871 gegründet. Das schnell prosperierende Unternehmen erzeugte und handelte mit einer breiten Palette von Produkten: mit Getreide, Pflanzenölen und diversen anderen Nahrungsmitteln, Seife, Holz, Kohle und elektrischem Strom. Die dominierende Figur der Wilhelm Werhahn OHG war in den späten 1930er Jahren Wilhelm Werhahn, ein Enkel des Firmengründers.
97 HADB, B31, Schreiben Schuller an Abs vom 27. Juni 1939.
98 HADB, B31, Vermerk Abs vom 30. November 1938.
99 HADB, Karteikarten Abs, «Steinbeck», 23. September 1938.

100 HADB, B31, Vermerk Pollems vom 27. Februar 1939.
101 HADB, B31, «Niederschrift über die am 12. Juli 1939 zwischen Herrn Abs und den Herren Hendriks und Rykens getroffenen Absprachen betreffend Adler & Oppenheimer-Aktien».
102 HADB, B31, «Aktenvermerk über die am 12. Juli 1939 geführte Unterredung im Reichswirtschaftsministerium».
103 SAM, 1458–1-454, Vermerk vom 12. Juli 1939.
104 HADB, B31, Vermerk vom 8. April 1940.
105 HADB, B31, Schreiben Hermann Koehler (Stuttgart) an Abs vom 18. Juni 1940.
106 HADB, B31, Schreiben Abs an Friedrich Herbst vom 30. Mai 1940.
107 HADB, Karteikarten Abs, «Steinbeck», 2. Oktober 1940 (Ankauf von 3 Millionen Aktien).
108 HADB, B32, Vermerk Elkmann vom 14. Oktober 1940.
109 Aktennotiz vom 11. Nov. 1940, HADB, B32.
110 HADB, Karteikarten Abs, «Steinbeck», 3. Februar 1941.
111 Abs an August Neuerburg, 23. Nov. 1940, HADB, B31.
112 «Mitwirkung der Deutschen Bank bei den Übernahmen», o. J. (Bleistiftvermerk 3/7), HADB, B32.
113 HADB, Karteikarten Abs, Schaefer (Reichs-Kredit-Gesellschaft), 9. Aug. 1938, 16. Juli 1941.
114 HADB, B32, Schreiben Deutsche Bank an Reichswirtschaftsministerium vom 1. März 1943.
115 HADB, V1/4919, Anlage 3, «Teilbericht der Deutschen Revisions- und Treuhandgesellschaft».
116 Siehe Ron Chernow, The Warburgs: The Twentieth Century Odyssey of a Remarkable Jewish Family, New York 1994.

IV. Emil Georg von Stauß: Der Bankier als Politiker

1 Dingeldey an Dieckmann v. 27. 4. 1933, BA, NL Dingeldey, 97; Larry E. Jones, German Liberalism and the Dissolution of the Weimar Party System, Chapel Hill 1988, S. 474. (Ich verdanke diesen Hinweis Henry Turner.)
2 Telegramm des Stellvertreters des Führers an Reichsschatzmeister der NSDAP, München v. 19. 5. 1938, BDC, Akte Papen; Tiessler (Propagandaministerium) an Schmidt-Römer, Parteikanzlei München v. 2. 10. 1942, BA, NS 18/579. Im OMGUS-Bericht heißt es fälschlicherweise, daß Stauß schon vor der nationalsozialistischen Machtergreifung der Partei beigetreten sei, NA, Washington D. C., RG 360, OMGUS, BICO, Box 71: Report on the Investigation of the Deutsche Bank, November 1946, 35. Hier irrt auch Christopher Kopper (Zwischen Marktwirtschaft und Dirigismus, S. 28).
3 Aktenvermerk Stauß v. 11. 3. 1933, BA, R 8119 F, 24404.
4 Wie oben von Gerald D. Feldman beschrieben.
5 Effektenkasse, Universum-Film AG v. 24. 11. 1933, BA, R 8119 F, P6014, Bl. 378.
6 Kreimeier, Ufa-Story, S. 244 u. 248.
7 Kreimeier, Ufa-Story, S. 265.
8 Anlage zu Brief Klitzsch an Stauß v. 6. 4. 1934, BA, R 8119 F, P6015.

9 UfA an Stauß v. 14.5.1934, BA, R 8119 F, P6015, Bl. 138/2.
10 Die Entwicklung der Stargagen v. 16.11.1936, BA, R 8119 F, P6016, Bl. 236 ff.; Vertrag mit Hans Albers v. 8.4.1933, P6014, Bl. 332; Abkommen mit Zarah Leander v. 5.11.1936, P6016, Bl. 227.
11 Sitzung des Arbeitsausschusses des Aufsichtsrats der Filmkredit-Bank GmbH v. 16.7.1936, BA, R 8119 F, P5360, Bl. 159.
12 Bericht Kiehl zur Filmkredit-Bank GmbH v. 14.8.1936, BA, R 8119 F, P5359, Bl. 93; David Welch, Propaganda and the German Cinema 1933–1945, Oxford 1983, S. 32.
13 Aktenvermerk Kiehl, Ufa v. 28.7.1938, BA, R 8119 F, P6017, Bl. 308 ff.; Beschluß v. 14.5.1942, P6020, Bl. 32 ff.
14 Stauß an Klitzsch (Ufa) v. 1936, BA, R 8119 F, P6016, Bl. 165.
15 Riedel an Stauß v. 9.5.1939, BA, R 8119 F, P6018, Bl. 194; Ernst H. Correll an Stauß v. 5.8.1938, P6017, Bl. 316.
16 Siebert an Stauß v. 25.8.1940, BA, R 8119 F, P5953, Bl. 142.
17 Siebert an Stauß v. 13.8.1940, BA, R 8119 F, 5953, Bl. 135; Siebert an Lammers v. 22.7.1941, Bl. 522–526.
18 Siebert an Stauß v. 25.8.1940, BA, R 8119 F, P5953, Bl. 142.
19 Sitzung des Kleinen Rats v. 22.2.1939, BA, R 8119 F, P5956, Bl. 70.
20 Siebert an Stauß v. 6.7.1939, BA, R 8119 F, P2952, Bl. 251; Bericht Siebert v. 7.5.1940, P5953, Bl. 53 f.
21 Bericht Siebert v. 4.11.1940, BA, R 8119 F, P5953, Bl. 208.
22 Aufsichtsratssitzung v. 9.6.1933, BA, R 8119 F, P5052, Bl. 95.
23 Hans Pohl/Stephanie Habeth/Beate Brüninghaus, Daimler-Benz AG in den Jahren 1933–1944, Wiesbaden 1986, S. 44.
24 Werlin. Vertrauliche Informationen v. 29.11.1933, BA, R 8119 F, P3297, Bl. 151.
25 Werlin an Kissel v. 5.3.1935, BA, R 8119 F, P3297, Bl. 173.
26 von Lewinski (Sekretariat Stauß) an Werlin v. 12.5.1934, BA, R 8119 F, P3297, Bl. 165.
27 BMW an Stauß v. 15.2.1938, BA, R 8119 F, 15 394, Bl. 321–323.
28 Erklärung Kaisers v. 19.3.1946, NA, OMGUS, Exhibit 12: «Die anderen Mitglieder des Kreditausschusses waren nicht für diese Kredite, konnten aber nicht einschreiten, da von Stauß offensichtlich mit der Reichsregierung in diesen Fragen zusammenarbeitete. «(Vernehmung durch Charles E. Bancroft.)
29 Stauß an Daimler-Benz-Vorstand v. 23.11.1934, BA, R 8119 F, P3228, Bl. 434.
30 Benrath an Stauß v. 12.1.1934, BA, R 8119 F, P7276, Bl. 134.
31 Beschluß des Landgerichts Wuppertal v. 14.9.1933, BA, R 8119 F, P7276, Bl. 123 f.
32 AKU-Aufsichtsrat v. 17.5.1933, BA, R 8119 F, P7284, Bl. 73 ff.
33 Berliner Börsen-Zeitung v. 13.12.1934; AKU an Trip (Präsident der Nederlandsche Bank) v. 8.2.1935, BA, R 8119 F, P7277.
34 Oberst Löb an Stauß v. 11.3.1937, BA, R 8119 F, P7278, Bl. 106; Stauß an Löb v. 19.3.1937, Bl. 107 f.
35 Delegiertenausschuß v. 17.3.1939, BA, R 8119 F, P7278, Bl. 374. Dort wurden diese Argumente ständig wiederholt.
36 Protokoll, Besprechung bei Staatssekretär Körner v. 5.5. 1939, BA, R 8119 F, P7329, Bl. 57 ff.
37 Kiehl an Reemtsma v. 30.5.1939, BA, R 8119 F, P7329, Bl. 102 f.

V. Expansion ins Ausland

1 Lothar Gall, A man for all seasons? Hermann Josef Abs im Dritten Reich, in: Zeitschrift für Unternehmensgeschichte, Jg. 44, H. 2, 1998, S. 123–175.

2 Halt an Himmler v. 20. 1.1941, BA, NS 19/1043.

3 NA, RG260, OMGUS, Economics Division, Records held by HICOG, Decartelization branch, HICOG, Akte Schröder, Box 160.

4 Kranefuss an Himmler v. 21. 4.1943, BA, NS 19/2219, Bl. 36ff.

5 NSDAP-Parteimitgliedsnummer 4245867, BDC.

6 Vortrag vor der Reichsarbeitskammer v. 24. 11.1936, BA, R8119 F, 24534, Bl. 190 ff.

7 Vgl. Klaus Hildebrand, Vom Reich zum Weltreich. NSDAP und koloniale Frage 1919–1945, München 1969, S. 189–200.

8 Aktenvermerk Weigelt an Schlieper v. 16. 1.1936, BA, R8119 F, 24526, Bl. 277.

9 Siehe Harald Wixforth, Auftakt zur Ostexpansion. Die Dresdner Bank und die Umgestaltung des Bankwesens im Sudetenland 1938/39, hg. v. Hannah Arendt Institut für Totalitarismusforschung, Berichte und Studien Nr. 31, Dresden 2001.

10 Vgl. Hans-Erich Volkmann, Die NS-Wirtschaft in Vorbereitung des Krieges, in: Militärgeschichtliches Forschungsamt Freiburg (Hg.), Das Deutsche Reich und der Zweite Weltkrieg, Bd. 1, Stuttgart 1979, S. 329.

11 Federal Reserve System, Board of Governors, Preliminary Draft (September 1944): German Banking Penetration of Continental Europe, IV.

12 Deutsche Reichsbank, Börsenausschuß, 25. Sept. 1941, BA, R8119F, P5182.

13 Alan S. Milward, The Reichsmark Bloc and the International Economy, in Gerhard Hirschfeld/Lothar Kettenacker (Hrsg.), The «Führer State»: Myth and Reality: Studies on the Structure and Politics of the Third Reich, Stuttgart 1981, S. 377–413; S. 387.

14 SAM, 1458–2–77, Vermerk vom 24. März 1938.

15 Zur Rolle der Creditanstalt vgl. Dieter Stiefel, Finanzdiplomatie und Weltwirtschaftskrise: Die Krise der Credit-Anstalt für Handel und Gewerbe 1931, Frankfurt 1989; Herbert Matis/Fritz Weber, Economic Anschluss and German Grossmachtpolitik: The Take-Over of the Austrian Credit-Anstalt in 1938, in: P. L. Cottrell/Hakan Lindgren/Alice Teichova (Hrsg.), European Industry and Banking Between the Wars: A Review of Bank-Industry Relations, Leicester 1992, S. 109–28.

16 SAM, 1458–2-305, Bl. 9 (o. D., wahrscheinlich Ende März oder Anfang April 1938).

17 Vgl. ÖStA, 4/2–92/2165/2/8.

18 BA, Reichsbank 6673, «Auf welche Weise ließe sich eine deutsch-österreichische Währungsunion durchführen?» – 26. Februar 1938.

19 SAM, 1458–2-77, Protokoll der Sitzung vom 4. April 1938.

20 HADB, B203, Aktenvermerk Mosler vom 14. März 1938.

21 HADB, B51, Vermerk vom 31. März 1938.

22 HADB, B51, Aktennotiz Abs vom 13. April 1938.

23 HADB, B51, Vermerk vom 31. März 1938.

24 BA, R8119 F, P6507, Deutsche Bank-Filiale Köln.

25 HADB, B51, Aktennotiz über Verhandlungen vom 15. April 1938; Vermerk Mosler vom 7. Mai 1938. ÖStA, 4/2–92/2165/0 Bd. I, Aktennotiz vom 16. Mai 1938.
26 Vgl. Manfred Pohl/Andrea Schneider, VIAG 1923–1998: Vom Staatskonzern zum internationalen Konzern, München 1998, S. 134 ff.
27 HADB, B51, Aktennotiz Pollems vom 14. April 1938.
28 HADB, B51, Protokoll der Sitzung vom 20. Mai 1938.
29 ÖStA, 4/2–92/2165/0 Bd. I, Deutsche Bank-Memorandum vom 31. Mai 1938.
30 Aktennotiz (IV Kred. 4), 31. Aug. 1938, SAM, 1458–2-84.
31 HADB, B51, Vermerk Abs vom 1. November 1938.
32 ÖStA, 4/2–9272165/0 Bd. I, Schreiben Bürckel an Ernst vom 10. Februar 1939; Schreiben Bürckel an Ernst vom 21. September 1939.
33 Die Bunzl & Biach AG wurde am 17. Oktober 1936 gegründet. Ihr Kapital belief sich auf 20 Mio. Schilling, wurde aber nach dem «Anschluß» Ende 1939 in 14 Mio. RM umgewandelt. Gleichzeitig wurde ihr Name in «Kontropa Kontinentale Rohstoff- und Papierindustrie AG» geändert. Die von der Schweizerischen Holdinggesellschaft «Bunzl Konzern Holding AG, Zug» gehaltenen Aktien wurden zur «Österreichischen Kontrollbank für Industrie und Handel AG, Wien» transferiert und im Zuge der Reprivatisierung der Gesellschaft (die 1942 durchgeführt wurde) von einem Konsortium österreichischer Banken übernommen. Die Creditanstalt erhielt 3830 der insgesamt 10 640 Aktien mit einem nominalen Wert von 3 830 000 RM. Die Aktien wurden der «Bunzl Konzern Holding AG» 1947 zurückerstattet. Auskunft von Dr. Theodor Venus, Wien bzw. ÖStA, Akte Bunzl-Biach AG. Bunzl & Biach wurde 1939 vom «Keppler-Büro» «arisiert»; die «Lenzinger Zellstoff und Papierfabrik AG» wurde aus dem Konzern Bunzl & Biach herausgenommen und an die «Thüringische Zellwolle AG» verkauft. Vgl. Hans Witek, «Arisierungen» in Wien, S. 209.
34 SAM, 1458–2-91, Schreiben Creditanstalt an Reichswirtschaftsministerium (Riehle) vom 23. Dezember 1940.
35 SAM, 1458–2-153, Bericht der Deutschen Revisions- und Treuhandgesellschaft über die Brüder Eisert, 1938.
36 HADB, B53, Vermerk Viag vom 3. März 1942; HADB, B56, Aktennotiz Abs vom 2. März 1942.
37 SAM 1458–10–81, Schreiben Riehle (Reichswirtschaftsministerium) an Auswärtiges Amt vom 11. April 1940: «Diese Übertragungen, die ohne Zutun, ja ohne Wissen des Reichswirtschaftsministeriums geführt sind, wurden mir erst mit dem Abschluß fernmündlich mitgeteilt.»
38 BA, R8119F, P6510, Protokoll der Sitzung des Arbeitsausschusses vom 12. August 1941.
39 Vgl. z. B. SAM, 1458–9-158, Vermerk vom 9. November 1940.
40 Abs an Joham v. 24. 5. 1939, BA, R 8119 F, P6503, Bl. 39.
41 Hasslacher an Abs v. 7. 7. 1939, BA, R 8119 F, P6503, Bl. 77 f.; Abs an Hasslacher v. 11. 7. 1939, Bl. 80 ff.
42 Aktennotiz Abs v. 10. 7. 1941, BA, R 8119 F, 24 158.
43 Creditanstalt Arbeitsausschuß v. 3. 9. 1940, BA, R 8119 F, P6504, Bl. 20–25; Joham an Abs v. 27. 10. 1941, Bl. 311; Creditanstalt an Reichswirtschatsministerium v. 26. 9. 1940, Bl. 59 f.
44 Die Schreibweise wurde im Oktober 1938 in Tschecho-Slowakei geändert.

45 Alice Teichova, An Economic Background to Munich: International Business and Czechoslovakia 1918–1938, Cambridge 1974. Dies., Instruments of Economic Control and Exploitation: The German Occupation of Bohemia and Moravia, in: Richard J. Overy/Gerhard Otto/Johannes Houwink ten Cate (Hrsg.), Die Neuordnung Europa: NS-Wirtschaftspolitik in den besetzten Gebieten, Berlin 1997, S. 83–108.

46 Ed. Frantiek Vencovsk et al., D jiny Bankovnictví v eskch Zemích, Prag 1999, S. 242–5.

47 BA, R8119 F, P24419, Schreiben Stauß an Regierungspräsident Fritz Krebs vom 7. März 1939.

48 Deutsche Bank, Böhmen und Mähren im deutschen Wirtschaftsraum, April 1939.

49 Christopher Kopper, Die «Arisierung» der deutsch-böhmischen Aktienbanken, in: Boris Barth/Josef Faltus/Jan Kren/Eduard Kubu (Hrsg.), Konkurrenzpartnerschaft: Die deutsche und die tschechoslowakische Wirtschaft in der Zwischenkriegszeit, Essen 1998, S. 236–245.

50 Klaus Hildebrand, Das vergangene Reich: Deutsche Außenpolitik von Bismarck bis Hitler, Stuttgart 1995, S. 606.

51 Miroslav Karny/Jaroslava Milotova/Margita Karna (Hrsg.), Deutsche Politik im «Protektorat Böhmen und Mähren» unter Reinhard Heydrich 1941–1942: Eine Dokumentation, Berlin 1997, S. 45.

52 OMGUS/FINAD 2/47/2, Aktennotiz Abs vom 8. Oktober 1938; siehe auch Beweisstück 195, Erklärung Abs vom 10. Oktober 1945; vgl. ferner Kopper, Zwischen Marktwirtschaft und Dirigismus, S. 345–8.

53 SAM, 1458–10–228.

54 ÖStA, 4/2–92/2165/0 Bd.I, Vermerk vom 24. November 1938.

55 HADB, Karteikarten Abs, «Viktor Ulbrich», Unterredung vom 15. Oktober 1938.

56 HADB, B138, Schreiben Ernst vom 14. Oktober 1938.

57 Elizabeth Wiskemann, Czechs and Germans: A Study of the Struggle in the Historic Provinces of Bohemia and Moravia, London 1938, S. 166–7.

58 HADB, B163, Vermerk Mosler vom 27. Oktober 1938.

59 Tschechisches Nationalarchiv, Finanzministerium 944/1939, Kart. 1956, Memorandum der Zentralvereinigung der Bankangestellten vom 14. Dezember 1938.

60 Hans-Erich Volkmann, Die NS-Wirtschaft in Vorbereitung des Krieges, in: Militärgeschichtliches Forschungsamt Freiburg (Hrsg.), Das Deutsche Reich und der Zweite Weltkrieg, Bd. I, Stuttgart 1979, S. 177–368; S. 331

61 SAM, 1458–10–228, Aktenvermerk vom 28. November 1938 betr. Sitzung vom 22. November 1938.

62 HADB, B153, Schreiben Deutsche Bank und Dresdner Bank an Reichswirtschaftsministerium vom 14. März 1939.

63 HADB, B153, Schreiben Deutsche Bank an Reichswirtschaftsministerium vom 16. März 1939.

64 CFM, 67/1830, Protokolle der Aufsichtsratssitzungen vom 16. März 1939, 12. April 1939.

65 CFM, 67/1830, Protokolle der Aufsichtsratssitzungen vom 27. Juni 1939, 29. September 1939, Protokoll der Sitzung des Engeren Ausschusses vom 26. Januar 1940.

66 Handschriftliche Abschrift betr. Entnazifizierungsverfahren, 4 Jan. 1947, HADB, NL38/3.
67 HADB, B167, Schreiben Deutsche Bank an BUB (Pohle) vom 19. Mai 1939.
68 HADB, B167, Schreiben Zentrale an BUB (Pohle) vom 27. April 1939.
69 SAM, 1458–10–84, Schreiben Pohle an Reichswirtschaftsministerium (mit Anlage) vom 23. März 1939.
70 CFM, 67/1831, Protokoll der Sitzung des Arbeitsausschusses vom 13. Juli 1939.
71 HADB, B165, «Stand der BUB Aktien per 28.3.39».
72 HADB, B163, Vermerk Abs vom 13. Oktober 1938; HADB, B162, Schreiben BUB an Reichswirtschaftsministerium vom 12. August 1939.
73 HADB, B167, Anlage zum Schreiben Pohle an Deutsche Bank vom 22. Mai 1939.
74 HADB, B162, Schriftwechsel mit British Overseas Bank und Société Générale, August und September 1939.
75 HADB, B169, Schreiben BUB an Deutsche Bank vom 13. Dezember 1939; HADB, B176, Aktennotiz Abs vom 13. Februar 1940.
76 HADB, B161, Gedächtnisprotokoll vom 12. Dezember 1939.
77 HADB, B169, Rede Pohles vom 12. Dezember 1939.
78 ebd.
79 CFM, Finanzministerium, CUB (Handakten), Eidesstattliche Erklärung des Dr. F. Kavan vom 28. November 1950.
80 BA, R2, 13533, Bl. 136, Schreiben Deutsche Bank an Reichswirtschaftsministerium vom 14. November 1939.
81 HADB, B162, Schreiben Deutsche Bank an Emil Kreibich vom 7. August 1939.
82 CFM, 67/1831, Sitzungsprotokoll Arbeitsausschuß vom 13. Juli 1939.
83 CFM, 67/1831, Sitzungsprotokolle Exekutivkomitee vom 30. April 1942 und 21. Oktober 1942.
84 CFM, 67/1831, Sitzungsprotokoll Engerer Ausschuß vom 27. November 1940.
85 HADB, B165.
86 OMGUS. Ermittlungen gegen die Deutsche Bank, S. 415, Exhibit 372; HADB, B162, Aktennotiz vom 10. Mai 1940.
87 OMGUS, Exhibits 194 und 195, Aussage von Hermann J. Abs vom 10. Oktober 1945.
88 HADB, B162, Schreiben Reichswirtschaftsministerium an Deutsche Bank vom 18. April 1940.
89 Vermerke vom 10. Juli 1934, 21., 22. und 27. Jan. 1937, BA ZE/14060.
90 HADB, B189, (Personalakten).
91 Der engere Führungszirkel bestand aus Josef Krebs, Walter Pohle, Dr. Max Ludwig Rohde, Dr. Max Selige (bis 1939) und Viktor Ulbrich.
92 HADB, B143, Schreiben Deutsche Bank an Reichswirtschaftsministerium vom 2. Juni 1939, mit der Bitte, die £ 80000, die für die DAIB-Transaktion nicht benötigt worden waren, für die Übernahme der BUB verwenden zu dürfen.
93 BA, R2, 13 532, Gutachten vom 30. März 1939, S. 20.
94 BA, R2, 13 533, Bl. 119–20, Schreiben Deutsche Bank an Reichswirtschaftsministerium vom 13. November 1939.
95 BA, R8119F, P5351, Bl. 147–8, Denkschrift Kimmich vom 28. Juni 1939.
96 HADB, B175, Gesprächsnotiz vom 24. Januar 1941.
97 Ebd.

98 HADB, B175, Schreiben des Reichsfinanzministeriums vom 5. Februar 1942.

99 HADB, B166, Devisenprüfungsbericht vom 19. April 1941.

100 BA, R2, 14 087; BA, R2, 13 533, Bl. 141, Schreiben Deutsche Bank an Reichswirtschaftsministerium vom 14. November 1939; BA, R2, 13 535, Bl. 300–3, Denkschrift Reichsfinanzministerium vom Januar 1942; BA, R2, 13 536, Bl. 124–5, Schreiben Deutsche Bank an Reichsfinanzministerium vom 3. Mai 1940.

101 Die Wirtschaft, 21. April 1945.

102 CFM, 67/1830, Protokoll der Sitzung des Aufsichtsrats vom 11. Februar 1943.

103 BA, R2, 13 536, Bl. 136–7, Schreiben Reichswirtschaftsministerium (Generalreferat Kehrl) an Reichsfinanzministerium vom 15. Mai 1940; BA, R2, 13 532 Bl. 43–4, Gutachten Reichsfinanzministerium vom 28. April 1939.

104 BUB an Deutsche Bank, 19. Okt. 1939, HADB, P2/G1.

105 Protokoll der Sitzung des Engeren Ausschusses vom 5. März 1940, CFM, 67/1830.

106 Protokoll der Sitzung des Engeren Ausschusses vom 11. März 1941, CFM, 67/1830.

107 SAM, 1458–10–396, Schreiben Deutsche Bank an Reichswirtschaftsministerium vom 20. Januar 1940. Hayes behauptet, daß dies eine «lukrative» Transaktion gewesen sei, im Rahmen derer die Deutsche Bank Forderungen von über 600 000 RM gegen die Bohemia-Keramikwerke für 750 000 RM verkaufte. Tatsächlich erhielten die Deutsche Bank und die Prager Petschek-Bank in Liquidation, die beide im Besitz von Forderungen über mehr als 600 000 RM waren, jeweils 325 000 RM von der SS mit der Folge, daß beide ein Verlustgeschäft machten. Vgl. auch Gabriele Huber, Die Porzellan-Manufaktur Allach-München GmbH, Marburg 1992, S. 35–36.

108 SAM, 1458–10–396, Vermerk Reichswirtschaftsministerium vom 28. März 1940.

109 Walter Naasner, SS-Wirtschaft und SS-Verwaltung: Das SS-Wirtschaft-Verwaltungshauptamt und die unter seiner Dienstaufsicht stehenden wirtschaftlichen Unternehmungen (Schriften des Bundesarchivs, 45 a), Düsseldorf 1998, S. 143–146.

110 BA, R2, 13 536, Bl. 96–7, Schreiben Reichswirtschaftsministerium an Devisenstelle Berlin vom 18. April 1940; BA, R2, 14894, Bl. 6, Schreiben Pohle an Benz vom 25. August 1939; Bl. 8–9, Denkschrift Benz vom 31. August 1939. Vgl. auch Huber, Die Porzellan-Manufaktur Allach-München GmbH, bes. S. 35–48.

111 CFM, 69/1948, Schreiben BUB an BUB Budweis vom 14. Mai 1943.

112 CFM, 69/1948, z. B. Auswanderungsfonds für Böhmen und Mähren an BUB, 23. September 1942.

113 CFM, 69/1948, Schreiben BUB Budweis an Zentralamt für die Regelung der Judenfrage, betr. M. Neubauer, Budweis vom 22. März 1943.

114 Vencovsk, D jiny Bankovnictví v eskch Zemích, S. 328–9.

115 CFM, S3/58183, Korespondence dokumentárniko inkasa Protektorát Böhmen Mähren r. 1943a Cizina 1942–43, 15. Januar 1943, BUB an Gestapo, betr. Dr. Arthur Czeczowiczka. Dr. Arthur Czeczowiczka war der Eigentümer der drei Wechselforderungen über CKr 5000, die die Gestapo anordnete, auf Lebensborn e. V. zu übertragen.

116 BA, R8119 F, P11013, Bl. 4, Konten vom 30. November 1942. Siehe auch Hans

Günther Adler, Theresienstadt 1941–1945: Das Antlitz einer Zwangsgemeinschaft, Tübingen 1960.

117 CFM, 67/1831, Protokolle des Exekutiv-Komitees vom 24. November 1944.

118 BA, R8119F, P11013, Bl. 136, Konten vom 28. Februar 1945.

119 Vgl. für den allgemeinen Hintergrund Gerhard Mollin, Montankonzerne und «Drittes Reich»: Der Gegensatz zwischen Monopolwirtschaft und Befehlswirtschaft in der deutschen Rüstung und Expansion 1936–1944 (Kritische Studien zur Geschichtswissenschaft Bd. 78), Göttingen 1988, S. 187–188.

120 BA, R8119F, P1418, Bl. 36–7, Aktennotiz Kiehl über Unterredung mit Rasche und Rinn (Dresdner Bank) vom 18. Oktober 1937.

121 BA, R8119F, P1416, Bl. 11–13, Vermerk Kimmich vom 28. Juli 1937.

122 BA, R8119F, P1416, Bl. 91–2, Vermerk Kimmich vom 28. Juni 1939; BA, R7, 2268, Bl. 7–9, Reichswirtschaftsministerium Generalreferat Kehrl.

123 CFM, 67/1831, Protokoll Engerer Ausschuß vom 30. Mai 1940.

124 CFM, 67/1831, Protokoll Engerer Ausschuß vom 26. Januar 1940.

125 BA, R2, 17830, Denkschrift Dr. Müller vom 12. Juni 1943.

126 Siehe Jonathan Steinberg, Deutsche, Italiener, Juden. Der italienische Widerstand gegen den Holocaust, Göttingen 1992, S. 221.

127 BA, R8119F, P1416, Bl. 116, Schreiben Kimmich an Pohle vom 26. Juni 1940.

128 BA, R8119F, P1417, Bl. 84, Schreiben Kiehl an BUB vom 23. Juni 1939.

129 Willy A. Boelcke, Die Deutsche Wirtschaft 1930–1945: Interna des Reichswirtschaftsministeriums, Düsseldorf 1983, S. 265. Hans Umbreit, Auf dem Weg zur Kontinentalherrschaft, in: Militärgeschichtliches Forschungsamt Freiburg (Hrsg.), Das Deutsche Reich und der Zweite Weltkrieg, V/1, Stuttgart 1988, S. 3–345; S. 213 ff.

130 BA, R7, 3158, Bl. 4–5, 1941: Veltjens (Oberst der Luftwaffe), ‹Zusammengefasster Bericht über die Kapitalverflechtung mit Holland und Belgien seit der Besatzung›. Siehe auch OMGUS. Ermittlungen gegen die Deutsche Bank, S. 187 ff., S. 202 ff, S. 221 ff.

131 HADB, B129, Aktennotiz vom 1. April 1941.

132 BA, R8119F, P6875 (allgemein); siehe auch BA, R8119 F, P6854, Bl. 349.

133 BA, R8119F, P6854, Schreiben Pohle an Rösler vom 16. Oktober 1940.

134 BA, R8119F, P6942, Schreiben Pohle an Kimmich vom 18. November 1940; Schreiben Pohle an Kehrl vom 10. Februar 1941. Hayes berechnet in seinem Essay unzutreffenderweise die Kommission für den Kauf der jüdischen Aktien auf beinahe das Sechsfache und kommt daraufhin zu dem Schluß, daß dieses vielleicht «die gewinnbringendste Dienstleistung der BUB» gewesen sei. Hayes, Deutsche Bank, S. 88.

135 CFM, 67/1831, Sitzungsprotokoll Engerer Ausschuß vom 27. November 1940 und 16. Dezember 1941.

136 CFM, 67/1831, Sitzungsprotokoll Engerer Ausschuß vom 23. Februar 1942.

137 CFM, 67/1831, Sitzungsprotokoll Engerer Ausschuß vom 11. Juni 1941.

138 BA, R8119 F, P6876, Bl. 321, Schreiben Lippmann Rosenthal an Deutsche Bank vom 20. April 1944; Bl. 528, Schreiben Deutsche Bank an BUB vom 9. August 1944.

139 BA, R8119F, P6875, Vermerk vom 27. Juli 1943.

140 CFM, 67/1831, Sitzungsprotokoll Exekutiv-Ausschuß vom 1. März 1944.

141 BA, R8119 F, P6931, Bl. 28–30, Schreiben Pohle an Bechtolf vom 11. Juni 1942.

142 HADB, B191, Schreiben BUB an Sicherheitsdienst RF SS SD, Leitabschnitt Prag vom 19. Juli 1940.

143 HADB, B191, «Geschäftsverteilung für den Vorstand» vom 22. Mai 1941.

144 HADB, B191, Schreiben Rösler an Rohde vom 25. April 1941 und 23. Mai 1941.

145 BA, R8119 F, P6876, Bl. 571–2, Schreiben Pohle an Rösler vom 9. Juni 1942.

146 BA, R8119 F, P6931, Bl. 1–15, Aktennotiz vom 6. Juni 1942.

147 Beate Ruhm von Oppen, Helmuth James von Moltke: Briefe an Freya 1939–45, München 1988, S. 369.

148 BA, R8119 F, P6932, Brief Bechtolf vom 26. April 1943. Vgl. auch Rolf-Dieter Müller, ‹Von der Wirtschaftsallianz zum kolonialen Ausbeutungskrieg›, in: Militärgeschichtliches Forschungsamt Freiburg (Hrsg.), Das Deutsche Reich und der Zweite Weltkrieg, IV, Stuttgart 1983, S. 98–189; S. 140. Franz Neumann betrachtete den Aufsichtsrat der Kontinentale Oel «zusammengesetzt aus Vertretern von Partei, Armee, Bürokratie und Industrie» als mögliches «Modell für eine neue herrschende Klasse» und sah das Unternehmen als auf die Unterdrückung und Ausbeutung fremder Staaten wie auch des deutschen Volkes gestützt. Franz Neumann, Behemoth: Struktur und Praxis des Nationalsozialismus 1933–1944, Frankfurt 1993, S. 459.

149 BA, R8119 F, P7236, Bl. 33, Schreiben Pott an Kiehl vom 30. Oktober 1940; Bl. 43–8, Vermerk Kiehl vom 29. Januar 1941.

150 BA, R8119 F, P6932, Schreiben Bechtolf an Pohle vom 5. Mai 1943; BA, R8119 F, P6931, Bl. 315–6, Schreiben Rohde und Pohle an Bechtolf vom 3. März 1942.

151 BA, R8119 F, P1416, Bl. 141, Schreiben Deutsche Bank (Vorstand) an Dresdner Bank vom 19. Oktober 1944.

152 BA, R8119 F, P6854, Bl. 123, Bl. 204; BA, R 8119 F, P6855, Bl. 188–93.

153 BA, R8119 F, P6855, Bl. 179, Denkschrift Rösler vom 20. Juli 1943.

154 Entnazifizierung, 10. Okt. 1945, Kopie in HADB V01/4852.

155 SAM, 1458–10–234, Denkschrift vom 13. Februar 1939. ÖStA, Ministerium für Wirtschaft und Arbeit (1939) Nr. 32577, Protokoll Exekutiv-Ausschuß der Creditanstalt vom 21. März 1939.

156 SAM, 1458–10–66, Aktennotiz vom 6. September 1941; SAM, 1458–10–233, Stellungnahme Finanzministerium Preßburg vom 26. April 1940.

157 HADB, B174, Schreiben der Böhmischen Union-Bank vom 22. August 1940.

158 SAM, 1458–10–66, Ansprache Dr. Fritschler vom 29. Oktober 1940.

159 NBS, UB353/1, Sitzungsprotokoll Verwaltungsrat vom 20. August 1941.

160 NBS, UB353/1, Sitzungsprotokoll Verwaltungsrat vom 3. November 1941. Vgl. allg. Livia Rothkirchen, The Situation of Jews in Slovakia between 1939 and 1945, in: Jahrbuch für Antisemitismusforschung 7 (1998), S. 46–70.

161 Das Genfer Abkommen vom 15. Mai 1922, das die zukünftigen verfassungsrechtlichen und sonstigen rechtlichen Bedingungen in Oberschlesien behandelte, wurde von deutschen und polnischen Vertretern am 11. Juni 1922 unterzeichnet. Betreffend die deutschen Bankfilialen in Ost-Oberschlesien (das nach dem Referendum von 1921 polnisches Staatsgebiet geworden war) – die Bank für Handel und Industrie, die Deutsche und die Dresdner Bank – hielt das Genfer Abkommen fest, daß diese Banken für die folgenden fünfzehn Jahre berechtigt seien, wie

bisher ihren Geschäften nachzugehen. Das gleiche galt für die polnischen Banken im deutschen Teil Oberschlesiens – die Bank Przemyslowców und die Polski Bank Handlowy. Vgl. RGBl 1922 II, S. 375.

162 SAM, 1458–15–167, Aktennotizen vom 3. Mai 1937 und 8. April 1938.

163 Pollems, Aktennotiz vom 11. Febr. 1936, HADB, P416.

164 SAM, 1458–15–124, Schreiben Deutsche Bank an Reichsaufsichtsamt für das Kreditwesen vom 12. Dezember 1939.

165 ANN, GG 1291, 17, Bericht Devisenfahndungsamt Teschen vom 8. September 1939, Bericht Beauftragter des Devisenfahndungsamts Krakau vom 23. September 1939.

166 SAM, 1585–15–124, Bericht der Reichsbankstelle Litzmannstadt vom 30. April 1940.

167 SAM, 1458–15–129, «Betr. Bankeinflüsse auf Behörden» vom 29. Mai 1941.

168 Deutsche Bank an Reichswirtschaftsministerium, 24. Sept. 1940, SAM, 1458–15–81.

169 HADB, F122/001.

170 Aktennotiz vom 3. Sept. 1943, HADB, F119/85.

171 HADB, F119/0064, F119/0068.

172 HADB, F119/848, F119/32.

173 Aktennotiz vom 2. April 1943, HADB, F119/848.

174 SAM, 1458–15–125, Aktennotiz Reichsaufsichtsamt für das Kreditwesen vom 26. April 1940.

175 HADB, B54, Schreiben Ulrich an Abs vom 27. August 1943, unter Bezugnahme auf ein Sitzungsprotokoll des Arbeitsausschusses der Creditanstalt-Bankverein vom 12. Oktober 1939.

176 SAM, 1458–15–125, Aktennotiz Reichsaufsichtsamt für das Kreditwesen vom 21. Oktober 1940.

177 HADB, B52, Schreiben Deutsche Bank an Reichswirtschaftsministerium vom 2. November 1940.

178 BA, R8119 F, P6510, Sitzungsprotokoll des Arbeitsausschusses der Creditanstalt-Bankverein vom 3. September 1940.

179 HADB, B52, Schreiben Deutsche Bank an Creditanstalt vom 24. Januar 1941.

180 ANN, Kom. Rzadu Mienie Nieprzyjec, 20/318, Bericht an den Kommissar für die Behandlung feindlichen Vermögens vom 27. Juni 1942.

181 ANN, Kom. Rzadu Mienie Nieprzyjec, 10, Bl. 27.

182 HADB, B53, Schreiben Kiehl an Winkelmann (Danzig) vom 10. April 1942.

183 ANN, Bank Handlowy 331, Bericht Dr. Wachowiak vom 7. August 1945.

184 ANN, GG 1388, Aktennotiz der Aufsichtsstelle über Besuch Glathes am 21. August 1943.

185 HADB, B54, Aktennotiz Abs vom 22. Oktober 1942.

186 ANN, GG 1265, 141–142, Krakauer Zeitung, 1942, Nr. 240.

187 Ich verdanke diese Information Bertrand Perz. Siehe «Profil», 14. September 1998, «Das grauenvolle Geheimnis der CA» sowie ein Interview mit Perz.

188 BA, R8119F, P6511, Protokoll Arbeitsausschuß vom 28. Juli 1943.

189 ANN, GG 1401, Vermerk Bankaufsichtsstelle vom 20. Oktober 1942 (Besuch Trons, 12./13. Oktober).

190 ANN, GG 1401, Vermerk Bankaufsichtsstelle vom 30. August 1943 (zum Besuch vom 25. August).
191 BA, R8119 F, P6511, Protokoll Arbeitsausschuß vom 26. und 27. April 1944.
192 BA, R8119 F, P6511, Protokoll Arbeitsausschuß vom 13. Juni 1944.
193 ANN, GG 1388, Schreiben Bankdirigent der Emissionsbank an Staatssekretär Generalgouvernement vom 31. Juli 1944.
194 Vgl. Walter Naasner, Neue Machtzentren in der deutschen Kriegswirtschaft 1942–1945, Boppard 1994, S. 412–13.
195 Aktenvermerk Reichswirtschaftsministerium, 3. Febr. 1941, SAM, 1458–19–75.
196 Aktenvermerk Kimmich v. 24. 7. 1940, HADB, B129.
197 Aktenvermerk Kimmich v. 29. 8. 1940, HADB, B129.
198 Mojert, Verflechtung der deutschen und holländischen Wirtschaft v. 15. 10. 1941, HADB, B129.
199 Denkschrift Ulrich, Betr. Auslandsgeschäfte v. 14. 8. 1941, BA, R 8119 F, P24151.
200 Denkschrift Kimmich v. 13. 8. 1940, HADB, B128.
201 Vgl. Etienne Verhoeyen, Les grands industriels belges entre collaboration et résistance. Le moindre mal, in: Ventre des Recherches et d'études historiques de la seconde guerre mondiale 10, Brüssel 1986, S. 57–114.
202 Verhoeyen, Les grands industriels belges, S. 67.
203 Kurzmeyer, Notiz über die Vorgänge in Brüssel am 26.–29. August 1940 v. 29. 8. 1940, HADB, B128.
204 Aktenvermerk Kimmich v. 17. 10. 1940, HADB, B128; Schacht an Reichswirtschaftsminister v. 17. Oktober 1940.
205 Verhoeyen, Les grands industriels belges, S. 69; John Gillingham, The Baron de Launoit. A Case Study in the Politics of Production of Belgian Industry during Nazi Occupation, in: Revue belge d'histoire contemporaine V, Gent 1974, S. 1–59.
206 Verhoeyen, Les grands industriels belges, S. 71.
207 Aktenvermerk Pollems v. 3. 3. 1941, HADB, B128.
208 Vermerk Abs vom 14. Nov. 1940, BA, R 8119 F, P6504, Ordner 110–11; Joham, Bericht über Besprechung mit Abs und Rummel, 4. Dez. 1941, BA R 8119 F, P6504, Ordner 359.
209 Pilder an Abs v. 5. 6. 1941, BA, R 8119 F, 24158; Pilder an Abs v. 22. 7. 1941.
210 Besprechung in Badgastein v. 10. 8. 1940, BA, R 8119 F, 24158.
211 Bericht Weigelt v. 3. 5. 1935, BA, R 8119 F, P6968, Bl. 268 f.
212 Bericht Weigelt v. 7. 5. 1935, BA, R 8119 F, P6968, Bl. 270 f.; Überwachungsstelle für Mineralöl an Deutsche Bank v. 24. 4. 1936, Bl. 190.
213 David A. Kaiser, Economic Diplomacy and the Origins of the Second World War. Germany, Britain, France and Eastern Europe 1930–39, Princeton 1980, S. 144; Andreas Hillgruber, Hitler, König Carol und Marschall Antonescu. Die deutsch-rumänischen Beziehungen 1938–1944, Wiesbaden 1954, S. 28–34.
214 Betr. Deutsch-Rumänische Gesellschaft v. 11. 5. 1939, BA, R 8119 F, P24527, Bl. 44.
215 Bericht Schmidt, Die Banken im deutsch-rumänischen Wirtschaftsaustausch v. 26. 1. 1943, BA, R 8119 F, P10880, Bl. 419.
216 Ilgner an Abs, Entwurf: Empfehlungen zur Intensivierung der deutsch-rumänischen Wirtschaftsbeziehungen v. 17. 2. 1942, BA, R 8119 F, P6974, Bl. 25 ff.
217 Bericht Ulrich, Betr. Auslandsgeschäfte v. 14. 8. 1941, BA, R 8119 F, 24 151. All-

gem. siehe Philippe Marguerat, Le IIIème Reich et le pétrole roumaine, 1938–1940: contribution à l'étude de la pénétration économique allemande des Balkans à la veille et au début de la Seconde Guerre Mondiale, Leiden 1977.

218 Aktenvermerk Sippell, Besprechung mit Direktor Schroeder v. 11. 11. 1941, BA, R 8119 F, P8586, Bl. 263–266; Aktennotiz v. 22. 11. 1942, Bl. 338 f.; Sippell an Schroeder v. 23. 11. 1942, Bl. 340.

219 Aktenvermerk v. 11. 12. 1942, BA, R 8119 F, P8586, Bl. 342.

220 Aktennotiz Morgenstern vom 19. März 1941, HADB, B204, Nr. 177.

221 Aktenvermerke vom 16. Nov. 1940, 3. März 1942, 11. April 1942, BA/ZE 14404.

222 OMGUS, Exhibit 274: 13. Sept. 1939, Deutsche Bank an Reichswirtschaftsministerium. Siehe auch Barbara Bonhage, Hanspeter Lussy und Marc Perrenoud, Nachrichtenlose Vermögen bei Schweizer Banken: Depots, Konten und Safes von Opfern des nationalsozialistischen Regimes und Restitutionsprobleme in der Nachkriegszeit, Zürich 2001, S. 135.

223 Denkschrift (o. J., ohne Titel), HADB, P24004.

224 Rede in Rom am 20. Okt. 1941, zitiert nach Unabhängige Expertenkommission (UEK) Schweiz – Zweiter Weltkrieg, Switzerland and its Gold Transactions in the Second World War, Bern 1998, S. 25.

225 UEK, Switzerland, S. 39.

226 Johannes Bähr, Der Goldhandel der Dresdner Bank im Zweiten Weltkrieg, Leipzig 1999, S. 29.

227 Bähr, Goldhandel, S. 49–51. Jonathan Steinberg, Die Deutsche Bank und ihre Goldtransaktionen während des Zweiten Weltkrieges, München 1999, S. 38.

228 Steinberg, Deutsche Bank und ihre Goldtransaktionen, S. 66.

229 Vernehmung des Kurt Haussmann (Direktor der Filiale Istanbul der Deutschen Bank), 4. Okt. 1946, OMGUS, Exhibit 338.

230 Bähr, Goldhandel, S. 84–5, argumentiert in diesem Punkt absolut überzeugend. Siehe U.S. State Department, U.S. and Allied Wartime and Postwar Relations and Negotiations with Argentina, Portugal, Spain, Sweden and Turkey on Looted Gold and German External Assets, Washington D.C. 1998.

231 Steinberg, Deutsche Bank, S. 37 ff., 45.

232 Bähr, Goldhandel, S. 59.

233 Steinberg, Deutsche Bank, S. 79–89.

234 Siehe Christiane Uhlig u. a., Tarnung, Transfer, Transit: Die Schweiz als Drehscheibe verdeckter deutscher Operationen 1939–1952, Zürich: Chronos, 2001, S. 156, 169.

235 Siehe Gall, Man for All Seasons, S. 149–53.

236 DUB an Kurzmeyer, 20. Febr. 1941, HADB, P24546.

237 Abs an Kurzmeyer, 4. Jan. 1946, HADB, RWB, 31.

238 DUB an Reichsbank, 7. April 1941, HADB, K8/18.

239 DUB an Reichsbank (Werner), 25. Juni 1941, HADB, K8/18.

240 Aktennotiz, 18. Okt. 1944, K8/18.

241 DUB an Reichsbank («streng vertraulich»), 16. Nov. 1944, K8/18.

242 DUB an Kurzmeyer, 13. 12. 1944, DUB an Auswärtiges Amt, 23. 1. 1945, HADB K8/18.

243 James H. Mann, Aktennotiz vom 29. Aug. 1947, Bundesarchiv Bern, E2801 1968/84, Band 66, Az 140 129 (Handakten Walter Stucki).

244 UBS Archiv, SBV/SBC (Bankverein), D2269, Schreiben SBV an Abs v. 30 Sept. 1944. Vgl. Marc Perrenoud u. a., La place financière et les banques suisses à l'époque du national-socialisme: Les relations des grandes banques avec l'Allemagne (1930–1946), Unabhängige Experten Kommission Schweiz-Zweiter Weltkrieg, Band 13, Lausanne 2002, S. 420.

245 Marc Perrenoud u. a., La place financière et les banques suisses à l'époque du national-socialisme, Zürich 2002. Der 1935 in Kraft getretene Zusatz zu den Bedingungen einer Beschäftigung bei der Deutschen Bank (Art. 8) besagte: «Es ist den Gefolgschaftsmitgliedern nicht gestattet, bei einem anderen Bankinstitut ein Konto, Depot oder Schrankfach zu unterhalten oder Tafelgeschäfte zu machen.»

246 Walter Funk, Die Länder des Südostens und die Europäische Wirtschaftsgemeinschaft. Rede, gehalten vor der Südosteuropa-Gesellschaft in Wien am 10. März 1944, BA, R 8119 F, R63/281, 15.

247 Rede Abs v. 17. 7. 1941, BA, R11/271, Bl. 84 ff. Als Beispiel dafür, wie unterschiedlich die Interpretationen dieser Rede ausfallen können, vgl. Dietrich Eichholtz, Geschichte der deutschen Kriegswirtschaft 1939–1945, Bd. 1, Berlin 1971, S. 176 ff.; Ludolf Herbst, Der Totale Krieg und die Ordnung der Wirtschaft, Stuttgart 1982, S. 142–144. Die DDR druckte diese Rede in einer Sammlung ausgewählter Reden: Eichholtz/Schumann (Hrsg.), Neue Dokumente zur Rolle des deutschen Monopolkapitals bei der Vorbereitung und Durchführung des Zweiten Weltkrieges, Berlin 1969, Dokument Nr. 173.

248 Außenhandelsausschuß des Beirats der Deutschen Reichsbank v. 19. 12. 1939, BA, R 8119 F, P349, Bl. 126 ff.

249 Universität Basel: Tagebuch von Per Jacobsson 45, Einträge vom 14. und 15. Mai und 2. Juni 1943. Der Vertreter der Dresdner Bank wird in dem Tagebuch «Görg» genannt: Hierbei handelt es sich höchstwahrscheinlich um Carl Goetz, dessen Name Jacobsson falsch verstanden oder nicht richtig in Erinnerung hatte. Siehe a. Erin A. Jacobsson, A Life for Sound Money. Per Jacobsson, His Biography, Oxford 1979, S. 178 f.

250 Beirat der Deutschen Reichsbank v. 24. 6. 1943, BA, R 8119 F, P349, Bl. 27.

VI. Die Machtsteigerung von Staat und Partei während des Krieges

1 Debitorenliste, HADB, NL1/5.

2 Bericht Bechtolf v. 11. 2. 1942, BA, R 8119 F, P4969, Bl. 2 f., Aktennotiz Bechtolf (streng vertraulich) v. 20. 10. 1941, P4968. Der scharfe Briefwechsel zwischen Philipp Reemtsma und Emil Helfferich, dem Vorsitzenden des Aufsichtsrats der Hapag, ist nachgedruckt in Helfferich, Tatsachen, S. 245–255.

3 Bericht Kimmich v. 1. 9. 1941, BA, R 8119 F, P1563.

4 Vgl. Alan S. Milward, The German Economy at War, London 1965, S. 59–85; Herbst, Der Totale Krieg, 171–241.

5 Zum Verdruß der BMW-Firmenleitung, die über die «Bedingungen, die [...] dem Reich immer Anlaß geben, sich in die Verhältnisse der BMW einzuschalten», klagten. (Hille an Rummel v. 27. 2. 1940, BA, R 8119 F, 3076, Bl. 430.)

6 Entwicklung der Finanzkredite (n. d.), BA, R 8119 F, P3167, BMW; Finanzbericht v. 18. 11. 1941, P 3078.

7 Aktennotiz Rummel v. 12.8.1942, BA, R 8119 F, P3078, Bl. 336.
8 Kreditbericht Junkers Flugzeug- und Motorenwerke AG Dessau v. 7.1.1941, BA, R 8119 F, P3336.
9 Vgl. die Diskussion im Kreditausschuß des Beirats der Deutschen Bank v. 28.11.1939, BA, R 8119 F, P350. Dort beschwerten sich die Geschäftsbanken über ihre Benachteiligung.
10 Reichsaufsichtsamt für das Kreditwesen v. 3.6.1941, BA, R2/13551, Bl. 16. Frankfurter Zeitung v. 12.9.1941.
11 Deutsche Allgemeine Zeitung v. 12.8.1942, Wirtschaftsblatt.
12 Völkischer Beobachter v. 9.1.1943, «Gehören die Banken in die Aufsichtsräte».
13 SD-Berichte zu Inlandsfragen v. 5.8.1943, BA, R58/187, Bl. 106.
14 Bericht Schmidt, Nachrichtendienst für den Betriebsführer v. 12.1.1944, BA, R 8119 F, P10882, Bl. 630 f.
15 Bericht Schmidt v. 26.10.1944, BA, R 8119 F, P10883, Bl. 121 f. Das Aufsichtsamt hatte für eine Vereinfachung plädiert, jedoch ohne Erfolg. 1941 hatte es festgestellt: «Seit der staatlichen Lenkung der Kreditorganisation, also im wesentlichen seit 1935, ist zwar die Erweiterung des Kreditapparates hintenangehalten und vereinzelt auch eine Vereinfachung erreicht worden, die organisatorische Gestalt des Kreditwesens beruht aber nach wie vor auf wirtschaftlichen Auffassungen einer vergangenen Zeit.» (Bericht v. 3.6.1941, BA, R2/13551, Bl. 16.
16 Jens van Scherpenberg, Öffentliche Finanzwirtschaft in Westdeutschland 1944–1948, Frankfurt 1984, S. 51 ff.
17 Besprechung v. 19.2.1942, BA, R2/13686, Bl. 241 f.
18 Vermerk Reichsfinanzministerium v. Dezember 1942, BA, R2/13530, Bl. 269 f.
19 Vermerk (Sitzung im Reichsaufsichtsamt für das Kreditwesen) v. 12.6.1942, BA, R2/13551, Bl. 62; Pressebesprechung v. 15.10.1942, P10879, Bl. 280 ff.
20 Rundschreiben des Reichswirtschaftsministeriums an Reichsverteidigungskommissare v. 16.2.1943, BA, R2/13551, Bl. 210 f.
21 Deutsche Bank, Sonderrundschreiben v. 17.11.1943, HADB, S31/43.
22 Wilhelm Zangen, Industrie und Banken v. Dezember 1942, BA, R 8119 F, P10879, Bl. 67–77.
23 Denkschrift Schmidt v. 10.1.1944, BA, R 8119 F, P10882, Bl. 640.
24 Protokolle des Arbeitsausschusses v. 11.3.1943, BA, R 8119 F, P31, Bl. 8, 11.
25 Rösler, Beeidete Erklärung vom 20. März 1950, HADB, RWB, 31. Siehe auch v. Halt, Bericht über Unterredung im Fürstenhof 17. Nov. 1942, in HADB, V1/4852. (Dieser Bericht ist undatiert und könnte auch nach Kriegsende angefertigt worden sein.)
26 NSDAP-Parteimitgliedsnummer 6927011, BDC.
27 Deutsche Bank an Gauwirtschaftskammer Berlin v. 15.2.1945, HADB, P1/4.
28 Besprechung mit Reichsminister Funk v. 18.2.1943, BA, R43II/245 b, Bl. 1, 18.
29 NSDAP-Parteimitgliedsnummer 91273, BDC.
30 Hunke, Verstaatlichung der Großbanken, 3–6.
31 Deutsche Bank, NA, OMGUS, 61; u. v. Carl-Ludwig Holtfrerich gesammelte Informationen.
32 Siehe Carl-Ludwig Holtfrerich, Die Deutsche Bank vom Zweiten Weltkrieg über die Besatzungsherrschaft zur Rekonstruktion 1945–1957, in: Lothar Gall/Gerald

D. Feldman/Harold James/Carl-Ludwig Holtfrerich/Hans E. Büschgen (Hrsg.), Die Deutsche Bank 1870–1995, München 199, S. 409–578, hier S. 416.

33 Arbeitsausschuß v. 16. 9. 1943, BA, R 8119 F, P31, Bl. 27–32.

34 Aktenvermerk Hanel v. 6. 10. 1943, R63/198, Bl. 12.

35 Tregaskes an Dougherty, 1. Feb. 1945, NA, RG260/2/148/16, OMGUS.

36 Diese Liste ist im HADB, NL1/6 aufbewahrt. Sie ist nicht datiert, dürfte aber wohl von 1944 oder später stammen. Sie könnte sogar im Zuge der Entnazifizierung entstanden sein, obwohl ich keine Kopie in dem umfangreichen, von OMGUS gesammelten Material entdeckt habe.

37 Rösler an Frowein v. 14. 2. 1944, HADB, P1/4.

38 NA, RG 1165, Box 642/Ordner 7, PWP 67, April 1945, CSDIC (UK), «The Reichsbank and its Relations with Other Institutions».

39 Heinrich Hunke, Zehn Thesen zur Wirtschaftspolitik, in: Der neue Tag 257 v. 17. 9. 1943.

40 Allgem. BA, R 8119 F, P4653; Aktenvermerk v. 27. 3. 1941, P4654, Bl. 28 ff.

41 Rath (Deutsche Bank Köln) an Kurt von Schroeder v. 19. 9. 1942, BA, R 8119 F, 24 133; Aktennotiz Abs v. 24. 9. 1942.

42 Vgl. Gerald D. Feldman Die Deutsche Bank vom Ersten Weltkrieg bis zur Weltwirtschaftskrise 1914–1933, in: Die Deutsche Bank 1870–1995, S. 239 ff.

43 Aufsichtsratssitzung v. 21. 12. 1933, BA, R 8119 F, P3073, Bl. 304–307.

44 Notiz v. 5. 2. 1934, BA, R 8119 F, P3073, Bl. 343.

45 Stauß an Rummel v. 11. 6. 1936, BA, R 8119 F, P3075, Bl. 25.

46 Geheim. Betr. Bayerische Motoren Werke v. 7. 5. 1942, BA, R 8119 F, P3146, Bl. 462.

47 Popp an Stauß v. 11. 11. 1936, BA, R 8119 F, P3075, Bl. 90 f.

48 Siemens & Halske an Reichsluftfahrtministerium v. 31. 3. 1936, BA, R 8119 F, P3167, Bl. 10.

49 Konstruktive Fragen des BMW-Konzerns v. 12. 4. 1940, BA, R 8119 F, P3076, Bl. 465.

50 Popp an Generalingenieur Lucht (Reichsluftfahrtministerium) v. 8. 2. 1941, BA, R 8119 F, P3146, Bl. 252.

51 Bericht von Stauß an Rummel v. 17. 5. 1939, BA, R 8119 F, P3167, Bl. 107 f.

52 Vorstandssitzung v. 10. 11. 1941, BA, R 8119 F, P3078, Bl. 96 ff.

53 Popp an Admiral Lahs v. 19. 4. 1940, BA, R 8119 F, P3136, Bl. 302: «Per Saldo ist jedoch bei einem längeren Krieg die Neuproduktion entscheidend, wie groß man die Luftflotte in der ersten Linie halten kann.»

54 Göring an Popp v. 25. 11. 1940, BA, R 8119 F, P3077, Bl. 199.

55 Popp an Lucht v. 6. 2. 1941, BA, R 8119 F, P3146, Bl. 235.

56 Popp an Stauß v. 22. 3. 1941, BA, R 8119 F, P3146, Bl. 349.

57 Reichsluftfahrtministerium (LC3) v. 14. 2. 1941, BA, R 8119 F, P3146, Bl. 285.

58 Stauß an Eva von Schröder, NSV-Hauptamt Berlin v. 11. 10. 1938, BA, R 8119 F, P6132, Bl. 128: «Ganz besonders habe ich mich gefreut, daß die Automobil- und Zubehör-Industrie, obwohl Opel versagte, die 2,5 Millionen doch noch überschritten hat, nachdem ich im letzten Augenblick die Bayerischen Motoren Werke um RM 50000 heraufkurbeln konnte.»

59 Notiz Rummel v. 12. 8. 1942, BA, R 8119 F, P3078, Bl. 336.

60 Hille an Rummel v. 20. 9. 1944, BA, R 8119 F, P3114, Bl. 191.

61 Notiz Rummel (Brief Hilles v. 9. Dezember beigefügt) v. 12.12.1944, BA, R 8119 F, P3114, Bl. 248–251.
62 Denkschrift Rummel v. 15.12.1944, BA, R 8119 F, P3114, Bl. 245 f.
63 Deutsche Bank an Rummel v. 20.12.1944, BA, R 8119 F, P3114, Bl. 266 f.
64 BMW AG an BMW Flugmotorenwerke Brandenburg v. 2.2.1945, BA, R 8119 F, P3114, Bl. 319.
65 BA/ZE (Zwischenlager Hoppegarten), Box 39283, Regal 2197, Schreiben Depositenkasse A an Kreditbüro Dresden vom 22. November 1935; Schreiben Deutsche Bank, Filiale Dresden, an Zentrale, Filialbüro vom 28. November 1935. Das ursprüngliche Rundschreiben vom 12. November 1935 findet sich in 72/35.
66 Commerz- und Privatbank, Entstehung und Verwendungsmöglichkeiten der verschiedenen Arten von Reichsmarkguthaben für Ausländer.
67 RGBl 1938 I, S. 414.
68 Herbert Wolf, Zur Kontrolle und Enteignung jüdischen Vermögens in der NS-Zeit, in: Bankhistorisches Archiv Jg. 16, H. 1, 1990, S. 55–62; S. 56.
69 Barkai, Boycott, S. 186.
70 BA/ZE (Zwischenlager Hoppegarten), Box 39283, Regal 2197, Schreiben vom 14. November 1938, betr. «Verfügungen nichtarischer Kunden».
71 Ebenda, Vermerk vom 15. November 1938.
72 HADB, B214, Schreiben Wirtschaftsgruppe Privates Bankgewerbe – Centralverband des Deutschen Bank- und Bankiergewerbes an Deutsche Bank vom 6. Januar 1939. Siehe auch Aktenvermerk Mosler vom 13. Januar 1939.
73 HADB, F28/204, Genehmigungsbescheid 57903 des Oberfinanzpräsidenten Karlsruhe vom 21. Februar 1939. Die weitere Darstellung in diesem Abschnitt beruht auf den Dokumenten in F28/204.
74 Barkai, Boykott, S. 196.
75 SAM, 1458–1-1044, Bekanntmachung des badischen Innenministeriums vom 4. April 1941.
76 RGBl 1941 I, S. 303.
77 Es finden sich allerdings keine Hinweise darauf, daß irgendeine Bank eine Vermögensübertragung ans Reich mit der Begründung, der betreffende Kunde sei nicht ins Ausland, sondern nach Auschwitz in Oberschlesien verzogen, verweigert hätte.
78 Zitiert nach Wolf, Kontrolle, S. 60.
79 Bundesverband deutscher Banken, Rundschreiben 180/1941.
80 BA, R13 VIII/6, Schreiben Deutsche Bank an Wirtschaftsgruppe Privates Bankgewerbe vom 19. März 1942.
81 BA, R13 VIII/7, Vermerk vom 13. April 1942 (Roer).
82 BA, R13 VIII/6, Vermerk Wirtschaftsgruppe Privates Bankgewerbe (Roer) vom 11. März 1942.
83 BA, R13 VIII/6, Schreiben Deutsche Bank an Wirtschaftsgruppe Privates Bankgewerbe vom 8. Mai 1942.
84 Siehe zum Beispiel Staatsarchiv Hamburg 314–15, Oberfinanzpräsident, NR 36, UA 2, Schreiben Deutsche Bank an Oberfinanzpräsident Hamburg vom 6. Mai 1942. Dieses Schreiben, in dem die Filiale Hamburg der Deutschen Bank darauf hinweist, daß eine bestimmte, ihr als «abgeschoben» gemeldete Person vor kurzem noch persönlich in der Bank gesehen worden sei, ist zuerst von Karl Heinz

Roth veröffentlicht worden, der es fälschlicherweise als Beleg für Denunziantentum und «Beihilfe zum Judenmord» interpretierte. In Wirklichkeit stellte die Bank lediglich fest, daß das betreffende Konto für eine «Vermögensbeschlagnahme» nicht in Betracht komme. Siehe Karl Heinz Roth, Hehler des Holocaust: Degussa und Deutsche Bank, in: 1999. Zeitschrift für Sozialgeschichte des 20. und 21. Jahrhunderts, 13, 1998, S. 137–44. Der Inhaber dieses Kontos wanderte 1942 nach Kuba aus.

85 Emma K. wurde am 19. August 1942 nach Theresienstadt deportiert. Sie starb bereits zwei Wochen später am 2. September 1942. Theresienstädter Gedenkbuch. Die Opfer der Judentransporte aus Deutschland nach Theresienstadt 1942–1945, Institut Theresienstädter Initiative Academia, 2000, S. 599.

86 Wirtschaftsgruppe Privates Bankgewerbe, Rundschreiben 141, 9. Oktober 1942.

87 HADB, F28/7.

88 Lorenz Kleber, Aussage vom 24. März 1946, NA, RG242/Roll 2, Exhibits 86, 273.

89 Vierteljahres-Statistiken, DB (alt)/5930.

90 Deutsche Bank an Bundesminister der Finanzen, 28. März 1951, DB (alt)/5931.

91 HADB, P2/K509.

92 Staatsarchiv Leipzig, Deutsche Bank 630, 15. Juni 1944, Deutsche Bank Leipzig an Staatspolizeistelle Leipzig; 15. Jan. 1944, Aktennotiz, gez. Jütl, Beamter für Strafgefangene der Staatspolizeistelle Leipzig; Deutsche Bank 790, Zahlungsunterlagen.

93 Sitzung des Arbeitsausschusses v. 4. 11. 1943, BA, R 8119 F, P31, Bl. 38.

94 11. Aug. 1943, Deutsche Bank Kattowitz an Zentrale Personalabteilung; 11. Aug. 1943, Gdynia an Halt; 6. Sept. 1943 Kiehl an Palm, HADB P2/M426.

95 Urteil v. 8. 10. 1943, BA, R60I/548; Urteil v. 14. 9. 1943, R60I/369.

96 Völkischer Beobachter, 28. Okt. 1943.

97 16. Dez. 1957, Bericht der Deutschen Bank München, HADB P6/M37.

98 Vermerk zur Entnazifizierung, 4. Jan. 1947, HADB, NL38/3.

99 Czichon, Der Bankier und die Macht, S. 137 ff.; Tom Bower, Blind Eye to Murder – A Pledge Betrayed, London 1981, S. 17 ff.

100 Siehe Hayes, Industry and Ideology, S. 347–51; Gall, Man for All Seasons, S. 166–69. Trials of War Criminals before the Nuremberg Military Tribunals under Conto Council Law No. 10, Nuremberg October 1946 – April 1949, Volume VIII, Washington D.C., U.S. Government Printing Office, 1952, S. 391

101 Aktennotiz vom 10. Juli 1943, HADB, P1773.

102 I.G. Farben an Deutsche Bank Kattowitz, 2. Aug. 1943, HADB, F119/848.

103 Preliminary Study of the Deutsche Bank, prepared by Program Planning Section, Treasury Department, Foreign Funds Control, NA, RG260, Kasten 71, Mappe 3, Finance Group, Misc. Reports and Publications.

104 Aktenvermerke vom 2. Mai and 1. Juni 1944, BA R 8119 F, P6088.

105 Notiz v. 27. 6. 1940, BA, R 8119 F, 24130.

106 MacDonogh, Adam von Trott zu Solz, S. 164.

107 Ruhm von Oppen (Hrsg.), Helmuth James von Moltke, S. 261, 265, 481.

108 Notiz v. 15. 10. 1943, BA, R 8119 F, 22920, Bl. 7 f.

109 29. Dez. 1947, Eidesstattl. Erklärung von Gräfin Marion Yorck von Wartenburg, HADB V1/4852.

110 Jacobsen, Spiegelbild einer Verschwörung, Bd. 1, S. 60.

111 Fernschreiben Dr. Lorenzen an Bormann v. 14.11.1944, BA, NS6/19, Bl. 68 ff.
112 Instituut voor Oorlogsdokumentatie, Amsterdam, 77–85 (RSSPF), 65 Aa.

VII. Das Ende der Diktatur

1 Personalakten, HADB; Arbeitsausschußsitzung v. 15.4.1942, BA, R 8119 F, P41, Bl. 161.
2 Fritz Scholtz (Deutsche Bank Cottbus) an Karl Günkel, Berlin v. 9.2.1944, BA, R 8119 F, P10972.
3 Arbeitsausschuß v. 8.7.1943, BA, R 8119 F, P31, Bl. 22 f.
4 Direktoren-Besprechung v. 5.11.1942, HADB, F50/998.
5 Arbeitsausschuß v. 16.9.1943, BA, R 8119 F, 23285, Bl. 29.
6 Schmidt an Rosentreter v. 26.2.1944, BA, R 8119 F, P10882, Bl. 459; P10883; Rundschreiben der Deutschen Bank (An die Direktoren unserer Zweigniederlassungen) v. 29.11.1943, P11127, Bl. 1 f.
7 Rummel, Die Umsatzleistungen der deutschen Banken im Kriegsjahr 1943 v. 20.1.1944, BA, R 8119 F, P10882, Bl. 602.
8 Besprechung Reichsgruppe Banken v. 31.7.1944, BA, R 8119 F, P10952.
9 An die Direktoren unserer Filialen (Kopfstellen) v. 27.3. 1945, BA, R 8119 F, P10914, Bl. 53.
10 Protokolle der Großbanksitzungen v. 22.9.1944, HADB, RWB, 441.
11 Rösler an Wuppermann v. 27.3.1945, HADB, RWB, 50.
12 Vorstand an Gauwirtschaftskammer Hamburg v. 28.3.1945, HADB, RWB, 50.
13 Deutsche Bank an die Direktionen unserer Zweigniederlassungen v. 25.3.1945, BA, R 8119 F, P10914, Bl. 43 f.; Deutsche Bank an Filialen (Kopfstellen) v. 27.3.1945, Bl. 52.
14 Holtfrerich, Deutsche Bank, S. 415.
15 Dieser Absatz stützt sich im wesentlichen auf zeitgenössische Tagebucheintragungen von Martin Rosenbrock, HADB, April/September 1945.
16 Stellungnahme Abs v. 22.4.1950, NA RG 319–X8001750.

VIII. Fazit

1 Aktennotiz Rösler (streng vertraulich, nur zur Zirkulation im Vorstand) vom 10. Juni 1942, HADB, B192.

Literaturverzeichnis

Adler, Hans Günther, Theresienstadt 1941–1945: Das Antlitz einer Zwangsgemeinschaft, Tübingen 1960.

Bähr, Johannes, Der Goldhandel der Dresdner Bank im Zweiten Weltkrieg, Leipzig 1999.

Balogh, Thomas, Studies in Financial Organization, Cambridge 1947.

Barkai, Avraham, Sozialdarwinismus und Antiliberalismus in Hitlers Wirtschaftskonzept, in: Geschichte und Gesellschaft 3/1977, S. 406–417.

Barkai, Avraham, From Boycott to Annihilation, Hanover 1989.

Barkai, Avraham, Die deutschen Unternehmer und die Judenpolitik im Dritten Reich, in: Geschichte und Gesellschaft 2/1989, S. 232.

Barkai, Avraham, Das Wirtschaftssystem des Nationalsozialismus, Frankfurt am Main 1988.

Barth, Boris, Die deutsche Hochfinanz und die Imperialismen: Banken und Außenpolitik vor 1914, Stuttgart 1995.

Boelcke, Willy A., Die Deutsche Wirtschaft 1930–1945: Interna des Reichswirtschaftsministeriums, Düsseldorf 1983.

Bonhage, Barbara/Lussy, Hanspeter/Perrenoud, Marc, Nachrichtenlose Vermögen bei Schweizer Banken: Depots, Konten und Safes von Opfern des nationalsozialistischen Regimes und Restitutionsprobleme in der Nachkriegszeit, Zürich 2001.

Bower, Tom, Blind Eye to Murder – A Pledge Betrayed, London 1981.

Chernow, Ron, The Warburgs: The Twentieth Century Odyssey of a Remarkable Jewish Family, New York 1994.

Czichon, Eberhard, Der Bankier und die Macht. Hermann Josef Abs in der deutschen Politik, Köln 1970.

Deutsche Bank (Hrsg.), Böhmen und Mähren im deutschen Wirtschaftsraum, 1938.

Eichholtz, Dietrich/Schumann, Wolfgang (Hrsg.), Neue Dokumente zur Rolle des deutschen Monopolkapitals bei der Vorbereitung und Durchführung des Zweiten Weltkrieges, Berlin 1969, Dokument Nr. 173.

Eichholtz, Dietrich, Geschichte der deutschen Kriegswirtschaft 1939–1945, Bd. 1, Berlin 1971.

Engel, Helmut/Jersch-Wenzel, Steffi/Treue, Wilhelm (Hg.), Charlottenburg. Bd. I: Die historische Stadt, Berlin 1986.

Feldman, Gerald D., Die Allianz und die deutsche Versicherungswirtschaft 1933–1945, München 2001.

Fohlin, Caroline, The Rise of Interlocking Directorates in Imperial Germany, in: Economic History Review 52/2, Oxford 1999, S. 307–33.

Gall, Lothar/Feldman, Gerald D./James, Harold/Holtfrerich, Carl-Ludwig/Büschgen, Hans E. (Hrsg.), Die Deutsche Bank 1870–1995, München 1995.

Gall, Lothar, A man for all seasons? Hermann Josef Abs im Dritten Reich, in: Zeitschrift für Unternehmensgeschichte 2/1998, S. 123–175.

Gillingham, John, The Baron de Launoit. A Case Study in the ‹Politics of Production›

of Belgian Industry during Nazi Occupation, in: Revue belge d'histoire contemporaine V, Gent 1974, S. 1–59.
Gossweiler, Kurt, Großbanken, Industriemonopole, Staat, Ökonomie und Politik des staatsmonopolistischen Kapitalismus in Deutschland 1914–1932, Berlin 1971.
Hayes, Peter, Industry and Ideology. IG Farben in the Nazi Era, Cambridge 1987.
Hayes, Peter, State policy and Corporate Involvement in the Holocaust, in: US Holocaust Museum (Hg.), The Holocaust: The Known, the Unknown, the Disputed and the Reexamined, Washington 1994.
Helfferich, Emil: Tatsachen 1932–1946. Ein Beitrag zur Wahrheitsfindung. Jever 1968.
Herbst, Ludolf, Der Totale Krieg und die Ordnung der Wirtschaft, Stuttgart 1982.
Hildebrand, Klaus, Vom Reich zum Weltreich. NSDAP und koloniale Frage 1919–1945, München 1969.
Hildebrand, Klaus, Das vergangene Reich: Deutsche Außenpolitik von Bismarck bis Hitler, Stuttgart 1995.
Hillgruber, Andreas, Hitler, König Carol und Marschall Antonescu. Die deutsch-rumänischen Beziehungen 1938–1944, Wiesbaden 1954.
Huber, Gabriele, Die Porzellan-Manufaktur Allach-München GmbH, Marburg 1992.
Hüttenberger, Peter, Nationalsozialistische Polykratie, in: Geschichte und Gesellschaft 2/1976, S. 417–42.
Jacobsson, Erin A. , A Life for Sound Money. Per Jacobsson, His Biography, Oxford 1979.
Jacobsen, Hans A., Spiegelbild einer Verschwörung. Die Opposition gegen Hitler und der Staatsstreich vom 20. Juli 1944 in der SD-Berichterstattung, Bd. 1, Stuttgart 1984.
James, Harold, The German Slump: Politics and Economics 1924–1936, Oxford 1986.
James, Harold, Monetary and Fiscal Unification in Nineteenth-Century Germany: What Can Kohl Learn from Bismarck?, Princeton: Essays in International Finance, No. 202, 1997.
Jones, Larry E., German Liberalism and the Dissolution of the Weimar Party System, Chapel Hill 1988.
Kaiser, David A., Economic Diplomacy and the Origins of the Second World War. Germany, Britain, France and Eastern Europe 1930–39, Princeton 1980.
Kaminsky, Graciela L/Reinhart, Carmen M., The Twin Crises: The Causes of Banking and Balance-of-Payments Problems, Board of Governors of the Federal Reserve System International Finance Discussion Papers, Nr. 544, März 1996.
Karny, Miroslav/Milotova, Jaroslava/Karna, Margita (Hrsg.), Deutsche Politik im «Protektorat Böhmen und Mähren» unter Reinhard Heydrich 1941–1942: Eine Dokumentation, Berlin 1997.
Kempner, Robert M. W., Hitler und die Zerstörung des Hauses Ullstein, in: Hundert Jahre Ullstein 1877–1977, Berlin 1977, Bd. III.
Kershaw Ian, The Nazi Dictatorship: Problems and Perspectives of Interpretation, London 1989.
Kopper, Christopher, Zwischen Marktwirtschaft und Dirigismus. Bankenpolitik im Dritten Reich 1933–1939, Bonn 1995.
Kopper, Christopher, Die «Arisierung» der deutsch-böhmischen Aktienbanken, in: Boris Barth/Josef Faltus/Jan Kren/Eduard Kubu (Hrsg.), Konkurrenzpartnerschaft:

Die deutsche und die tschechoslowakische Wirtschaft in der Zwischenkriegszeit, Essen 1998, S.236–245.

Kreimeier, Klaus, Die Ufa-Story. Geschichte eines Filmkonzerns, München 1992.

Mac Donogh, Giles, A Good German. Adam von Trott zu Solz, London 1989.

Marguerat, Philippe, Le IIIème Reich et le pétrole roumaine, 1938–1940: contribution à l'étude de la pénétration économique allemande des Balkans à la veille et au début de la Seconde Guerre Mondiale, Leiden 1977.

Matis, Herbert/Weber, Fritz, Economic Anschluss and German Grossmachtpolitik: The Take-Over of the Austrian Credit-Anstalt in 1938, in: P.L. Cottrell/Håkan Lindgren/Alice Teichova (Hrsg.), European Industry and Banking Between the Wars: A Review of Bank-Industry Relations, Leicester 1992, S. 109–26.

Milward, Alan S., The German Economy at War, London 1965.

Milward, Alan S., The Reichsmark Bloc and the International Economy, in Gerhard Hirschfeld/Lothar Kettenacker (Hrsg.), The «Führer State»: Myth and Reality: Studies on the Structure and Politics of the Third Reich, Stuttgart 1981, S. 377–413.

Mollin, Gerhard, Montankonzerne und «Drittes Reich»: Der Gegensatz zwischen Monopolwirtschaft und Befehlswirtschaft in der deutschen Rüstung und Expansion 1936–1944 (Kritische Studien zur Geschichtswissenschaft Bd. 78), Göttingen 1988.

Morsey, Rudolf, Zur Entstehung, Authentizität und Kritik von Brünings Memoiren 1918–1934, Opladen 1975.

Mosse, Werner E., Jews in the German Economy: The German-Jewish Business Elite, Oxford 1987.

Müller, Rolf-Dieter, Von der Wirtschaftsallianz zum kolonialen Ausbeutungskrieg, in: Militärgeschichtliches Forschungsamt Freiburg (Hrsg.), Das Deutsche Reich und der Zweite Weltkrieg, IV, Stuttgart 1983, S. 98–189.

Naasner, Walter, Neue Machtzentren in der deutschen Kriegswirtschaft 1942–1945, Boppard 1994.

Naasner, Walter, SS-Wirtschaft und SS-Verwaltung: Das SS-Wirtschaft-Verwaltungshauptamt und die unter seiner Dienstaufsicht stehenden wirtschaftlichen Unternehmungen, (Schriften des Bundesarchivs, Bd. 45 a), Düsseldorf 1998.

OMGUS. Ermittlungen gegen die Deutsche Bank 1946/47, in: Die Andere Bibliothek, hg. v. Hans Magnus Enzensberger – Sonderband –, Nördlingen 1985.

Pentzlin, Heinz, Hjalmar Schacht. Leben und Wirken einer umstrittenen Persönlichkeit, Berlin 1980.

Perrenoud, Marc u.a., La place financière et les banques suisses à l'époque du national-socialisme. Les relations des grandes banques avec l'Allemagne (1933 1946). (Veröffentlichungen der Unabhängigen Expertenkommission Schweiz-Zweiter Weltkrieg, Bd. 13), Lausanne, Zürich 2002.

Pohl, Hans/Habeth, Stephanie/Brüninghaus, Beate, Die Daimler-Benz AG in den Jahren 1933–1945, Wiesbaden 1986.

Pohl, Manfred, Die Finanzierung der Russengeschäfte zwischen den beiden Weltkriegen. Die Entwicklung der 12 großen Rußlandkonsortien, Frankfurt am Main 1975.

Pohl, Manfred, Konzentration im deutschen Bankwesen 1848–1980, Frankfurt am Main 1980.

Pohl, Manfred, Entstehung und Entwicklung des Universalbankensystems: Konzentration und Krise als wichtige Faktoren, Frankfurt am Main 1986.

Pohl, Manfred/Schneider, Andrea, VIAG 1923–1998: Vom Staatskonzern zum internationalen Konzern, München 1998.

Pohl, Manfred/Raab-Rebentisch, Angelika, Von Stambul nach Bagdad: Die Geschichte einer berühmten Eisenbahn, München 1999.

Rebentisch, Dieter, Führerstaat und Verwaltung im Zweiten Weltkrieg: Verfassungsentwicklung und Verwaltungspolitik, Stuttgart 1989.

Rosenbaum, Eduard/Sherman, A. J., Das Bankhaus M.M. Warburg & Co. 1798–1938, Hamburg 1976.

Roth, Karl Heinz, Hehler des Holocaust: Degussa und Deutsche Bank, in: 1999. Zeitschrift für Sozialgeschichte des 20. und 21. Jahrhunderts, 13, 1998, S.137–144.

Roth, Karl Heinz, Bankenkrise, Faschismus und Macht, in: Kritische Aktionäre der Deutschen Bank (Hg.), Macht ohne Kontrolle: Berichte über die Geschäfte der Deutschen Bank, Stuttgart 1990.

Rothkirchen, Livia, The Situation of Jews in Slovakia between 1939 and 1945, in: Jahrbuch für Antisemitismusforschung 7 (1998), S. 46–70.

Ruhm von Oppen, Beate, Helmuth James von Moltke: Briefe an Freya 1939–45, München 1988.

Scherpenberg, Jens van, Öffentliche Finanzwirtschaft in Westdeutschland 1944–1948, Frankfurt 1984.

Schoeps, Julius H., Wie die Deutsche Bank Mendelssohn & Co. schluckte in: Frankfurter Rundschau v. 27. November 1998.

Schuker, Stephen A., Ambivalent Exile: Heinrich Brüning and America's Good War, in: Christoph Buchheim/Harold James/Michael Hutter, Zerrissene Zwischenkriegszeit: Wirtschaftshistorische Beiträge. Knut Borchardt zum 65. Geburtstag, Baden-Baden 1994, S. 329–356.

Steinberg, Jonathan, Deutsche, Italiener, Juden. Der italienische Widerstand gegen den Holocaust, Göttingen 1992.

Steinberg, Jonathan, Die Deutsche Bank und ihre Goldtransaktionen während des Zweiten Weltkrieges, München 1999.

Stiefel, Dieter, Finanzdiplomatie und Weltwirtschaftskrise: Die Krise der Credit-Anstalt für Handel und Gewerbe 1931, Frankfurt 1989.

Stürmer, Michael/Teichmann, Gabriele/Treue, Wilhelm, Wägen und Wagen: Sal. Oppenheim jr. &Cie. Geschichte einer Bank und einer Familie, München und Zürich 1989.

Teichova, Alice, An Economic Background to Munich: International Business and Czechoslovakia 1918–1938, Cambridge 1974.

Teichova, Alice, Instruments of Economic Control and Exploitation: The German Occupation of Bohemia and Moravia, in: Richard J. Overy/Gerhard Otto/Johannes Houwink ten Cate (Hrsg.), Die «Neuordnung» Europas: NS-Wirtschaftspolitik in den besetzten Gebieten, Berlin 1997, S. 83–108.

Theresienstädter Gedenkbuch. Die Opfer der Judentransporte aus Deutschland nach Theresienstadt 1942–1945, Institut Theresienstädter Initiative Academia, 2000.

Turner, Henry A., Hitlers Einstellung zu Wirtschaft und Gesellschaft vor 1933, in: Geschichte und Gesellschaft 2/1976, S. 89–117.

Uhlig, Christiane u. a., Tarnung, Transfer, Transit: Die Schweiz als Drehscheibe verdeckter deutscher Operationen 1939–1952, Zürich 2001.

Unabhängige Expertenkommission (UEK) Schweiz – Zweiter Weltkrieg, Switzerland and its Gold Transactions in the Second World War, Bern 1998.

U.S. State Department, U.S. and Allied Wartime and Postwar Relations and Negotiations with Argentina, Portugal, Spain, Sweden and Turkey on Looted Gold and German External Assets, Washington D.C. 1998.

Verhoeyen, Etienne, Les grands industriels belges entre collaboration et résistance. Le moindre mal, in: Ventre des Recherches et d'études historiques de la Seconde Guerre Mondiale 10, Brüssel 1986, S. 57–114.

Vocke, Wilhelm, Memoiren, Stuttgart 1973.

Volkmann, Hans-Erich, Die NS-Wirtschaft in Vorbereitung des Krieges, in: Militärgeschichtliches Forschungsamt Freiburg (Hg.), Das Deutsche Reich und der Zweite Weltkrieg, Bd. 1, Stuttgart 1979.

Wandel, Eckhard, Hans Schäffer. Steuermann in wirtschaftlichen und politischen Krisen, Stuttgart 1974.

Welch, David, Propaganda and the German Cinema 1933–1945, Oxford 1983.

Wiskemann, Elizabeth, Czechs and Germans: A Study of the Struggle in the Historic Provinces of Bohemia and Moravia, London 1938.

Wixforth, Harald, Auftakt zur Ostexpansion. Die Dresdner Bank und die Umgestaltung des Bankwesens im Sudetenland 1938/39, hg. v. Hannah Arendt Institut für Totalitarismusforschung, Berichte und Studien Nr. 31, Dresden 2001.

Wolf, Herbert, Zur Kontrolle und Enteignung jüdischen Vermögens in der NS-Zeit, in: Bankhistorisches Archiv, Jg. 16, H. 1, 1990, S. 55–62.

Ziegler, Dieter, Die Verdrängung der Juden aus der Dresdner Bank, in: Vierteljahrshefte für Zeitgeschichte, 47. Jg., 2. Heft 1999, S. 187–216.

Zitelmann, Rainer, Hitler. Selbstverständnis eines Revolutionärs, Stuttgart 1991.

Personenregister

Firmenregister

Unternehmens- und Wirtschaftsgeschichte bei C. H. Beck

Lothar Gall/Gerald D. Feldman/Harold James/u. a.
Die Deutsche Bank 1870–1995
85. Tausend. 1995. XXI, 1015 Seiten mit 82 Abbildungen,
20 Tabellen und 19 Graphiken im Text. Leinen im Schuber

Harold James
Die Deutsche Bank und die «Arisierung»
Aus dem Englischen von Karl Heinz Siber
In Verbindung mit den Mitgliedern der Historikerkommission zur
Erforschung der Geschichte der Deutschen Bank in der NS-Zeit
Avraham Barkai, Gerald D. Feldman, Lothar Gall, Jonathan Steinberg.
2001. 266 Seiten. Broschiert

Jonathan Steinberg
Die Deutsche Bank und ihre Goldtransaktionen während des Zweiten Weltkrieges
Aus dem Englischen von Karl Heinz Siber
In Verbindung mit den Mitgliedern der Historikerkommission zur
Erforschung der Geschichte der Deutschen Bank in der NS-Zeit
Avraham Barkai, Gerald D. Feldman, Lothar Gall, Harold James.
1999. 191 Seiten mit 9 Abbildungen. Broschiert

Schriftenreihe zur Zeitschrift für Unternehmesgeschichte

Lothar Gall/Manfred Pohl (Hrsg.)
Unternehmen im Nationalsozialismus
1998. 143 Seiten mit 3 Grafiken und Tabellen. Broschiert

Anne Nieberding
Unternehmenskultur im Kaiserreich
2002. ca. 480 Seiten mit ca. 25 Abbildungen. Broschiert

Gerald D. Feldman
Die Allianz und die deutsche Versicherungswirtschaft 1933–1945
Aus dem Englischen von Karl Heinz Siber
2001. 731 Seiten mit 38 Abbildungen. Leinen